Stefan Gustavsson

Kein Grund zur Skepsis!

Aus dem Schwedischen übersetzt von Ralf Ebel
(Timoteus-Förlag, Töreboda, Schweden)

Überarbeitet und lektoriert von Prof. Dr. Matthias Clausen,
Dr. Alexander Fink, Dr. Andreas Gerstacker und Jens Kosiol

Die schwedische Originalausgabe dieses Buches erschien unter dem
Titel *Skeptikerns guide till Jesus – Om evangeliernas trovärdighet*
(Band 1) im Verlag der CredoAkademin

© 2013 Stefan Gustavsson und CredoAkademin

Die Deutsche Bibliothek verzeichnet diese Publikation in der
Deutschen Nationalbibliografie; detaillierte bibliografische
Daten sind im Internet über www.d-nb.de abrufbar

Bibelzitate, soweit nicht anders angegeben, wurden der
Bibel nach Martin Luthers Übersetzung, revidiert 2017,
entnommen. © 2016 Deutsche Bibelgesellschaft Stuttgart

Lektorat: Dr. Thomas Baumann
Umschlaggestaltung: spoon design, Olaf Johannson
Umschlagabbildungen: Jesse Bowser/unsplash;
Frankie's/Shutterstock.com
Abbildung Seite 40: Thomas Drumm, Akademiker-SMD, Marburg
Satz: Neufeld Verlag
Herstellung: CPI – Clausen & Bosse, Birkstraße 10, 25917 Leck

© 2018 Neufeld Verlag, Sauerbruchstraße 16, 27478 Cuxhaven
ISBN 978-3-86256-150-6, Bestell-Nummer 590 150

www.neufeld-verlag.de / www.neufeld-verlag.ch

Bleiben Sie auf dem Laufenden:
newsletter.neufeld-verlag.de
www.**facebook**.com/NeufeldVerlag
www.neufeld-verlag.de/**blog**

NEUFELD VERLAG

Stefan Gustavsson

Kein Grund zur Skepsis!

ACHT GRÜNDE FÜR
DIE GLAUBWÜRDIGKEIT
DER EVANGELIEN

NEUFELD VERLAG

Zu diesem Buch

„Das Neue Testament hält kritischen Fragen stand – das führt Stefan Gustavsson hier überzeugend vor: Gut informiert, unterhaltsam geschrieben, mit der neuesten Literatur zum Thema vertraut, logisch bestens nachvollziehbar und ohne Scheu auch vor energischen Nachfragen. Jesus ist eben nicht eine Gestalt im historischen Nebel, sondern die Berichte des Neuen Testaments über ihn sind glaubwürdig und belastbar. Ein nötiges und hilfreiches Buch."

Prof. Dr. Matthias Clausen, Dozent an der Ev. Hochschule Tabor in Marburg und Theologischer Referent des Instituts für Glaube und Wissenschaft (IGUW)

INHALT

Vorwort zur deutschen Ausgabe oder:
Sollen wir die schwarze Katze im Keller suchen? 7

I. Jesus und seine Kritiker 9

    1. Willkommen zu diesem Buch! 11

    2. Spielt Geschichte eine Rolle? 16

    3. „Jesus Christ Superstar" – die wichtigste Person
        der Weltgeschichte? 19

    4. Eine neue Welle der Kritik 25

II. Geschichtswissenschaft
    und die Analyse der Quellen 35

    5. Können wir über Geschichte etwas wissen? 37

    6. Geschichtswissenschaftliche Prinzipien
        und ihre konsequente Umsetzung 48

    7. Hat Jesus von Nazareth existiert? 52

    8. Von Tagträumen und tragfähigeren Indizien 60

    9. Die nichtchristlichen Quellen über Jesus 68

    10. Die ältesten Quellen über Jesus 82

    11. Der historische Kontext des Lebens von Jesus 90

    12. Die besten Quellen – und drei Einwände 100

III. Acht Argumente für die Glaubwürdigkeit der Evangelien 111

13. Datierungen.. 113
14. Die Vorgeschichte der Texte........................... 117
15. Augenzeugenberichte.................................... 121
16. Die Kontinuität zwischen Ereignis und Niederschrift 130
17. Der zeitgeschichtliche Kontext....................... 134
18. Neue Fakten über Eigennamen....................... 137
19. Die Identität der Verfasser 142
20. Ehrlichkeit auch in peinlichen Fällen 147
21. Zusammenfassung...................................... 150

IV. Einwände und ihre Erwiderung 153

22. Fehler und Widersprüche.............................. 155
23. Sind die Abschriften zuverlässig? 161
24. Wenn die Forschung nicht kritisch genug ist… 171

Schlusswort.. *179*
Literaturverzeichnis...................................... *181*

VORWORT ZUR DEUTSCHEN AUSGABE

ODER:

SOLLEN WIR DIE SCHWARZE KATZE IM KELLER SUCHEN?

Wer an Schweden denkt, der hat sofort Bilder von Ikea, Volvo, Abba, Pippi Langstrumpf, herrlich erfrischenden Badeseen oder „kroosartigen" Fußball-WM-Spielen im Kopf. Doch ich bin im ehemaligen Reich der Wikinger noch auf einen ganz anderen Schatz gestoßen, den man wohl ausgerechnet dort nicht vermutet hätte.

So gilt Schweden in vielen Bereichen als das am stärksten säkularisierte Land Europas, d. h. Religion ist im gesellschaftlichen Leben weitgehend belanglos. Der Glaube an einen wie auch immer existierenden Gott ist reine Privatsache. Nur jeder Zwölfte in Schweden betrachtet Religion als ein wichtiges Thema, in Deutschland tut das immerhin noch fast jeder Vierte.

Für viele Menschen ist Theologie die Suche nach einer schwarzen Katze in einem dunklen Keller um Mitternacht – die eigene Sonnenbrille dabei nicht zu vergessen. Da ist etwas Wahres dran, wenn der Mensch ausschließlich auf seine eigenen Möglichkeiten angewiesen wäre. Ein kleines Staubkorn im Universum kann den unendlichen, transzendenten Gott natürlich nicht mit seinem eineinhalb Kilo schweren Gehirn ergründen. Doch es gibt eine andere Möglichkeit, wenn dieser Gott, der uns offensichtlich als kommunikationsfähige Wesen in unsere Existenz gerufen hat, tatsächlich mit uns kommuniziert hat, wenn die Texte der Evangelien kein Produkt menschlicher Fantasie, sondern tatsächlich Zeugnisse realer historischer Ereignisse waren und Jesus tatsächlich mehr als ein Mensch war, eben genau dieser Gott selbst in einem menschlichen Körper und sich uns so in dieser anschaulichsten aller möglichen Weisen mitgeteilt hat.

Der schwedische Theologe Stefan Gustavsson hat es gelernt, in einem dem christlichen Glauben gegenüber höchst skeptischen Klima, in dem die Vorstellungen darüber, wer der historische Jesus Christus war, fantasievollere Blüten treiben als in Deutschland (vgl. Kapitel 4ff.), mit überzeugenden Gründen für die Glaubwürdigkeit der Evangelien zu argumentieren und erfrischend neu die andauernde Relevanz dieses 2000 Jahre alten Wissens der Menschheit herauszustellen. Während viele Theologen den Glauben völlig von den historischen Ereignissen losgelöst haben und somit tatsächlich im dunklen Keller nach der schwarzen Katze suchen, möchte uns Stefan Gustavsson mit logischer Klarheit und intellektuellem Scharfsinn auf eine Entdeckungsreise ans Tageslicht einladen. Er zeigt uns, wo unsere säkulare Sonnenbrille uns dazu verleitet hat, aus einzelnen Detailproblemen viel zu weitreichende Konsequenzen über den tatsächlichen Wert der Evangelien zu ziehen. Er zeigt, dass es Eigenschaft des gesunden Menschenverstandes ist, auch die Kritiker mit ihren eigenen Methoden zu kritisieren. Und er präsentiert acht konvergierende Argumentationslinien auf dem aktuellen Stand der internationalen Theologie, die zeigen, dass die Evangelien einer unvoreingenommenen historischen Prüfung standhalten und als verlässliche Zeugen des Lebens von Jesus Christus gelten können.

Bevor wir also vorschnell die Suche nach der schwarzen Katze im dunklen Keller aufgeben und die Möglichkeit, über Gott etwas Verlässliches wissen zu können, ad acta legen, geben wir diesen Gedanken doch die Chance, uns herauszufordern, ob wir nicht im dunklen Keller verlernt haben könnten, das Tageslicht zu sehen, das oben im Erdgeschoss durch die Fenster flutet ...

Dr. Alexander Fink
Leiter des Instituts für Glaube und Wissenschaft

I.

JESUS UND SEINE KRITIKER

1. WILLKOMMEN ZU DIESEM BUCH!

Skepsis kann Verschiedenes bedeuten. Skeptizismus ist eine philosophische Richtung, die die Möglichkeit von Erkenntnis prinzipiell bezweifelt. Mit dieser Geisteshaltung habe ich etwas Mühe, weil sie sich selbst widerspricht: Kann man wissen, dass man nichts wissen kann?

In unserem Wort „Skeptiker" findet sich das griechische Wort *skeptikos* wieder, das soviel wie „Suchender" oder „Fragender" bedeutet. Das klingt schon besser. Wir müssen untersuchen und kritische Fragen stellen, um neue Erkenntnisse zu gewinnen. Wir müssen jeden Stein umdrehen.

Dieses Buch möchte Sie begleiten, besonders wenn Sie sich als Skeptiker verstehen und die historische Wirklichkeit über Jesus von Nazareth untersuchen und herausfinden möchten: Gab es ihn wirklich? Welche Quellen gibt es über ihn? Wie zuverlässig sind sie? All das sind entscheidende Fragen für jeden, der verstehen möchte, wer Jesus war, wofür er steht und wie sein Leben verlief.

Meine persönliche Geschichte

Meine Beziehung zu den Quellentexten über Jesus hat eine lange Geschichte. Die Texte des Neuen Testaments begleiteten mich schon früh und ich stehe in regelmäßigem Austausch mit ihnen. Ich habe sie unzählige Male gelesen.

Als ich in den 1980er-Jahren an der Universität Lund studierte, bekam ich die Möglichkeit, diese Texte akademisch zu erforschen und sie auf Griechisch zu lesen, der Sprache, in der sie ursprünglich geschrieben wurden. Später habe ich das Glück gehabt, diese Texte mehr als 20 Jahre lang in Stockholm mit Studenten der Credo-Akademie sowie in Vorlesungen und Debatten an Universitäten und Hochschulen in Schweden, Skandinavien und Europa zu diskutieren. Dies gab mir Gelegenheit, „die meisten Steine umzudrehen".

Neue Trendwende in der Jesus-Forschung

Man kann nicht über das Quellenmaterial, aus dem wir unser Wissen über Jesus beziehen, schreiben, ohne auf die Entwicklungen in der akademischen Welt einzugehen.

Viele Jahrhunderte lang ging man an den Universitäten davon aus, dass sowohl die Evangelien als auch die übrigen Texte des Neuen Testaments zuverlässig sind, da man sie als von Gott eingegeben betrachtete. Damit war die Wahrheitsfrage schon vorab geklärt: Der Bezug zwischen dem, was die Texte behaupteten, und dem, was de facto in der Geschichte geschah, musste nicht weiter untersucht werden.

Während des 18. und 19. Jahrhunderts änderte sich das allmählich, mit drastischen Folgen. Um es mit Francis Schaeffer zu formulieren: Man sah das Universum nicht mehr länger als ein „offenes System von Ursache und Wirkung" an, sondern ab sofort vielmehr als ein „geschlossenes System von Ursache und Wirkung".[1] Gott spielte somit eine immer distanziertere Rolle im Lauf der Geschichte und schließlich schaffte man ihn ganz ab. Die Möglichkeit von Wundern lehnte man genauso ab wie den Gedanken der göttlichen Inspiration dieser Texte. Man begann, das Neue Testament als „ein Buch wie jedes andere" zu untersuchen mit einer ähnlichen Entstehungsgeschichte und ähnlichen Eigenschaften wie andere Texte auch.

Das Problem war aber, dass die Befreiung aus der tausendjährigen kirchlichen Zwangsjacke nun genau in die andere Richtung übertrieben wurde. Während man vorher von der Wahrheit der Texte ausging, ging man nun davon aus, dass sie falsch seien. Früher sah man sie als von Gott inspiriert an, nun wurden sie als Mythen oder als nachträglich konstruiert betrachtet, mit – wenn überhaupt – lediglich geringfügigem Bezug zu den eigentlichen Ereignissen in der Geschichte. Dies läutete in der akademischen Welt eine lange Phase ein, deren Grundhaltung von Kritik und Misstrauen gegenüber den Texten geprägt war. Im Gegenzug zum traditionellen dogmatischen Vertrauen wurde nun alles bis zum

---

1   Schaeffer 2001, S. 65–66.

Äußersten kritisiert und in Frage gestellt. Wer Bauer, Schweitzer oder Bultmann liest – um drei einflussreiche Namen aus der Wissenschaft zu nennen –, der sieht leider gerade nicht, dass diese Texte „wie jeder andere Text der Antike" gelesen werden; stattdessen beobachtet man einen dogmatischen Skeptizismus, eine hyperkritische Einstellung. In den allermeisten Fällen gilt ja, dass ein Angeklagter solange unschuldig ist, bis das Gegenteil bewiesen ist. Dies gilt allerdings nicht für die Texte des Neuen Testaments. Wie der englische Theologe R. T. France feststellte: „... von allen Seiten wird uns versichert, die Texte müssten als schuldig angesehen werden, bis bewiesen ist, dass sie unschuldig sind".[2]

Lange Zeit war es also Konsens, dass die Texte sich irren, bis das Gegenteil bewiesen werden kann. Der amerikanische Exeget Norman Perrin schrieb 1967 Folgendes:

> Nun, wir müssen uns dann selbstverständlich fragen, ob wir solch ein Wort der Urchristenheit oder dem historischen Jesus zuweisen wollen, *und es steht um die synoptische Tradition [also die Überlieferung von Matthäus, Markus und Lukas] so, daß die Beweislast tragen muß, wer die Echtheit behauptet.*[3]

Diese skeptische Grundhaltung prägte auch mein Studium an der Universität Lund Anfang der 1980er-Jahre. Aber die Probleme dieser Position wurden immer offensichtlicher. Jüngere Wissenschaftler fragten: Wenn wir nun an diese Texte „wie an jeden beliebigen anderen Text" herangehen sollen, warum sollten wir dann von Vorneherein davon ausgehen, dass sie sich irren? So untersuchen Historiker andere antike Texte auch nicht.

Bereits 1963 – vier Jahre vor Perrins Zitat oben – hatte A. N. Sherwin-White, ein Historiker der Universität Oxford mit Forschungsschwerpunkt auf dem antiken Rom, Folgendes geschrieben:

> Es ist verwunderlich, wie die Zuversicht bei den griechisch-römischen Historikern gewachsen ist, wobei gleichzeitig die Zukunfts-

---

2   R. T. France, *The Authenticity of the Sayings of Jesus – History, Criticism &
    Faith.* In: Brown 1976, S. 107.

3   Perrin 1972, S. 32 (kursiv im Original).

gläubigkeit und der Optimismus in der Evangelien-Forschung des 20. Jahrhunderts – *obwohl man von mindestens genauso wertvollem Material ausgeht* – zurückgegangen ist, während sich die Formkritik entwickelte. ... Dass die Evangelien, wenn man den griechisch-römischen Maßstab anlegt, nicht in gleichem Grade wie die Apostelgeschichte bestätigt werden, liegt an ... Unterschieden in den äußeren, regionalen Verhältnissen. Sobald Christus den römischen Einflussbereich in Jerusalem betritt [zum Beispiel unter Herodes und Pontius Pilatus], beginnt man Bestätigungen zu finden. Was die Apostelgeschichte betrifft [die von Lukas geschrieben wurde], sind die historischen Bestätigungen überwältigend. [Kursiv durch den Verfasser][4]

Während meines letzten Jahres an der Universität entdeckte ich in der Universitätsbibliothek eine neue Buchreihe, sechs dicke Bände mit dem Namen *Gospel Perspectives*, die mit einer neuen Offenheit und Lernbereitschaft an die Texte heranging.[5] Die Autoren waren international renommierte Wissenschaftler wie Richard Bauckham, Paul Barnett, Donald Carson, Craig Blomberg, William Lane Craig, R. T. France, David Wenham und andere. Sie gingen davon aus, dass das Quellenmaterial über Jesus auf die gleiche Art und Weise erforscht werden muss wie andere Texte der Antike. Ich habe die ganze Reihe an einem Stück gelesen.

Während der letzten 30 Jahre haben sich wirklich große Veränderungen in der neutestamentlichen Forschung ereignet. Die hyperkritische Perspektive gibt es natürlich noch immer, unter anderem vertreten durch eine amerikanische Gruppe von Wissenschaftlern, die unter dem Namen „Jesus-Seminar" bekannt ist. Zu ihr gehörten Wissenschaftler wie Robert Funk, John Dominic Crossan und Marcus Borg, die vor allem in den 1980er- und 90er-Jahren sehr aktiv waren. Diese und ähnlich negative Stimmen prägten auch die Diskussion in Schweden und Skandinavien. Nicht zuletzt durch englische und amerikanische Wissenschaftler ist aber auf internationaler Ebene eine konstruktivere Herangehensweise herangewachsen. Ich werde dieser neueren Richtung folgen.

---

4   Sherwin-White 1963, S. 107.
5   France, Wenham, Blomberg 1981–1986.

Ein wichtiger Punkt dieses Buches besteht im Vergleich des Quellen-materials über Jesus mit anderem historischen Material aus der Antike. Das Neue Testament *sollte* wie jeder andere historische Text untersucht werden. Ein solcher Vergleich wirft ein überraschendes, sehr interessantes Licht auf die Texte des Neuen Testaments, wie Sie beim Weiterlesen selbst entdecken werden.

Die entscheidende Frage zum Wesen des Quellenmaterials lautet: Sind die Texte über Jesus nur religiöse Behauptungen, nachträgliche Konstruktionen zur Legitimation einer bereits heranwachsenden religiösen Bewegung oder gehen sie auf Personen zurück, die mit ihren eigenen Augen gesehen haben? Es gibt dazu einen klassischen Satz aus dem amerikanischen Film „Die Marx Brothers im Krieg" von 1933: „Okay, wem willst du glauben, *mir* oder deinen eigenen Augen?"

2. SPIELT GESCHICHTE EINE ROLLE?

Zum Christsein gehört, an Geschichte zu glauben. So beginnt ein Artikel in der Zeitschrift *First Things*:

> Christsein heißt, an Geschichte zu glauben.
>
> Man denke einmal an die Bibel. Alle großen Weltreligionen haben heilige Bücher: den Koran, Bhagavadgita oder die Analekten des Konfuzius. Allen Texten ist gemeinsam, dass sie hauptsächlich Weisheitsliteratur sind. Es sind Sammlungen von edlen Lehren, die uns zu einem ethischen Leben verhelfen sowie den rechten Weg zu Frieden, Glück oder Erleuchtung weisen sollen.
>
> Auch die Bibel möchte den Menschen weise machen. Aber sie geht darüber hinaus ... Der Ausgangspunkt der Bibel unterscheidet sich von allen anderen heiligen Büchern. Die ersten Worte sind: „Im Anfang ..."[6]

Der Ball kommt ins Rollen. Eine Geschichte hat begonnen, die sich fortsetzt und sich jeden Tag weiter entfaltet. Das Alte Testament behandelt historische Personen wie Abraham, Mose, Ruth, Esther, David, Daniel und viele andere, die mit Gott lebten. Es handelt von einem Volk, dem Volk Israel, das Gott als Mittel auserwählt hatte, durch das *alle* Völker gesegnet werden sollen. Die Texte des Alten Testaments sind voll von Menschen, historischen Ereignissen, Königen, Kriegen, Namen, Jahreszahlen und Geografie.

Im Neuen Testament setzt sich diese Geschichte fort. So nennt der Evangelist Lukas in seiner Einleitung sieben Personen, vier Ämter und eine Jahreszahl:

> Im fünfzehnten Jahr der Herrschaft des Kaisers Tiberius, als Pontius Pilatus Statthalter in Judäa war und Herodes Landesfürst von Galiläa, und sein Bruder Philippus Landesfürst von Ituräa und der

---

6   Charles Chaput, „Renewing the Church, Converting the World". In: *First Things*, September 2007.
    Link: http://www.firstthings.com/onthesquare/2007/09/renewingthe-church-converting.

Landschaft Trachonitis, und Lysanias Landesfürst von Abilene, als Hannas und Kaiphas Hohepriester waren... [7]

Man kann nicht Christ sein, ohne an Geschichte zu glauben. Denken Sie außerdem an das apostolische Glaubensbekenntnis: Neben dem Namen Jesus werden dort zwei weitere Namen historischer Personen genannt – Maria und Pontius Pilatus. Christlicher Glaube hängt untrennbar mit einer jungen Frau aus Nazareth, einem gefühllosen römischen Stadthalter und den historischen Ereignissen, die beide verbinden, zusammen.

Der Artikel in *First Things* drückt es wie folgt aus:

> Christlicher Glaube impliziert, dass man bestimmte Dinge über die Geschichte und unseren Platz in ihr glaubt. Wir bekennen uns nicht nur zur Inkarnation, also zur Menschwerdung Gottes in Jesus. Wir sagen: Wir glauben daran, dass Gott zu einem bestimmten Zeitpunkt und an einem bestimmten Ort Mensch wurde. Pontius Pilatus und Maria werden im Glaubensbekenntnis beim Namen genannt. Der Bezug zu Maria, seiner Mutter, garantiert seine Menschlichkeit, der Bezug auf Pontius Pilatus, der ihn zum Tode verurteilte, garantiert seine Historizität. [8]

Christlicher Glaube besteht nicht aus diffusen Ideen und Spekulationen oder unergründlich tiefen Mysterien; es handelt sich um etwas, das in unserer Geschichte geschehen ist. Es stehen nicht universelle Prinzipien oder geistliche Einsichten im Zentrum. Nein, es geht um das *Evangelium*, ursprünglich ein griechisches Wort, das *gute Neuigkeiten* bedeutet. Etwas Neues, Positives ist geschehen.

Der christliche Glaube dreht sich um eine einzelne Person der Menschheitsgeschichte, Jesus von Nazareth, der sich an real existierenden Orten auf unserer Erde aufhielt und mit echten Menschen Umgang hatte. In Bethlehem geboren, in Nazareth aufgewachsen, lebte er als Erwachsener in Kapernaum und wurde in Jerusalem hingerichtet. [9] Das

---

7   Lk 3,1.2 (Luther 2017).

8   Chaput, „Renewing the Church, Converting the World".

9   Für Kapernaum siehe Mt 4,13.

Haus, in dem sein nächster Freund Petrus wohnte, hat man höchstwahrscheinlich bei Ausgrabungen in Kapernaum gefunden.[10]

Damit kann der christliche Glaube überprüft werden. Man kann ihn untersuchen und seinen Anspruch bewerten. Die Botschaft beruht nicht auf einem blinden „glaub es oder lass es", sondern sie besitzt einen „eingebauten" Test ihres Wahrheitsgehalts. Der Historiker John Dickson sagt:

> Der christliche Glaube behauptet, in der Geschichte gegründet zu sein. Im Gegensatz zu den hinduistischen Texten der Upanishaden, die die Verschmelzung mit Brahman zum Thema haben, oder den buddhistischen Texten im Tripitaka, die die Auslöschung des Ichs und des Leidens betonen, oder den muslimischen Texten im Koran, die darum kreisen, was Unterwerfung unter Gott bedeutet, handelt das Neue Testament von einer Reihe von Ereignissen, die sich in Palästina zwischen den Jahren 5 v.Chr. und 30 n.Chr. ereigneten. Dies macht den christlichen Glauben offen – man könnte auch angreifbar sagen – für Fragen … Es ist beinahe so, als würde der christliche Glaube zur öffentlichen Begutachtung seinen Kopf freiwillig auf den Henkersblock legen.[11]

Das ist wichtig: Christlicher Glaube ist offen und angreifbar. Es liegt in seiner Natur, gute *Nachricht* zu sein. Wenn das alles nicht geschehen ist – wenn Jesus nicht existierte oder nicht den behaupteten Anspruch bezüglich seiner Person erhob, oder wenn er nie von den Toten auferweckt wurde –, dann hat das Konsequenzen. Wenn es diese Verankerung in der Geschichte nicht gäbe, dann geböte der Anstand, dass sich die christliche Kirche selbst abschaffte.

---

10 Siehe z. B. Charlesworth 2006, S. 49–50.
11 John Dickson, *The Christ Files*, S. 16.

3. „JESUS CHRIST SUPERSTAR" – DIE WICHTIGSTE PERSON DER WELTGESCHICHTE?

Warum überhaupt über Jesus von Nazareth nachdenken? Was kann ein Mensch der Antike für uns heute im 21. Jahrhundert bedeuten? Der Abstand zwischen uns und Jesus ist zeitlich, kulturell und technologisch so groß, dass uns sein Leben auf den ersten Blick merkwürdig und irrelevant erscheinen dürfte. Aber das ist eine voreilige Schlussfolgerung. Es gibt mindestens zwei gewichtige Gründe, sich für Jesus zu interessieren.

Der erste Grund betrifft *seinen tatsächlichen Einfluss auf die Weltgeschichte*, der bis in unsere Tage reicht und unser Leben bestimmt. Jaroslav Pelikan (1923–2006), ein berühmter Historiker an der Yale-Universität in den USA, bekannt durch sein Buch *Jesus Christus – Erscheinungsbild und Wirkung in 2000 Jahren Kulturgeschichte*, sagt:

> Gleichgültig, was wir persönlich von ihm denken oder glauben, müssen wir feststellen, daß Jesus von Nazareth seit beinahe 20 Jahrhunderten die bestimmende Figur der westlichen Kulturgeschichte ist. Wäre es möglich, aus diesem Zeitraum mit einer Art Riesenmagnet jedes Metallteilchen herauszuziehen, das Spuren seines Namens trägt, wieviel würde dann noch übrig bleiben? Nach dem Jahr seiner Geburt datiert der größte Teil der Menschheit den Kalender, in seinem Namen fluchen Millionen und in seinem Namen beten Millionen.[12]

Der irische Historiker William Lecky (1838–1903), obwohl er selbst ein renommierter Kritiker der christlichen Kirche war, wies auf die einzigartige Bedeutung von Jesus für die Menschheitsgeschichte hin. Er stellt folgende These auf:

> [Jesus war] nicht bloss das höchste Muster der Tugend, sondern der stärkste Antrieb zu ihrer Uebung [...]; und er hat einen so tiefen Einfluss geübt, dass man in Wahrheit sagen kann, die einfache Geschichte dreier kurzer Jahre thätigen Lebens haben [sic!] mehr

---

12 Pelikan 1986, S. 13.

zur Neubelebung und Veredelung der Menschheit gethan, als alle Erörterungen der Weltweisen und alle Ermahnungen der Sittenlehrer.[13]

Der Historiker Kenneth Latourette (1884–1968) stimmt zu: „Im Laufe der Jahrhunderte haben sich die Beweise immer mehr verdichtet: Gemessen an den Auswirkungen auf die Geschichte war das Leben Jesu das Leben mit dem meisten Einfluss, das je auf diesem Planeten gelebt wurde."[14]

Spuren von Jesus sind überall in den westlichen Ländern zu sehen. Es steht nicht nur im Zentrum jeder Stadt und jedes größeren Ortes ein großartiges Gebäude zu seiner Ehre, sondern viele fundamentale, angesehene gesellschaftliche Institutionen sind durch ihn inspiriert. Der Soziologe Rodney Stark hat gezeigt, wie Universität und Wissenschaft, Rechtswesen und Demokratie, Freihandel und wirtschaftliche Entwicklung aus dem christlichen Glauben heraus entstanden sind. Er schreibt: „Der westliche Fortschritt sowie das Aufkommen der Wissenschaften sind auf religiösem Grund gebaut und wurden von Menschen vorangetrieben, die überzeugte Christen waren."[15]

Der bekannte atheistische Philosoph Jürgen Habermas sieht das genauso:

Der egalitäre Universalismus, aus dem die Ideen von Freiheit und solidarischem Zusammenleben, von autonomer Lebensführung und Emanzipation, von individueller Gewissensmoral, Menschenrechten und Demokratie entsprungen sind, ist unmittelbar ein Erbe der jüdischen Gerechtigkeits- und der christlichen Liebesethik. ... Dazu gibt es bis heute keine Alternative.[16]

Oder denken Sie an das Gesundheitswesen und die Fürsorge für die Schwachen. Woher kommt das? Kaum einer weiß, dass das Wort Laza-

---

13 Lecky 1879, S. 7.

14 Kenneth Scott Latourette, „The Christian Understanding of History". In: *The American Historical Review*, 54 (1949), S. 2.

15 Stark 2005, S. xi. Siehe auch Stark 2003.

16 Habermas 2001, S. 175.

20

rett mit Lazarus zusammenhängt. Er kommt in einem Gleichnis vor, das Jesus erzählt: Er war ein armer Bettler, voller Wunden. Sein reicher Nachbar weigerte sich, ihm zu helfen, und er starb im Elend: „Sogar die Hunde kamen und leckten seine Wunden".[17]

Das Gesundheitswesen hat seinen Ursprung in Jesu Sorge um die Kranken und seiner Kritik an der Herzlosigkeit der Menschen. Um seinen bekannten Richterspruch zu zitieren: „Denn ich bin hungrig gewesen und ihr habt mir nicht zu essen gegeben. Ich bin durstig gewesen und ihr habt mir nicht zu trinken gegeben. Ich bin ein Fremder gewesen und ihr habt mich nicht aufgenommen. Ich bin nackt gewesen und ihr habt mich nicht gekleidet. Ich bin krank und im Gefängnis gewesen und ihr habt mich nicht besucht."[18]

Alvin J. Schmidt, Professor für Soziologie, schreibt:

> Viele Medizinhistoriker haben festgestellt, dass bei den Griechen und Römern offenkundig das Mitgefühl für Kranke und vom Schicksal Geschlagene fehlt. Fielding Garrison, Arzt und Historiker, meint, vor Christi Geburt war die „Einstellung gegenüber Krankheit und Unglück nicht Mitgefühl. Erst durch das Christentum haben wir begonnen, in so großem Maßstab menschliches Leiden zu lindern."[19]

Man kann die Welt, in der wir leben, einfach nicht verstehen, ohne sich für Jesus zu interessieren. Natürlich können wir dadurch, dass wir v. d. Z. oder v. u. Z und u. Z. oder n. d. Z. (vor und nach der/unserer Zeit/Zeitenwende) statt v. Chr. und n. Chr. versuchen, seine Bedeutung zu mindern.[20] Aber dies hilft nur wenig, wenn wir versuchen wollen, Jesus auszublenden. Es weckt in uns nur die Frage: Warum fängt die Zeitrechnung genau an diesem Punkt an? Die Antwort ist selbstverständlich: Unsere Zeitrechnung beginnt nicht an einem zufällig gewählten Zeitpunkt der Geschichte. Sie startet mit Jesus von Nazareth. Warum?

---

17 Lk 16,21.

18 Mt 25,42–43.

19 Schmidt 2004, S. 130–131.

20 Siehe z. B. die Datierungen bei Lena Einhorn 2007.

Weil er die größten Veränderungen der Menschheitsgeschichte bewirkt hat.

Schweden wird heute als das am meisten säkularisierte Land der Welt angesehen, und Jesus von Nazareth hat oberflächlich gesehen ziemlich wenig mit unserem Alltagsleben zu tun. Dennoch beeinflusst er immer noch viele Bereiche unseres Lebens: denn Ereignisse seines Lebens teilen unser Jahr ein, wir feiern Weihnachten (seine Geburt), planen zu Ostern (seinem Tod) einen Skiurlaub und heiraten an Pfingsten (als seine Jünger den Heiligen Geist empfingen). Hier oben im Wikinger-land tragen wir Namen wie Peter, Jakob, Johannes, Stefan, Maria, Elisa-beth …, weil seine Freunde und Verwandten so hießen.

Musik, Literatur, Kunst, Theater usw. erhielten mehr als 1 000 Jahre lang von ihm und den entsprechenden Bibelstellen Inspiration oder bezogen Stellung gegen ihn.

Es ist eine Frage der Allgemeinbildung; man kann einfach keine gebildete, reflektierte Person des westlichen Abendlandes sein, ohne eine fundierte Haltung zu Jesus von Nazareth zu haben.

Grotten auf dem Mars oder Radon in Hässelby

Der zweite Grund betrifft *seinen Anspruch bezüglich seiner eigenen Iden-tität*. Wenn wir verstehen wollen, was das bedeutet, müssen wir uns daran erinnern, dass es zwei Arten von Wahrheit gibt. Sie unterschei-den sich nicht in ihrem Wahrheitsanspruch, sondern in ihrer Relevanz. Lassen Sie mich das anhand einiger Beispiele illustrieren. Vor einigen Jahren schrieben die Zeitungen, dass eine Raumsonde der NASA ein Muster gefunden hat, das sieben Grotten auf dem Planeten Mars sein könnten.[21] Dies ist natürlich entweder wahr oder falsch: Entweder gibt es nun diese Grotten auf dem Mars oder es gibt sie nicht. Aber diese Wahrheit ist ohne Relevanz für mein Leben – das Vorhanden- oder Nicht-Vorhandensein der Grotten beeinflusst mich nicht.

Vor einigen Jahren suchten meine Frau und ich ein Haus in Stock-holm. Wir hatten einige Jahre lang eine Wohnung gemietet und dach-ten, dass es an der Zeit ist, etwas Eigenes zu finden. Jedes Wochenende

---

21 *Svenska Dagbladet* vom 21. September 2007.

waren wir auf Haussuche und wurden immer frustrierter. Entweder waren die Häuser schön, aber der Preis weit höher, als unsere Verhältnisse zuließen, oder der Preis war in Ordnung, das Haus aber komplett uninteressant. Aber schließlich fanden wir doch ein Haus, das sowohl unserem Bedarf als Familie als auch unserem Geldbeutel gerecht zu werden schien – die Freude war groß. Es gab nur einen Haken: Ein Gutachten zeigte, dass früher ein zu hoher Radongehalt gemessen wurde – ein Gas, das entweder aus dem Baugrund oder bestimmten Baumaterialen stammt und das tödlich wirkt, wenn man ihm lange ausgesetzt ist. Ein anderes Gutachten bestätigte, dass das Haus saniert wurde und deswegen ungefährlich war. Aber die Sanierung hatte inzwischen einige Jahre auf dem Buckel, sodass wir eine neue Untersuchung durchführen ließen, während wir gleichzeitig den Kaufprozess fortsetzten. Der Termin zur Vertragsunterzeichnung war mit der Bank auf einen bestimmten Tag um zehn Uhr festgelegt und dann würde das Haus uns gehören.

Spät am Vorabend kam der Bescheid von der Radonuntersuchung. Im Haus wurden immer noch tödliche Dosen von Radon gemessen! Dies waren keine Grotten auf dem Mars – diese Wahrheit hatte direkte Konsequenzen für unser Leben. In so ein Haus konnten wir doch nicht mit drei kleinen Kindern ziehen! Wir riefen am nächsten Morgen den Makler an und brachen den Hauskauf ab.

Die meisten antiken Menschen gleichen den Grotten auf dem Mars. Die Wahrheit der Berichte über ihr Leben hat unabhängig von ihrem Inhalt keine direkte Relevanz für uns. Ihr Leben mag für Historiker von Interesse sein und wir können sicher etwas von ihnen lernen, aber im Grunde genommen sind die meisten von ihnen trotzdem wie die Grotten auf dem Mars.

Aber es gibt eine Ausnahme: Jesus von Nazareth. Das hängt mit seinem Anspruch zusammen. Wenn das, was er von sich selbst behauptet, wahr ist, dann ist er keine Grotte auf dem Mars, dann ist er Radon! Nicht in der negativen Bedeutung, dass er schädlich wäre, sondern dass er ganz real mit unserem Leben heute zu tun hat.

Er behauptet von sich, die einzigartige Kontaktstelle zwischen dem Schöpfer dieser Welt und uns Geschöpfen zu sein. Er behauptet, der Richter aller Menschen zu sein und dass jeder Mensch früher oder später nach dem Ende seiner Lebensreise vor ihm stehen wird und er unser Leben beurteilen wird. Er behauptet, dass er die Antwort auf unsere innersten Sehnsüchte sein kann, auf unsere schreiende Not, unseren moralischen Verfall, unsere gähnende Leere … Ja, er meint, selbst Gott zu sein, der in menschlicher Gestalt gekommen ist und der allein uns helfen kann. Wenn er Recht hat, wäre es allergrößte Dummheit, ihn zu ignorieren.

Beachten Sie hier bitte zweierlei: Erstens ist *Jesu Anspruch einzigartig.* Kein Mensch, weder vor noch nach ihm, hat ernsthaft von sich das behauptet, was Jesus von sich sagt. Viele haben beansprucht, von Gott gesendet zu sein, eine Botschaft von Gott zu übermitteln oder den Weg zu Gott weisen zu können. Jesus hingegen meint, dass wir in und durch seine Person Direktkontakt mit Gott bekommen – ja, dass wir in ihm vor Gott selbst stehen.

Zweitens ist dieser Anspruch nicht etwa deswegen wahr, weil er weiter geht als andere oder weil er öffentlich ausgesprochen wird. Absolut nicht. Sein Anspruch muss untersucht werden. Wenn Jesus diesen Anspruch nie selbst vertreten hat oder seine Behauptungen nicht gedeckt sind, dann sollte er von uns zusammen mit allen anderen religiösen Scharlatanen hochachtungsvoll ignoriert werden.

Hat er aber recht, dann sieht alles ganz anders aus.

4. EINE NEUE WELLE DER KRITIK

Jesus war schon immer umstritten, seine Identität wurde immer wieder diskutiert. Viele seiner Zeitgenossen waren ihm gegenüber kritisch eingestellt, während andere ihn bewunderten. Deshalb wird auch die Frage nach seiner Identität von Anfang an auf unterschiedliche Weise beantwortet. Wenn wir dem Evangelisten Matthäus folgen, entdecken wir mindestens fünf unterschiedliche Sichtweisen auf Jesus, in aufsteigender Skala vom denkbar Schlechtesten zum Höchsten.

Erstens meinen manche Zeitgenossen, er sei böse; er bekomme seine Kraft vom „höchsten der Dämonen, Beelzebub", von „Satan".[22] Eine zweite Gruppe von Menschen in seiner Heimatstadt ist der Ansicht, dass man ihn am besten vor seinem einfachen Familienhintergrund verstehen kann. Es sei nichts Besonderes an ihm, er sei ja der „Sohn des Zimmermanns".[23] Drittens meinen manche, er sei ein Bote, ein Prophet, von Gott gesendet: „Manche halten dich für Johannes den Täufer, andere für Elija, und wieder andere für Jeremia oder einen der Propheten."[24] Viertens hatten einige Menschen seine heilende Kraft persönlich erlebt und hielten ihn für mehr als einen Propheten; nämlich für „Davids Sohn", den verheißenen Messias.[25] Und fünftens meinten seine Jünger, die an seiner Seite gelebt hatten, dass er nicht nur Davids Sohn war; langsam, aber sicher kommen sie zu dem Schluss, dass er in einzigartiger Weise „Gottes Sohn" ist.[26]

Wer war Jesus? Zeitgenössische Sichtweisen:

- Diener Satans
- Gewöhnlicher Zimmermann
- Prophet
- Davids Sohn
- Gottes Sohn

---

22 Mt 12,24–26, siehe auch 10,25.

23 Mt 13,55.

24 Mt 16,14.

25 Mt 9,27; 12,23; 15,22; 20,30; 21,9.15.

26 Mt 14,33; 16,16.

Für die wachsende Gruppe von Christen war die Identität von Jesus weiterhin die brennende zentrale Frage. So warnte z. B. Paulus vor jedem, der „euch einen anderen Jesus (verkündet), als wir ihn verkündet haben".[27] Von vielen Seiten ertönten kritische Stimmen. Die jüdische Synagoge meinte, dass Jesus – der ja von Heiden erniedrigt und gekreuzigt wurde – unmöglich der Messias sein könnte. Die römischen Behörden verlangten, dass man den Kaiser und nicht Jesus als Herrn bekennt. Und die entstehende gnostische Bewegung versuchte, Jesus als geistlichen Meister zu vereinnahmen, während sie ihn als physische Person ablehnten.

Trotz Kritik, trotz Wellen von teilweise unbeschreiblichem Terror gegenüber den Christen, wuchs diese Bewegung während des ersten und zweiten Jahrhunderts lawinenartig an. Durch das schnelle Wachstum veränderte sich die Situation langsam und im dritten Jahrhundert wurde der christliche Glaube zunächst erlaubt und später zur öffentlich propagierten Religion. Damit hörten nach und nach die Verfolgungen auf und die Kritik verstummte. Stattdessen folgten nun fast 1500 Jahre christlicher Dominanz, durch die das Hinterfragen von Jesus aus naheliegenden Gründen in den Hintergrund trat. Aber nicht für immer.

Der alte Schutzwall um Jesus bricht zusammen

Mit der Aufklärung im 18. Jahrhundert änderte sich die Situation. Langsam reifte eine starke Kritik am Christentum heran, viele Intellektuelle, Philosophen, Wissenschaftler und Autoren wandten sich vom christlichen Glauben ab und wurden zunächst Deisten und dann Naturalisten. Die Kritik an der Existenz Gottes, dem Gottesbild der Bibel, dem Glauben an Wunder, der Idee von Gericht und Strafe, dem Machtmissbrauch der Kirche und vielem anderen wuchs. Später hörte man diese Kritik nicht mehr ausschließlich von Intellektuellen; sie wurde immer mehr zum Bestandteil der allgemeinen Kultur.

Ein kleiner Kreis von skeptischen Wissenschaftlern und liberalen Theologen begann, alle Lehren über Jesus anzuzweifeln. Sie stellten die

---

27 2Kor 11,4.

Glaubwürdigkeit der Evangelien, die Möglichkeit von Wundern, Jesu Identität, die Auferstehung, ja sogar seine Existenz in Frage.

Trotz teilweise aggressiver Kritik gegen fast jede Aussage des christlichen Glaubens blieb Jesus im allgemeinen Bewusstsein dennoch ein moralisches Vorbild, ein Ideal des guten Menschen, ein Symbol für Wahrheit, Liebe und Mitmenschlichkeit. 200 Jahre lang scheint es eine Art unsichtbaren kulturellen Schutzwall um Jesus herum gegeben zu haben, der ihn, von der eher isolierten akademischen Welt einmal abgesehen, sehr effektiv vor den direkten Angriffen auf seine Person schützte.

Aber zu Beginn des neuen Jahrtausends ist es geschehen. Der Schutzwall um Jesus ist zusammengebrochen und die gleiche Kritik, die sich zuvor auf andere Aspekte des christlichen Glaubens bezogen hat, richtet sich nun gegen die Hauptperson selbst – gegen seine Eigenschaften und gegen die Quellen, die über ihn Auskunft geben. In den letzten Jahren wurde der Markt förmlich von einer Flut populärwissenschaftlicher Sachbücher und Romane mit historischem Anspruch überschwemmt. Beispiele gibt es viele. Lassen Sie mich daher in chronologischer Reihenfolge, beginnend mit dem Jahr 2004, acht Neuinterpretationen präsentieren. Im Grunde genommen sind sie Variationen von je einem der folgenden vier Motive:

- Jesus hat es nie gegeben.
- Jesus hat es gegeben, aber er war ein böser Mensch.
- Jesus hat es gegeben, aber er war eine andere historische Person.
- Jesus hat es gegeben, aber sein Leben wurde von der Kirche umgeschrieben.

1. Das Buch *Sakrileg* (2004)[28] von Dan Brown präsentiert ein neues Bild von Jesus und der Entstehung des christlichen Glaubens. Dem Buch nach vertrat Jesus keinen Anspruch auf Göttlichkeit, sondern wurde erst 300 Jahre nach seinem Tod zum Gott erhoben. Jesus war selbst mit Maria Magdalena verheiratet und hatte mit ihr zusammen eine Tochter Sara. In ihrer Ehe war Maria die eigentlich spezielle Person,

---

28 Dan Brown, *Sakrileg*. Bastei Lübbe, Bergisch Gladbach 2004.

ein Symbol für den ursprünglichen Göttinnenkult, das Heilige, Feminine. Dem Sakrileg nach gab es eine Menge ursprünglicher Evangelien, die die wahre Geschichte von Jesus und Maria erzählten. Diese wurden aber von Kaiser Konstantin zerstört, der stattdessen die vier Jesus-Erzählungen hervorhob – Matthäus, Markus, Lukas und Johannes –, welche entsprechend verändert wurden, um die nunmehr traditionelle christliche Theologie zu stützen, dass Jesus Gottes Sohn ist. Aber zur unserem Glück haben wir nun, nach Brown, durch fantastische Textfunde in Qumran in Israel und in Nag Hammadi in Ägypten Zugang zu Teilen der ursprünglichen Evangelien.

2. *Die atheistische Predigt* (2005)[29] von Lena Andersson in der Radiosendung „Sommer" führte zu enormem Aufruhr. Ihre Kritik galt nicht der Kirche und nicht den Quellen, sondern dem Charakter von Jesus von Nazareth. Ausgangspunkt war das Bild eines freundlichen, guten Jesus, das ihre Oma ihr vermittelt hatte. Aber das eigene Lesen der Evangelien veränderte dieses Bild brutal. Jesus war in Wirklichkeit „ein selbstzentrierter, ehrgeiziger Mann, der Macht über die Meinung des Volkes ausübte und daher tat, wozu er Lust hatte". Jesus ist hinterlistig und empfindlich, „er straft alle, die kritisch denken", und macht regen Gebrauch von „Manipulationstechniken". Seine Beziehung zu seinen nächsten Vertrauten wird als despotisch dargestellt, auf einem Niveau mit Hitler und Stalin: „Die Despoten des 20. Jahrhunderts lächeln in ihren Urnen. Das hier kennen sie. Du und ich, Jesus, denken sie – du und ich." Er leide an einem überzogenen Selbstbild: „Allmächtig und herrlich; so überlegen und überzeugt von seiner eigenen Bedeutung, dass er nicht einmal nötig hat, seine eigene Frustration zu beherrschen." Den finalen Dolchstoß ihres Charaktermords verübt Lena Andersson damit, wie sie Jesu Beziehung zu Frauen beschreibt. Er sei ein Sektenführer, um Frauen auf sich aufmerksam zu machen. Und wie alle schlechten Männer werde er letztendlich von seinem unkontrollierten

---

29 Die Sendung kann [auf Schwedisch] angehört werden unter: http://sverigesradio.se/sida/avsnitt/134901?programid=2071. Den Text kann man u. a. hier nachlesen: http://hef.nu/framesets/artiklar.fset.html?/artiklar/ateist-predikan.html.

Sexualtrieb geleitet: „Wenn die Geilheit einsetzt, kann Jesus nicht mehr an die Armen denken."

3. *Der Jesus, den es nie gab* (2005)[30] von Roger Viklund geht noch einen Schritt weiter und behauptet, dass die Person, von der die Evangelien erzählen, nie existiert hat. Wenn Jesus eine wirkliche Person war, so Viklunds Hauptargument, dann hätte er ganz andere Spuren in den Quellen hinterlassen als jetzt vorhanden. Der Verfasser datiert die Evangelien auf später als 100 n. Chr. und verneint ihren Wert als Quellen über Jesu Wirken in den Jahren um 30 n. Chr. Er stellt sämtliche außerbiblischen Verweise infrage, da nichts Anderes neben dem Neuen Testament irgendetwas historisch Bedeutsames über Jesus sage. Er streitet ab, dass Paulus Jesus als historische Person gekannt hätte; Paulus würde nur den gnostisch gefärbten Jesus-Mythos kennen. Der christliche Bericht über Jesus ist nach Viklund nur eine Sage, die lange nach der Entstehung des Christentums formuliert und von umgebenden religiösen Mythen inspiriert worden sei.

4. *Das Rätsel von Damaskus* (2007)[31] von Lena Einhorn hat den Untertitel *Waren Jesus und Paulus ein und dieselbe Person?* Nach diesem Buch hatte Jesus eine Abmachung mit den römischen Behörden, dass sie ihn die Kreuzigung überleben lassen. Die Zuschauer glauben, dass er gestorben sei, aber in Wirklichkeit lebt er noch, als er vom Kreuz abgenommen wird. Er flieht nach Ägypten, wartet die Genesung von seinen Verletzungen ab, aber ist immer noch eine Person mit einer starken Vision für sein Leben. Wie soll er nun dies alles verwirklichen, wenn alle glauben, dass er gestorben sei? Antwort: Er tritt in einem neuen Äußeren auf. Jesus von Nazareth fängt an, als Verkündiger unter dem Pseudonym Paulus von Tarsus aufzutreten. Wenn wir außerdem noch die Ereignisse der Evangelien umdatieren und 15–20 Jahre nach vorne verschieben und eine Anzahl von Personen umbenennen, dann passe

---

30 Viklund 2005. [Nicht auf Deutsch verfügbar, Anmerkung des Übersetzers.]
31 Einhorn 2007.

nach Einhorn der Bericht besser mit dem außerbiblischen Quellenmaterial zusammen.

5. *Die Jesus-Dynastie* (2006)[32] von James D. Tabor hat als Untertitel *Das verborgene Leben von Jesus und seiner Familie und der Ursprung des Christentums*. Hier führt zunächst Johannes der Täufer die messianische Bewegung an. Jesus bewundert seinen Verwandten und schließt sich ihm für die Arbeit im Reich Gottes an. Zusammen erfüllen Johannes und Jesus die Erwartung ihrer Zeitgenossen an zwei Messiasse: einen königlichen Messias aus dem Geschlecht Davids und einen priesterlichen Messias aus dem Geschlecht Aarons. Sie führen eine Befreiungsbewegung gegen die Römer an und erwarten den baldigen Anbruch von Gottes Reich als eines Friedensreiches. Als Johannes der Täufer gefangen und hingerichtet wurde, wendet sich Jesus nach Jerusalem, um die Führung mit seiner Botschaft herauszufordern. Aber auch Jesus wird hingerichtet und die Bewegung landet in einer tiefen Krise. Zwei Messiasse hingerichtet! Es liegt am Bruder von Jesus, Jakobus, die Führung zu übernehmen, und es gelingt ihm, den Nachfolgern, die Umkehr predigen und auf Gottes Reich warten, neuen Mut einzuflößen. Einige Jahrzehnte später betritt ein neuer starker Leiter die Bühne: Paulus. Er predigt eine Botschaft, die unabhängig ist sowohl vom historischen Jesus als auch von dessen Bruder Jakobus. Die Verkündigung von Paulus baut stattdessen auf eigene Vorstellungen von einem himmlischen Christus, und es wird *seine* Botschaft, die den späteren Grund für die kirchliche Theologie bildet, statt der, für die Jesus und Jakobus standen.

6. *Die Gottesmacher – Die Wahrheit über Jesus von Nazareth und das geheime Erbe der Kirche* (2006)[33] von Michael Baigent beruht auf der Theorie einer frühen Verfälschung der Berichte über Jesus seitens der Kirche. Der Verfasser, meist bekannt durch sein Werk *Der heilige Gral* (der wiederum zum *Da Vinci Code* inspiriert haben soll), behauptet, dass Jesus in Wirklichkeit während der 40er-Jahre n. Chr. immer noch

---

32 Tabor 2006.
33 Baigent 2006.

lebte. Wie bei Einhorn liegt dem eine Übereinkunft mit den Römern zugrunde, dass Jesus die Kreuzigung überleben sollte. Danach floh er mit seiner Familie nach Ägypten und dann weiter zur französischen Südküste. Nach Baigent gibt es Dokumente, die zeigen sollen, dass Jesus lange nach der Kreuzigung an den Sanhedrin, den regierenden jüdischen Rat, schrieb und sich gegen die Anklagen, Gott zu sein, verteidigte. Ein israelitischer Antiquitätenhändler soll Baigent sogar zwei solcher Dokumente gezeigt haben. Leider sind die Dokumente seitdem verschwunden und der Händler außerdem gestorben ...

7. *Der verwandelte Messias – Jesus Barabbas II* (2007)[34] von Hjalmar Söderberg, dem großen Romanautor, wurde bereits 1932 herausgegeben, ist jetzt aber in einer neuen Ausgabe erhältlich. Söderberg baut seine These auf mehreren Beobachtungen auf. Nach den Evangelien war Barabbas der Gefangene, der an Jesu statt freigelassen wurde. Sein aramäischer Name bedeutet „Sohn des Vaters", genauso, wie Jesus sich selbst bezeichnete. Einige Handschriften behaupten, dass Barabbas' kompletter Name „Jesus Barabbas" war, was aus der Fußnote zu Mt 27,16 hervorgeht. Söderbergs Schlussfolgerung ist: Der historische Jesus ist identisch mit dem Gefangenen Barabbas. Aber die entstehende Kirche schämte sich ihres Gründers und retuschierte später das Bild des gewaltbereiten Räubers weg und ersetzte ihn durch den friedfertigen Christus. Dieser verwandelte Messias, über den wir nun in den Evangelien lesen, ist also keine historische Person, sondern ein Werk der Kirche.

8. *Über Jesus* (2009)[35] von Jonas Gardell untersucht das Leben von Jesus seriöser und ist besser geschrieben als die vorher erwähnten Beispiele. Gardell folgt weitgehend der Position des US-amerikanischen „Jesus-Seminars", und sein Buch kann in vieler Hinsicht als die schwedische Version dieser Randposition in der Jesusforschung angesehen werden. Das Resultat ist eine tiefgreifende Revision des christlichen

---

34 Söderberg 2007. [Nicht auf Deutsch verfügbar, Anmerkung des Übersetzers.]

35 Gardell 2009.

Glaubens: Jesus erhob nie den Anspruch, Gottes Sohn zu sein, er rief nie Menschen zur Umkehr, sein Tod sollte nicht als Sühnetod angesehen werden, seine Auferstehung muss nicht leiblich verstanden werden usw. Jesus selbst war ein einfacher Mann aus einfachen Verhältnissen, vom Leben gezeichnet und vorzeitig gealtert. Sicherlich zahnlos. Vermutlich Analphabet. Das traditionelle Bild von Jesus ist nach Gardell lange nach Jesus von der Kirche selbst erschaffen worden.[36]

Ist Jesus in Wirklichkeit Julius Caesar?

Wir könnten fortsetzen: nach Bert Löfgren war Jesus vom Buddhismus inspiriert,[37] nach Deepak Chopra steht Jesus für kosmische Geisteserleuchtung,[38] nach Reza Aslan war Jesus ein politischer Aktivist, von den Zeloten inspiriert ...[39]

Die steigende Zahl immer neuer Bücher über Jesus scheint ein Ausdruck vollständiger Verwirrung zu sein. Und es kommt noch schlimmer. Manche Berichte deuten an, dass schon bald eine weitere Theorie über Jesus lanciert wird: Jesus ist in Wirklichkeit die gleiche Person wie Julius Caesar! Diese Theorie wurde von dem italienischen Verfasser Francesco Carotta präsentiert und gründet sich auf eine Anzahl Ähnlichkeiten zwischen diesen zwei Personen. Beide wurden von einem nahen Freund verraten, Brutus bzw. Judas, beiden wird vorgeworfen, auf unfaire Weise König werden zu wollen, und beide begannen ihre Karriere in nördlichen Provinzen die ähnlich klingen, Gallien bzw. Galiläa.

Die öffentliche Debatte über Jesus ufert also in alle möglichen Richtungen aus. Neben den klassischen Darstellungen von Jesus, die vom Neuen Testament ausgehen, gibt es, wie schon früher genannt, mindestens *vier alternative Darstellungen* von Jesus. Wenn wir die Verfas-

---

36 Für eine ausführliche Analyse und Kritik, siehe meine kleine Schrift *Om Jesus och Jonas* [nur auf Schwedisch], die ein Teil der Schriftenserie *Brytpunkt* nr. 1 (2009) der SEA (Schwedische Evangelische Allianz) ist.

37 Löfgren 2008.

38 Chopra 2008.

39 Aslan 2013.

ser in die unterschiedlichen Kategorien aufteilen, erhalten wir folgende Kategorisierung:

- Jesus hat es nie gegeben (Viklund)
- Jesus hat es gegeben, aber er war ein böser Mensch (Andersson)
- Jesus hat es gegeben, aber er war eine andere historische Person: Paulus, Barabbas oder Caesar (Einhorn, Söderberg und Carotta)
- Jesus hat es gegeben, aber sein Leben wurde von der Kirche umgeschrieben; die ursprüngliche Geschichte sah anders aus (Brown, Tabor, Baigent, Gardell)

Natürlich wird somit die Frage akut: Kann man überhaupt eine gesicherte Position zu diesem Jesus von Nazareth einnehmen? Kann man die vielen Stimmen einordnen, die meinen, etwas Interessantes über ihn zu sagen zu haben? Lässt sich noch ein Bezug zu Jesus herstellen? Oder ist er im Nebel der Geschichte verschwunden, ein Rätsel ohne Lösung, bei dem wir mit mehr oder weniger gut begründetem Raten zufrieden sein müssen?

II

GESCHICHTSWISSENSCHAFT UND
DIE ANALYSE DER QUELLEN

5. KÖNNEN WIR ÜBER GESCHICHTE ETWAS WISSEN?

Die Frage, was wir über einen historischen Jesus wissen können, ist keine *religiöse* Frage, sondern eine generelle geschichtswissenschaftliche Frage: Können wir sichere Erkenntnisse über das gewinnen, was vor uns war?

Wenn ich selbst in meinem Gedächtnis zurückdenke, komme ich vielleicht zurück bis zum Jahr 1964, eventuell 1963, aber dann ist Schluss. Außerdem handelt es sich nur um einzelne Erinnerungsfetzen aus diesen Jahren, ein besser zusammenhängendes Bild kann ich erst über die späteren 1960er-Jahre und danach abrufen. Trotzdem glaube ich, dass sowohl die Menschheit als auch ich selbst eine Geschichte haben, die weiter zurückreicht als in das Jahr, in dem die Beatles mit *She loves you* ihren Riesenhit landeten.

Zweifel an historischem Wissen

In unserer postmodernen Zeit wird oft infrage gestellt, ob es überhaupt möglich ist, die Wahrheit zu erkennen. Wir können dieser Ansicht nach nicht mehr sagen als das, was für mich wahr ist. Zu *der* Wahrheit, in dem Sinne, wie etwas wirklich ist, haben wir keinen Zugang. Am wenigsten auf einem Gebiet wie Geschichte – sie entzieht sich ja jeder empirischen Untersuchung! Möglicherweise können wir uns der Wahrheit in den Naturwissenschaften nähern – die meisten Postmodernisten erkennen schnell an, dass die Behauptungen der Naturwissenschaften nicht nur subjektiv wahr sind –, aber mit der Geschichte sei das anders. Man kann sie nicht wiederholen, kann sie nicht empirisch beobachten, sie ist per definitionem heute nicht mehr gegenwärtig.

Vor einiger Zeit konnte ich einem Interview mit dem indischen Regisseur Shekhar Kapu folgen. Er sprach darüber, dass die Rekonstruktion der Geschichte eine Art Mythenerschaffung sei. Kapu hat den Film *Elizabeth – Das goldene Königreich* gedreht, der das Leben der berühmten, schillernden Königin von England im 16. Jahrhundert darstellt. Auf die Frage nach dem Wahrheitsgehalt offenbarte er seine Sicht auf unser Wissen über bereits Vergangenes:

> Die Geschichte ist eine Interpretation der Geschichte, die eine Interpretation der Geschichte ist... und die Interpretationen ändern sich fortwährend. Ich weiß nicht, wann Geschichte aufhört und Mythologie übernimmt, besonders nicht, wenn es sich um eine Person handelt, die eine Ikone wurde. Man muss einfach die Interpretation der Geschichte wählen, die man selbst für die interessanteste oder relevanteste hält.[40]

Wenn dies für eine Königin aus unserem Teil der Erde und für weniger als 500 Jahre zeitlichen Abstand von uns gilt, da muss dies doch in noch höherem Grad für einen jüdischen Zimmermann aus der Antike gelten?!

Aber die Konsequenzen einer solchen Sichtweise sind verheerend. Sie relativiert nicht nur unser Wissen über Königin Elizabeth oder Jesus. Sie bedeutet auch: Wenn wir einmal das Glück hatten, Kairo zu besuchen, können wir nur feststellen, dass es da eine faszinierende Steinsammlung außerhalb der Stadt gibt. Warum diese Steine daliegen, wer sie gebaut hat und was sie ursprünglich für eine Funktion hatten, gehört dann ins Reich der Mythen, genau wie alle Kommentare zum Kolosseum in Rom, der chinesischen Mauer oder den Gasöfen in Auschwitz. Konsequent angewendet, öffnet so eine Sicht die Tür zu einem Geschichtsrevisionismus. Mit einem einfachen Pinselstrich haben wir die Geschichtswissenschaft als legitime wissenschaftliche Disziplin weggewischt.

Sehr interessant ist, dass Kapu seine eigene Überzeugung nicht konsequent zu Ende denkt, wenn es um Fragen geht, die ihn selbst betreffen. Als Inder echauffiert er sich darüber, wie die Engländer sein

---

40 Schwedisches Radio P1, Programm „Kulturfredag", 2. November 2007.

Heimatland kolonialisiert und ausgenutzt haben. Aber das betrachtet er als Fakt, nicht als eine von vielen Mythenbildungen oder eine Interpretation der Interpretation: „Die Kolonialisierung ist eins der schlimmsten Dinge, die uns voriges Jahrhundert getroffen haben", sagte er zum Abschluss seines Interviews.

Begrenztes Wissen oder kein Wissen

In der Geschichtswissenschaft gibt es genau wie in anderen Wissenschaftsdisziplinen vieles, was wir nicht wissen. Genau deswegen benötigen wir mehr Forschung, um nach Möglichkeit besser zu verstehen. Unser Wissen ist immer begrenzt – und das bedeutet, dass es immer Bereiche geben wird, in denen wir entweder gar kein Wissen haben oder in denen unser Wissen unsicher ist. In der Geschichtswissenschaft gibt es genauso wie in anderen Wissenschaftsbereichen Gebiete, in denen auf bestimmte Fragen keine Antworten möglich sind, und es gibt Fragen, bei denen mehrere unterschiedliche Antworten möglich sind. Ausgehend von genau diesen *Einzelfällen* von Mehrdeutigkeit oder Wissenslücken werden dann vorschnell *allgemeine* Rückschlüsse über die generelle Unzugänglichkeit von Geschichte gezogen, was aber nicht folgerichtig ist. Natürlich gibt es viele nicht beantwortbare Fragen, aber auf viele andere Fragen gibt es eine Antwort. Natürlich sind viele Antworten vorläufig und unsicher, aber viele andere Antworten sind eindeutig und gut begründet. Dass wir immer nur begrenztes Wissen besitzen, dass wir also immer noch Neues zu entdecken haben, bedeutet nicht, dass wir nichts wissen können.

Die Spuren der Geschichte

Wir können zwischen Geschichte und Mythen auf die gleiche Weise unterscheiden wie zwischen Traum und Wirklichkeit. Dies hat mit den Spuren zu tun, die vergangene Ereignisse hinterlassen haben. Wenn ich am Morgen aufwache, kann ich aufgrund der Spuren des realen Lebens um mich herum unterscheiden, was Erinnerungen an vergangene Tage und was nur Traumbilder aus meinem nächtlichen Schlaf sind.

Dass wir Wissen über die Geschichte besitzen, beruht auf den Spuren, die das Vergangene hinterlassen hat, zu denen wir Zugang haben und die wir studieren können. Wir können in Kontakt mit Menschen und Ereignissen der Vergangenheit treten und zwar durch das Quellenmaterial, das auf unterschiedliche Weise eine verschwundene Welt widerspiegelt. Es gibt Spuren, die zusammen das bilden, was man manchmal „konvergierende Beweiskette" nennt, d. h. dass unterschiedliche Spuren alle in die gleiche Richtung deuten, alle in einem Punkt zusammenlaufen.

Wenn wir Kenntnis über die Welt der Antike erlangen möchten, stehen uns im Wesentlichen drei verschiedene Arten von Indizien zur Verfügung, die wir untersuchen können:

- Texte
- Gegenstände (Bilder, Inschriften, Kunstwerke, Münzen, archäologische Überreste)
- Schlussfolgerungen von anderen Fakten (zum Beispiel, dass eine christliche Bewegung entsteht)

Im Jahr 1961 fand man den sogenannten Pilatus-Stein mit folgender Aufschrift (eine von verschiedenen diskutierten Möglichkeiten zur Textergänzung[41] in eckigen Klammern):

[DIS AUGUSTI]S TIBERIÉUM
[...PO]NTIUS PILATUS
[...PRAEF]ECTUS IUDA[EA]E
[...FECIT D]E[DICAVIT]

Eine freie Übersetzung des Textes könnte lauten:

„Pontius Pilatus ließ dieses Tiberium errichten und widmete es der göttlichen kaiserlichen Familie des Augustus".

Jede Diskussion über die Geschichte muss vom verfügbaren Quellenmaterial ausgehen, also den allen zugänglichen Spuren, und nicht von Spekulationen. Wie D. P. Moynihan, amerikanischer Soziologe und

---

41 Vgl. die differenzierte Diskussion in Ameling 2011, §1227, S. 228.

Politiker, einmal gesagt hat: „Alle haben ein Recht auf eine eigene Auffassung, aber nicht auf eigene Fakten."

Nicht nur außerhalb des akademischen Forschungsbetriebes besteht die Versuchung, die Diskussion von Fakten zur Fantasie bzw. von Wissenschaft (Science) zu Sciencefiction zu verschieben. Dies geschieht oft durch die Frage: „Könnte es nicht so gewesen sein, dass ...?" Eine solche Frage kann fast immer bejaht werden. Könnte Jesus nicht verheiratet gewesen sein? Ja, Menschen heiraten. Ein wirklich häufiges Phänomen! Könnte Jesus nicht zwei Frauen gehabt haben? Na ja, Polygamie ist nichts Seltenes in der Menschheitsgeschichte. Könnte Jesus nicht drei Frauen ... vier Frauen ... einen ganzen Harem gehabt haben?! Natürlich wäre das möglich.

Die entscheidende Frage in Bezug auf Geschichte ist aber nicht, ob eine Theorie *möglich* ist – fast alle Theorien sind möglich, solange sie theoretisch logisch denkbar sind. Aber die Frage ist nicht, ob eine Theorie möglich ist, auch nicht ob sie generell glaubhaft klingt. Nein, die wirkliche Frage ist, ob eine Theorie *nach Faktenlage wahrscheinlich* ist. Bengt Holmberg, Professor für Neues Testament, schreibt über die Unterschiede zwischen denkbarer, plausibler und wahrscheinlicher Theorie:

In der historischen Forschung sollte man sorgfältig das Denkbare und Plausible von dem unterscheiden, was wahrscheinlich ist. Mögliche Modelle davon, wie historische Daten erklärt werden können, kann man zu Dutzenden produzieren, während plausible Modelle einen höheren Grad an Wahrscheinlichkeit benötigen, als nur brillant und theoretisch möglich zu sein – wodurch sich die Anzahl bereits verringert. Der Wille und die Fähigkeit, von Plausibilität ... zu einem historisch gut verankerten Urteil zu kommen, welcher Vorschlag der wahrscheinlichste ist .... dies unterscheidet Jungs von Männern in der Wissenschaft.[42]

Es muss sich alles darum drehen, wie sich eine Theorie zum *Faktenmaterial* verhält, also zu den Spuren, die jeder untersuchen kann. Und bereits hier versagen die neuen Theorien über Jesus oft.

---

42 Holmberg 2001, S. 181.

Wahrscheinlichkeit im Licht der Fakten

Nehmen wir als Beispiel das Buch von Lena Einhorn *Das Rätsel von Damaskus.*

Die Schlüsselpositionen in ihrer Theorie – dass Jesus nicht hingerichtet wurde, sondern nach Ägypten floh, dass er unter dem Namen Paulus zurückkam und der Ablauf der Ereignisse im Neuen Testament umdatiert werden müsse – werden mithilfe von Spekulationen aufgebaut und nicht ausgehend davon, wie wahrscheinlich sie aufgrund der Faktenlage sind.

Zum Ersten: *Was ist der Ausgangspunkt für die Theorie, dass Jesus und Paulus dieselbe Person sind?* Die Theorie ist leider nicht aus einem Studium des Quellenmaterials entstanden, sondern hat ihren Hintergrund in einer persönlichen „Offenbarung" der Verfasserin. Lena Einhorn berichtet selbst: „Vor 25 Jahren saß ich zu Mittag und es sagte jemand: Jesus starb nicht am Kreuz. Peng, alles ergab plötzlich ein Bild. Das war der entscheidende Augenblick für mich."[43] Es ist diese „Erkenntnis", die die Verfasserin nachträglich historisch zu legitimieren sucht.

Zum Zweiten: *Welchen Platz nimmt das Faktenmaterial in dieser Theorie über Jesus und Paulus ein?* Als der frühere Erzbischof K. G. Hammar das Buch rezensierte, formulierte er treffend:

> Und ich hatte noch nicht viele Seiten gelesen, bevor ich feststeckte. Bekannte und unbekannte Fakten, Annahmen und Andeutungen wechselten einander auf eine Art ab, die neue Perspektiven eröffnete, egal ob man zustimmte oder nicht.[44]

Hammar, der es besser wissen sollte, stellt dies als etwas Positives dar. In Wirklichkeit untergräbt solch ein Verhalten seriöse historische Forschung. Fakten, Annahmen und Andeutungen müssen soweit wie möglich für sich diskutiert werden und dürfen keinesfalls miteinander vermischt werden. Fakten müssen die ganze Zeit ihre rechtmäßige Sonderstellung bekommen. Wie es ein Rezensent mit klarem Blick auf

---

43 Zeitung *Dagens Nyheter* vom 17. August 2006.

44 Zeitung *Dagens Nyheter* vom 3. September 2006.

dieses Buch feststellte: „Den Leser möchte ich sehen, der sich nach einiger Zeit nicht von dieser Mischung aus Fakten und Fiktion verwirrt fühlt."[45]

Zum Dritten: *Welchen Platz nehmen Lücken im Wissen bei Lena Einhorns Theorie ein?* In der Geschichte gibt es immer eine Menge Dinge, die wir nicht wissen, und wir sind leicht versucht, diese Lücken trotz fehlender Fakten zu füllen. „Am erfolgreichsten ist Lena Einhorn darin, zu zeigen, was wir nicht wissen und welch große Lücken die Evangelien in ihrem Bericht über Jesus ausweisen."[46] Aber diese Haltung sollte direkt unser Misstrauen wecken. Wenn ein Verfasser unsere Lücken ins Zentrum stellt und nicht das Verständnis von zugänglichen Fakten, steht fast immer eine Theorie im Hintergrund, die lanciert werden soll. Lücken sind dabei mehr gefragt als Fakten, weil das Fehlen von Wissen immer zum Vorteil der Theorie dient, Fakten dagegen gefährlich sind. Sie könnten ja der Theorie widersprechen!

Bengt Holmberg, Professor für Neues Testament und einer der renommiertesten schwedischen Experten zum historischen Jesus, zeigt daher schonungslos die eklatanten Schwächen der Theorie auf, dass Jesus und Paulus die gleiche Person seien:

> ... man hört den ganzen Hypothesenhaufen förmlich unter der Last seiner eigenen Unwahrscheinlichkeit zusammenfallen. Während man Einhorns Art, wie sie die Quellen behandelt, kritisieren mag, kann man der Art, wie sie unbewiesene Hypothesen aufreiht und deren seriöse Prüfung durch Ausdrücke wie „merkwürdig", „es wäre komisch, wenn", „es ist nicht auszuschließen, dass" kaum anders begegnen, als ihr schlechte historische Methodik vorzuwerfen.[47]

Die Frage der historischen Methodik

Wie können wir so sachlich wie möglich die unterschiedlichen Hypothesen über das, was in der Geschichte geschehen ist, bewerten?

---

45 Torsten Kälvemark in: *Aftonbladet* vom 23. August 2006.

46 Ernst Klein in: *Östgöta Correspondenten* vom 8. September 2006.

47 Bengt Holmberg in: *Dagen* vom 10. Oktober 2006.

Wir erinnern uns an die Ausgangslage. Die Geschichte ist vergangen; keiner kann sie wiedererschaffen. Aber wir haben Zugang zu den von ihr hinterlassenen Spuren. Diese Spuren – Texte, archäologische Funde, Auswirkungen in der Geschichte – sind objektiv in dem Sinne, dass sie für alle zugänglich sind; sie bilden das empirische Faktenmaterial, von dem wir auszugehen haben. Gleichzeitig kann das Faktenmaterial selbst nicht sprechen, sondern muss interpretiert werden. Wir müssen seine Botschaft versuchen zu entschlüsseln, um zu verstehen, was vor uns passiert ist. Aber das Material ist bruchstückhaft und mehrdeutig und kann deshalb auf unterschiedliche Weise rekonstruiert werden.

Wenn wir nicht einfach darauf aus sind, nur unsere bereits im Vorfeld getroffenen Annahmen zu bestätigen, müssen wir konkurrierende Hypothesen über den Verlauf der Geschichte bewerten und auf ihre Glaubwürdigkeit hin vergleichen können. Dazu benötigen wir Werkzeuge, Kriterien, um zu entscheiden, *was die bestmögliche Erklärung ist.*

Michael Licona, Theologie-Professor, Historiker und Verfasser eines wichtigen Buches über historische Fragen im Zusammenhang mit der Auferstehung von Jesus, benennt fünf unterschiedliche Kriterien, die von Historikern benutzt werden, um konkurrierende Hypothesen zu bewerten.[48]

1. Der *Erklärungsumfang*. Dies ist ein quantitatives Kriterium dafür, wieviel des Faktenmaterials eine Hypothese einbezieht.

2. Die *Erklärungskraft*. Sie ist ein qualitatives Kriterium dafür, wie organisch eine Hypothese das Faktenmaterial zusammenfügt.

Ein Puzzle, dessen Teile uns nur unvollständig vorliegen, ist eine gute Illustration dieser beiden Kriterien. Stellen wir uns zwei Personen vor, die gegeneinander um die Wette puzzeln und die beide Zugang zur gleichen beschränkten Menge an Puzzleteilen haben, so kann das Resultat doch ziemlich unterschiedlich aussehen. Einem der beiden Wettstreiter gelingt es vielleicht, viele oder alle Puzzleteile zu einem natürlichen Ganzen zusammenzusetzen, während der andere vielleicht nur eine kleinere Anzahl von Teilen zusammengesetzt hat und etliche

---

48 Licona 2010, S. 108–112, 128. Siehe auch McCullagh 1984, 1997 und 2004.

von ihnen außerdem noch Spuren von gewaltsamem Zurechtbiegen aufweisen.

Der Erklärungsumfang (Menge des Faktenmaterials) und die Erklärungskraft (wie gut die Indizien zusammenpassen) sind also zwei grundlegende Kriterien, um die Glaubwürdigkeit einer Hypothese zu bewerten. Zusammengefasst bilden die beiden das *Erklärungsvermögen* der Hypothese.

3. Die *Plausibilität.* Wie verhält sich die Hypothese gegenüber anderen Erkenntnissen, von denen wir annehmen dürfen, dass sie wahr sind? Wenn es um Fragen zu Jesus geht, muss die Hypothese in Beziehung zu unserem Wissen über das Leben in Judäa, Samaria und Galiläa zur Zeit des zweiten Tempels stehen.

4. Die *Einfachheit.* Dieses Kriterium wird oft „Ockhams Rasiermesser" genannt, nach dem Philosophen William Ockham im 14. Jahrhundert. Wähle die einfachste Erklärung, solange sie wirklich die vorliegenden Fakten erklärt.

5. Der *Mehrwert* (*Illumination*). Wirft die Hypothese auch ein erklärendes Licht auf andere Bereiche? Bei Fragen über Jesus könnte dies zum Beispiel die naheliegende Frage nach der Entstehung des Christentums sein.

Somit haben wir also fünf relevante Kriterien, um konkurrierende Hypothesen zu bewerten:

1. Erklärungsumfang
2. Erklärungskraft
3. Plausibilität
4. Einfachheit
5. Mehrwert

Wir sollten der Hypothese den Vorzug geben, die diese Kriterien besser als die anderen verfügbaren Alternativen erfüllt. Es ist kein Sport, eine bestimmte Hypothese zu kritisieren – es gibt immer ein gewisses Maß an Unsicherheit, und man kann immer skeptische Fragen stellen. Aber die Herausforderung liegt nicht darin, alle offenen Unsicherheiten zu identifizieren, sondern *unter Berücksichtigung des verfügbaren Materials eine bessere und wahrscheinlichere Hypothese zu präsentieren.* Genau hier scheitert Roger Viklund fatal mit seiner Behauptung, dass es Jesus nie gegeben habe. Nachdem er die Handschriften in Frage gestellt, die Texte umdatiert, die Verfasser diskreditiert und vom Schweigen her argumentiert hat, also vom Fehlen von Quellen her (siehe S. 57), um Jesus zu beseitigen, muss er zum Schluss eine alternative Hypothese zum Entstehen der christlichen Kirche liefern. Und dies zwingt ihn, nach mehr als 500 Seiten (!) festzustellen:

> Ich bin mir bewusst, dass viel von dem von mir verwendeten Quellenmaterial von zweifelhaftem Wahrheitsgehalt ist, besonders da es oft sehr jung ist und daher legendenhaft sein kann. Entsprechende Angaben bei den Kirchenvätern habe ich oft aus gutem Grund als legendenhaft abgewiesen ... ich bin mir bewusst, dass diese Überprüfung in vielen Stücken als spekulativ betrachtet werden darf.[49]

In einem späteren Artikel auf *Newsmill* beschreibt er seine alternative Erklärung zur Entstehung des Christentums so:

> Eine alternative Erklärung zur Entstehung des Christentums ... ist, dass es als jüdischer Mysterienkult startete. Alle Völker hatten ihre eigenen Mysterienkulte. Die einzige Ausnahme könnten möglicherweise die Juden gewesen sein. Aber warum sollten nicht auch die Juden ihren eigenen Mysterienkult erschaffen haben können? Viele von ihnen waren ja unter „alle" Völker zerstreut und sind daher sicher von ihnen beeinflusst worden. Ich behaupte, dass sie sich sicher ihren eigenen Mysterienkult geschaffen haben, und dieser bekam den Namen Christentum nach Christus, dem Namen des jüdischen Messias ... Mit der Zeit hat dieser Kult sich dann von seinem ursprünglich mehr symbolischen Charakter entfernt. Zu Anfang umfasste er nur eine kleine Gruppe Juden, aber wuchs und zog auch Nicht-Juden an. Jeder Mysterienkult hatte seinen Erlöser oder Göttersohn, und im Christentum, als jüdische Mysterienreligion, wurde dieser Göttersohn und Erlöser natürlich der Messias ...

---

49   Viklund 2005, S. 512.

Was als symbolische Erzählung angefangen hatte, drückte sich mit der Zeit immer mehr historisch aus.[50]

Das Problem ist natürlich, dass es überhaupt kein Quellenmaterial gibt, das dieses Szenario stützen würde; es basiert einzig auf der Behauptung Viklunds. Bitte achten Sie auf seinen Ausgangspunkt: Könnte es nicht so gewesen sein, dass …? Um aus seinem Artikel zu zitieren:

> Aber warum sollten nicht auch die Juden ihren eigenen Mysterienkult erschaffen haben können? Viele von ihnen waren ja unter „alle" Völker zerstreut und sind daher sicher von ihnen beeinflusst worden.

Die theoretische Möglichkeit reicht nicht aus; sie muss durch historische Fakten untermauert sein. Mit anderen Worten: Viklund hat keine überzeugendere und bessere Hypothese präsentiert.

In der Geschichtswissenschaft geht es immer darum, ausgehend von den Fakten, der gemeinsamen Spur, die allen zugänglich ist, zu zeigen, was am wahrscheinlichsten ist. Es geht darum, die beste verfügbare Erklärung zu suchen.

---

50 Roger Viklund, „Åtta skäl till varför evangeliernas Jesusgestalt bör ifrågasättas" (*Newsmill* vom 29. Mai 2011. http://www.newsmill.se/artikel/2011/05/28/tta-skl-till-varf-r-evangeliernas-jesusgestalt-b-r-ifr-gas-ttas).

6. GESCHICHTSWISSENSCHAFTLICHE PRINZIPIEN UND IHRE KONSEQUENTE UMSETZUNG

Mir gefällt die Anekdote von dem orthodoxen Rabbiner, der liebend gerne Golf spielte. Einmal gab er der Versuchung nach und spielte, obwohl es Sabbat war. Engel, die vom Himmel her zuschauten, kommentierten den Vorfall. Einer wendete sich an Gott und sagte: „Wir haben hier einen Rabbi, der am Sabbat Golf spielt. Schlage ihn mit einem Blitz." Aber Gott sagte: „Ich habe einen besseren Plan." Gerade da schlug der Rabbiner einen wunderbaren Schlag, der Ball rollte über das Grün und landete direkt im Loch – Hole-in-one! Die Engel wendeten sich verwundert an Gott: „Wir dachten, du würdest ihn bestrafen?" Gott antwortete: „Und wem soll er das nun erzählen?!"

Dieser Witz erinnert uns daran, wie blind wir oft für das sind, was offenbar und selbstverständlich ist. In Diskussionen über Geschichte begegnet man häufig zwei solchen blinden Flecken, die ich darstellen möchte.

Der erste blinde Fleck bezieht sich auf die Frage: *Verhalten wir uns dem Quellenmaterial gegenüber konsequent?* Wir sollten historische Quellen entsprechend den akzeptierten geschichtswissenschaftlichen Prinzipien gleichwertig behandeln, unabhängig davon, um welches Material es sich handelt. Christen sollten sich bewusstmachen, dass die Texte des Neuen Testaments mit den gleichen kritischen Fragen untersucht werden wie andere Texte der Antike. Und Skeptiker sollten sich bewusstmachen, dass man diese Texte nicht einfach deshalb ablehnen kann, weil sie von der christlichen Kirche gelesen werden; sie müssen nach den gleichen Kriterien untersucht werden wie andere antike Texte.

Lassen Sie mich ein Beispiel nennen, den weltberühmten General Hannibal von Karthago in Nordafrika. Hannibal lebte ca. 257–183 v. Chr. und war einer der berühmtesten Feldherren seiner Zeit. Im Jahre 218 v. Chr. führte er einen Angriff gegen Rom von Norden aus an. Mit einer großen Armee und etlichen Elefanten (!) marschierte er von Spanien aus über die Alpen und begann den sogenannten Zweiten Punischen Krieg. Das alles wird kaum in Frage gestellt; wir nehmen die

Angaben über Hannibal ernst. Aber worauf stützt sich eigentlich unser Wissen über Hannibal? Keiner von denen, die dabei waren, hat etwas geschrieben. Und wir haben keinerlei Quellen von der karthagischen Seite.

Wir besitzen nur zwei spätere Quellen, den griechischen Historiker Polybios und aus der Siegerperspektive den römischen Historiker Livius.[51]

Die Geschichtsschreibung des Polybios umfasst die Zeit bis 146 v. Chr. und kann daher frühestens zu dieser Zeit fertiggestellt worden sein. Dies impliziert einen zeitlichen Abstand zwischen den Ereignissen (218 v. Chr.) und unserer schriftlichen Quelle (146 v. Chr.) von bis zu 70 Jahren. Livius schrieb seine Berichte während der Regierung von Kaiser Augustus (27 v. Chr. – 14 n. Chr.). Hier ist der zeitliche Abstand deutlich größer. Die Texte des Livius über Hannibal sind erst 200 Jahre nach den Ereignissen entstanden.

Weitere Quellen wie der griechische Geschichtsschreiber Cassius Dio (gestorben 235 n. Chr.) datieren dann mehr als 400 Jahre nach den Geschehnissen.

Weder Polybios noch Livius sind also Augenzeugen der Ereignisse, sondern für ihre Information abhängig von anderen Quellen, zu denen wir heute keinen Zugang mehr haben.

Der Punkt ist an sich einfach: Es gibt keinen Grund, andere Kriterien für das Studium der Evangelien anzulegen als für das Studium von Hannibal. Trotzdem gibt es eine Fülle von Kritik an den Evangelien – von einer Art, wie sie selten auf die Texte über Hannibal angewendet wird –, und das, obwohl wir mehr und ältere Quellen über Jesus von Nazareth haben. Hier wäre deutlich mehr Konsequenz angebracht!

Leider misst man oft mit zweierlei Maß; und dann ist es „erlaubt", mit bestimmten Argumenten wieder und wieder die Historizität von Jesus in Frage zu stellen, während mit anderen historischen Personen nicht so verfahren wird. Wenn wir zum Beispiel die gleiche hyperkritische Einstellung, die mancher Jesus-Forscher gegenüber den Evangelien hat, gegenüber den Quellen über Konfuzius anwenden würden, dann

---

51 Siehe Polybios, Buch 3, Kap. 49–56, und Livius, Buch 21, Kap. 30–38.

würde Chinas berühmter Weisheitslehrer einfach aus der Geschichte verschwinden.[52]

Der zweite blinde Fleck bezieht sich auf die Frage: *Warum sollte man das Quellenmaterial in die Kategorien biblische und außerbiblische Quellen aufteilen?* Ursprünglich waren alle Quellen „außerbiblisch" und sollten als solche betrachtet werden.

Die Texte, die wir heute in der Textsammlung „Neues Testament" als Teil der Bibel besitzen, sind ursprünglich einzelne Texte der Antike. Die Tatsache, dass sie frühzeitig von Christen benutzt wurden und bald Teil des christlichen Kanons wurden – und heute fein mit Goldschnitt in Leder eingebunden sind –, beeinflusst doch nicht deren Status als Quellenmaterial. Auch Texte von Josephus verändern oder verlieren doch nicht ihren Wert als Quelle, nur weil sie jemand nachträglich zusammen mit Philons Texten unter dem Namen „Jüdische Geschichtsschreiber" herausgibt.

Paulus' Briefe haben keinen geringeren Wert als Quelle als die Briefe des römischen Beamten Plinius des Jüngeren, nur weil sie heute Teil des Neuen Testaments sind. Im Gegenteil. Beide sind Briefe der Antike, in denen Jesus und seine Nachfolger vorkommen und die uns Informationen darüber vermitteln, wie die Christen ihren Gottesdienst feierten. Beide sind antike Quellen über das Heranwachsen der christlichen Bewegung. Gleichzeitig kann man feststellen, dass das Material von Paulus einige deutliche Vorteile besitzt:

- Paulus besitzt eine größere zeitliche Nähe zu dieser Zeit (seine ältesten Briefe sind rund 50 n. Chr. geschrieben, während Plinius 110 n. Chr. schreibt, also ein Unterschied von 60 Jahren).

- Paulus besitzt eine größere geografische und kulturelle Nähe zu den Ereignissen (er ist Jude und hatte seinen Ausgangspunkt in Jerusalem, als die christliche Bewegung begann, während Plinius ein in der heutigen Türkei stationierter Römer war).

- Paulus befindet sich näher am Zentrum der Geschehnisse (er kannte alle Schlüsselpersonen der christlichen Bewegung wie

---

52 Siehe z. B. die Diskussion bei Marshall 2005.

Petrus sowie den Bruder von Jesus, Jakobus, und Johannes persönlich, während Plinius ein Outsider ist).

Alle Quellen, die uns vorliegen, sind außerbiblische, sowohl was jüdische als auch griechische und römische Quellen angeht. Eine Angabe ist nicht automatisch deshalb glaubwürdiger, weil sie in einer jüdischen oder römischen Quelle steht, als wenn sie in einer christlichen Quelle stünde. Die Glaubwürdigkeit muss in jedem einzelnen Fall untersucht werden.

Dies beinhaltet, dass man nicht einfach eine Angabe mit dem Hinweis „sie steht in der Bibel" ablehnen kann. Genauso wenig kann man behaupten: „Wir müssen die Angabe erst in einer jüdischen oder römischen Quelle bestätigt finden, bevor wir sie ernstnehmen können." Die 27 Bücher des Neuen Testaments wurden jedes für sich geschrieben und sind hochinteressante antike Texte, die auf die gleiche Weise wie jede andere Literatur dieser Zeit bewertet werden sollten.

7. HAT JESUS VON NAZARETH EXISTIERT?

D ie Frage nach der Existenz Jesu taucht erstmals am Ende des 18. Jahrhunderts auf; vorher wurde von allen als selbstverständlich angesehen, dass Jesus gelebt habe. In radikalen Kreisen in England und Frankreich verbreitete man die Idee, dass es Jesus nie gegeben habe. Allerdings ohne größeren Erfolg. Selbst ein so bekannter Kritiker des Christentums wie Voltaire meinte, dass Leugner der Existenz von Jesus nur zeigen, dass sie „einfallsreicher als gelehrt sind".[53]

In der Mitte des 19. Jahrhunderts bekam diese Idee Unterstützung von dem deutschen Theologen Bruno Bauer. Er formuliert die grundlegenden Argumente gegen Jesu Existenz; drei Argumente, die seitdem immer wieder in unterschiedlichen Formen zum Einsatz kommen, wenn die Historizität von Jesus geleugnet wird. Bauer lehnt (1) den Wert des Neuen Testaments als Quelle ab, weist (2) auf das Fehlen von anderen zuverlässigen Quellen über Jesus hin und behauptet (3), dass der christliche Glaube nicht durch das Leben einer historischen Person entstanden sei, sondern durch Vermischung von bereits existierenden religiösen Ideen. Die Person Jesus sieht er als eine literarische Schöpfung des Evangelisten Markus, ganz analog, wie wir Huckleberry Finn als literarische Schöpfung von Mark Twain ansehen. Manche unserer Zeitgenossen sind Bauers Spur gefolgt, wie der Engländer George A. Wells und in Schweden Alvar Ellegård mit dem Buch *Myten om Jesus* [Der Jesus-Mythos] sowie Roger Viklund mit dem Buch *Der Jesus, den es nie gegeben hat.*[54]

In der Wissenschaft allerdings hat Bauer kaum Anhänger. Man beachte, dass Wells Professor für Germanistik war, Ellegård für Anglistik und Viklund Techniker ist – keiner von ihnen hat akademische Erfahrung in Geschichtswissenschaft oder Theologie. Natürlich ist das an sich kein endgültiges Argument. Autoritäten können sich irren und Autodidakten Recht haben. Akademische Titel entscheiden nicht über

---

53 F. M. Voltaire, *De Jesus. Dieu et les hommes. Oeuvres complète de Voltaire.* Paris 1785. Band 33, S. 273. Voltaire akzeptierte Jesu Historizität.

54 Ellegård 1992; Viklund 2005.

wahr und unwahr. Aber es weckt doch ein gewisses Misstrauen, wenn eine Theorie den Großteil der wissenschaftlichen Welt gegen sich hat.

Unter den Althistorikern, die sich mit der Antike befassen, sowie unter neutestamentlichen Theologen zeigt sich ein anderes Bild. Ein paar Beispiele zeigen, wie bekannte Wissenschaftler in diesem Gebiet in der Zeit von 1950 bis heute zur Frage der Existenz von Jesus gedacht haben:

Rudolf Bultmann, evangelischer Theologe und Professor für Neues Testament, der für seine kritische Haltung zu den Evangelien welt-berühmt wurde: „Zweifel daran, ob Jesus wirklich existierte, sind unbegründet und nicht wert, widerlegt zu werden. Kein vernünftiger Mensch kann bezweifeln, dass Jesus als Gründer hinter der historischen Bewegung steht, deren erste Phase von der ursprünglichen [christlichen] Gemeinschaft in Palästina dargestellt wird."[55]

Willi Marxsen, einflussreicher deutscher evangelischer Theologe für Neues Testament: „Meine Auffassung (und das ist eine Auffassung, die von allen seriösen Historikern geteilt wird) ist, dass die Theorie [dass Jesus nicht existierte] historisch nicht haltbar ist."[56]

Samuel Byrskog, heute Professor für Neues Testament an der Universität Lund: „Ich bin auch der Meinung (und kein ernstzunehmender Historiker ist anderer Meinung), dass diese Behauptung [Jesus habe nie gelebt] wissenschaftlich (historisch) unhaltbar ist. Sporadische Versuche werden sicherlich – auch in Schweden – unternommen, um das Zeugnis des Neuen Testaments für die tatsächliche Existenz von Jesus wegzuerklären, aber alle diese Ansätze lassen exegetische Einsicht vermissen und werden inzwischen immer seltener von Menschen mit ordentlicher exegetischer Ausbildung unternommen. Von den Wissenschaftlern mit den notwendigen Kenntnissen für exegetische Arbeit verneinen inzwischen nicht einmal die kritischsten, dass es Jesus gegeben hat."[57]

Robert Van Vorst, US-amerikanischer Professor für Neues Testament, der sich auf nichtbiblische Quellen über Jesus spezialisiert hat

---

55 Rudolf Bultmann, *Jesus and the Word*. London 1958. S. 13.

56 Marxsen 1968, S. 121.

57 Samuel Byrskog, *Religio* 39 (1992).

(2000): „Gegenwärtige neutestamentliche Forschung hat allgemein ihre Argumente [der Kritiker der Existenz von Jesus] als so schwach oder bizarr eingestuft, dass sie entweder zu Fußnoten degradiert oder komplett ignoriert wurden."[58]

Graham Stanton, Professor in Cambridge und renommierter Experte für die Evangelien (2002): „Heute akzeptieren fast alle Historiker, unabhängig davon, ob sie Christen sind oder nicht, dass Jesus existiert hat und die Evangelien viele wertvolle Hinweise dafür enthalten, die kritisch gewichtet und bewertet werden müssen. Sie sind im Allgemeinen darüber einig, dass wir viel mehr über Jesus von Nazareth wissen als von irgend einem religiösen Lehrer des Juden- oder Heidentums aus dem ersten oder zweiten Jahrhundert, möglichweise mit Ausnahme von Paulus."[59]

Richard Burridge, Professor für Biblische Exegese am King's College in London, Spezialist für das literarische Genre des Neuen Testaments (2004): „Manche behaupten, dass Jesus eine Erfindung der Kirche sei, dass es Jesus überhaupt nie gegeben habe. Ich muss sagen, dass ich keinen anerkannten Historiker kenne, der so etwas noch sagt."[60]

Der berühmte und anerkannte Theologe N. T. Wright: „Es ist ziemlich schwer zu sagen, wo genau man anfangen soll [die Frage zu beantworten, wie wir wissen können, dass Jesus existiert hat], da die Beweise für die Existenz von Jesus tatsächlich so massiv sind, dass ich als Historiker behaupten möchte, dass wir für Jesus quasi genauso gute Beweise haben wie für andere Personen der Antike ... Die Beweise stimmen so gut mit dem überein, was wir vom Judentum in dieser Zeit wissen ... dass ich kaum glaube, dass es einen Historiker heute gibt – ich selbst kenne jedenfalls keinen –, der daran zweifelt, dass es Jesus gegeben hat ... Es ist überdeutlich, dass Jesus eine sehr sehr gut dokumentierte Person der realen Geschichte ist."[61]

---

58 Van Vorst 2000, S. 16.

59 Stanton 2002, S. 145.

60 Burridge, Gould 2004, S. 34.

61 N. T. Wright im Nachwort „The Self-Revelation of God in Human History" in: Flew, Varghese 2008, S. 187–188.

Geza Vermes, jüdischer Historiker, Professor in Oxford und führende Autorität sowohl für die Schriftrollen vom Toten Meer als auch die Jesus-Forschung (2008): „Lassen sie es mich gerade heraus sagen, dass ich akzeptiere, dass Jesus eine wirkliche, historische Person war. Die Schwierigkeiten, die entstehen, wenn man seine Existenz verneint – was übrigens immer noch von einem kleinen, aber lauten Kreis rationalistischer ‚Dogmatiker' geschieht – sind meiner Ansicht nach weit größer als die, wenn man sie akzeptiert."[62]

Craig Evans, preisgekrönter kanadischer Professor für Neues Testament (2009): „Kein seriöser Historiker, sowohl religiös als auch nichtreligiös, bezweifelt, dass Jesus von Nazareth wirklich während des ersten Jahrhunderts lebte und unter der Aufsicht von Pontius Pilatus, dem Statthalter von Judäa und Samaria, hingerichtet wurde."[63]

Auf YouTube findet man ein Interview mit Bart Ehrman,[64] einem herausragenden Religionswissenschaftler, der sich selbst beschreibt als „ein Agnostiker, der zum Atheismus neigt".[65] Er ist außerdem als ein provozierender Kritiker des christlichen Glaubens bekannt. Der Journalist geht davon aus, dass Ehrman daher auch ein Kritiker der Existenz von Jesus ist. Das Interview illustriert auf unterhaltsame Weise, was passiert, wenn populärwissenschaftliche Mythen über die Nichtexistenz von Jesus mit der historischen Forschung kollidieren. Denn Ehrman wiederholt immer wieder: „Sie müssen auf die Indizien schauen!" Er stellt fest, dass wir mehr Belege für die Existenz Jesu haben als für die meisten anderen Menschen aus dieser Zeit.

Einige Jahre später gab Ehrman das Buch *Did Jesus Exist?* (Existierte Jesus?) heraus, das eine vernichtende Analyse und Kritik der Argumente gegen die Existenz von Jesus darstellt:

Jesus existierte, und die lautstarken Kritiker, die dies abstreiten, tun dies nicht, weil sie die Beweise mit der kühlen Betrachtungsweise

---

62   Vermes 2007, S. IX.

63   Evans, Wright 2009, S. 3.

64   http://www.youtube.com/watch?v=yRxoN4GF0AY. Aus urheberrechtlichen Gründen nicht mehr verfügbar.

65   Ehrman 2012, S 5.

eines Historikers untersucht hätten, sondern weil sie eine andere Agenda haben, der ihr Leugnen dient. Aus rein sachlichem Blickwinkel heraus hat es einen Jesus von Nazareth gegeben.[66]

Eines der Argumente, die Ehrman hervorhebt, ist das persönliche Netzwerk des Paulus.

Man kann Teile von Paulus' Leben rekonstruieren, da er in seinen Briefen biografische Informationen liefert und außerdem sein enger Mitarbeiter Lukas eine Anzahl dieser Reisen in seinem Werk der Apostelgeschichte beschrieb.

Im Galaterbrief, der im Allgemeinen als von Paulus geschrieben akzeptiert wird, liefert er Informationen über einige wichtige Ereignisse nach seiner Bekehrung zum christlichen Glauben. Paulus wurde Christ ein oder zwei Jahre nach der Hinrichtung von Jesus und er berichtet selbst von der darauffolgenden Zeit:

> Erst drei Jahre später ging ich nach Jerusalem, um Kephas kennenzulernen. Fünfzehn Tage blieb ich bei ihm. Von den anderen Aposteln habe ich keinen gesehen – außer Jakobus, den Bruder des Herrn. Was ich euch hier schreibe, ist, bei Gott, nicht gelogen.[67]

Wir befinden uns also in den 30er Jahren, vier oder fünf Jahre nach Jesu Hinrichtung. Bart Ehrman benennt die Menschen, die Paulus während seines Besuchs in Jerusalem traf, und erläutert ihren Stellenwert:

> Kephas ist natürlich Petrus (s. Joh 1,42), Jesu nächster Jünger. Jakobus, so sagt Paulus, war der Bruder des Herrn. *Diese zwei Personen kennenzulernen, ist ausgezeichnet, wenn du etwas über den historischen Jesus wissen willst. Ich wünschte selbst, ich würde sie kennen.* [Kursiv durch Verfasser].[68]

---

66 Ebd., S. 6.
67 Gal 1,18–20.
68 Ehrman 2012, S. 144.

Paulus blieb zwei Wochen in Jerusalem und besprach sich mit Petrus und Jakobus. Vierzehn Jahre später kehrt er zurück und trifft dann auch Johannes, einen Jünger Jesu.[69]

Es ist undenkbar, dass Paulus, der nur wenige Jahre vorher einer der erbittertsten Gegner des christlichen Glaubens gewesen war, aber jetzt die Seite gewechselt hatte, sich nicht für die Frage nach der Wahrheit interessiert haben sollte, als er zunächst Petrus und Jakobus und später auch Johannes getroffen hatte. Im Gegenteil – Paulus war von den eigenen Überzeugungen durchdrungen und bereit, für das, was er für wahr hielt, sehr weit zu gehen. Wie Ehrman schreibt: „Es ist einfach nicht glaubhaft, dass Paulus zwei Wochen mit den allernächsten Nachfolgern von Jesus verbracht hat und nichts über ihn gelernt hat – zum Beispiel, dass er gelebt hat."[70]

Ehrman fährt fort:

Können wir einem Augenzeugenbericht näherkommen als hier? Die Tatsache, dass Paulus den nächsten Jünger und den eigenen Bruder von Jesus gekannt hat, ist ein eindeutiger Stolperstein für die Behauptung, dass Jesus nie existiert hat.[71]

Warum Jesus wirklich existiert hat

Robert Van Vorst nennt sieben Gründe, warum „die Frage nach der Nichtexistenz von Jesus als wissenschaftliche Frage inzwischen praktisch ausgestorben ist".[72] Es handelt sich um gravierende Fehler in der Beweisführung, etwa dass sich die Schlüsse nicht aus dem präsentierten Faktenmaterial ziehen lassen. Hier folgen Van Vorsts sieben Gründe:

Erstens *hat das Argument aus dem Schweigen, also von der Abwesenheit bzw. dem Fehlen von Quellen her („argumentum ex silentio") kein großes Gewicht in der historischen Forschung. Dass etwas komplett übergangen oder nur kurzgefasst wiedergegeben statt detailliert*

---

69   Gal. 2,1–10.

70   Ehrman 2012, S. 145.

71   Ebd., S. 145–146.

72   Van Vorst 2000, S. 14.

beschrieben wird, ist kein Argument dafür, dass es nie existiert hat. Das weitgehende Schweigen des Paulus über das Leben von Jesus ist kein Argument gegen die Existenz von Jesus. Das gleiche gilt für die begrenzten Informationen im nichtchristlichen Material.

Zweitens *beruht die Mythentheorie auf einer Umdatierung der Evangelien*, also dass Christen die Person Jesus erst nach dem ersten Jahrhundert außerhalb Israels erschaffen hätten.[73] Aber dies stimmt nicht mit der Datierung der Evangelien überein, die vorher geschrieben wurden, und es erklärt nicht, wie sie eine so große Anzahl korrekter Details über das Leben im damaligen Israel enthalten können.

Drittens *gehen die Schlüsse, die man aus einzelnen Problemen zieht, zu weit.* Die Entwicklung der Evangelientradition und ihre historischen Schwierigkeiten sind in sich kein Beweis dafür, dass es Jesus nicht gegeben hat. Dass eine Tradition sich entwickelt oder verändert, heißt nicht, dass sie keinen historischen Kern enthält. Dass sie gewisse historische Schwierigkeiten aufweist, heißt nicht, dass sie nachträglich erfunden wurde.

Viertens *ignoriert man, dass alle antiken Kritiker des Christentums von der Existenz von Jesus ausgingen.* Es wäre ein offensichtlicher Kritikpunkt, wenn die Kirche, nachdem sie schon eine beträchtliche Zeit existiert hat, nachträglich Berichte über eine angeblich historische Person Jesus eingeführt hätte. Alle nichtchristlichen Quellen nehmen die Historizität von Jesus an.

Fünftens *ist die Kritik des nichtchristlichen Materials unausgewogen*, besonders in Bezug auf Tacitus und Josephus. Die Vertreter des Jesus-Mythos weisen auf allgemein bekannte, textkritische Probleme hin und ziehen dann den Schluss, dass diese Probleme den Wert der Texte als Quelle vollständig untergraben würden. Aber dabei übersieht man,

---

73 Das Neue Testament benutzt die Bezeichnungen Judäa und Galiläa für die Gebiete, in denen Jesus hauptsächlich wirkte. In der historischen und theologischen Literatur werden diese Begriffe abwechselnd mit dem Begriff Palästina verwendet, dem jüdischen Palästina oder Israel. Ich benutze sämtliche Begriffe, ohne dass sie eine Stellungnahme im gegenwärtigen politischen Konflikt sind.

dass es in der Forschung „einen starken Konsens darüber gibt, dass die Mehrzahl der Texte im Grunde glaubwürdig sind."[74]

Sechstens *ist ihre Argumentation häufig von starken antireligiösen Motiven bestimmt, nicht von objektiven Gründen.* Unter Wissenschaftlern hingegen wird die Existenz von Jesus quer durch alle religiösen und philosophischen Auffassungen hinweg akzeptiert – von Atheisten, Agnostikern und Gläubigen unterschiedlichster Couleur. Die These, dass Jesus existiert hat, ist nicht aus einem speziellen Glauben heraus motiviert, sondern gründet auf anerkannten geschichtswissenschaftlichen Kriterien.

Siebtens *haben die Jesus-Skeptiker keine glaubwürdige Erklärung für die Entstehung des Christentums und des Glaubens an Jesus von Nazareth als historischer Person.* Der Mythos-Theorie fehlt die historische Evidenz, weshalb sie die Wissenschaftler nicht überzeugen konnte.

Wie Van Vorst sagt: „Bibelwissenschaftler und klassische Historiker betrachten die Theorie prinzipiell als widerlegt."[75] Oder wie einer von Schwedens anerkanntesten Historikern geschrieben hat:

> Der Versuch, Jesus als historische Person abzulehnen, ist beinahe …
> in die Kategorie „moderne Verschwörungstheorien" einzuordnen,
> gemeinsam mit der Idee, dass die CIA für das Attentat auf das
> World Trade Center verantwortlich sei und die NASA die Mondlandung gefaked habe. Wenn wir aber stattdessen die bewährte wissenschaftliche Methode „Ockhams Rasiermesser" anwenden – die Erklärung ist vorzuziehen, die möglichst wenige zusätzliche Annahmen braucht –, dann wird deutlich: Es ist wahrscheinlicher, dass es Jesus gegeben hat, als dass es ihn nicht gegeben hat.[76]

---

74 Van Vorst 2000, S. 15.
75 Ebd., S. 23.
76 http://www.newsmill.se/artikel/2011/05/12/att-jesus-inte-skulle-ha-funnits-ren-modern-konspirationsteori.

8. VON TAGTRÄUMEN UND
TRAGFÄHIGEREN INDIZIEN

Vielleicht haben Sie auch schon einmal den Satz gehört: „Wenn man keine Erwartungen hat, kann man sich über alles freuen, was man hat." Als Lebensphilosophie ist dies eine deprimierende Grundhaltung. Christlicher Glaube redet dagegen davon, mit „einer immer reicheren Hoffnung"[77] erfüllt zu werden – aber im Blick auf historisches Wissen hat dieser Satz einen gewissen Wert.

Die Jahrhunderte um den Beginn unserer Zeitrechnung herum waren eine Zeit vielfältiger literarischer Aktivität:

> Philosophen schrieben dicke Bücher über den Sinn des Lebens. Poeten und Dramatiker schrieben Texte, um die Menschen zum Lachen und Weinen zu bringen. Herrscher schrieben königliche Propaganda, um sicher zu sein, dass man sich an sie erinnern würde. Historiker stellten für die Zukunft alles Material zusammen, das sie über die großartigen Ereignisse, die mit dem Heranwachsen des Römischen Reiches zusammenhingen, finden konnten.[78]

Wenn wir uns *etwas wünschen dürften*, hätten wir gerne Zugang zum ganzen Material. Von historischen Ereignissen hätten wir natürlich gerne mehrere zeitgenössische Quellen, Augenzeugenberichte, die das Geschehen vollständig beschreiben. Sie sollten voneinander unabhängig sein, die Bewertungen des Geschehens aus Sicht unterschiedlicher Gruppen repräsentieren und im Original erhalten geblieben sein.

Die Wirklichkeit sieht natürlich ziemlich anders aus. Deshalb ist es für historische Forschung wichtig, mit angemessenen Erwartungen zu arbeiten. Vier Fakten über die antiken Quellen können uns helfen, die richtige Einstellung zu finden:

Erstens betrachten wir die Frage nach der *Menge des erhaltenen Materials*. Was heute noch von den Texten und Bauten aus dem Jerusalem,

---

77 Röm 15,13.

78 John Dickson, *The Christ Files*, S. 17.

Rom und Athen des ersten Jahrhunderts übrig ist, ist nach dem Historiker John Dickson „weniger als 1 Prozent".[79] Das Allermeiste ist im Lauf der Zeit für immer verschwunden. Bei schriftlichen Quellen gleicht dies einem modernen Phänomen, das wir Computerbenutzer kennen – dem Festplatten-Crash. Ohne Backup bedeutet dies, dass eine Menge Informationen für immer verloren sind. Von der Antike bis heute hat es – metaphorisch gesprochen – immer wieder Festplatten-Crashs gegeben. Brände haben Bibliotheken zerstört, einfallende Armeen haben Archive dem Erdboden gleichgemacht, Feuchtigkeit und Schimmel haben Handschriften zerstört, philosophische Strömungen und politische und religiöse Veränderungen haben dazu geführt, dass bestimmte Texte nicht mehr benutzt wurden, während andere gerade durch fleißiges Benutzen zerschlissen wurden und wie ein Papiertaschentuch zerfielen. Als Resultat blieb nur ein äußerst kleiner Teil des ursprünglichen Textmaterials bis in unsere Zeit erhalten.

Zweitens stellt sich die Frage der *Beliebigkeit, welche Texte überlebt haben.* Zufällig haben bestimmte Texte oder Textteile überlebt oder auch Texte, die Zitate von einem ansonsten verlorenen Text enthalten und daher heute für uns noch zugänglich sind. Die Auswahl scheint sehr willkürlich; es sind definitiv nicht immer die Texte verfügbar, zu denen wir gerne Zugang hätten. Aus Zufall haben wir Zugang zu einem Brief auf Papyrus von einem gewissen Dionysios, der während des Jahres 200 n. Chr. auf dem Heimweg von einer neueröffneten Therme überfallen wurde. In dem Brief bittet er einen Beamten, der Philon heißt, den Fall zu untersuchen und die Räuber gefangen zu nehmen. Ein faszinierender Schnappschuss aus dem Leben eines Menschen, aber vielleicht nicht gerade das, was wir auf unserer Liste des gewünschten Quellenmaterials am meisten priorisiert hätten. Gleichzeitig blieb nicht ein einziger Brief des römischen Kaisers Tiberius, der von 14–37 n. Chr. regierte, erhalten.[80]

Es gibt nicht einen einzigen Verfasser der Antike, dessen gesamtes Werk die Geschichte überlebt hat. Nehmen wir beispielsweise den

---

79 John Dickson, *Investigating Jesus,* S. 36.

80 Ebd., S. 36–37. Für den griechischen Text siehe Llewelyn 2002.

römischen Geschichtsschreiber Sueton, der von 70–140 n. Chr. lebte. Sein großes Werk über die zwölf römischen Kaiser ist fast *vollständig bewahrt* und liefert uns wertvolle Informationen über das Römerreich. Weitere drei seiner Schriften sind *teilweise* erhalten. Aber aus anderen Schriften kennen wir die Namen von weiteren vierzehn seiner Werke, die *verloren gegangen sind.* Der berühmte griechische Historiker Plutarch hinterließ 300 Schriften, aber nur die Hälfte davon ist erhalten. Noch schlechter erging es den Schriften des römischen Historikers Livius. Von seinen 142 Büchern sind 107 verloren gegangen.

Ein anderes Beispiel ist Tacitus. Sein wichtigstes Werk *Die Annalen* (Jahrbücher) bestand ursprünglich aus 30 Bänden. Davon sind 12 erhalten geblieben, Band 1–6 und Band 11–16. Die Annalen umfassen die römische Geschichte der Jahre 14 bis 68 n. Chr. Da etliche Bände verloren gegangen sind, bricht der Bericht zwischendrin ab. Zum Beispiel fehlen die Texte, die den Zeitraum der Jahre 29 bis 32 beschreiben. Das bedeutet, dass das Jahr 30, einer der zwei möglichen Zeitpunkte für die Hinrichtung von Jesus,[81] nicht durch die vorliegenden Manuskripte abgedeckt ist. Erwähnte Tacitus Jesus in seinem Bericht der Jahre 30–31? Wir wissen es nicht.[82]

Drittens stellt sich die Frage der *Verlässlichkeit der Abschriften.* Die Schriften, die erhalten blieben, sind Kopien. Wir haben weder von Platon, noch von Josephus, Tacitus, Markus oder Paulus die Originaltexte vorliegen; wir haben Abschriften dessen, was geschrieben wurde. Das ist an und für sich nicht ungewöhnlicher als dass Sie, lieber Leser, nicht mein Originalmanuskript in Händen halten, sondern nur einen (ins Deutsche übersetzten) Abdruck. Vor Entwicklung des Buchdrucks wurden die Texte von Hand dupliziert und einige dieser Abschriften sind erhalten geblieben. Oft ist der zeitliche Abstand groß. Das Manuskript zu dem späteren Teil von Tacitus' *Annalen* (Band 11–16) stammt aus den Jahren um 1000 n. Chr., ist also ungefähr 900 Jahre älter als

---

81 Unter den Wissenschaftlern besteht weitestgehende Einigkeit darüber, dass Jesus entweder im Jahr 30 oder 33 hingerichtet wurde, siehe Bock 2002, S. 75–77.

82 Meier 1991, S. 89.

das Original. Die Frage ist, ob nicht Hinzufügungen oder Veränderungen des Textes im Vergleich zum Original vorgenommen wurden. Dass dies diskutiert wird, ist selbstverständlich und bedeutet nicht, dass der fragliche Text keinen Informationswert hätte.

Viertens müssen wir die *Frage nach der Auswahl des Verfassers* stellen. Wir selbst sind vielleicht der Ansicht, dass ein gewisser Verfasser Angaben zu einer gewissen Person oder einem bestimmten Ereignis gemacht haben *müsste*. Oft haben wir unangemessene Erwartungen. Jeder Verfasser hat die Freiheit, eine eigene Auswahl zu treffen. Dies gilt auch für die Verfasser der Antike. Lassen Sie mich dazu drei Beispiele nennen.

Der Prophet Johannes der Täufer. Er war dem Neuen Testament nach ein besonders angesehener und zugleich kontroverser Verkündiger in Israel. Er wird bei Josephus erwähnt, aber nicht vom Geschichtsschreiber Philon und auch nicht von Paulus.[83]

Der Pharisäer Hillel. Er lebte im ersten Jahrhundert vor Christus und ist der größte Lehrer der pharisäischen Tradition. Obwohl Josephus selbst dieser Tradition angehörte, erwähnt er Hillel nie. In den Quellen ist Hillel erst in der Mischna, mehrere Jahrzehnte nach seinem Tod, zu finden.

König Agrippa I. Er lebte von 10 v. Chr. bis 44 n. Chr. Josephus berichtet über ihn, genauso Tacitus. Aber Tacitus erwähnt ihn nur nebenbei, in einem einzigen Satz: „Ituräa und Judäa wurden im Zusammenhang des Todes ihrer Könige Sohaemus und Agrippa zur Provinz Syrien hinzugefügt."[84]

In allen diesen Fällen würden wir eine ausführlichere Erläuterung erwarten, aber wir bekommen sie nicht. Es ist nämlich das Privileg des Verfassers, eine Auswahl zu treffen. Michael Licona[85] nennt ein interessantes neuzeitliches Beispiel dafür. In seiner Autobiographie *Ronald Reagan – An American Life* kommentiert der frühere US-Präsident seine erste Ehe – in zwei Sätzen:

---

83 Johannes der Täufer wird in Paulus' Briefen nicht genannt, aber nach der Apostelgeschichte kannte er ihn wohl, siehe Apg 13,24–25; 19,3–4.

84 Tacitus, Annalen 12:23.

85 Licona 2010, S. 33.

Im gleichen Jahr... heiratete ich Jane Wyman, eine Schauspielerin, die auch bei Warners unter Vertrag stand. Unsere Ehe brachte zwei wunderbare Kinder hervor, Maureen und Michael, aber sie funktionierte nicht und 1948 waren wir geschieden.[86]

Als Leser denken wir natürlich, dass wir allen Grund zu etwas mehr Information als dieser hätten!

Man kann daraus mehrere Schlüsse ziehen:

Erstens müssen wir *zu den Texten Stellung beziehen, die uns vorliegen,* nicht zu denen, die wir gerne hätten. Es gibt Unmengen von Texten, bei denen es wunderbar wäre, Zugang zu ihnen zu haben, und es gibt viele Wünsche, was der Verfasser uns hätte erzählen müssen. Ein Historiker muss die Tagträume beiseitelegen und stattdessen mit den tatsächlich vorhandenen Texten arbeiten. Wenn wir erst einmal unsere Erwartungen angepasst haben, dann beginnen wir nämlich, das zu schätzen, was wir haben. Wir stehen nicht mit leeren Händen da, wir *haben* Zugang zu Texten aus der Antike!

Zweitens sollten wir vermeiden, *aus dem Schweigen, also dem Fehlen von Quellen, heraus zu argumentieren.* Dass es eine Angabe in einem Dokument gibt, aber in einem anderen nicht, ist kein Argument an sich gegen die Zuverlässigkeit dieser Angabe. Ein Verfasser ist ja nicht gezwungen, alles, was er weiß, mit aufzunehmen. Außerdem war diese Angabe vielleicht ursprünglich bereits in zehn anderen Dokumenten bestätigt worden, die nun alle verloren gegangen sind.

Roger Viklund, der die Existenz von Jesus ablehnt, argumentiert immer wieder aus dem Schweigen heraus und begründet so seine Zweifel an allen Texten, die Jesus erwähnen. Zum Beispiel:

Die erste Frage, die man sich stellen muss, ist, ob die Bibel wirklich behauptet, dass Jesus aus Nazareth kommt. Von allen 27 Büchern des Neuen Testaments verbinden nur die vier Evangelien und die Apostelgeschichte Jesus mit Nazareth. Zum Beispiel zeigt Paulus

---

86 Ronald Reagan, *Ronald Reagan – An American Life.* Pocket Book, New York 1990, S. 92.

keinerlei Anzeichen, von einem Jesus von Nazareth gehört zu haben.[87]

Fünf Quellen, die Nazareth erwähnen, sollen also gegen 22 Quellen ausgespielt werden, die *nicht* Nazareth erwähnen?! Wir können aber den Spieß auch einfach umdrehen: Warum sollte Paulus, der doch in seinen Texten überhaupt nicht über Jesu Heranwachsen berichtet, Nazareth überhaupt erwähnen?

Drittens sollten wir *eine konsequente Vorgehensweise entwickeln*, das Quellenmaterial entsprechend seiner eigenen Qualität zu beurteilen und nicht nach unseren Präferenzen. Angewendet auf die Frage nach der Existenz von Jesus beinhaltet das, dass wir uns Jesus auf die gleiche Art nähern müssen, wie wir uns anderen historischen Gestalten der Antike nähern. Der Historiker Michael Grant sagt:

> Wenn wir ... die gleichen Kriterien auf das Neue Testament anwenden wie auf andere Texte, die historisches Material enthalten, dann können wir Jesu Existenz nicht leugnen, genauso wenig wie die einer Menge anderer heidnischer Persönlichkeiten, deren Wirklichkeit als historische Gestalten nie in Frage gestellt wird.[88]

Als weitere Beispiele seien *Judas von Galiläa, der Ägypter* und *Theudas* genannt, drei Messias-Aspiranten, die nur kurz von Josephus und Lukas in der Apostelgeschichte erwähnt werden. Oder *Felix* und seine Frau *Drusilla* oder *Agrippa* und seine Schwester *Bernice*, die auch von Josephus und in der Apostelgeschichte erwähnt werden. Ihre Existenz wird nicht infrage gestellt, obwohl das Beweismaterial dafür deutlich dünner ist als für Jesu Existenz.

---

87 http://rogerviklund.wordpress.com/2011/06/01/nasaret-del-1---sager-bibeln-att-jesus-kom-fran-nasaret/.
In dem Artikel führt Viklund noch ein detailliertes sprachliches Argument aus, das auch mit einem Argument aus dem Schweigen endet: Matthäus nennt Nazareth nicht dort, wo Markus es tut: „Warum sonst sollte Matthäus Nazareth ausgeschlossen haben ...“

88 Grant 1995, S. 199–200.

Nur Einsen und Nullen?

In der Computerwelt gibt es nur Einsen oder Nullen, entweder – oder. Aber in der Geschichte ist das anders. Quellen müssen beurteilt und bewertet werden und können auch dann einen Wert haben, wenn sie nicht alle Kriterien für eine perfekte Quelle erfüllen. In der Bewertung stellt man folgende Fragen:

- Welche zeitliche Nähe hat die Quelle zu dem, was sie berichtet?
- Woher (Augenzeugen? Archiv?) kommt die Information?
- Welche Meinung hat die Quelle von dem, was sie berichtet?
- Was charakterisiert den Verfasser (Bildung, Genauigkeit, Analysevermögen)?
- Gibt es mehrere Quellen, die den gleichen Sachverhalt bezeugen?
- Sind die Quellen voneinander unabhängig?
- Wie glaubwürdig sind die Quellen auf anderen Gebieten?
- Enthält die Quelle etwas, was dem Verfasser unangenehm ist (was Ehrlichkeit andeutet)?
- Wie gut sind die Manuskripte erhalten?

Was Alexander den Großen (356–323 v. Chr.) angeht, sind alle zeitgenössischen Quellen verloren gegangen. Die fünf wichtigsten Quellen, zu denen wir Zugang haben, sind alle zwischen drei und vier Jahrhunderte nach Alexanders Tod geschrieben worden. Offenbar nicht die beste Quelle; es wäre natürlich besser gewesen, wenn Quellen aus seinen Lebzeiten vorliegen würden. Aber dass dieses Problem besteht, bedeutet nicht automatisch, dass die Quelle wertlos ist. Wir meinen ein recht gutes Wissen über Alexander den Großen zu haben. Die Quellen kommen von gründlichen Historikern wie Plutarch, und sie selbst bauen wieder auf früheres Material, das zeitlich näher an Alexander liegt. E. P. Sanders, einer der weltweit führenden Jesus-Forscher, sagt:

> Allerdings sind unsere Quellen für Jesus besser als die Quellen, die sich mit Alexander [dem Großen] befassen. Die ursprünglichen Lebensbeschreibungen Alexanders sind alle verloren gegangen; wir kennen sie nur, weil sie von späteren – viel späteren – Autoren benutzt wurden. Die Primärquellen zu Jesus wurden in größe-

rer Nähe zu seiner eigenen Lebenszeit verfaßt, und es waren noch mehr Menschen am Leben, die ihn gekannt hatten. Das ist einer der Gründe, warum sich sagen läßt, daß wir mehr über Jesus wissen als über Alexander. [89]

Ein anderes Beispiel ist Julius Caesar (100–44 v. Chr.), der eine der prominentesten Gestalten des Römischen Reiches war. Trotzdem wird er in den ersten 150 Jahren nach seinem Tod nur in fünf Quellen erwähnt.[90] Das verwundert uns vielleicht, besonders im Hinblick auf die enormen Auswirkungen, die seine militärischen Eroberungen hatten, aber wir müssen uns ganz einfach damit abfinden, dass das Quellenmaterial über Julius Caesar begrenzt ist.

Die Bewertung der Quellen über Jesus muss also im Licht dessen geschehen, wie wir andere Quellen der Antike sehen, nicht ausgehend von einem idealisierten Traumbild dessen, was wir gerne hätten.

---

89 Sanders 1996, S. 18–19.
90 Siehe Habermas, Licona 2004, S. 128.

9. DIE NICHTCHRISTLICHEN QUELLEN ÜBER JESUS

Warum ist die Wissenschaft nun so einstimmig von der Existenz Jesu überzeugt? Das hat mit dem Faktenmaterial zu tun, dem Gewicht der gesamten Quellen des ersten und zweiten Jahrhunderts. Diesen Quellen wenden wir uns nun zu.

In einer Rezension stellte der ehemalige schwedische Erzbischof K. G. Hammar die Frage: „Wie kann man denn erklären, dass etwas so Außergewöhnliches [wie die Jesus-Ereignisse] keine nennenswerten Abdrücke außerhalb der Evangelien hinterlassen haben ...?"[91] Er deutet an, dass der Platz von Jesus in den historischen Quellen irgendwie sonderbar ist. Der Gedankengang ist folgender: Wenn Jesus die vielleicht bekannteste Person der Welt ist, Gründer der weltweit größten Bewegung, *müsste* er dann nicht einen prominenteren Platz bei den antiken Historikern haben? Stimmt das? Nein, denn das würde bedeuten, dass wir unsere heutige Sicht auf Jesus in das Material der Antike hineinlesen. Zu Lebzeiten von Jesus war die Situation anders: In Anspielung auf den Buchtitel des renommierten Bibelwissenschaftlers John Meier kann man Jesus als „einen marginalen Juden" bezeichnen.

Zum Stellenwert von Jesus zu seinen Lebzeiten ist nämlich Folgendes zu beachten:

1. *Die Zeit als öffentliche Person.* Jesus lebte 30 Jahre lang anonym und trat nur drei Jahre lang öffentlich in Erscheinung. Nach den Evangelien hatte er auch während dieser Zeit Gründe, um teilweise Gerüchte über sein Wirken zurückzuhalten. Wie es bei Matthäus steht: „Dann schärfte Jesus den Jüngern ein: ‚Sagt niemandem, dass ich der Christus bin.'"[92]

2. *Der Ort seines Wirkens.* Jesus hielt sich nicht in den Vorzimmern der Mächtigen auf, weder in Rom noch in Jerusalem. Er hatte einen einfachen Hintergrund und trat als Verkündiger im ländlichen Galiläa auf – ein abgeschiedenes Eckchen des Römischen Reiches – und er

---

91 Zeitung *Dagens Nyheter* vom 3. September 2006.

92 Mt 16,20.

unternahm nur wenige Reisen nach Jerusalem. Er war nie außerhalb Israels.

3. *Die Beziehung zur Obrigkeit.* Wenn wir den Evangelien folgen, so stand Jesus nicht im Konflikt mit der römischen Besatzungsmacht. Seine Bewegung war weder politisch noch militärisch; er selbst nahm Abstand von Gewalt. Jesus selbst war definitiv keine Bedrohung für Rom. Dagegen entstand aber ein Konflikt mit den religiösen Führern in Israel. Die strengten einen zweifelhaften Rechtsprozess gegen ihn an, der damit endete, dass er unschuldig zum Tod verurteilt wurde. Im Lichte dessen war weder den römischen Obrigkeiten noch der jüdischen Führung besonders daran gelegen, auf Jesus aufmerksam zu machen.

4. *Die Zerstörung Jerusalems.* Im Jahre 70 n. Chr. befahl der römische Kaiser Titus nach einem jüdischen Aufstand, dass Jerusalem zerstört werden sollte. Auch die Verwüstung, die auf den zweiten Aufstand im Jahre 135 folgte, war wohl kaum zum Vorteil für die Archive und die in der Stadt vorhandenen Schriftstücke.

5. *Der Fokus der antiken Geschichtsschreiber.* Es gab eine unüberschaubare Menge an religiösen Bewegungen im römischen Imperium. Immer wieder traten neue Führer auf, oft nur, um genauso schnell wieder zu verschwinden. Die Geschichtsschreiber hatten kein Interesse an ihnen; ihr Fokus lag auf dem, was direkt die Entwicklung des Reiches berührte oder störte. „Das Verwunderliche ist", schreibt John Meier, „dass überhaupt ein gelehrter Jude oder Römer sich … auf ihn [Jesus] während des ersten oder zweiten Jahrhunderts bezog."[93]

Vor diesem Hintergrund – und wenn wir im Blick behalten, wie wenig Material aus der Antike uns überhaupt zugänglich ist – wäre es eigentlich zu erwarten, dass wir *gar nichts über Jesus* in den Quellen des ersten und zweiten Jahrhunderts finden sollten. Denken Sie zum Beispiel an Pilatus, der während elf Jahren, von 26–36 n. Chr., Statthalter in Jerusalem unter Kaiser Tiberius war. Obwohl er eine hohe offizielle Stellung

---

93   Meier 1991, S. 56.

im Römischen Reich innehatte, wird er in römischen Quellen – bei Tacitus – nur in einem einzigen Satz erwähnt.[94]

Aber – es gibt eine weitere Antwort auf die Frage von K. G. Hammar: Jesus *hat* nennenswerte Abdrücke außerhalb der Evangelien hinterlassen. Josephus, jüdischer Geschichtsschreiber, nennt Jesus an zwei Stellen in seiner Schrift *Jüdische Altertümer* (ca. 94 n. Chr.), und Tacitus, der römische Geschichtsschreiber, nennt Jesus in seinem großen Werk, den *Annalen* (ca. 116 n. Chr.).

Josephus über Jesus: Jüdische Altertümer, Buch 20

Josephus wurde im Jahre 37 geboren – nur wenige Jahre nach der Hinrichtung von Jesus – und wuchs in Jerusalem als Sohn einer prominenten jüdischen Familie auf. Den größten Teil seiner Zeit verbrachte er in Jerusalem, bis er im Alter von 30 Jahren von der römischen Armee gefangen genommen wurde. Dies geschah im Sommer 67 im Zusammenhang mit dem Aufstand gegen Rom. Die für uns relevanten Ereignisse, die er in den *Jüdischen Altertümern* beschreibt, geschahen also in seiner eigenen Heimatstadt – und das erste von ihnen während seinen eigenen Lebzeiten.

Der Kontext des Buches 20 ist, dass Josephus ein Machtvakuum in Jerusalem im Jahre 62 n. Chr. beschreibt, das in der Zeit zwischen Festus' Tod und der Einsetzung seines Nachfolgers Albinus entsteht. Der Hohepriester Ananus der Jüngere nutzte die Gelegenheit, sich eines Teils seiner Gegner dadurch zu entledigen, dass er sie ohne Erlaubnis der römischen Obrigkeit zum Tode verurteilte. Der Text lautet:

> Zur Befriedigung dieser seiner Hartherzigkeit glaubte Ananus auch jetzt, da Festus gestorben, Albinus aber noch nicht angekommen war, eine günstige Gelegenheit gefunden zu haben. Er versammelte daher den Hohen Rat zum Gericht und stellte vor dasselbe den Bruder des Jesus, der Christus genannt wird, mit Namen Jakobus,

---

94 Pilatus wird sowohl in jüdischen (Josephus und Philon) als auch in christlichen Quellen erwähnt (Neues Testament). Er wird auch in der berühmten Inschrift auf dem Stein, der nunmehr seinen Namen trägt, dem Pilatus-Stein, vgl. S. 40, erwähnt.

sowie noch einige andere, die er der Gesetzesübertretung anklagte und zur Steinigung führen ließ.[95]

Wir sollten einige Dinge zur Kenntnis nehmen:

Erstens: „Die Authentizität des Textes kann als gesichert gelten, da unwahrscheinlich ist, daß eine christliche Interpolation vorliegt."[96]

Zweitens wird Jesus nur nebenbei genannt, nämlich als Josephus klarstellen will, welcher Jakobus denn nun gemeint ist. Jakobus war ein gängiger jüdischer Name, und es gibt eine Reihe von Personen mit diesem Namen in Josephus' Werk. Er muss also erklären, welche Person gemeint ist. Offenbar kennt Josephus in diesem Fall nicht einen Vater oder anderen Ahnen, so dass er schreiben könnte: „Jakobus, Sohn des …" Stattdessen wird er mit Hilfe seines bekannteren Bruders, Jesus, der Christus genannt wurde, identifiziert.

Diese Formulierung zeigt, dass der Text keinen christlichen Ursprung hat. „Weder das Neue Testament noch frühe christliche Schriften reden über Jakobus … in so prosaischen Ausdrücken wie ‚Bruder von Jesus'. Dort wird er stattdessen mit der zu erwartenden größeren Ehrerbietung als ‚Bruder des Herrn' [im Neuen Testament] oder ‚der Bruder des Retters' [in frühen christlichen Schriften] bezeichnet."[97]

Drittens bekommen wir keine Erklärung dafür, warum Ananus Jakobus loswerden will – „sofern nicht Bruder von Jesus, des sogenannten Messias, zu sein, bereits als Verbrechen angesehen wurde".[98] Die Referenz zu Jesus gibt dem Handlungsverlauf Sinn und erklärt das Todesurteil gegen Jakobus.

Zusammenfassend können wir festhalten: „Eine überwältigende Mehrheit der Wissenschaftler meint, dass die Worte ‚Jakobus, den Bruder von Jesus, der Christus genannt wurde' authentisch sind, genauso wie der ganze Abschnitt, in dem sie stehen."[99] Oder, um einen

---

95 Josephus, *Jüdische Altertümer*, 20,9,1 §200. Zu Josephus' Buch 20 vgl. Bruce 2007, S. 30–31.

96 Theißen, Merz 2011, S. 74.

97 Meier 1991, S. 58. Siehe z. B. Gal 1,19 oder 1 Kor 9,5.

98 Ebd., S. 59.

99 Van Vorst 2000, S. 83.

der weltweit angesehensten Josephus-Forscher, Louis H. Feldman, der selbst Jude und nicht Christ ist, zu zitieren: „Wenige haben die Echtheit der Aussage über Jakobus in diesem Text bezweifelt."[100]

Josephus über Jesus: Jüdische Altertümer, Buch 18

Im Kontext von Buch 18 geht es um die vielen Probleme, mit denen sich das jüdische Volk während der Zeit des Pontius Pilatus in den Jahren 26–36 n. Chr. konfrontiert sah. In diesem Abschnitt treffen wir auf einen längeren, aber auch problematischeren Text über Jesus.

Wir wissen, dass Josephus kein Christ war. Daher herrscht große Einigkeit darüber, dass der Text dieser Handschrift nicht in seiner Gänze auf ihn zurückgehen kann. Im Laufe der Zeit hat offenbar jemand versucht, den Text zu „verbessern", und christliche Erklärungen über Jesus hinzugefügt.

Nun sind diese „Verbesserungen" nicht so schwer zu identifizieren, weil sie deutlich gegen Josephus' eigene Überzeugung stehen. Schon im 16. Jahrhundert stellte man fest, dass Josephus selbst Christ gewesen wäre, wenn er so gedacht hätte.[101]

Der Text mit den Verbesserungen (kursiv) lautet wie folgt:

> Um diese Zeit lebte Jesus, ein weiser Mensch, *wenn man ihn überhaupt einen Menschen nennen darf.* Er war nämlich der Vollbringer ganz unglaublicher Taten und der Lehrer aller Menschen, die mit Freuden die Wahrheit aufnahmen. So zog er viele Juden und auch viele Heiden an sich. *Er war der Christus (Messias).* Und obgleich ihn Pilatus auf Betreiben der Vornehmsten unseres Volkes zum Kreuzestod verurteilte, wurden doch seine früheren Anhänger ihm nicht untreu. *Denn er erschien ihnen am dritten Tage wieder lebend, wie gottgesandte Propheten dies und 1 000 andere wunderbare Dinge von ihm vorher verkündigt hatten.* Und noch bis auf den heutigen Tag besteht das Volk der Christen, die sich nach ihm nennen, fort.[102]

Die drei Hinzufügungen sind also:

---

100 Loeb Library Edition of Josephus, 10 (No. 456), S. 108.
101 Theißen, Merz 2011, S. 75.
102 Jüdische Altertümer, 18,3,3 §63–64.

- … wenn man ihn überhaupt einen Menschen nennen darf.
- Er war der Christus (Messias).
- Denn er erschien ihnen am dritten Tage wieder lebend, wie gottgesandte Propheten dies und *1000* andere wunderbare Dinge von ihm vorher verkündigt hatten.

Wenn wir diese nun weglassen, erhalten wir einen Text, der in sich stimmig ist und dessen Inhalt mit dem übereinstimmt, was wir sonst von Josephus wissen. Der Text lautet dann:

„Um diese Zeit lebte Jesus, ein weiser Mensch. Er war nämlich der Vollbringer ganz unglaublicher Taten und der Lehrer aller Menschen, die mit Freuden die Wahrheit aufnahmen. So zog er viele Juden und auch viele Heiden an sich. Und obgleich ihn Pilatus auf Betreiben der Vornehmsten unseres Volkes zum Kreuzestod verurteilte, wurden doch seine früheren Anhänger ihm nicht untreu. Und noch bis auf den heutigen Tag besteht das Volk der Christen, die sich nach ihm nennen, fort.“

Die „meisten Wissenschaftler sind überzeugt davon, dass Josephus ungefähr etwas in dieser Art schrieb".[103] Es gibt „einen breiten Konsens"[104] darüber, dass der Text als Gesamtheit keine christliche Einfügung ist. Die Gründe dafür sind unter anderem folgende:

1. Sprache und Grammatik: Wenn wir die „Verbesserungen" weglassen, ist der restliche Text typisch für Josephus und nicht von neutestamentlicher Sprache beeinflusst. Jesus einen „weisen Mann" zu nennen, ist nicht typisch für den christlichen Sprachgebrauch, genauso wenig wie von einem „christlichen Stamm" zu reden.

2. Inhalt: Die Behauptung, dass Jesus Juden und Griechen anzog, stimmt mit den Evangelien nicht überein. Dort wirkt Jesus ausschließlich unter Juden. Dies war späteren Christen sehr wohl bekannt, was darauf hinweist, dass der Text keinen christlichen Ursprung hat.

3. Verantwortung: Im Text wird die Verantwortung für den Tod von Jesus hauptsächlich Pilatus angelastet. Im Neuen Testament wird

---

103 Bock 2002, S. 55.

104 Dunn 2003, S. 141.

die federführende Rolle der jüdischen Führer geschildert, und unter Christen wurde später (leider) *die ganze* Verantwortung auf die Juden abgewälzt. Dies spricht dafür, dass der Text keine späte christliche Einfügung ist.

4. *Die Bewertung:* Wenn der Text darüber berichtet, dass die Christen trotz Jesu Hinrichtung nicht ausgestorben sind, findet sich etwas „abweisendes, vielleicht sogar feindliches in dem Satz … Man sollte glauben, dass dieser Stamm der Christen, die einen gekreuzigten Mann lieben, inzwischen verschwunden sein sollte."[105]

Um es zusammenzufassen: Auch wenn es Einfügungen im Text gibt, gibt es gute Gründe anzunehmen, dass Josephus über Jesus schrieb. Wie der Historiker John Dickson sagt: „Es gibt eine breite Übereinstimmung unter den Wissenschaftlern (ob Juden, Christen oder andere), dass Josephus den Hauptteil dieses Abschnitts geschrieben hat."[106]

John Meier ist einer der renommiertesten Jesus-Forscher. Er schreibt, dass sich die erste Frage von Journalisten an ihn fast immer auf die Existenz von Jesus bezieht: *Gibt es außerbiblische Beweise aus dem ersten Jahrhundert dafür, dass Jesus existiert hat?*

> Dank Josephus lautet die Antwort JA. Jesu Existenz wird bereits durch die neutrale Referenz bestätigt, die im Bericht über Jakobus' Tod im Buch 20 nebenbei angegeben wird. Die ausführlichere Bestätigung im Buch 18 zeigt, dass Josephus die offensichtlichsten Fakten über das Leben von Jesus bekannt waren. Unabhängig von den vier Evangelien, deren grundlegende Darstellung er zugleich bestätigt, schreibt ein Jude in den Jahren 93–94 über Ereignisse zur Zeit des Pontius Pilatus, also zwischen den Jahren 26 und 36 – dass ein Mann mit Namen Jesus die religiöse Bühne in Palästina betrat. Ihm ging das Gerücht voraus, ein weiser Mann zu sein, was sich in Wundern und Lehre zeigte. Er gewann viele Nachfolger, aber die jüdischen Führer klagten ihn (vielleicht gerade deswegen?) vor Pilatus an. Pilatus ließ ihn kreuzigen, aber seine leidenschaftlichen Nachfolger weigerten sich trotz seines schändlichen Todes, ihre Hingabe aufzugeben. Sie wurden nach diesem Jesus Christen

---

105 Meier 1991, S. 66.

106 John Dickson, *The Christ Files*, S. 43.

genannt (er selbst wurde Christus genannt), und sie existierten bis in Josephus' Tage.[107]

Der römische Geschichtsschreiber Tacitus[108]

Einer der herausragenden römischen Geschichtsschreiber war ohne Zweifel Tacitus – analytisch, scharfsinnig, genau und einer der besten Stilisten in Latein. In seinem Werk *Annalen* (ca. 116 n. Chr.) schreibt er über Jesus.

Hintergrund ist der große Brand in Rom, den Tacitus in dramatischen Worten beschreibt.[109] Er selbst war in Rom geboren und aufgewachsen und acht Jahre alt, als der Brand ausbrach. Er schreibt also über etwas, was während seinen Lebzeiten in seiner eigenen Heimatstadt geschah.

Früh am Morgen des 19. Juli 64 n. Chr. bricht im Gebiet um den Circus Maximus ein Brand aus. Während der nächsten sechs Tage breitet sich das Feuer aus, aber zum Schluss gelingt es, den Brand unter Kontrolle zu bringen. Kurz danach flammt das Feuer erneut auf, und während dreier Tage springt es auf neue Gebiete über. Von Roms vierzehn Stadtteilen werden drei komplett verwüstet, sieben zum größten Teil und nur vier bleiben vom Feuer unberührt. Der Sachschaden war kolossal; unzählige Menschen starben und große Kulturschätze gingen verloren.

Kaiser Nero war zunächst daran gelegen, den Heimatlosen zu helfen, und so fing er mit dem Wiederaufbau der Stadt an. Es wurde aber auch bald deutlich, dass er privaten Grund in Roms Zentrum konfiszieren wollte, um für sich selbst einen größeren Palast bauen zu können. Dies führte zu dem Gerücht, dass Nero selbst hinter den Bränden stand. Auf unterschiedliche Weise versuchte er, diesem Gerücht entgegenzutreten, jedoch ohne Erfolg.

---

107 Meier 1991, S. 68.
108 Zu Tacitus: Bruce 2007, S. 13–15.
109 Hier folge ich der Zusammenfassung in Van Vorst 2000, S. 41.

Dies ist der Kontext, in dem Tacitus über Jesus schreibt, ein Text, der von „der großen Mehrheit der Wissenschaftler"[110] als authentisch und korrekt betrachtet wird.

> Aber nicht durch menschliche Hilfeleistung, nicht durch die Spenden des Kaisers oder die Maßnahmen zur Beschwichtigung der Götter ließ sich das böse Gerücht unterdrücken, man glaubte vielmehr fest daran: befohlen worden sei der Brand. Daher schob Nero, um dem Gerede ein Ende zu machen, andere als Schuldige vor und belegte die mit den ausgesuchtesten Strafen, die, wegen ihrer Schandtaten verhaßt, vom Volk Chrestianer genannt wurden. Der Mann, von dem sich dieser Name herleitet, Christus, war unter der Herrschaft des Tiberius auf Veranlassung des Prokurators Pontius Pilatus hingerichtet worden; und für den Augenblick unterdrückt, brach der unheilvolle Aberglaube wieder hervor, nicht nur in Judäa, dem Ursprungsland dieses Übels, sondern auch in Rom, wo aus der ganzen Welt alle Greuel und Scheußlichkeiten zusammenströmen und gefeiert werden.[111]

Tacitus ist dem christlichen Glauben und der christlichen Bewegung gegenüber kritisch eingestellt. Er sieht den Glauben als *unheilvollen Aberglauben* und als einen Ausbruch des *Übels*. Er verachtet die Christen für ihre *Schandtaten* und nennt sie *verhasst*. Dies macht seinen Text besonders interessant – er kommt von einem Kritiker des Christentums. Gleichzeitig ist sein Kommentar über Christus – im Gegensatz zu seinen Aussagen über die Christen – sachlich und neutral. Kurzgefasst erhalten wir Antwort auf fünf Fragen in Bezug auf Jesus:

1. Wie entstand die christliche Bewegung? Nero schob die Schuld auf eine Gruppe in Rom, die weithin einen schlechten Ruf hatte – sie war „für ihre Schandtaten verhasst" – und denen man deshalb, so sein Kalkül, schnell die Schuld zuweisen würde. Die Gruppe war unter dem Namen Christen bekannt. Als Tacitus über sie berichtet, nutzt er die Gelegenheit, ihren Ursprung zu beschreiben: Ihr Gründer ist ein gewisser Christus. Das ist auch der Grund, warum Tacitus nicht den Namen

---

110 Ebd., S. 42–43.
111 Tacitus 2010, S. 749ff.

Jesus, sondern den Titel Christus verwendet, er will die Verbindung zu den Christen zeigen.

2. *Wie starb Jesus?* Dieser Christus war unter römischer Herrschaft „gekreuzigt worden". Für Tacitus' Intention ist es hilfreich, die Bestrafung des Sektengründers, Christus, durch Rom darzustellen, nämlich die gleiche wie für seine Nachfolger.

3. *Wann starb Jesus?* Tacitus gibt uns zwei wichtige Fixpunkte für die Datierung. Christus wurde hingerichtet, als Tiberius Kaiser (14–37 n. Chr.) und Pontius Pilatus Prokurator in Jerusalem (26–36 n. Chr.) war.

4. *Wer fällte das Urteil?* Tacitus liefert uns hier neben dem Neuen Testament die einzige Angabe von römischer Seite über Pontius Pilatus. Er war derjenige, der das Urteil in seiner Eigenschaft als Prokurator fällte. Stellenweise wird darüber diskutiert, wie Tacitus die Titel verwendet. Die korrekte Benennung von Pilatus ist Statthalter, ein Titel, der später in Prokurator geändert wurde. Vielleicht nimmt Tacitus hier eine erklärende Übersetzung vor; er beschreibt Pilatus' Rolle in Ausdrücken aus seiner eigenen Zeit. Vielleicht war die Titelverwendung eine Zeit lang fließend, so dass beide Titel benutzt werden konnten. Es könnte sich auch um einen Fehler von Tacitus handeln.

5. *Was passierte mit der christlichen Bewegung?* Tacitus nennt uns Informationen zu zwei Punkten. Er sagt, dass die Bewegung ursprünglich in Judäa begann und – mit einem gewissen Bedauern – dass sie durch die Hinrichtung Jesu nicht gestoppt wurde. Sie nahm neue Fahrt auf und verbreitete sich bis nach Rom.

Und wo sind die anderen antiken Historiker, die über Jesus geschrieben haben?

Es ist interessant, darüber nachzudenken, welche römischen Geschichtsschreiber, deren Schriften bis in unsere Tage erhalten sind, Jesus noch erwähnt haben könnten. Zu folgenden haben wir Zugang, in chronologischer Reihenfolge:

- *Titus Livius'* Buch über die Geschichte Roms. Livius lebte 59 v. Chr. – 17 n. Chr. und starb also mehr als ein Jahrzehnt, bevor Jesus als öffentliche Person in Erscheinung trat. Er hatte keine Möglichkeit, Jesus zu erwähnen.

- *Velleius Paterculus'* Buch über die Geschichte Roms. Paterculus' Geschichte deckt die Zeit von der Belagerung Trojas bis zum Tod der dritten Frau des Kaisers Augustus, Livia, im Jahre 29 n. Chr. ab. Auch Paterculus hat keinen Grund, Jesus zu erwähnen. Unabhängig davon, wie wir das Wirken von Jesus datieren, ob von 27–30 oder 30–33 n. Chr., so hatte Jesus keine offizielle Berührung oder Auseinandersetzung mit den römischen Behörden bis zum Jahre 29, dem Jahr, in dem Paterculus' Geschichtsschreibung endet.
- *Tacitus* ist der nächste Geschichtsschreiber – und er schreibt über Jesus!

Wir befinden uns also in der interessanten Lage, dass der erste römische Geschichtsschreiber, dessen Schriften die Zeit überdauert haben und der über Jesus schreiben konnte, dies tatsächlich auch tut.

Zusammenfassung zu Josephus und Tacitus

Es gibt natürlich viele unbeantwortete Fragen wie die, woher Tacitus und Josephus ihre Informationen haben. Hatten sie Zugang zum offiziellen Archiv in Rom? Haben sie die Informationen erhalten, als sie an anderen Orten gewohnt haben (Josephus wohnte in Judäa und Tacitus in Kleinasien)? Haben sie die Informationen von Christen in Rom erhalten? Wir wissen es nicht. Das einzige, was wir haben, sind ihre Texte.

Dabei ist es wichtig, zu beachten, dass die erhaltenen Angaben nicht deswegen ihren Wert verlieren, nur weil sie von Christen kommen sollten. Warum sollten Christen keine Information über Jesus haben können? Gerade sie müssten ein besonderes Interesse an solchem Wissen haben.

Lassen Sie mich ein Beispiel geben: Wenn Sie Informationen über das Fährunglück der *Estonia* im Jahr 1994 mit über 800 Toten suchen, werden die Angaben nicht automatisch dadurch schlechter, dass sie von Freunden oder Verwandten der Überlebenden kommen, im Unterschied zu den Angaben von Außenstehenden. Personen mit enger Beziehung zu denen, die in die Ereignisse verwickelt waren, können sehr gut informiert sein. Idealerweise möchte man natürlich möglichst viele unterschiedliche Arten von Information haben, aber in der Geschichtsforschung kann man dieses Ideal nicht einfordern.

Woher Josephus oder Tacitus auch immer ihre Informationen haben, sie sind nicht einfach aus der Überlieferung der Evangelien kopiert worden. Josephus wartet mit einer *neuen,* anderweitig nirgendwo bekannten Information darüber auf, wie Jakobus hingerichtet wurde. Robert van Vorst schreibt:

> [Tacitus] hat mit Sicherheit seine Informationen weder direkt noch indirekt den Schriften entnommen, die später das Neue Testament werden würden. Man kann weder eine literarische noch sprachliche Abhängigkeit zwischen seinem Text und dem Neuen Testament belegen ... Genauso wenig stützte sich Tacitus auf irgendein anderes christliches Dokument, wenn wir aus seiner Abscheu für die Christen Schlüsse ziehen wollen.[112]

Wenn wir die Angaben über Jesus bei Josephus und Tacitus zusammenstellen, geben sie uns sieben grundlegende Fakten über sein Leben:

1. Er war ein jüdischer Mann.
2. Er wirkte in Judäa irgendwann zwischen 26–36 n. Chr.
3. Er war als weiser Mann, als Lehrer und für seine wundersamen Taten bekannt.
4. Er wurde unter Pontius Pilatus hingerichtet.
5. Er ist der Anlass für die christliche Bewegung, die in Judäa startete.
6. Die christliche Bewegung wuchs trotz der Hinrichtung von Jesus, verbreitete sich bis nach Rom, wo sie auch auf viel Widerstand traf.
7. Er hatte einen Bruder, der Jakobus hieß und im Jahr 62 hingerichtet wurde.

Die Quellen sind *verschieden, unabhängig, zeitlich nahe* (im Jahr 93/94 und 116), mit *unterschiedlicher Bewertungstendenz* (neutral und kritisch) und kommen von zwei *der besten Geschichtsschreiber der Antike* (Josephus und Tacitus). Sie erfüllen also mehrere der allerwichtigsten Kriterien zur Bewertung historischer Quellen.

---

112 Van Vorst 2000, S. 49.

Weitere nichtchristliche Texte über Jesus

Die deutschen Theologen Theißen und Merz schreiben: „Die nicht-christlichen Jesuszeugnisse unterliegen der doppelten Gefahr, entweder über- oder unterbewertet zu werden."[113] Josephus und Tacitus sollte man nicht unterbewerten; sie bilden zwei wichtige Quellen über Jesus. Zusätzlich gibt es einzelne Angaben über Jesus, den Glauben der Christen und die christliche Bewegung bei Thallus, Plinius dem Jüngeren, Sueton, Mara Bar-Serapion, Lukianos von Samosata und Celsus. Außerdem gibt es deutlich spätere Angaben im babylonischen Talmud und im Koran.[114] Diese Quellen sollten freilich auch nicht überbewertet werden.

Der neutestamentliche Wissenschaftler Craig Evans nimmt eine interessante Einteilung der nichtchristlichen Quellen vor, wenn er nach *zweifelhaften Quellen, Quellen mit geringem Wert* und *wichtigen Quellen* unterscheidet:

- *Zweifelhafte Quellen:* Dies sind Quellen, denen nach dem Urteil der Wissenschaftler unabhängige Informationen über Jesus *fehlen.* Talmud und Koran gehören in diese Kategorie.
- *Quellen mit geringem Wert:* Dies sind Quellen, von denen Wissenschaftler meinen, dass sie unabhängige Informationen enthalten können, aber diese Information ist von geringem Wert. Thallus, Plinius der Jüngere, Sueton, Mara Bar-Serapion, Lukianos von Samosata und Celsus gehören in diese Kategorie.
- *Wichtige Quellen:* Dies sind Quellen, die nach Meinung der Wissenschaftler unabhängige und bedeutungsvolle Information über Jesus enthalten. Hierhin gehören Josephus und Tacitus.

Die wichtigen Quellen haben selbstverständlich ihren Platz, die zweifelhaften Quellen können wir vernachlässigen. Aber welche Bedeutung haben die Quellen mit geringem Wert?

---

113 Theißen, Merz 2011, S. 73.

114 Für eine Analyse der außerbiblischen Quellen über Jesus siehe Bruce 2007; Eddy, Boyd 2007; Habermas 1996; Van Vorst 2000; Theißen, Merz 2011; Bock 2002.

Die Texte haben *in sich selbst* einen begrenzten Wert als Quellen über Jesus. Aber ausgehend von dem Hauptmaterial über Jesus, das wir im Neuen Testament finden und das kurzgefasst von Josephus und Tacitus bestätigt wird, wirken diese Texte wie ein *fragmentarisches, aber bestätigendes Netzwerk* von Angaben. Keine Quelle verneint die Existenz Jesu oder gibt ein alternatives Bild vom Entstehen des christlichen Glaubens, seiner Entwicklung oder seines Inhaltes. Stattdessen lassen sich alle Angaben gut mit den Kernaussagen im Neuen Testament vereinbaren. Das gilt für die Diskussion des römischen Historikers Thallus über die behauptete Sonnenfinsternis beim Tod von Jesus. Es gilt für den syrischen Philosoph Mara Bar-Serapion, wenn er Jesus („der weise König der Juden") mit Sokrates und Pythagoras vergleicht, die ebenfalls zu Unrecht getötet wurden. Es gilt für die Behauptung des römischen Historikers Suetonius über Unruhen der Juden in Rom aufgrund eines gewissen „Chrestus".[115] Und es gilt für den römischen Beamten Plinius den Jüngeren mit seinen Beschreibungen eines christlichen Gottesdienstes, bei dem Lieder zur Ehre von Christus „wie zu Gott" gesungen werden. Sämtliche Angaben passen gut in das Bild, das Josephus, Tacitus und die Texte des Neuen Testaments zeichnen.

Zusammenfassend können wir also feststellen, dass Josephus und Tacitus gemeinsam mit den übrigen nichtchristlichen Quellen die Existenz von Jesus, sein Wirken, seine Hinrichtung und das Entstehen der christlichen Bewegung bestätigen.

---

115 Vgl. die gleiche Rechtschreibung von „Christus" bei Tacitus, Annales 15, 44 (siehe dieses Kapitel 9 weiter oben).

10. DIE ÄLTESTEN QUELLEN ÜBER JESUS

Wir benötigen nicht das Neue Testament, um zu wissen, dass Jesus existierte; das hätten wir auch so gewusst. Aber um ein umfassendes Bild davon zu erhalten, wer er war, wofür er stand, und was während der Zeit seines öffentlichen Auftretens passierte, müssen wir uns dem Neuen Testament zuwenden oder vielmehr den Schriften, die heute unter dem Namen „Neues Testament" zusammengefasst sind. Erinnern wir uns – ursprünglich waren dies alles „außerbiblische" Schriften. Es sind einzelne, separate Schriften aus dem ersten Jahrhundert. Diesen historischen Quellen wenden wir uns nun zu, und wir werden mit den Briefen des Paulus anfangen.

Paulus lebte zeitgleich mit Jesus. Wir wissen ziemlich viel über sein Leben, durch Lukas' Bericht über ihn in der Apostelgeschichte und durch seine eigenen Briefe. Apostelgeschichte 21 berichtet, wie Paulus in Jerusalem von einer großen Volksmenge angegriffen wurde, die ihn aus dem Tempel schleppte und zu töten versuchte. Seine Misshandlung wurde dadurch abgebrochen, dass der römische Kommandant mit Offizieren und Mannschaft auftauchte. Sie führten Paulus zur Burg Antonia, wo Paulus die Erlaubnis bekam, zum Volk zu sprechen. Paulus beginnt mit seiner Darstellung: „Ich bin ein Jude. Geboren wurde ich in Tarsus in Zilizien, aber aufgewachsen bin ich hier in Jerusalem. Mein Lehrer war Gamaliel. Von ihm erhielt ich meinen Unterricht, genau wie es dem Gesetz unserer Vorfahren entspricht."[116] Paulus war also in Tarsus, der jetzigen Türkei geboren, aber in Jerusalem aufgewachsen und ausgebildet worden, und er hatte Verwandte – mindestens einen Neffen – in der Stadt.[117] Etwas weiter in der Apostelgeschichte sagt er:

> Seit meiner Jugend habe ich mitten unter meinem Volk in Jerusalem gelebt. Alle Juden wissen, wie ich mein Leben von klein auf geführt habe. Sie kennen mich von früher. Und wenn sie wollen, können sie jederzeit bezeugen: Ich habe nach der Richtung unserer

---

116 Apg 22,3.
117 Apg 23,16.

Religion gelebt, die es mit der Frömmigkeit am genauesten nimmt.
Denn ich war Pharisäer.[118]

Jesus besuchte die Stadt Jerusalem mehrmals und erregte dabei große Aufmerksamkeit. Hatte Paulus Jesus möglicherweise schon vor der Kreuzigung getroffen? Die Quellen schweigen zu diesem Punkt. Nichts in den Texten deutet darauf hin, dass Paulus mit Jesus Kontakt hatte. Gleichzeitig wäre es verwunderlich, wenn Paulus als herausragender Pharisäer in Jerusalem keinen Kontakt mit der kontroversen Gestalt Jesus gehabt haben sollte. Mit anderen Worten: Die Frage muss offenbleiben.

Was wir *wissen*, ist, dass Paulus schnell zum schärfsten Gegner der noch jungen christlichen Bewegung wurde, eifrig bemüht, die Christen zu stoppen. Er war bei der Hinrichtung des Stephanus dabei und stimmte ihr zu.[119] Stephanus war ein begabter Verkündiger der ersten Stunde; in Jerusalem versuchten viele Kritiker, mit ihm zu diskutieren, „aber sie konnten der Weisheit und dem Geist nicht widerstehen."[120] Dass Paulus bei seinem Prozess dabei war und seiner Hinrichtung zugestimmt hat, bedeutet auch, dass er Stephanus' Verkündigung über Jesus zugehört haben muss.

Paulus aber „wollte die Gemeinde vernichten. Er ließ die Häuser durchsuchen, Männer wie Frauen abführen und ins Gefängnis werfen".[121] Er ersuchte um Bevollmächtigung, um nach Damaskus zu reisen: „Dort wollte er die Anhänger des neuen Weges aufspüren. Er wollte sie, Männer wie Frauen, festnehmen und nach Jerusalem bringen."[122] All das zeigt, dass Paulus früh eingehende Kontakte mit Christen und daher gute Kenntnis von ihrem Glauben hatte.

Als Paulus auf dem Weg nach Damaskus war, begegnete ihm Jesus in einer Erscheinung, was dramatische Konsequenzen für ihn hatte. Der ärgste Widersacher der christlichen Bewegung wurde nun ihr glü-

---

118 Apg 26,4.5.

119 Apg 8,1.

120 Apg 6,9–10.

121 Apg 8,3.

122 Apg 9,2.

hendster Verfechter! Drei Jahre später, so berichtet Paulus, „ging ich nach Jerusalem, um Kephas [also Petrus] kennenzulernen. Fünfzehn Tage blieb ich bei ihm. Von den anderen Aposteln habe ich keinen gesehen – außer Jakobus, den Bruder des Herrn".[123] Vierzehn Jahre später, so berichtet er weiter, traf er „Jakobus, Kephas und Johannes, die als ‚die Säulen' gelten",[124] in Jerusalem.

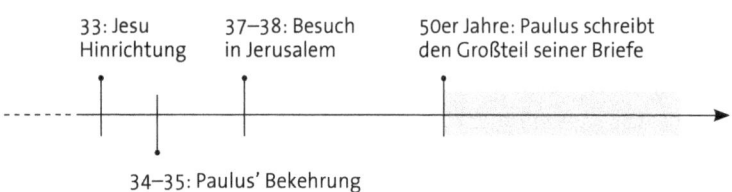

Dieser Hintergrund ist bedeutungsvoll. Paulus kannte die Schlüsselpersonen aus der Umgebung von Jesus: seinen Bruder Jakobus und zwei seiner nächsten Vertrauten, Petrus und Johannes.

In den 50er Jahren reiste und arbeitete Paulus zusammen mit Lukas, was die sogenannten „Wir-Abschnitte" in der Apostelgeschichte zeigen.[125] Lukas hatte großes Interesse an den Überlieferungen über den historischen Jesus und stellte selbst minutiöse Nachforschungen über das Leben und Wirken von Jesus an. Mit seinem Kollegen Lukas hatte Paulus also Zugang zu einem der besten Jesus-Forscher seiner Zeit.

Zusammengefasst muss Paulus in Bezug auf Jesus als *außerordentlich gut informiert* angesehen werden. Er kann Jesus selbst vor der Kreuzigung gesehen und gehört haben; er war sehr engagiert als Gegner der Christen; er wechselte später die Seite und lernte einige der engsten Freunde von Jesus kennen; er reiste zusammen mit dem Historiker Lukas, der selbst Material zu seiner Jesus-Biografie sammelte, usw. Und Paulus selbst war der vielleicht herausragendste Fürsprecher und

123 Gal 1,18–19.

124 Gal 2,9.

125 Siehe die Kapitel 16, 20, 21, 27 und 28 der Apostelgeschichte.

Verteidiger des christlichen Glaubens, was natürlich Wissen über Jesus voraussetzte.

Wir haben Zugang zu einer Reihe von Briefen, die Paulus an unterschiedliche christliche Gemeinden rund ums Mittelmeer schrieb – Gemeinden, die er in vielen Fällen selbst mitgegründet hatte. Verteilt in den Briefen, oft nebenbei, vermittelt Paulus Informationen über den historischen Jesus. Natürlich gibt es Diskussionen darüber, welche der dreizehn Briefe echte Paulusbriefe sind; und teilweise wird behauptet, dass einige der Briefe von anderen im Namen von Paulus geschrieben wurden.[126] Aber selbst wenn wir uns auf die sieben unumstrittenen Briefe beschränken, also die Briefe, die alle Paulus zuschreiben, dann erhalten wir interessante Informationen:

Im 1. Korintherbrief schreibt Paulus über den letzten Abend von Jesus:

In der Nacht, in der er verraten wurde, nahm der Herr Jesus das Brot. Er sprach das Dankgebet, brach das Brot in Stücke und sagte: „Das ist mein Leib für euch. Tut das immer wieder zur Erinnerung an mich!" Genauso nahm Jesus nach dem Essen den Becher und sagte: „Dieser Becher steht für den neuen Bund, den Gott mit den Menschen schließt. Er kommt zustande durch mein Blut. Tut das immer wieder, sooft ihr aus dem Becher trinkt, zur Erinnerung an mich!"[127]

Er schreibt auch über Jesu Tod, sein Begräbnis und seine Auferstehung:

Was ich euch weitergegeben habe, habe ich selbst als Überlieferung empfangen. Grundlegend ist: Dass Christus für unsere Schuld gestorben ist – wie es in den Heiligen Schriften steht. Dass er begraben wurde und dass er am dritten Tag auferweckt wurde – wie es in den Heiligen Schriften steht. Und dass er sich Kephas gezeigt hat, danach auch den Zwölf.[128]

---

126 Mich selbst hat die Aufteilung in echte und unechte Paulusbriefe nie überzeugen können; meines Erachtens gibt es genügend Gründe für die Annahme, dass sämtliche Briefe auf Paulus zurückgehen.

127 1Kor 11,23–25.

128 1Kor 15,3–5.

Zusammengefasst gibt es in den Briefen des Paulus etwa 20 interessante Informationen über das Leben von Jesus:[129]

Jesus ...

1. war aus Abrahams Geschlecht (Gal 3,16)
2. war ein Nachkomme von König David (Röm 1,3)
3. war wirklicher Mensch, „von einer Frau geboren" (Gal 4,4)
4. lebte in Armut (2Kor 8,9)
5. lebte unter dem jüdischen Gesetz (Gal 4,4)
6. hatte einen Bruder, der Jakobus genannt wurde (1Kor 9,5)
7. hatte mehrere Brüder, deren Namen nicht genannt werden (1Kor 9,5)
8. hatte zwölf Jünger, denen er sich nach seiner Auferstehung zeigte (1Kor 15,5)
9. hatte Petrus eine führende Rolle gegeben (Gal 2,7–8)
10. war demütig und milde (2 Kor 10,1)
11. war zu Israel gesandt und wurde „der Diener der Beschnittenen" (Röm 15,8)
12. stiftete am letzten Abend ein Gedenkmahl (1Kor 11,23–25)
13. wurde verraten (1Kor 11,23)
14. wurde geschmäht (Röm 15,3)
15. war von Leiden gezeichnet (1Thess 1,6)
16. wurde von den Juden in Judäa getötet (1Thess 2,16)
17. starb an einem Kreuz, was auf eine Hinrichtung durch die Römer hinweist (Phil 2,8)
18. wurde begraben (1Kor 15,4)
19. wurde von den Toten auferweckt (1Kor 15,4)
20. zeigte sich einer großen Anzahl von mit Namen genannten und identifizierbaren Personen (1Kor 15,5–7)

---

129 Zusätzlich sagt die umstrittene Stelle 1Tim 6,13, dass Jesus „vor Pilatus Zeugnis ablegte".

Wir können also anhand der Briefe des Paulus sehen, dass er „ausführliches Wissen über Jesus besaß und den Grundzügen des Handlungsverlaufs in den Evangelien folgte".[130]

Wir können außerdem sehen, dass Paulus' Lehre auf mehreren Gebieten an die Lehren Jesu in den Evangelien anknüpft. Er zitiert ausdrücklich Jesus, wenn er über Folgendes spricht:

- Die Ehe: „Dagegen habe ich für die Verheirateten eine klare Anweisung. Sie stammt nicht von mir, sondern vom Herrn."[131]
- Lohn für christliche Arbeit: „Genauso hat es auch der Herr angeordnet: Wer die Gute Nachricht verkündet, soll auch von der Guten Nachricht leben können."[132]
- Jesu Wiederkommen: „Denn das sagen wir euch mit einem Wort, das vom Herrn kommt."[133]

Der neutestamentliche Theologe David Wenham hat gezeigt, wie Paulus auch in vielen anderen Bereichen von der Lehre Jesu inspiriert wurde.[134] Drei Beispiele:

Erstens hatte Jesus eine typische Art, Gott als „Abba", also eigentlich „Papa" anzusprechen. Das findet bei Paulus seinen Widerhall, wenn er sagt: „Weil ihr nun seine Kinder seid, hat Gott den Geist seines Sohnes in unsere Herzen gesandt. Der ruft ‚Abba, Vater'!"[135]

Zweitens wies Jesus in der Bergpredigt alle Form von Rache zurück: „Liebt eure Feinde! Betet für die, die euch verfolgen!"[136] Paulus schreibt in seinem Sinne: „Vergeltet Böses nicht mit Bösem. Habt den anderen Menschen gegenüber stets nur Gutes im Sinn."[137]

---

130 Barnett 2008, S 21.

131 1Kor 7,10–11; vgl. Mt 19,3–12.

132 1Kor 9,14; vgl. Mt 10,10 u. Lk 10,7.

133 1Thess 4,15; vgl. Mt 24.

134 Wenham 1999.

135 Gal 4,6; vgl. Mk 14,36.

136 Mt 5,44.

137 Röm 12,17.

Drittens erzählte Jesus folgendes Gleichnis, um die Lehre über seine Wiederkunft zu illustrieren:

> Bleibt also wachsam! Denn ihr wisst nicht, an welchem Tag euer Herr wiederkommt. Macht euch bewusst: Wenn der Hausherr wüsste, wann der Dieb in der Nacht kommt, würde er wach bleiben. Er würde es nicht zulassen, dass in sein Haus eingebrochen wird. Darum sollt auch ihr jederzeit bereit sein. Denn der Menschensohn kommt zu einer Stunde, in der ihr es nicht erwartet.[138]

Paulus spielt auf Jesu Gleichnis an, wenn er schreibt: „Denn ihr wisst selbst ganz genau: Der Tag des Herrn kommt unerwartet wie ein Dieb in der Nacht."[139]

Müsste Paulus nicht mehr über den historischen Jesus schreiben?

Nun wundern sich viele, warum Paulus *nicht ausführlicher* über das Leben und Wirken des historischen Jesus schreibt. Sollten wir nicht eine Darstellung von Ereignissen seines öffentlichen Auftretens oder längere Wiedergaben seiner Lehre erwarten können? Dazu möchte ich folgende drei Überlegungen anführen:

Erstens ist es immer das gute Recht des Autors, eine Auswahl zu treffen. Niemand ist verpflichtet, alles zu berichten, was er weiß. Aus Sicht des Verfassers mag die Auswahl vielleicht sehr verständlich erscheinen, auch wenn sie uns 2000 Jahre später verwundert.

Zweitens bilden die Berichte von Jesus einen natürlichen Hintergrund für die Briefe, weswegen Paulus sie nicht wiederholen muss. Wie Paulus im ersten Thessalonicherbrief schreibt: „Ihr kennt ja die Anweisungen, die wir euch im Auftrag des Herrn Jesus gegeben haben."[140] Paulus' Briefe sind kaum sinnvoll ohne Hintergrundwissen über die Person Jesus. Das Gleiche gilt für die übrigen Briefe des Neuen Testaments. Petrus und Johannes, die dem inneren Kreis um Jesus angehörten und mehr als andere über den historischen Jesus wussten, wiederholen in ihren Briefen auch nicht die Jesus-Berichte. Sie wenden

---

138 Mt 24,42–44.

139 1Thess 5,2.

140 1Thess 4,2.

sie genauso wie Paulus an. Selbst Jakobus, der Bruder von Jesus war und daher mehr über den historischen Jesus wusste als andere, wiederholt keine Berichte über Jesus. *Dies zeigt, dass die Briefe im Neuen Testament ein anderes Ziel verfolgen als die Evangelien.*

Drittens sind die Briefe in weiten Teilen eine Antwort auf a) konkrete Situationen und Probleme in Gemeinden von b) sowohl Juden- als auch Heidenchristen rund um das Mittelmeer und dies c) nach der Auferstehung von Jesus und der Ausgießung des Heiligen Geistes. Das Wirken von Jesus hingegen geschah in einem strikt jüdischen Kontext mit inner-jüdischen Problemstellungen vor der Auferstehung von Jesus und der Ausgießung des Heiligen Geistes. Paulus wird also vor neue Probleme gestellt, in eine neue Situation mit neuen Möglichkeiten. Die Unterschiede zwischen dem Wirken von Jesus in Galiläa und den Herausforderungen der Gemeinde in Korinth sollten nicht unterschätzt werden. Paulus wiederholt daher nicht einfach nur Berichte über Jesus – er deutet sie stattdessen auf seine Situation hin, im Licht von Tod und Auferstehung von Jesus und unter der Leitung des Geistes.

Paulus selbst war Jesus ursprünglich nicht nachgefolgt. Er war kein Augenzeuge von dem, was in Galiläa passierte oder was im inneren Kreis um Jesus geschah – selbst wenn er vielleicht Jesus in Jerusalem gesehen und gehört hatte. Es gab, wie wir später sehen werden, bessere Kandidaten als Paulus, um einen Bericht über Jesu Leben zu verfassen. Daher ist es logisch, dass er kein Evangelium schrieb; dies überließ er anderen. Aber seine Briefe zeigen, dass er die Berichte über Jesus kannte und dass sie zum Hintergrund seiner Texte gehörten.

Zusammenfassung

Paulus ist unsere älteste Quelle, die zur gleichen Zeit wie Jesus lebte. Nur zwei Jahrzehnte nach der Hinrichtung von Jesus schrieb er eine Reihe von Briefen, die uns Basiswissen über Jesus vermitteln, angefangen mit seinem Hintergrund und seiner Familie, die Wahl seiner Freunde und seine Lehre, bis hin zu seinem gewaltsamen Tod, seinem Begräbnis und seiner Auferstehung.

11. DER HISTORISCHE KONTEXT
DES LEBENS VON JESUS

Wenn wir mit Sicherheit sagen können, dass Jesus existiert hat, wann lebte er dann? Was können wir über die historischen Rahmenbedingungen seines Lebens sagen? Wann wurde er geboren und wann starb er?

Die Geburt von Jesus

Die Angaben zu seiner Geburt sind bei Weitem nicht so ausführlich wie die zu seinem Tod. Drei römische Amtsinhaber werden von den Quellen ausdrücklich mit seiner Geburt verbunden:

- Der römische Kaiser Augustus, er lebte 63 v. Chr. bis 14 n. Chr.
- Der syrische Stadthalter Quirinius, der von 51 v. Chr. bis 21 n. Chr. lebte.
- Der jüdische König Herodes der Große, der von 73 bis 4 v. Chr. lebte.

Das bedeutet, dass die Geburt von Jesus irgendwann vor dem Tod Herodes des Großen im Jahre 4 v. Chr. geschehen sein muss. Jesus wurde also *v. Chr. – vor Christi Geburt* geboren! Diese Eigentümlichkeit beruht darauf, dass der syrische Mönch Dionysius Exiguus, der im fünften Jahrhundert die Geburt Jesu bestimmen wollte, sich um ein paar Jahre verrechnet hat. Friede über Dionysius; wir hätten es in seiner Ausgangslage vermutlich auch nicht besser gemacht.

Die Geburt müsste man also vor das Jahr 4 v. Chr. datieren. Gleichzeitig kann sie auch nicht viele Jahre eher gewesen sein, da Lukas behauptet, „Jesus war etwa 30 Jahre alt, als er sein Werk begann"[141] – und wir wissen, dass dieses öffentliche Auftreten um das Jahr 30 geschah (mehr dazu später). Die meisten Wissenschaftler meinen daher, dass Jesus irgendwann zwischen 6 und 4 v. Chr. geboren worden sein muss.

---

141 Lk 3,23.

Kann man auch genauer werden? Ja, vielleicht. Wagen wir einen Versuch. Die Texte über die Geburt von Jesus sind leider oft aufgrund unserer unterschiedlichen Weihnachtstraditionen, die wir über die Texte legen oder in diese hineinlesen, missverstanden worden. Viele erkennen sich sicher in dem Kommentar von Peter May wieder:

> Viele Jahre lang habe ich die Geschichte über die weisen Männer übersprungen. Dieser Bericht, der sich in den ersten 18 Versen von Matthäus 2 findet, ist wie eine nette Erzählung, die mir aber mit großen Schwierigkeiten verbunden schien. Warum sollten Astrologen im Osten am „König der Juden" interessiert sein? Warum sollten sie bereit sein, sich auf eine solch lange Reise zu begeben? Wie kann ein Stern sich am Himmel gegenüber allen anderen Sternen bewegen? Wie konnte er über einem Stall stehenbleiben und dadurch die Stätte anzeigen, wo Jesus geboren war? Und warum sollte sich Herodes danach aufmachen, um alle Jungen in Bethlehem zu töten, die jünger als zwei Jahre waren?[142]

Wenn wir uns den Text anschauen, wird sofort deutlich: Matthäus sagt weder, dass es Könige waren (es waren „Sterndeuter"), noch dass es drei Personen waren (es waren drei Gaben, aber nicht notwendigerweise drei Personen), noch nennt er uns ihre Namen. Matthäus sagt auch nicht, dass der Stern den exakten Ort für die Geburt angab. Den erfuhren sie von den Schriftgelehrten, die auf Grundlage des Alten Testaments den Ort Bethlehem nannten. Erst danach sehen sie den Stern über dem Ort leuchten. Auch sagt Matthäus nicht, dass der Besuch der Sterndeuter mit dem der Hirten zusammenfiel. Unser Wunsch nach Weihnachtsstimmung und Krippenspiel hat uns irregeführt.

Aber kann man diesen Text über die Sterndeuter, den Stern und den Weg nach Betlehem denn ernst nehmen, selbst nachdem wir Zusätze und Missverständnisse aus dem Weg geräumt haben?

Colin Humphreys ist ein anerkannter britischer Physiker an der Universität in Cambridge, der die Aussagen von Matthäus auf Basis

---

142 http://www.bethinking.org/bible-jesus/introductory/the-star-of-bethlehem.htm.

seines eigenen fachlichen Hintergrunds untersucht hat. Er hebt mehrere Punkte hervor:[143]

1. Sterndeuter spielten in der Antike eine wichtige Rolle. Astronomie und Astrologie waren verflochten, und es gibt viele Berichte von umherreisenden Sterndeutern, die lehrten und die Königshäuser besuchten – ganz wie Matthäus es berichtet. Josephus schreibt von Sterndeutern, die Herodes den Großen im Jahre 10 v. Chr. besuchten, also nur wenige Jahre vor der Geburt von Jesus.

Eine Zufälligkeit in der Geschichte führte dazu, dass Sterne auf besondere Art mit großen Königen verknüpft wurden. Michael Green schreibt:

> Als Julius Caesar im Jahr 44 v. Chr. starb, geschah einer der aufsehenerregendsten Zufälle der Geschichte. Eine Nova (die man für einen neuen Stern hielt) tauchte am Himmel genau oberhalb seines Scheiterhaufens auf. Alle nahmen natürlich an, dass er also aufgestiegen war, um sich nun den Göttern anzuschließen. Nach diesem Geschehen wurden Sterne für große Männer zur wahren Mode![144]

2. Seit mehreren Jahrhunderten gab es Juden in Babylon, dem damaligen Zentrum für Astronomie und Astrologie. Ca. 500 v. Chr. hatte Nebukadnezar große Gruppen von Juden nach Babylon deportiert, und viele von ihnen waren auch dageblieben: Wissen über den jüdischen Glauben und die jüdische Erwartung des Messias war nicht auf Israel begrenzt, sondern wahrscheinlich auch unter „Sterndeutern aus dem Osten" bekannt.

3. Zentral in der Geschichte ist der Stern, den sie aufgehen sahen. Worauf bezieht sich diese Aussage? Colin Humphreys weist die Theorien zurück, dass es ein normaler Stern oder eine Supernova, also ein Stern gewesen sein könnte, der explodiert. Er meint stattdessen, dass es mit großer Wahrscheinlichkeit ein Komet war – und wir können wissen, welcher Komet gemeint ist!

---

143 Colin J. Humphreys, „The Star of Bethlehem" in: *Science and Christian Belief 5* (1995), S. 83–101.

144 Green 2001. S. 68.

Die Chinesen hinterließen sehr genaue Aufzeichnungen der himmlischen Phänomene aus dieser Zeit – wann sie sichtbar waren, wie lange
sie zu sehen waren, ob es Kometen mit oder ohne Schweif waren etc.
Ihre Quellen berichten, dass ein Komet mit Schweif in den Jahren 12,
5 und 4 v. Chr. sichtbar war. Das Jahr 12 ist zu früh, 4 ist zu spät, aber 5
stimmt gut mit der Situation bei der Geburt von Jesus überein. Dieser
Komet war im Frühjahr sichtbar (was damit übereinstimmt, dass die
Hirten draußen bei der Herde schliefen), und dies insgesamt 70 Tage
lang (was genügend Zeit für die Reise der Sterndeuter nach Israel ließe).

4. Warum sollten sich die Sterndeuter aufgrund eines Kometen auf
den Weg machen? Michael Green kommentiert den Hintergrund:

> Ein hartnäckiges Gerücht während des ersten Jahrhunderts n. Chr.
> besagte, dass eine neue Weltherrschaft von Judäa kommen würde.
> Tacitus berichtet, dass in der 60er Jahren n. Chr. „eine feste Über-
> zeugung verbreitet war, dass ... ein Herrscher von Judäa kommen
> würde und ein universelles Imperium errichten würde" [Annalen
> 5:13]. Die gleiche Überzeugung fand sich bei jüdischen Historikern
> wie Josephus [Der jüdische Krieg 6:5] und bei dem römischen Histo-
> riker Sueton [Kaiserbiographien: Vespasian 4:5] ... Es ist daher nicht
> verwunderlich, dass die Sterndeuter aus dem Stern Rückschlüsse
> über bevorstehende politische Veränderungen zogen. Es war eine
> ganz natürliche Erwartung in der heidnischen Welt.[145]

Colin Humphreys zeigt, dass es auch einen konkreten *astronomischen*
Hintergrund gibt. Im Jahr 7 v. Chr. gab es außerdem ein merkwürdiges
Ereignis am Himmel: Jupiter und Saturn standen direkt nebeneinander im Zeichen der Fische und das gleich dreimal im selben Jahr. Dies
geschieht nur einmal alle 800 Jahre. Im Jahre 6 v. Chr. geschah etwas
Ähnliches: Saturn, Jupiter und Mars näherten sich einander, was nur
alle 700 Jahre geschieht!

Auch *astrologisch* war das bedeutungsvoll. Colin Humphreys
schreibt:

> Das Sternbild der Fische war astrologisch mit Israel verknüpft.
> Daher hat man aus der Stellung von Saturn und Jupiter im Jahre

---

145 Ebd., S. 68–69.

7 v. Chr. im Sternbild der Fische wahrscheinlich folgende astrologische Botschaft abgeleitet: Ein Messias-König wird in Israel geboren werden. Dass dies insgesamt dreimal im Jahre 7 stattfand (Mai, Oktober und Dezember), führte vermutlich dazu, diese Botschaft zu bekräftigen. Dieses dreifache Ereignis war eine Vorwarnung an die Sterndeuter, dass die Ankunft des Messias bevorstand. Wir wissen, dass das dreifache Erscheinen im Jahr 7 v. Chr. für die babylonischen Astronomen wichtig war, da eine Tontafel ... die man ca. 50 km nördlich von Babylon gefunden hat, im Detail auf dieses dreifache Phänomen hinweist.[146]

Für Astrologen waren dies also bedeutungsvolle Ereignisse; sie signalisierten, dass irgendetwas in Judäa im Gange war, dass ein König geboren werden sollte. Das könnte der Grund dafür gewesen sein, dass sie sich im Jahre 5 v. Chr. auf den Weg machten, als dann plötzlich der *Komet* sichtbar wurde.

5. Matthäus sagt, dass der Stern über dem Ort, an dem das Kind sich befand, stehen blieb. Ähnliche Formulierungen gibt es in mehreren anderen antiken Texten über Kometen, die über einem bestimmten Ort stehen. Josephus berichtet im Zusammenhang mit dem Tod von Markus Agrippa von einem Kometen (heute wissen wir, dass es der Halley'sche Komet war), der im Jahr 12 v. Chr. während mehrerer Tage über der Stadt Rom stillgestanden hat. Ein Komet mit Schweif kann diesen Eindruck dadurch vermitteln, dass der Schweif genau auf einen speziellen Ort der Erde zu zeigen scheint.

Wenn Colin Humphreys recht hat, wurde Jesus im Frühjahr des Jahres 5 v. Chr. geboren.

Jetzt geht es aber nicht darum zu behaupten, dass Colin Humphreys' Szenario richtig ist; es ließen sich selbstverständlich auch andere mögliche Szenarien vorstellen – vielmehr geht es darum, zu zeigen, dass der Text tatsächlich einen geschichtlichen Bezug haben und sehr wohl von Ereignissen handeln kann, die viel realer sind, als die meisten Weihnachtsgottesdienstbesucher sich vorstellen können.

---

146 Colin J. Humphreys, „The Star of Bethlehem", S. 93.

Der Tod von Jesus

Beim Tod von Jesus sind drei andere Amtsinhaber in den Gerichtsprozess gegen ihn involviert, und anhand ihrer Amtszeiten lässt sich die Zeit eingrenzen, zu der die Kreuzigung geschehen sein dürfte. Es sind

- Kaiphas, Hohepriester zwischen den Jahren 18 und 37
- Pilatus, römischer Stadthalter über Judäa in den Jahren 26–36
- Herodes Antipas, „Marionettenkönig" über Galiläa in den Jahren 4 v. Chr. bis 39 n. Chr.

Das bedeutet, dass Jesus irgendwann zwischen den Jahren 26 und 36 hingerichtet worden sein muss.

Aber wir können noch einen Schritt weitergehen. Wenn die Kreuzigung in einem Jahr geschah, in dem das jüdische Passahfest auf einen Freitag fiel, wie es die Quellen angeben, dann kann man die meisten Jahre ausschließen. Es sind nur zwei möglich: Jesus wurde entweder am Freitag, 7. April im Jahre 30, oder am Freitag, 3. April im Jahre 33, gekreuzigt. Die Wissenschaftler sind unterschiedlicher Meinung darüber, welches das richtige Jahr ist. Es gibt Argumente für beide Seiten, je nach Einordnung anderer Angaben, zum Beispiel dass Johannes der Täufer sein Wirken im 15. Jahre der Regierung Tiberius begann,[147] dass Jesus ungefähr 30 Jahre alt war, als er öffentlich auftrat,[148] dass der Tempel 46 Jahre vorher gebaut wurde,[149] die Anzahl der Passahfeste, von denen man glaubt, dass Jesus sie öffentlich feierte usw.

Im Grunde genommen spielt es keine größere Rolle, welche der beiden Datierungen die richtige ist. Ob es nun der 7. April 30 oder der 3. April 33 ist, wir können Jesu Tod mit erstaunlicher Präzision eingrenzen.

Erneut ist es Colin Humphreys, der einem bereits ad acta gelegten Argument,[150] das für das Jahr 33 sprechen könnte, zu einem Comeback zu helfen versucht. Er argumentiert dabei folgendermaßen: Zunächst

---

147 Lk 3,1.
148 Lk 3,23.
149 Joh 2,20.
150 Vgl. aber dagegen Riesner 1998, S. 56.

führt er rein historische Gründe für den 3. April 33 an. Dann bringt er ein zusätzliches Argument für die Datierung auf den 3. April 33 vor, welches auf einem Hinweis von Petrus nur sechs Wochen nach der Kreuzigung von Jesus basiert.

Petrus sprach in Jerusalem am Pfingsttag und zitiert eine Prophezeiung aus dem Buch Joel, von der er behauptet, dass sie vor seinen Zuhörern in Erfüllung gegangen ist: „... die Sonne wird sich verfinstern, und der Mond wird sich in Blut verwandeln."[151] Worauf bezieht er sich?

In seiner Darstellung der Kreuzigung sagt Lukas: „Es war schon ungefähr die sechste Stunde, da breitete sich im ganzen Land Finsternis aus. Das dauerte bis zur neunten Stunde – so lange hatte die Sonne aufgehört zu scheinen."[152] Die Angabe, dass sich Finsternis ausbreitete, findet sich auch bei Matthäus und Markus. Es ist sehr schwer zu glauben, dass die ersten Christen eine solche Behauptung einfach erfunden hätten; sie hätte leicht von allen, die selbst an diesem Tag in Jerusalem waren, widerlegt werden können.

Um was kann es sich also gehandelt haben? Wohl kaum um eine richtige Sonnenfinsternis, da diese nur bei Neumond stattfindet und das jüdische Passahfest immer bei Vollmond gefeiert wird. Außerdem dauern Sonnenfinsternisse nur wenige Minuten, nicht drei Stunden. Es ist glaubhafter, so Humphreys, dass ein Sandsturm das Licht der Sonne verschwinden ließ. Plötzliche Sandstürme – die von den Scirocco-Winden von Nordafrika verursacht werden, sind im Nahen Osten im Frühjahr häufig und können mehrere Stunden dauern. Sir Robert Hanbury Brown berichtet zum Beispiel von seinem Erlebnis eines dramatischen Sandsturmes im Sudan Anfang des 20. Jahrhunderts:

Am 26. Juni hatten wir den außergewöhnlichsten Sandsturm, der je von den Einwohnern erlebt wurde ... Es war komplett windstill und die Sonne leuchtete ganz normal an einem wolkenlosen Himmel, als plötzlich eine Düsternis über alles hereinbrach und eine mattgelbe Glut die Atmosphäre durchdrang. Ich sah enorme Mengen braunen Sandes sich nähern, wie ein Berg hoch in der Luft. Die Veränderung aufgrund dieses außergewöhnlichen Phänomens kam

---

151 Apg 2,20.

152 Lk 23,44–45.

so plötzlich, dass wir uns binnen weniger Minuten in einer pech-schwarzen Finsternis befanden. Die Finsternis war so intensiv, dass wir nicht einmal unsere Hände vor uns sehen konnten.[153]

Colin Humphreys erlebte im Jahre 2001 in Kuwait selbst einen solchen Sandsturm, „ der das Licht der Sonne für mehrere Stunden auslöschte, so dass ich die Lampen in meinem Hotelzimmer anschalten musste, obwohl es mitten am Tag war".[154]

Es könnte also ein Sandsturm die Ursache dafür gewesen sein, dass die Sonne sich verdunkelte, auch wenn sich dies nicht nachträglich beweisen lässt. Aber worauf bezieht sich der „blutrote Mond"? Hier kommt die neue Erkenntnis ins Spiel.

Colin Humphreys zitiert zunächst die Zeitung *The Times* vom 10. Januar 2001, die zu einer beeindruckenden Aufnahme schreibt: „Der blutrote Mond über der walisischen Grenze gestern Nacht." Der Text fährt fort: „Tausende Menschen, die mutig in der Kälte ausgeharrt haben, um die gestrige totale Mondfinsternis zu sehen, wurden mit einem beeindruckenden Naturwunder belohnt: der Mond, der blutrot wurde."[155]

Bei einer Mondfinsternis liegt der Mond im Erdschatten und sollte daher schwarz werden. Aber aufgrund der Erdatmosphäre wird das Licht der Sonne nach innen zum Erdschatten gebeugt. Beim Durch-gang durch die Erdatmosphäre gehen die kurzwelligen Anteile des Lichtes verloren, und das Licht, das den Mond erreicht, ist rot – und dieses rote Licht wird vom Mond zur Erde reflektiert. Daher wird der Mond bei einer Mondfinsternis rot. Es ist das gleiche Phänomen, was zu einem roten Sonnenlicht beim Sonnenuntergang führt.

Aus der Antike haben wir eine Anzahl Berichte über einen blutroten Mond. Der römische Historiker Curtius Rufus sagt, dass der Mond rot wurde, als Alexander der Große den Tigris am 20. September 331 v. Chr. überquerte. Astronomische Berechnungen zeigen, dass es genau an

---

153 Robert Hanbury Brown, *The Land of Goshen and the Exodus*. E. Stanford, London 1919, S. 60.

154 Humphreys 2011, S. 84.

155 Vgl. den Blutmond während der Mondfinsternis vom 27.7.2018.

diesem Tag eine Mondfinsternis gab. Das gleiche gilt für eine Angabe beim Historiker Cassius Dio; auch hier stimmt sein Bericht mit den astronomischen Berechnungen einer Mondfinsternis überein.

Colin Humphreys stellt nun die Frage: War eine Mondfinsternis – die den Mond rot färbt – irgendwann zwischen den Jahren 26 und 36 von Jerusalem aus während der Passahzeit zu sehen? Der Astrophysiker Graeme Waddington in Oxford bekam den Auftrag, Berechnungen dazu durchzuführen. Die Antwort ist, dass das nur einmal geschah. Seit 1980 wissen wir, dass eine Mondfinsternis von Jerusalem aus sichtbar war, und zwar am *Freitag, 3. April im Jahre 33!* Spätere Aktualisierungen zeigen – und nun wird es sehr exakt –, dass die Mondfinsternis von 18.20–19.10 Uhr dauerte.

Noch einmal Colin Humphreys:

> Wir können mit Hilfe der Astronomie im Detail ... diese Mondfinsternis rekonstruieren. Den Anfang der Finsternis sah man nicht, da der Mond unterhalb des Horizontes lag. Aber der verfinsterte Mond stieg von Jerusalem aus gesehen um 18.20 Uhr über dem Ölberg empor. Dies war der Startschuss für den jüdischen Sabbat, von Freitagabend bis Samstagabend, und außerdem der Beginn des Passah am 15. Nisan im Jahre 33 ... Als der Mond aufging, war er rot.

> Stellen Sie sich die Szene vor. Jesus starb ungefähr um 15 Uhr, Freitag den 3. April 33 n. Chr. Die Mengen folgten der Kreuzigung und gingen danach heim. Der Körper von Jesus wurde vom Kreuz herabgenommen und hastig in ein Grab gelegt, bevor der Sabbat anfing. Alle in Jerusalem warteten darauf, den Vollmond des Passahs aufsteigen zu sehen, der den Beginn des Passahfestes anzeigte. Aber statt des erwarteten gelben Mondes leuchtete der Mond in der Farbe des Blutes. Der Effekt muss dramatisch gewesen sein.

> Die Zuhörer am Pfingsttag haben sicherlich die Worte des Petrus als einen Hinweis auf diesen beeindruckenden Mondaufgang begriffen, den so viele von ihnen selbst erst kürzlich gesehen hatten.[156]

Ich finde Colin Humphreys' Argumente interessant, sowohl was die Zeit der Geburt von Jesus als auch die Zeit seines Todes betrifft. Wenn sie stimmen, erhalten eine Reihe umstrittener Angaben in den Texten

---

156 Ebd., S. 91.

einen Sinn, und wir können den historischen Rahmen für Jesu Leben mit erstaunlicher Präzision eingrenzen: In diesem Fall wurde Jesus im Frühjahr des Jahres 5 v. Chr. geboren und am 3. April 33 hingerichtet. Aber zum Zweck unserer Untersuchung reicht es voll und ganz, festzustellen, dass die Mehrheit der Wissenschaftler darin übereinstimmt: Jesus wurde zwischen den Jahren 6 und 4 v. Chr. geboren und entweder 30 oder 33 hingerichtet.

12. DIE BESTEN QUELLEN – UND DREI EINWÄNDE

E ndlich sind wir nun bei den besten Quellen über Jesus angelangt! Die Evangelien – Matthäus, Markus, Lukas und Johannes – sind zweifellos die wichtigsten Quellen und somit die eigentliche Grundlage, um „Josephs Sohn aus Nazareth"[157] zu verstehen. Jeder, der Informationen über Jesus sucht, muss sich mit den Texten der Evangelien befassen. Schon im vorigen Kapitel wies ich auf mehrere Angaben in den Evangelien hin – es ist also höchste Zeit, die Frage nach der Glaubwürdigkeit der Evangelien als Quellenmaterial zu stellen.

Nun weiß ich auch, da ich während der letzten 20 Jahre an Schulen und Universitäten für den christlichen Glauben argumentiert habe, dass sich die Einwände stapeln. Ist es nicht eine christliche Verkürzung, die Evangelien als Schlüssel zum historischen Jesus darzustellen? Selbstverständlich spielten sie eine bedeutende Rolle in der Kirche und haben den Glauben der Christen geprägt, aber kann man sie wirklich zum historischen Quellenmaterial zählen? Näher betrachtet gibt es drei Einwände, die immer wieder auftauchen.

Einwand I: Die Evangelien und das Übernatürliche

Der erste Einwand lautet, die Evangelien seien deswegen nicht als historische Quellen anzusehen, weil sie *Übernatürliches enthalten*. Es seien doch religiöse Texte, voll von Berichten über Heilungen, Zeichen und Wunder, Engel, Prophezeiungen, Stimmen vom Himmel, göttliches Eingreifen – sogar Auferstehung von den Toten.

Ja, es ist wahr: die Evangelien enthalten viele Wunder, die als Gottes Eingreifen in die Welt beschrieben werden. Bedeutet dies, dass ihr Wert als historische Quelle damit Null ist? Wohl kaum. Die allermeisten Texte von der Antike bis zur Aufklärung enthalten Aussagen über Gott, Götter oder das Übernatürliche. Dass Menschen solche Überzeu-

---

157 Joh 1,45.

gungen hatten, bedeutet nicht, dass sie nicht mehr in der Lage waren, wiederzugeben, was in ihrem Leben geschehen war.

Übernatürliches ist keineswegs einzigartig für die Evangelien, sondern findet sich in allen antiken Quellen. Wie der neutestamentliche Theologe Ben Witherington III aufgezeigt hat:

> Ein Sachverhalt, der die moderne Geschichtsschreibung definitiv von praktisch allen Formen der antiken Geschichtsschreibung unterscheidet: Die Verfasser der Antike haben sich nicht geziert, das Göttliche oder Übernatürliche in ihre Berichte von historischen Ereignissen mit aufzunehmen.[158]

Zwei Beispiele will ich nennen. *Plutarch*, geboren 46 n. Chr., ist einer der bekanntesten Historiker der Antike. Er lehnte den Atheismus und Materialismus ab und hatte ein religiöses Weltbild. Er sprach von Gott und Gottes Einfluss in der Welt durch gute Geistwesen. Sueton ist ein anderer wohlbekannter Historiker. In seinen Berichten über Caesars Übergang über den Rubikon im Jahre 49 v. Chr. behauptet er, dass eine übernatürliche Offenbarung Caesars Handeln bestimmte.[159]

Diese Problematik ergibt sich nicht nur für die Antike und religiöse Überzeugungen, sondern sie ist heute noch genauso aktuell und betrifft auch philosophische Überzeugungen. Wenn wir die Geschichte der Sowjetunion untersuchen wollen, müssen wir sowjetische Texte darüber lesen, was zwischen 1917 und 1989 geschah – Texte, die auf der marxistischen Überzeugung aufbauen, dass die Geschichte vorherbestimmt ist und die Revolution der letzte Schritt einer unausweichlichen Entwicklung zur klassenlosen Gesellschaft hin war.

Trotzdem kann man historische Informationen in den Texten finden, auch wenn man nicht die religiösen oder philosophischen Überzeugungen der Verfasser teilt. Das Gleiche gilt auch für das Lesen und Bewerten der Evangelien. Sie können, unabhängig davon, wie man die übernatürlichen Teile bewertet, tatsächliche historische Ereignisse wiedergeben.

---

158 Witherington 2001, S. 26.

159 Paul Merkley, „The Gospels as Historical Testimony", in: *The Evangelical Quarterly* 58 (1986):4, S. 319–336.

Einwand II: Die Evangelien und ihre Subjektivität

Der zweite Einwand besagt, dass die Evangelien nicht als historische Quellen gelten können, *da sie zu subjektiv sind.* Sie sind ja von den Freunden und Jüngern von Jesus geschrieben. Die Verfasser glaubten an ihn – sie sind keine sachlichen Beobachter und liefern daher keine historisch objektive Darstellung – oder? Um E. P. Sanders' Kritik an den Evangelien zu zitieren:

> Die Hauptquellen für unsere Kenntnis des Mannes Jesus, die Evangelien im Neuen Testament, tragen aus Sicht des Historikers den Makel, daß sie von Menschen geschrieben wurden, denen es um die Verklärung ihres Helden ging.[160]

Hier möchte ich zwei Gegenfragen stellen:

Erstens: *Welche Beispiele von historisch objektivem Material gibt es?* Die Antwort liegt auf der Hand. Historische Quellen haben immer eine subjektive Seite. Sie sind von einem bestimmten Menschen geschrieben, gehen von bestimmten Voraussetzungen aus und verfolgen ein bestimmtes Ziel. „Der Sieger schreibt Geschichte", heißt es, was bedeutet, dass es mehr Perspektiven gibt als diejenigen, zu denen wir Zugang haben.

Strikte Objektivität zu fordern, ist ein nutzloses Unterfangen, da es sie nicht gibt. Alle Quellen haben genau wie die Evangelien subjektive Züge. In der Geschichtsforschung zieht man es daher vor, statt eine Quelle als subjektiv zu verwerfen, ihre prägende Perspektive zu identifizieren und dies entsprechend zu berücksichtigen.

Josephus ist ein interessantes Beispiel. Er kämpfte gegen die Römer beim Aufstand im Jahr 66 n. Chr., wurde im Juli 67 gefangengenommen und wurde römischer Kriegsgefangener. Er wurde 69 freigelassen und verhandelte im Auftrag der Römer mit den Juden, die im Jahre 70 Jerusalem verteidigten. Im Jahr darauf reiste er nach Rom, wurde römischer Bürger und vom römischen Staat bezahlt. Die Schriften, die er später verfasste, gehören zu den wichtigsten Quellen der Antike, obwohl er

---

160 Sanders 1996, S. 18.

selbst tief in die Handlung verwickelt war und nach seinem Seitenwechsel auch sein persönliches Prestige auf dem Spiel stand.

Ein weiteres Beispiel ist Tacitus. Er leitet die *Annalen* mit den Worten ein, dass er „ohne Bitterkeit oder Parteilichkeit" über die römischen Kaiser schreiben möchte. Gleichzeitig ist seine Schilderung der Kaiser oftmals negativ und aus der Perspektive des römischen Senates geschrieben. Er kann zum Beispiel beschreiben, wie verantwortungsvoll und moralisch richtig ein Kaiser wie Tiberius handelte; zugleich tritt seine Parteilichkeit zutage, wenn er die Motive des Kaisers hinterfragt oder geschickte Anspielungen einbaut.

Dass alle Verfasser eine Agenda verfolgen – ob sie ihren Inhalten nun mit Begeisterung oder mit Misstrauen gegenüberstehen oder auch eine ganz andere Agenda verfolgen –, bedeutet nicht, dass ihre Texte als historisches Quellenmaterial entwertet sind, auch nicht, dass alles, was sie berichten, durchgehend mit Misstrauen betrachtet werden müsste. Es kann ja tatsächlich wahr sein, dass ein Mensch verwerflich gehandelt hat – oder sich einwandfrei verhalten hat und deswegen mit gutem Recht gelobt werden sollte.

Leitprinzip ist unser Bewusstsein als Leser dafür, aus welcher Perspektive der Text geschrieben wurde, so dass wir uns *auf die Agenda des Verfassers einstellen können*. Hier sind die Evangelien vorbildlich transparent, da ihre Verfasser deutlich ihre Überzeugung deklarieren.

Zweitens: *Ist eine subjektive Perspektive immer ein Nachteil?* Absolut nicht. In vielen Fällen ist es ein großer Vorteil, persönlich anwesend zu sein. Unser Wissen über Sokrates bietet hier eine gute Veranschaulichung.

Sokrates war Philosoph in Athen um das Jahr 400 v. Chr. herum und gilt als einer der Gründer der westlichen Philosophie. Er ist bekannt für die „sokratische Methode", also durch Fragen und Dialog Einsichten zu gewinnen. Sokrates wurde unter den jungen Leuten von Athen sehr populär, hatte aber zugleich mächtige Feinde. Er wurde angeklagt, die Götter Athens abzulehnen und die Jugend irregeleitet zu haben. Sokrates wurde zum Tode verurteilt und trank selbst den Giftbecher.

Woher wissen wir das? Sokrates hinterließ keinerlei Schriften. Es gibt vier Hauptquellen für unser Wissen über Sokrates:

- *Aristophanes* (445–385 v. Chr.) war Komödienverfasser, der bereits zu Sokrates' Lebenszeit kritisch über ihn im Schauspiel „Wolken" schrieb.
- *Platon* (428–348 v. Chr.) war acht Jahre lang ein Schüler von Sokrates und schrieb über ihn im Zeitraum bis 50 Jahre nach seinem Tod.
- *Xenophon* (428–350 [355?] v. Chr.) war ein Freund von Sokrates und schrieb drei Freundesbücher über ihn, 40 Jahre nach seinem Tod.
- *Aristoteles* (384–322 v. Chr.) war ein Jünger Platons und schrieb über Sokrates 50 bis 60 Jahre nach seinem Tod.

Unter Historikern sind zwei dieser Quellen von besonderem Interesse. Erstens Platon, da er ein *Schüler* von Sokrates war. Wenn also überhaupt jemand wusste, wie Sokrates dachte und was er lehrte, dann er. Er war ihm ja viele Jahre lang gefolgt und hatte ihm zugehört. Zum anderen Xenophon, der Sokrates' *Freund* war. Er kannte ihn und ist daher eine besonders interessante Quelle.[161]

Und so ist es immer noch. Wenn wir eine Biografie über einen Menschen schreiben möchten, können wir Zeitungsartikel lesen und uns ein bestimmtes Bild von ihm machen. Aber um uns dem Menschen in seinem persönlichen Leben zu nähern, müssen wir Kontakt zu denen aufnehmen, die ihm nahestanden; die besser als Journalisten wissen, wer er ist.

Jeder Mensch hat einen Kreis von Menschen um sich, die ihn besser als alle anderen Menschen kennen: Familie, Freunde, Arbeitskollegen etc. Für den Verfasser einer Biografie ist es Gold wert, mit diesem inneren Kreis eines Menschen in Kontakt zu kommen. Sind sie subjektiv und vielleicht persönlich voreingenommen von dieser Person? Sicher! Ist das ein Nachteil? Nein, eher ein großer Vorteil, weil ein tiefergehender und einzigartiger Einblick in das Leben eines Menschen so erst möglich wird.

Die Stärke der Evangelien liegt darin, dass sie gerade von Freunden und Jüngern von Jesus stammen, aus dem innersten Kreis, der ihn

---

161 Skarsaune 2001, S. 228–232.

umgab. Es sind Informationen von einigen der Menschen, die besser als andere wirklich wussten, wer und wie Jesus war, wie er lebte und starb.

Einwand III: Die Evangelien und ihr literarisches Genre

Der dritte Einwand besagt, die Evangelien könnten deswegen nicht als historische Quellen angesehen werden, da sie *Glaubensdokumente* seien. Um K. G. Hammar zu zitieren:

> ... Evangelien, die ja ihrem Charakter nach Glaubensdokumente sind. Damit zeugen sie zunächst von dem Glauben in den ersten christlichen Versammlungen und nicht vom historischen Jesus.[162]

Dies war lange Zeit die vorherrschende Auffassung über das Genre, d. h. die Textgattung der Evangelien. Sie seien literarischer Ausdruck des Glaubens der christlichen Gemeinden, so meinte man, und nicht historische Quellen über den Menschen Jesus von Nazareth.

Die Frage nach dem Genre ist entscheidend. Durch die Wahl eines Genres trifft der Verfasser eine Art Übereinkunft mit dem Leser, wie der Text verstanden werden sollte. Abhängig vom Genre – Parodie, Sage, Biografie, historischer Bericht, Gebet oder anderes – ergeben sich sehr unterschiedliche Deutungsmuster. Daher ist es von größter Wichtigkeit, zu verstehen, welches Genre der Verfasser verwendet.[163]

Interessanterweise hat sich die Forschungslage über das Genre der Evangelien grundlegend von der Auffassung gelöst, sie hauptsächlich als ein Glaubensdokument anzusehen. Richard Burridge schreibt in seinem bahnbrechendem Werk *What are the Gospels? A Comparison with Graeco-Roman Biography* (Was sind die Evangelien? Ein Vergleich mit der griechisch-römischen Biografie):

> Die Hypothese, die Evangelien als Biografie aufzufassen, sollte entweder als Sackgasse entlarvt werden oder sie sollte ein stabiles, wissenschaftliches Fundament erhalten durch interdisziplinäre Untersuchungen in Literaturtheorie und der griechisch-römischen

---

162 Zeitung *Dagens Nyheter* vom 3. September 2006.
163 Vgl. auch Reiser 2001, S. 92ff.

Biografie. Genau durch eine solche Vorgehensweise, bei der man die Gemeinsamkeiten analysiert, kann nun gezeigt werden, dass die vier kanonischen Evangelien und die griechisch-römische Biografie eine deutliche Verwandtschaft aufweisen.[164]

Richard Burridge hat einen Vergleich mit zehn antiken Biografien aus unterschiedlichen Jahrhunderten vor und nach Christus durchgeführt und ihre Ähnlichkeiten mit den Evangelien aufgezeigt. Sie sind in Prosa geschrieben und zwischen 10 000 und 20 000 Wörter lang. Sie decken das Leben der Person nicht in chronologischer Reihenfolge ab, von Anfang bis Ende, sondern geben einen Überblick, der mit der Geburt oder dem Auftritt der Person beginnt und mit seinem Tod abschließt. Dazwischen findet sich meist eine Reihe von Anekdoten, Erzählungen und Reden, die Wesentliches über die Hauptperson aussagen. Oft wird dem Tod der Person ein breiter Raum eingeräumt. All dies trifft auch auf die Evangelien zu.

Auch sprachliche Analysen weisen Parallelen auf. Ein hervorstechendes Merkmal für eine Biografie ist ihr Fokus auf eine einzelne Person. Richard Burridge zeigt, dass die Verben in den antiken Biografien zu 25–30 Prozent die Hauptperson als Subjekt haben, und dass 15–30 Prozent der Verben in Aussagen, Reden oder Zitaten der Hauptpersonen vorkommen. Auch das stimmt mit den Evangelien überein.

Die Schlussfolgerung ist, dass „Evangelien dem Genre Biografien angehören". Richard Burridge stellt außerdem fest, dass „das Argument dafür, dass die Evangelien dem Genre Biografie angehören, schnell Teil eines neuen [wissenschaftlichen] Konsenses geworden ist".[165]

Wir sollten zwei Dinge festhalten:

Erstens ist das Genre der griechisch-römischen Biografie nicht identisch mit dem, was wir heute unter einer Biografie verstehen. Im modernen Sinn spiegelt eine Biografie das Leben eines Menschen von der Wiege bis zum Grab wider und enthält üblicherweise psychologische Deutungen, wie die unterschiedlichen Ereignisse im Leben der Hauptperson diese beeinflusst haben. Die Evangelien spiegeln nur

---

164 Burridge 2004, S. 250.
165 Ebd., S. 250, 306.

einen kurzen Abschnitt aus dem Leben von Jesus wider, nämlich die wenigen Jahre im Licht der Öffentlichkeit, bevor er hingerichtet wurde, und sie untersuchen auch nicht die innere, seelische Entwicklung von Jesus. Sie gehören dem Genre der *antiken griechisch-römischen Biografie* an und berichten über einen wichtigen Menschen und darüber, was um ihn und zu seiner Zeit geschehen ist.

Zweitens sind die Grenzen zwischen unterschiedlichen Genres oft fließend oder flexibel, zum Beispiel auch die Grenzen zwischen Biografie und Historiografie, also Geschichtsschreibung. Wie es David Aune, Professor für Neues Testament, ausdrückt: „Die Biografie (sowohl die antike als auch die moderne) handelt notwendigerweise von *Geschichte*."[166] Wer das Leben eines Menschen beschreibt, betreibt selbst Geschichtsschreibung.

Für den normalen Bibelleser ist das keine große Überraschung. Im Laufe der Geschichte sind die Evangelien spontan von der Mehrheit der Leser ungefähr so aufgefasst worden – als eine Form der Biografie mit dazugehörender Geschichtsschreibung. Es sind Texte, die den Leser in Kontakt bringen, nicht mit Mythen oder einer Traumwelt, sondern mit einer unausweichlich realen Person.

Lassen Sie mich Ihnen drei Kronzeugen dafür nennen, dass die Evangelientexte selbst von sich bezeugen, welche Art von Text sie sind.[167]

Das erste Beispiel liefert C. S. Lewis, der sich 1959 darüber beklagte, dass sich so viele Theologen über das literarische Genre der Evangelien ausließen, ohne andere Literatur studiert zu haben:

> Erstens misstraue ich diesen Personen als Kritiker, ganz gleich wie sie als Bibelkritiker sein mögen. Es scheint mir, dass ihnen literarisches Urteilsvermögen fehlt, ein Gefühl für die Qualität des Textes, mit dem sie sich befassen. Es mag eigenartig klingen, solch eine Anklage gegen Leute zu erheben, die sich ihr ganzes Leben damit beschäftigt haben und sich in diese Bücher vertieft haben. Aber vielleicht ist genau dies das Problem. Ein Mann, der seine Jugend und sein Mannesalter mit genauesten Studien der neutestamentlichen

---

166 Aune 1989, S. 64.

167 Vgl. Schadewaldt 1982.

Texte und der Forschung anderer an ihnen verbracht hat, ein Mann, dessen literarisches Erleben dieser Texte nicht dieses vergleichende Vermögen besitzt, das nur aus einem tiefen und stimulierenden Erleben von Literatur im Allgemeinen heranwachsen kann, so ein Mann begreift sicher – so stelle ich es mir vor – das Offensichtliche an ihnen nicht. Wenn er mir sagt, dass irgendetwas in den Evangelien eine Legende oder eine erfundene Geschichte ist, dann möchte ich von ihm gerne wissen, wie viele Legenden und Phantasieschilderungen er bereits gelesen hat, wie gut entwickelt sein Geschmack ist, um diese Dinge zu beurteilen – und nicht wie viele Jahre er in dieses Evangelium investiert hat. [...]

Ich habe Gedichte, Romanzen, visionäre Schilderungen, Legenden und Mythen mein ganzes Leben lang gelesen. Ich weiß, wie sie aussehen. Ich weiß, dass keine von ihnen auf diese Art geschrieben wurde. Es gibt nur zwei mögliche Interpretationen zu diesem Text. Entweder ist es eine Reportage – auch wenn sie ohne Zweifel Fehler enthalten kann –, die sich ziemlich nahe an die Fakten hält, fast genauso nahe wie Boswell [ein berühmter englischer Verfasser, der eine Biografie geschrieben hat, die als „die beste je auf englisch geschriebene Biografie" bezeichnet wurde]. Oder es ist ein unbekannter Verfasser aus dem ersten Jahrhundert, ohne bekannte Vorgänger oder Nachfolger, der plötzlich die Technik der modernen novellistischen und realistischen Erzählkunst vorwegnimmt. Wenn das nicht wahr ist, muss es ein Bericht dieser Art sein. Der Leser, der das nicht sieht, hat einfach nicht lesen gelernt.[168]

Das andere Beispiel ist C. F. D. Moule, neutestamentlicher Theologe und 25 Jahre lang Professor an der Universität in Cambridge, der 1967 die für seine Zeit einzigartige Beziehung Jesu zu Frauen, die ihm nachfolgten, kommentierte. Alle Verfasser und Filmproduzenten wissen, wie schwer es ist, eine gute Person zu beschreiben und gleichzeitig der Gestalt Leben und Glaubwürdigkeit zu verleihen. Deshalb hält sich das Gros der Kunst lieber an die Zweideutigkeiten, Sprünge und schmerzhaften Unvollkommenheiten bei uns Menschen. Die Darstellung wirkt

---

168 Lewis 1977, S. 13–27. Den englischen Text „Modern Theology and Biblical Criticism" kann man hier lesen: http://lewisonbiblicalcriticism.blogspot. se/2005/06/modern-theology-and-biblical-criticism.html.

sonst oft eindimensional und platt; als Leser ärgert man sich dann über die „gute" Person – die damit auch nicht länger attraktiv wirkt.

Moule meint, dass das Porträt Jesu nicht als eine spätere literarische Fiktion zu erklären ist; der wirkliche Mensch hinter der Beschreibung scheint hindurch:

> Es ist schwer genug für wen auch immer, sogar für einen perfekten Meister des kreativen Schreibens, das Bild einer innerlich reinen und guten Person zu schaffen, die sich in einer unreinen Umgebung bewegt, ohne dass sie damit künstlich oder ein selbstgerechter Pedant oder eine Art Plastik-Heiliger wird. Wie kommt es, dass durchgehend in allen Evangelien ausnahmslos ein bemerkenswert einheitliches Porträt von einem attraktiven jungen Mann gezeichnet wird, der sich frei zwischen Frauen jeder Art bewegt – einschließlich öffentlich entehrten – ohne das kleinste Anzeichen von Sentimentalität, Unnatürlichkeit oder Prüderie, und der trotzdem einen Charakter von Einfachheit und Integrität aufrechthält?[169]

Das dritte Beispiel ist die amerikanische Literaturwissenschaftlerin *Holly Ordway*, die 2010 über ihre Verwunderung berichtet, als sie die Evangelien zu studieren anfing:

> Ich las erneut die Evangelienberichte und versuchte zu begreifen, was sie sagten. Ich musste eingestehen ... dass mir klar wurde, dass es Tatsachenberichte waren, nicht erfundene Geschichten. Ich war seit meinen Kindertagen vertraut mit Volksdichtung, Fantasy, Legende und Mythos und ich hatte diese Literaturgattungen als Erwachsene studiert; ich kenne ihren Tonfall, ihre Eigenarten, ihren Wortrhythmus. Keiner dieser stilistischen Fingerabdrücke tauchte in den Büchern des Neuen Testaments auf, die ich las. [...]
>
> Die Evangelien hatten eine unwidersprochen historische Struktur inklusive all der merkwürdigen Klarheit in den Details, die dann entsteht, wenn ein Verfasser etwas so großes wiedergibt, dass er selbst beim Berichten nicht einmal alle Folgen dessen erfasst.[170]

---

169 Moule 1967, S. 63–64.

170 Ordway 2011, S. 131f.

Das literarische Genre der Evangelien ist also nicht irgendein religiöses oder ein eigenes vom Typ „Glaubensdokument". Sie gehören zum Genre der griechisch-römischen Biografie.

Dieses Faktum wird nicht dadurch verändert, dass die Evangelisten ein klares Ziel mit ihren Texten verfolgen. Für welchen Verfasser welchen Genres auch immer gilt dies denn nicht? Johannes formuliert es am deutlichsten: „Diese [Berichte] aber sind geschrieben, damit ihr glaubt, dass Jesus der Christus ist, der Sohn Gottes, und damit ihr durch den Glauben das Leben habt in seinem Namen."[171]

Hier kann ein Vergleich mit der Schrift *Om detta må ni berätta – en bok om förintelsen i Europa 1933–1945* [Darüber mögen sie berichten – Ein Buch über die Judenvernichtung in Europa][172] weiterhelfen. Es handelt sich dabei um einen schwedischen Tatsachenbericht über die Vernichtung der Juden, der im Jahr 1997 im Auftrag der Regierungskanzlei herausgegeben wurde. Hat der Text eine Absicht? Ja, das Wissen über diese Vernichtung soll lebendig gehalten werden, damit „sich Auschwitz nicht wiederholt", um den Schluss des Buches zu zitieren. Bedeutet dies, dass das Buch keine historischen Fakten vermittelt? Nein! Es gibt keinen Widerspruch zwischen dem Vermitteln von Fakten und dem Verfolgen eines Ziels.

Nachdem wir auf die Einwände eingegangen sind, dass die Evangelien zu religiös oder zu subjektiv oder auch zu sehr ein Ausdruck von späterem Glauben seien, sind wir nun hoffentlich gut vorbereitet, den Wert der Evangelien als Quellen über den historischen Jesus zu untersuchen.

---

171 Joh 20,31 (Luther 1984).

172 Man kann das ganze Buch herunterladen bei http://www.levandehistoria. se/sites/default/files/material_file/om-detta-ma-ni-beratta-svenska.pdf.

III.

ACHT ARGUMENTE FÜR DIE
GLAUBWÜRDIGKEIT DER EVANGELIEN

13. DATIERUNGEN

D ie Evangelien sind die Hauptquelle, das umfassendste und ausführlichste Material über Jesus von Nazareth. Welche Gründe gibt es, sie als historisch glaubwürdiges Material zu betrachten? In den folgenden Kapiteln wollen wir uns acht konvergierende Argumentationslinien näher ansehen. Wir beginnen mit der Frage der Datierung.

Die Evangelien sind Dokumente des ersten Jahrhunderts. Eine exakte Datierung ist zwar nicht möglich, aber es herrscht Konsens darüber, dass sie vor dem Jahr 100 geschrieben wurden, irgendwann während der zweiten Hälfte des ersten Jahrhunderts. Bezüglich der genauen Datierung gehen die Ansichten auseinander.

Die Mehrheit der Wissenschaftler glaubt, dass Markus 65–75 n. Chr. geschrieben wurde, Matthäus 70–85 n. Chr., Lukas 80–95 n. Chr. und Johannes irgendwann in den neunziger Jahren.

Andere argumentieren für eine frühere Datierung, unter anderem auf Basis des Inhalts und des abrupten Schlusses der Apostelgeschichte. Diese handelt davon, wie sich das Evangelium allem Widerstand und allen Schwierigkeiten zum Trotz auf erstaunliche Art und Weise durch das Wirken von Petrus und Paulus ausbreitet. Sie berichtet von den Hinrichtungen von Stephanus und Jakobus, dem Bruder des Johannes.[173] Aber die Apostelgeschichte erwähnt nicht die Hinrichtung von Jakobus, dem Bruder von Jesus, im Jahre 62, oder die Hinrichtung von Petrus oder Paulus Mitte der 60er Jahre. Auch der jüdische Aufstand gegen Rom, der 66 begann, oder Jerusalems Fall im Jahre 70 werden nicht dargestellt. Dies wäre sehr verwunderlich, wenn das Buch nach

---

173 Zu Stephanus' Hinrichtung vgl. Apg 7,54, zu der des Jakobus Apg 12,1–2.

diesen Ereignissen geschrieben sein sollte (auch wenn wir berücksichtigen müssen, dass der Verfasser immer eine Auswahl vornimmt).

Genauso eigenartig ist der abrupte Schluss des Buches. Der Leser konnte Paulus auf seinen dramatischen Reisen begleiten, bei den Gefangenschaften in Jerusalem, in Caesarea und zum Schluss in Rom. Dort wartet er darauf, dass sein Fall vor dem Kaiser verhandelt wird. Und so endet Lukas' Bericht, ohne dass erwähnt wird, wie es denn nun für Paulus weitergegangen ist. Dies könnte darauf hindeuten, dass er die Apostelgeschichte schrieb, während Paulus auf den Prozess wartete, also ca. 62 n. Chr. Wenn dies stimmt, dann muss das Lukasevangelium vorher geschrieben worden sein; es ist ja Teil eines Doppelwerkes mit der Apostelgeschichte als zweitem Teil. Da Lukas nicht das erste Evangelium geschrieben haben dürfte – die meisten meinen, dass Markus als erstes entstand –, bedeutet dies, dass das Markusevangelium irgendwann während der 50er Jahre geschrieben worden sein muss.

Der theologisch liberale John A. T. Robinson publizierte 1976 ein viel beachtetes Buch, in dem er für eine Entstehung des gesamten Neuen Testaments *vor* 70 n. Chr. argumentiert. Er sieht es als durchaus plausibel an, dass das erste Evangelium – Markus, wie er meinte – bereits in den 40er Jahren geschrieben worden sein könnte. Sein Hauptargument ist, dass die Zerstörung Jerusalems ein so dramatisches und umwälzendes Ereignis war, dass es irgendwie Niederschlag in den Texten hätte finden müssen, wenn sie nach diesem Ereignis geschrieben worden wären. Jesus prophezeite die Verwüstung des Tempels, aber es gibt keine Texte über die Erfüllung dieser Prophezeiung.[174]

Professor James G. Crossley von der Universität in Sheffield – selbst Atheist, der auch eine Debatte mit dem bekannten christlichen Philosophen William Lane Craig über die Auferstehung von Jesus geführt hat[175] – datiert das Markusevangelium auf das Ende der 30er oder den Anfang der 40er Jahre.[176]

Außerdem gibt es Diskussionen über die Datierung eines Papyrusfragmentes, was wiederum Auswirkungen auf die Datierung der Evan-

---

174 Robinson 1986.

175 http://www.youtube.com/watch?v=WJpeJJlCK-U.

176 Crossley 2004.

gelien haben kann. Ein Papyrusfragment aus Qumran – 7Q5 genannt (nach der siebten Höhle und dem fünften Papyrus) –, das ungefähr auf das Jahr 50 datiert wurde, ist später vom spanischen Papyrologen José O'Callaghan als ein Text aus dem Markusevangelium identifiziert worden.[177] Ein anderes Papyrusfragment, ein Matthäus-Text, der im Magdalen College in Oxford aufbewahrt wird, ist traditionell auf die Jahre 180–200 n. Chr. datiert worden – aber der deutsche Papyrologe Carsten Peter Thiede datierte es ungefähr auf das Jahr 60.[178] Keine dieser Datierungen ist allgemein akzeptiert worden, aber falls doch etwas an diesen Datierungen dran wäre, müsste die Datierung der Evangelien radikal früher angesetzt werden.

Die Evangelien werden also von unterschiedlichen Wissenschaftlern unterschiedlich datiert. Wenn man von einem Trend reden möchte, so geht dieser hin zu einer früheren Datierung – und das unabhängig von Glaube oder Weltanschauung. Sowohl Robinson als auch Crossley stehen dem traditionellen christlichen Glauben ziemlich fern. Aber sie meinen, dass es historische Gründe für eine frühere Datierung der Evangelien gibt, als sie von der Mehrheit der Wissenschaftler vertreten wird. Im Buch *Jesus of Nazareth – An Independent Historian's Account of His Life and Teaching* (2010) meint zum Beispiel der Historiker Maurice Casey, der erklärtermaßen kein Christ ist, dass Markus auf die 40er Jahre und Matthäus auf die 50er oder 60er Jahre datiert werden sollte.

Die exakte Datierung ist natürlich interessant, aber sie ist nicht die entscheidende Frage. Unabhängig davon, in welchem Jahrzehnt wir nun die Niederschrift des ersten Evangeliums ansetzen, ob in den 30er, 40er, 50er, 60er oder 70er Jahren – in jedem Fall wurde es zu einer Zeit geschrieben, zu der immer noch Augenzeugen von Jesus lebten. Die Ereignisse konnten überprüft werden, weil noch Menschen am Leben waren, die dabei gewesen waren und daher wussten, wie es wirklich gewesen war. Sicherlich macht es einen Unterschied, ob der Zeitabstand zehn Jahre oder 30 Jahre ist – je kürzer desto besser –, aber dieser Unterschied ist nicht entscheidend. Der wirklich wichtige Einschnitt

---

177 Siehe z. B. *Evangelical Quarterly 1* (1973), S. 6–12. Link: http://www.biblical-studies.org.uk/pdf/eq/1973-1_006.pdf.

178 Siehe Thiede, D'Ancona 2007.

erfolgte an dem Zeitpunkt, an dem keine Menschen mehr lebten, die aus eigener Erfahrung wussten, wie es gewesen war, weil sie es selbst gesehen und gehört hatten. Aber diese Generation lebte noch, *unabhängig davon, welchem Datierungsvorschlag wir folgen.*

Für alle wichtigen Ereignisse in der Geschichte gilt: Es gibt eine Generation, die das Augenzeugenwissen besitzt, eine Gruppe von Menschen oder ein einzelner Mensch, die *wissen* – einfach, weil sie dabei waren. Sie sahen, hörten und waren anderweitig Teil des Geschehens. So ist es auch mit dem Wissen über Jesus. Es gab eine sehr große Gruppe Menschen (man muss berücksichtigen, dass Jesus während einer bestimmten Periode eine öffentliche Person war), die ihn in unterschiedlichem Umfang sah, hörte, ihm zuhörte, mit ihm redete, ihn kannte, ihm folgte, ihn bewunderte oder ignorierte oder ihn verabscheute. Es gab eine Generation, die wusste, und die Evangelien wurden zu ihren Lebzeiten geschrieben.

Jesus war ungefähr um das Jahr 30 herum eine öffentliche Person. Das bedeutet, dass im Fall der späten Datierung die Evangelien zwischen 30 und 40 Jahren nach den Ereignissen geschrieben wurden. Aus meiner Perspektive ist das so, als wenn jemand über eine Person oder Ereignisse aus den 70er Jahren des 20. Jahrhunderts schreiben würde. Es ist eine Zeit, die ich sehr gut kenne. Ich habe eigenes Wissen und eigene Erinnerungen aus den 70ern und kann daher viel besser Behauptungen über diese Zeit als über eine Epoche vor meinen Lebzeiten bewerten.

Gehen wir dagegen von einer der früheren Datierungen aus, so schrumpft der Zeitabstand auf zehn, 20 oder 30 Jahre zwischen dem öffentlichen Wirken von Jesus und der Niederschrift der Evangelien. Das entspricht aus unserer heutigen Perspektive einem Bericht über Ereignisse der 1980er-, 1990er- oder 2000er-Jahre.

14. DIE VORGESCHICHTE DER TEXTE

Als die Evangelien niedergeschrieben wurden, geschah dies *nicht* dadurch, dass bestimmte Menschen eines Tages plötzlich an Jesus dachten und sich zu erinnern versuchten. So als ob wir versuchten, uns nach 30 Jahren an unsere Abiturklasse zu erinnern, obwohl wir vielleicht seit Jahrzehnten nicht mehr daran gedacht oder über unsere Klassenkameraden geredet haben. Unsere Erinnerung daran wäre dann in weiten Bereichen ziemlich diffus. *Die Evangelien sind die Niederschrift einer früheren mündlichen Überlieferung.* Der Inhalt besitzt eine ununterbrochene, kontinuierlich zusammenhängende Vorgeschichte, die bis ins Jahr 30 und zum Wirken von Jesus zurückreicht.

Mündliche Überlieferung macht uns nervös; sie hört sich viel zu unsicher und veränderlich an – etwa wie beim Spiel „Stille Post". Es gibt keine Garantien, dass das Wort, das der Letzte in der Reihe hört, irgendwelche Ähnlichkeit mit dem ursprünglichen Wort hat. Aber wenn wir genauer nachdenken, fällt auf, dass dies nicht an der Mündlichkeit selbst liegt, sondern an der Lautstärke. Es ist das *Flüstern* – das außerdem nicht wiederholt werden darf, wenn der Hörende es nicht gleich versteht –, das den Inhalt verändert, und nicht die mündliche Übermittlung an sich.

Auch in unserer Zeit gibt es Beispiele dafür, wie gut mündliche Überlieferung über große Abstände und Zeiträume hinweg funktioniert. Nehmen Sie Sportregeln, wie zum Beispiel beim Judo. Sie werden normalerweise nicht durch das Lesen eines Regelbuches vermittelt, sondern dadurch, dass jemand, der die Regeln bereits kann, sie an die neuen Mitglieder weitergibt. Wer den Sport lernen will, muss trainieren und trainieren – und bevor man selbst an der Reihe ist, andere zu trainieren, muss man sein eigenes Können unter Beweis gestellt haben. Ähnlich war es auch mit der mündlichen Überlieferung in der Antike.

Nun gibt es außerdem einige wichtige Unterschiede zwischen der antiken Welt und unserer heutigen, die die frühere Überlieferungsweise in einem besseren Licht erscheinen lässt. Was die Überlieferung der Evangelien betrifft, so sind besonders zwei Faktoren zu berücksichtigen.

Erstens *die mündliche Übermittlung in der Antike*. Vor der Buchdruckerkunst hatte die mündliche Übermittlung eine selbstverständliche Sonderstellung. Es konnte nur eine Minderheit der Bevölkerung lesen und schreiben, und die Herstellung von Büchern war kompliziert. Sie mussten von Hand geschrieben werden, jedes Exemplar einzeln, und aufgrund minimaler Auflagen waren sie selten erschwinglich. Die meiste Kommunikation geschah daher mündlich.

Alle Ausbildung war davon geprägt. In die Schule zu gehen und zu studieren, bedeutete in weiten Teilen, auswendig zu lernen. Erinnerungstechniken entwickelten sich: Auswendiglernen und das Wissen recht zu behalten, war eine hoch geschätzte und sehr viel besser entwickelte Fähigkeit als heute. Seneca der Ältere, Zeitgenosse von Jesus, gab damit an, dass er in seiner Jugend 1000 Namen in der richtigen Reihenfolge wiedergeben konnte, unmittelbar nachdem er sie vorgelesen bekommen hatte. Wenn ihm jemand 200 Verse vorgelesen hatte, wiederholte er sie in umgekehrter Reihenfolge.[179] Der römische Geschichtsschreiber Plinius der Ältere (23–79 n. Chr.) berichtet über einen Griechen mit Namen Charmades, der den Inhalt aus jeder beliebigen Bibliothek zitieren konnte, wenn ihn jemand darum bat, „so als ob er daraus las".[180] Es gab Juden, die große Teile des Alten Testaments auswendig gelernt hatten, genauso wie es heute Muslime gibt, die den ganzen Koran auswendig kennen.

Für uns heute, die wir in einer Textkultur leben, mitten unter Bibliotheken, Festplatten, USB-Sticks und einem ständig zugänglichen Internet, ist all das eine fremde Welt. Wir benötigen ein solches Auswendig-Wissen nicht und haben daher auch unsere Fähigkeit, längeres Textmaterial mündlich korrekt wiederzugeben, nicht entsprechend ausgebaut und optimiert. Aber es gibt auch in unserer Kultur Ausnahmen. Denken Sie zum Beispiel an Schauspieler, die sich stundenlange

---

179 Craig Keener, „Assumptions in Historical-Jesus Research: Using Ancient Biographies and Disciples' Traditioning as a Control" in: *Journal for the Study of the Historical Jesus*, 9 (2011), S. 40–41.

180 D. Zlotnick, „Memory and the Integrity of the Oral Tradition" in: *Journal of the Near Eastern Society*, 16–17 (1984–1985), S. 236.

Vorführungen einprägen und den Text Abend für Abend exakt wiedergeben.

Zum Zweiten: *Jesus als Lehrer*. 15 Mal in den Evangelien wird Jesus als „Rabbi" bezeichnet, was Meister oder Lehrer bedeutet. Er sammelte Schüler, Jünger, die ihm zuhörten und von ihm lernten. Selbst durften sich die Jünger nicht Rabbi nennen, „denn nur einer ist euer Lehrer, untereinander seid ihr alle Brüder".[181]

Die Aufgabe der Jünger war, genau die Unterweisung des Meisters zu lernen, um sie anderen weiterzugeben. Da die Jünger Jesus *als absolut einzigartigen Lehrer* ansahen, war es „wichtig, seine Worte und Taten weiterzuführen", ohne dass sie mit „den Taten oder Worten anderer Personen inner- oder außerhalb der Gemeinschaft"[182] vermischt wurden. Die Jesus-Überlieferung sollte unverändert übermittelt werden. Samuel Byrskog, Professor für Neues Testament, schreibt über „sehr kompetente Übermittler, die motiviert waren, die Überlieferung treu zu bewahren",[183] und dass die Überlieferung „genauestens und kontrolliert"[184] weitergeführt wurde.

Bereits zur Zeit des Wirkens von Jesus selbst bekamen seine Jünger den Auftrag, sich auf Predigttournee zu begeben und selbst zu verkündigen.[185] Sie mussten also frühzeitig beginnen, die Botschaft von Jesus zu durchdenken und auswendig zu lernen; dies war also nicht etwas, was erst viel später geschah.

Die Evangelien haben also eine Vorgeschichte, die bis in die Lebzeiten von Jesus zurückreicht, als seine Jünger seine Lehren auswendig lernten. Es sind diese Lehren zusammen mit den Berichten über sein Leben, seinen Tod und seine Auferstehung, die kontinuierlich wiedererzählt wurden, und das bereits sechs Wochen nach der Hinrichtung von Jesus. Seit dem Pfingsttag ist die christliche Gemeinde eine öffentli-

---

181 Mt 23,8.
182 Byrskog 1994, S. 307. Vgl. auch Riesner 1988; Graf-Stuhlhofer 1991; Riesner 2002.
183 Byrskog 1994, S. 400.
184 Ebd., S. 401.
185 Mt 10,5–15.

che Gemeinschaft mit einer Botschaft über Jesus. Diese Botschaft wurde während der ersten Jahrzehnte mündlich weitergegeben und dann durch die gleiche Botschaft in der schriftlichen Form der Evangelien vervollständigt. In diesem Sinne weisen die Evangelien eine inhaltliche Kontinuität bis zurück in die 30er Jahre auf.

15. AUGENZEUGENBERICHTE

Unsere naturwissenschaftlich geprägte Zeit besitzt eine Vorliebe für harte Fakten und kontrollierbare Experimente. Dies ist auch verständlich, hat doch die Naturwissenschaft unsere Lebensbedingungen radikal verändert. Gleichzeitig ist klar, dass die naturwissenschaftliche Methodik nicht auf alle Bereiche anwendbar ist. Manches Wissen können wir nur auf andere Weise erhalten. Ein bedeutsamer Teil menschlichen Wissens beruht auf (Zeugen-)Aussagen von anderen Menschen. Und wenn man sich erst einmal bewusst macht, was man alles von der Welt zu wissen meint, dann fällt ziemlich schnell auf, wie grundlegend Aussagen anderer Menschen dabei sind. Um ein Beispiel zu nennen: Woher wissen Sie, wann Ihr Geburtstag ist? Von denjenigen, die dabei waren und es Ihnen gesagt haben – Ihrer Mutter zum Beispiel.

In allem, was vor unserer Zeit in der Menschheitsgeschichte geschehen ist, sind wir in sehr hohem Maße von Zeugenaussagen abhängig, also davon, dass die damals Beteiligten berichten.

Inhalt des christlichen Glaubens sind gute Nachrichten über etwas, was bereits geschehen ist, und dessen Konsequenzen für die Zukunft. Diese Botschaft bezieht sich nicht auf eine mythische Welt, sondern ist in Zeit und Raum verortet. Die ersten Christen betonten gerade das Empirische daran – sie haben gesehen, gehört, berührt, waren selbst dabei. Johannes schreibt selbst in der Einleitung seines ersten Briefes (kursiv durch Verfasser):

> Was von Anfang an da war. Was wir *gehört* haben. Was wir mit eigenen Augen *gesehen* haben. Was wir *angeschaut* und mit eigenen Händen *berührt* haben. – Darum geht es … und wir haben es *gesehen*. Wir sind Zeugen dafür und verkünden es euch … und für uns sichtbar wurde … das wir *gesehen* und *gehört* haben, das verkünden wir auch euch … Dies schreiben wir …[186]

---

186 1Joh 1,1–4.

Vier Mal wiederholt Johannes, dass er selbst gesehen hat; die Betonung des Augenzeugen-Status ist fast nicht deutlicher möglich. Das, wovon die ersten Christen „Zeugen" sind, was sie „verkündigen", „schreiben", das, worum es geht – beruht auf dem, was sie selbst gesehen und gehört und sogar mit ihren eigenen Händen berührt haben.

Bei Petrus findet sich die gleiche Betonung in seinem zweiten Brief. Er spielt dort auf eins der spektakulärsten Ereignisse im Leben von Jesus an, nämlich wie Gott auf übernatürliche Weise die Identität von Jesus für drei seiner Jünger bestätigt hat, die mit ihm auf dem Berg waren, den wir heute den „Berg der Verklärung" nennen.

> Und dabei haben wir uns nicht auf ausgeklügelte, erfundene Geschichten gestützt. Sondern wir haben *mit eigenen Augen* seine wahre Macht und Größe *gesehen*. Gott, der Vater, ließ seine Ehre und Herrlichkeit sichtbar werden – damals, als von der Ehrfurcht gebietenden Herrlichkeit Gottes her eine Stimme erklang, die zu ihm sprach: „Das ist mein Sohn, ihn habe ich lieb. An ihm habe ich Freude." Diese Stimme haben wir *selbst gehört*. Sie kam vom Himmel her, *als wir mit Jesus* auf dem heiligen Berg *waren*. (Kursiv durch Verfasser.)[187]

Die christliche Botschaft besteht nicht aus „ausgeklügelten, erfundenen Geschichten" (das griechische Wort ist *Mythos*). Petrus unterstreicht, dass es sich um wirkliche, historische Ereignisse handelt, nicht um mythische Berichte. Dreimal nennt er seinen Status als *Augenzeuge*. Er sagt, dass er „mit eigenen Augen ... gesehen" hat, dass er die Stimme „selbst gehört" hat, und dass dies geschah, als er „mit Jesus ... war". Er war dabei; daher sollten wir sein Wort ernst nehmen.

A. Die Bedeutung von Augenzeugen in der antiken Geschichtsschreibung

Augenzeugenberichte spielen eine grundlegende Rolle im Journalismus und in der Justiz; durch Aussagen von Augenzeugen vor Ort können andere, die nicht dort waren, über das Geschehene Kenntnis erlangen. Das gleiche Prinzip galt für die antiken Historiker.

---

187 2Petr 1,16–18.

Samuel Byrskog schreibt in seiner bemerkenswerten Abhandlung, dass die Geschichtsschreiber, von Heraklit und Herodot bis Josephus und Tacitus, sich alle dem Prinzip des Heraklit anschlossen: „Augen sind zuverlässigere Zeugen als Ohren."

Autopsie – von einem griechischen Wort, das bedeutet „selbst zu sehen" – war zentral für ihre Arbeit als Historiker:

> Die antiken Geschichtsschreiber praktizierten selbst entweder direkt oder indirekt Autopsie dadurch, dass sie entweder selbst anwesend waren oder/und andere Augenzeugen aufsuchten und befragten; sie bezogen sich visuell auf das Vergangene. Autopsie war das grundlegende Hilfsmittel, um sich dem Vergangenen zu nähern.[188]

Grund genug, traditionelle Denkweisen zu hinterfragen, die vorauszusetzen scheinen, dass die ursprünglichen Empfänger der Evangelien die Berichte, die sie hörten, nicht kritisch reflektiert oder keinen Anspruch an deren Seriosität gestellt haben sollen. Richard Bauckham schreibt:

> Die Menschen der Antike hatten klare Vorstellungen davon, wie Geschichte geschrieben werden sollte. Sie mussten sich auf Aussagen von Augenzeugen stützen. Ein guter Historiker sollte entweder selbst Augenzeuge gewesen sein oder Menschen, die Augenzeugen waren, getroffen und interviewt haben. Gute Geschichtsschreibung sollte Augenzeugenschilderungen aus erster oder zweiter Hand enthalten. Aus diesem Grunde meinten die Menschen der Antike, dass wirkliche Geschichte zeitgenössische Geschichte sein muss, geschrieben, solange die Augenzeugen noch zugänglich waren.[189]

Auch Jesus dachte offenbar in ähnlichen Bahnen. Statt wie bei einem Wanderzirkus ständig nur neue Zuschauer und neue Zuhörer an jedem neuen Ort zu haben, wählte er schon von Anfang an eine Gruppe engster Mitarbeiter, die ihm kontinuierlich – von Anfang bis Ende – folgen sollten.

---

188 Byrskog 2000, S. 64.
189 Bauckham 2008, S. 8. Vgl. auch Riesner 2007.

Oft hatte Jesus große Scharen von Neugierigen um sich; Lukas berichtet an einer Stelle von Tausenden.[190] Wichtiger war aber, dass er mehrere Kreise von Mitarbeitern hatte: die Zweiundsiebzig,[191] die Frauen die ihm nachfolgten, „Maria von Magdala … Johanna, die Frau von Kusa, dem Verwalter des Herodes, Susanna und viele andere, die ihnen mit ihrer Habe halfen". Und besonders hatte er die Zwölf, die bezeugten, was er sagte und tat. Man beachte, dass das nicht einfach dem Zufall überlassen blieb, sondern dass es sich von Anfang an um eine bewusste Auswahl handelte. Jesus berief sie, ihm nachzufolgen, und sagte später zu ihnen: „Auch ihr werdet als Zeugen für mich auftreten, denn ihr seid von Anfang an bei mir gewesen."[192]

B. Die Bedeutung der Augenzeugen im Judentum

Die ersten Christen waren Juden und vom Alten Testament geprägt. Dort war die Rolle der Augenzeugen sehr wichtig und wurde auf mehreren Gebieten angewandt. So galt sie sogar in der Beziehung zu Gott. Mose konnte das Volk zu erneuter Treue Gott gegenüber herausfordern, „denn *eure Augen* haben die großen Werke des HERRN gesehen, die er getan hat".[193] Oder: „Und der HERR sprach zu ihm: So sollst du den Israeliten sagen: *Ihr habt gesehen*, dass ich mit euch vom Himmel geredet habe".[194] Das gleiche galt für das Rechtswesen. Keiner durfte nur aufgrund eines Zeugen verurteilt werden. Für einen Schuldspruch musste „zweier oder dreier Zeugen"[195] Aussage vorliegen. Es galt auch fürs Geschäftsleben. Hier ein Beispiel aus dem Buch des Propheten Jeremia:

[Ich] kaufte den Acker von Hanamel, meines Oheims Sohn, in Anatot, und wog ihm das Geld dar, siebzehn Lot Silber. Und ich

---

190 Lk 12,1.

191 Lk 10,1.

192 Joh 15,27.

193 5Mo 11,7 (Luther 1984).

194 2Mo 20,22 (Luther 1984).

195 5Mo 17,6 (Luther 1984).

schrieb einen Kaufbrief und versiegelte ihn und nahm Zeugen dazu
und wog das Geld dar auf der Waage nach Recht und Gewohnheit.
Und ich nahm den versiegelten Kaufbrief und die offene Abschrift
und gab beides Baruch, dem Sohn Nerijas, des Sohnes Machsejas,
in Gegenwart Hanamels, meines Vetters, und der Zeugen, die unter
dem Kaufbrief geschrieben standen, und aller Judäer, die im Wacht-
hof sich aufhielten.[196]

Die Wichtigkeit von Augenzeugen in der antiken Welt wurde in der
jüdischen Kultur noch *verstärkt*, motiviert durch ihren Gottesglauben
und ihre eigene Geschichte. Daher verwundert es auch nicht, dass Lukas
in der Einleitung seines Evangeliums von „Augenzeugen" berichtet, mit
denen er gesprochen hatte.

C. Der Evangelist Lukas über Augenzeugen

In der Einleitung zum Lukasevangelium wird ausdrücklich das Wort
„Augenzeugen" benutzt:

> Schon viele haben die Aufgabe in Angriff genommen, einen Bericht
> über die Dinge abzufassen, die in unserer Mitte geschehen sind und
> die wir von denen erfahren haben, die von Anfang an als Augenzeu-
> gen dabei waren und dann Diener der Botschaft Gottes geworden
> sind. Darum hielt auch ich es für richtig, nachdem ich allem bis zu
> den Anfängen sorgfältig nachgegangen bin, diese Ereignisse für
> dich, hochverehrter Theophilus, in geordneter Reihenfolge nieder-
> zuschreiben, damit du erkennst, wie zuverlässig all das ist, worin du
> unterrichtet worden bist.[197]

Im Griechischen ist dies ein einziger inhaltsschwerer Satz. Wir erhalten
hier Informationen auf zehn unterschiedlichen Gebieten, die die Frage
der Entstehungsgeschichte der Evangelien und der wichtigen Rolle von
Augenzeugen beleuchten. Lukas hilft dem Leser, den ihm vorliegenden
Text zu verstehen, indem er den Hintergrund skizziert, *der die zeitli-*

---

196 Jer 32,9–12 (Luther 1984).

197 Lk 1,1–4 (Neue Genfer Übersetzung).

che Lücke zwischen dem Wirken von Jesus und der Niederschrift dieses Evangeliums füllt.

Er sagt:

1. dass es über Jesus „schon" schriftliche Berichte gab. Lukas ist nicht der erste, der eine Geschichtsschreibung über das Leben von Jesus unternimmt. Andere vor ihm haben sich für die Frage interessiert.

2. dass es „viele" Berichte über das Leben von Jesus gab. Dies deutet darauf, dass es mehr Berichte über Jesus gab als die, zu denen wir heute Zugang haben. Als Lukas dies schrieb, gab es vermutlich bereits Markus und Matthäus, aber die zwei können kaum als „viele" bezeichnet werden.

3. dass man frühzeitig „die Ereignisse" im Zusammenhang (das griechische Wort *anataxasthai* beinhaltet eine geordnete, zusammenhängende Abfassung, die durch das deutsche Verb „abfassen" so noch nicht impliziert ist) schildern wollte, nicht nur einzelne Bruchstücke oder interessante Zitate. Dies deutet an, dass man Leben, Wirken und Lehre von Jesus frühzeitig als eine Einheit sah.

4. dass es sich um Ereignisse handelt, die „unter uns geschehen" sind. Die Botschaft ist nicht Theologie oder Philosophie oder Ethik; es handelt sich um Geschichte. Es sind Ereignisse, die in Raum und Zeit geschehen sind und die als entscheidend bezeichnet werden können.[198]

5. dass die Informationen über diese Ereignisse von „Augenzeugen" kommen. Es handelt sich nicht um Gerüchte oder Hören-Sagen, sondern es geht um Erlebtes.

6. dass die Augenzeugen „von Anfang an" dabei gewesen sind. Sie waren nicht zufällige Betrachter oder Menschen, die Jesus einmal über den Weg gelaufen sind; sie waren Augenzeugen seines ganzen öffentlichen Wirkens, von Anfang bis Ende, „angefangen von der Taufe durch Johannes bis zu dem Tag, an dem Jesus in den Himmel aufgenommen wurde",[199] um die

---

198 Andere übersetzen, dass die Ereignisse ihre Erfüllung unter uns gefunden haben und beziehen sich so auf die alttestamentlichen Prophezeiungen, die ihre Erfüllung in Jesus gefunden haben.

199 Apg 1,22.

Bedingungen für einen Apostel zu zitieren, wie Petrus sie formulierte.

7. dass die Augenzeugen nicht anonym waren, sondern „Diener der Botschaft" wurden. Sie waren öffentliche Verkündiger der Botschaft von Jesus und bereit, zum Zeugnis für ihn ihre Hand ins Feuer zu legen.

8. dass er selbst „allem bis zu den Anfängen sorgfältig nachgegangen" ist. Lukas unternahm *eigene* und *tiefgehende* Nachforschungen über den *ganzen* Jesus-Bericht. Wir können davon ausgehen, dass dies in Zusammenarbeit mit den vorher genannten Augenzeugen geschah.

9. dass er sich jetzt entschieden hat, die Informationen „in geordneter Reihenfolge" aufzuschreiben. Er hat den Anspruch, eine strukturierte Darstellung zu geben.[200]

10. dass er bezeugt, dass alles, wovon er in seiner Schrift „unterrichtet", „zuverlässig" ist. Er garantiert selbst den Wahrheitsgehalt dessen, was er berichtet.

Lukas zeigt hier wirklich eine Einstellung, die einem Skeptiker sehr entgegenkommt! Er zeigt, wie gründlich er vorgegangen ist, und dass es keine Lücke in der Informationsweitergabe gibt, obwohl mehrere Jahrzehnte seit diesen Ereignissen vergangen sind. Es ist eine ununterbrochene Kette.

D. Identifizierbare – nicht anonyme – Augenzeugen

Ich habe heute Morgen begonnen, das Markusevangelium für mich selbst durchzulesen. Es besteht aus 16 kurzen Kapiteln – diese zur Übersicht durchzulesen, dauert nicht allzu lange. Viele Personen tauchen im Text auf, ohne dass sie näher identifiziert werden. Es gibt viele *anonyme* Pharisäer, Hohepriester, Schriftgelehrte, Älteste, Dienstmädchen, Soldaten, Offiziere, Kranke und Besessene, Kinder usw.

---

200 Die Bibelwissenschaftler sind nicht einig darin, ob die „Reihenfolge", von der Lukas schreibt, sich auf eine grundlegende Chronologie im Evangelium bezieht oder auf eine geografische Ordnung oder eine mehr thematische, heilsgeschichtliche Ordnung, wie Gott Schritt für Schritt seine Versprechen einlöst.

Interessanterweise gibt es aber auch viele namentlich genannte und klar identifizierbare Personen. Zum Beispiel die Familie von Jesus: „Ist das nicht der Zimmermann, der Sohn von Maria? Und ist das nicht der Bruder von Jakobus, Joses, Judas und Simon? Leben nicht auch seine Schwestern hier bei uns?"[201] Oder die Zwölf:

> Simon, ihm gab er den Namen Petrus. Jakobus, der Sohn des Zebe-däus, und Johannes, der Bruder des Jakobus. Ihnen gab er den Namen „Donnersöhne". Dazu Andreas, Philippus, Bartholomäus, Matthäus, Thomas, Jakobus, der Sohn von Alphäus, Thaddäus, Simon, der Kananäer, und Judas Iskariot – er war es, der Jesus später verriet.[202]

Auch eine Reihe anderer Personen kommen bei Markus vor: Machthaber wie der König Herodes mit seiner Familie – seine Frau Herodias und ihre Tochter und sein Bruder Philippus – oder Pilatus und Gefangene, über die er verfügen kann, wie zum Beispiel Barabbas – oder bekannte Personen wie der Prophet Johannes der Täufer.

Am interessantesten ist eine Gruppe anderer benannter und klar identifizierbarer Personen: der Synagogenvorsteher Jairus und seine Tochter, der blinde Bettler Bartimäus, Sohn von Timäus, Simon von Kyrene, der Vater von Alexander und Rufus war, Joseph von Arimathia, der ein angesehener Ratsherr war, Maria von Magdala, Maria (Joses' Mutter), Maria (Jakobus' Mutter), Salome. Warum nennt er uns gerade diese Namen? Wahrscheinlich traten diese Personen zusammen mit den Aposteln öffentlich für das Evangelium ein und konnten für die Berichte über ihn bürgen, da sie selbst Teil des Geschehens waren. Es gab also ausreichend viele identifizierbare Personen, zu denen man Kontakt aufnehmen konnte, wenn man den Wahrheitsgehalt der Botschaft überprüfen wollte.

Dieses Muster findet sich in allen vier Evangelien wieder; sie erwähnen zwischen 20 (Johannes) und 44 Personen namentlich:[203]

---

201 Mk 6,3.
202 Mk 3,16–19.
203 Bauckham 2006, S. 56–64.

	Benannte Personen	Verwandte von benannten Personen	Anonyme Personen
Markus	33	5+	34
Matthäus	33	6+	36
Lukas	44	5+	54
Johannes	20	6+	15

Die Auffassung, dass die Evangelien anonyme Schriften seien, die auf die Berichte von anonymen Zeugen zurückgehen, ist schlicht falsch. Im Gegenteil, sie sind durch eine erstaunlich große Anzahl identifizierbarer Augenzeugen gekennzeichnet. Wie Richard Bauckham sagt: „In den vier Evangelien kommen wir den Augenzeugen wirklich ganz nahe, wie sie ihre Geschichte berichten."[204]

204 Bauckham 2008, S. 4.

16. DIE KONTINUITÄT ZWISCHEN EREIGNIS UND NIEDERSCHRIFT

Die zeitliche Lücke zwischen Jesus und der Niederschrift der Evangelien ist kein schwarzes Loch, sondern es gibt eine ungebrochene Kontinuität von den tatsächlichen Ereignissen bis zu ihrer Wiedergabe durch die Texte. Vier Faktoren garantieren diese Kontinuität.

Der erste Faktor ist die *mündliche Überlieferung*, die auf das eigene Wirken von Jesus und das Auswendiglernen der Botschaft des Meisters durch die Jünger zurückgeht.[205]

Die gewöhnliche Reaktion ist hier: „Okay, ich verstehe, dass man auswendig lernte und dies mündlich weitergab, aber … warum in aller Welt wartete man solange damit, dies aufzuschreiben?" Für uns ist diese Frage natürlich; sobald etwas Wichtiges passiert oder gesagt wird, holen wir unseren Block oder das iPad hervor und versuchen, es schriftlich zu dokumentieren.

In der Antike sah die Vorgehensweise aus logischen Gründen anders aus. Die überwältigende Mehrheit der Bevölkerung waren Analphabeten; viele konnten ganz einfach nicht lesen. Die Statistik für einzelne Gruppen sah natürlich unterschiedlich aus, aber wir wissen, dass nur eine eingeschränkte Gruppe lesen konnte. Wenn wir uns nun in die Situation der ersten Christen hineindenken, so hatten sie eine brennend aktuelle Botschaft, die sie der ganzen Welt vermitteln sollten. Was ist ihr erster Gedanke? „Das müssen wir jetzt aufschreiben!" Nein, wohl kaum. Dies würde die Botschaft nur einem kleinen Teil der Zielgruppe zugänglich machen. Außerdem liegt der Text dann ja nur in dem einen verfassten Exemplar vor – man erinnere sich bitte daran, dass dies alles vor der Zeit von Druckerpresse, Kopierer und E-Mail geschah. Daher ist es nicht verwunderlich, dass Niederschreiben nicht ihre oberste Priorität war. Sie wählten direkt die Kommunikationsweise, die für alle

---

205 Birger Gerhardsson, Professor emeritus für Neues Testament an der Universität Lund, hat ausführlich über die urchristliche Traditionsvermittlung geschrieben. Siehe Gerhardsson 1977. Vgl. Riesner 1988, Graf-Stuhlhofer 1991.

Menschen der Antike selbstverständlich war, nämlich die mündliche. Und erst dann folgte nachträglich die Niederschrift der Botschaft.

Der zweite Faktor sind *schriftliche Notizen*. Auch wenn die mündliche Weitergabe selbstverständlich war, so schließt es doch nicht aus, dass auch schriftliche Notizen gemacht wurden. Wir haben aus der Antike zum Beispiel viele Berichte über Notizen von Vorlesungen. Quintilian, ein berühmter römischer Lehrer der Rhetorik, bringt seinen Ärger darüber zum Ausdruck, dass „Reden, die als meine im Umlauf sind, wenig an sich haben, was tatsächlich von meinen Lippen kam, sie wurden durch die Nachlässigkeit der Stenographen verfälscht, die sie in der Absicht niederschrieben, damit Geld zu verdienen".[206]

Wir können auch festhalten, dass den Evangelien die Fähigkeit des Schreibens nicht fremd ist. Der Verwandte von Jesus, Zacharias, „verlangte ein Wachstäfelchen und schrieb".[207] Jesus berichtete von einem korrupten Verwalter, der die Schuldner seines Herrn besuchte und ihnen Erleichterung der Schulden anbot. „Hier ist dein Schuldschein. Setz dich schnell hin und schreib ...".[208]

Wir haben Grund, anzunehmen, dass es auch unter den Jüngern von Jesus solche gab, die schreiben konnten. Matthäus arbeitete als Zöllner und musste natürlich seine Einkünfte für Herodes Antipas, in dessen Auftrag er arbeitete, ausweisen.[209] Mündliche Buchhaltung wurde noch nie akzeptiert!

Alan Millard, Professor für Hebraistik und antike semitische Sprachen an der Universität Liverpool, schreibt:

> Zu den Nachfolgern und Zuhörern von Jesus gehörten Menschen aus unterschiedlichen Berufen, in denen die Fähigkeit zu schreiben notwendig war, zum Beispiel Steuereintreiber (Levi [Matthäus] und Zachäus werden genannt) und Zenturionen, die, wenn sie nicht selbst schreiben konnten, einen Sekretär hatten. Johanna, die Frau eines hohen Beamten bei Herodes Antipas (Luk 8,1–3), und sicher

---

206 Siehe Millard 2000, S. 237: *Institutio oratoria* VII 2,24.
207 Lk 1,63.
208 Lk 16,6.
209 Mt 9,9.

auch andere nicht weiter genannte Hofangestellte und Beamte aus sowohl der jüdischen als auch der römischen Führungsschicht waren gewohnt zu schreiben, was auch für Schriftgelehrte, Pharisäer und Mitglieder des Sanhedrin galt.[210]

Wir können also damit rechnen, dass es bereits früh schriftliche Notizen gab. Wie wir bereits gesehen haben, wies Lukas darauf hin, dass es schon viele schriftliche Zusammenstellungen über Jesus gab, als er sein Evangelium abfassen wollte. Die beiden Phasen der Überlieferung waren also nicht steril voneinander abgegrenzt, als ob zuerst ein mündlicher und erst danach der schriftliche Prozess abgelaufen wäre. Sondern beides verlief eher parallel.

Der dritte Faktor sind die *Augenzeugen, die den ganzen Prozess begleiteten,* sowohl den mündlichen als auch den schriftlichen, und die selbst öffentliche – nicht anonyme – Bürgen für die Wahrheit waren.

Während ich diesen Text hier verfasse, findet in den Zeitungen eine hitzige Debatte über einen anonymen Zeugen statt, eine Frau, die nicht in die Öffentlichkeit treten will, aber gleichzeitig schwere Anklagen gegen den früheren schwedischen Minister Littorin erhebt. Und ständig klingt an: Wenn sie nur aus der Anonymität hervortreten würde, könnten wir viel besser den Wahrheitsgehalt ihrer Behauptungen überprüfen.

Der Bericht über Jesus beruht auf Aussagen von Augenzeugen, die von Anfang an öffentlich bekannt waren.

Der vierte Faktor ist die *Gemeindeleitung in Jerusalem.* Die entstehende Bewegung hatte ein allgemein akzeptiertes Zentrum, nämlich die Gemeinde in Jerusalem und deren Leitung mit Petrus, Jakobus (dem Bruder von Jesus) und Johannes an der Spitze. Als Paulus Christ wurde, besuchte er diese, um sich seine Botschaft bestätigen zu lassen und als Verkündiger legitimiert zu werden.[211] Als Fragen über den Inhalt des christlichen Glaubens entstanden, versammelten sich Repräsentanten der noch jungen Bewegung in Jerusalem zum ersten Kirchenkonzil, wie

---

210 Millard 2000, S. 231f.
211 Gal 1,18–2,10.

es heute auch genannt wird.[212] Neue Verkündiger hatten dort keinen Spielraum, einfach frei erfunden irgendetwas zu behaupten.

Zwei Dinge sind hierbei wichtig:

Die Leitung befand sich in der Stadt, in der die entscheidenden Geschehnisse – der Tod, das Begräbnis und die behauptete Auferstehung von Jesus – stattgefunden haben. Daher wären sie nicht mit zweifelhaften Behauptungen davongekommen. Ihre ganze Umgebung hatte ja selbst die Ereignisse mitverfolgt. Es machte einen Unterschied, etwas über Jesus in der Stadt Rom zu behaupten oder in Jerusalem! In Jerusalem kam man mit nichts anderem als der Wahrheit durch.

Die Leitung spielte auch eine inhaltlich kontrollierende Rolle für die heranwachsende Bewegung, da sie von Beginn an mit Jesus unterwegs war und deshalb auch Autorität in inhaltlichen Fragen zu seiner Botschaft hatte. Laut Apostelgeschichte 15,2 ordnete man an, „dass Paulus und Barnabas und einige andere von ihnen nach Jerusalem hinaufziehen sollten zu den Aposteln und Ältesten um dieser Frage willen" (Luther 1984).

Diese vier kontrollierenden Faktoren – eine strenge mündliche Weitergabe, schriftliche Notizen, öffentlich bekannte Augenzeugen und die Gemeindeleitung in Jerusalem – sind Grund dafür, von einer ungebrochenen historischen Kontinuität zwischen Jesus und den Evangelientexten über ihn zu sprechen.

---

212 Siehe Apg 15.

17. DER ZEITGESCHICHTLICHE KONTEXT

Jeder Leser des Neuen Testaments stellt schnell den starken Kontrast zwischen den Evangelien und den Briefen fest. Kontext für die Briefe ist das christliche Gemeindeleben in einer hellenistischen Kultur der 50er- und 60er-Jahre. Immer wieder auftauchende Fragestellungen sind die Beziehungen zwischen Juden und Heiden, der Stellenwert des mosaischen Gesetzes für Nicht-Juden, die Christen geworden sind, die Frage nach Götzenopfern und Opferfleisch, Fragen zu Gottesdienstformen und der Funktion der Gnadengaben, zu Leitungsstrukturen in Gemeinden usw. Die Briefe sind deutlich von einer Missionssituation geprägt – das Evangelium wird nun an die Heiden weitergegeben und viele neue Fragestellungen entstehen.

Die Evangelien hingegen sind von einem strikt jüdischen Kontext geprägt, wie er vor der Verwüstung des Tempels und Jerusalems Zerstörung im Jahre 70 n. Chr. aussah. Die Fragestellungen sind oft innerjüdischer Natur und betreffen das Verständnis des Alten Testaments, die Identität des Messias und die Erfüllung der Prophezeiungen, die Beziehung zur römischen Besatzungsmacht, die Rolle des Tempels usw. Die Erzählperspektive geht die ganze Zeit von Judäa, Samaria und Galiläa und dem Leben vor dem Fall des Tempels aus. Die Verfasser zeigen eingehendes Wissen über

- *die Flora:* Es wachsen Sykomoren – Maulbeerfeigenbäume – in Jericho.
- *die Topografie:* Kana lag hoch, daher ging man nach Kapernaum *hinab.*
- *das Wetter:* Es können plötzlich heftige Stürme auf dem See Genezareth entstehen.
- *die Sprache:* Es werden ursprünglich aramäische Ausdrücke wiedergegeben.
- *die Architektur:* Der Aufbau des Tempels und seiner unterschiedlichen Teile.
- *die Rechtsprechung:* Korban (Tempelgabe) als Alternative zur Fürsorge für die Eltern.
- *die Politik:* Die Beziehungen zwischen Herodes Antipas, Pontius Pilatus und Kaiphas.

- *die Gesellschaft:* Die unterschiedlichen Gruppierungen von Schriftgelehrten, Pharisäern, Sadduzäern, Zeloten usw.

Das Wissen, das wir aus anderen schriftlichen Quellen und der Archäologie gewonnen haben, hat die Behauptungen der Evangelien auf diesen Gebieten immer wieder bestätigt. Ich möchte Ihnen dies etwas ausführlicher am Beispiel der *Geografie* verdeutlichen. Vergangenen Sommer erlebte ich etwas, das mir die Augen über etwas öffnete, worüber ich vorher nie sonderlich nachgedacht hatte. Auf einer internationalen Konferenz traf ich zufällig eine mir unbekannte amerikanische Frau. Wir begrüßten einander, und als sie hörte, dass ich aus Schweden käme, reagierte sie so: „Oh, das ist interessant! Ich habe schwedische Wurzeln. Meine Oma kommt aus Hjärsåslilla (mit stark amerikanischem Akzent ausgesprochen)."

Jetzt war ich an der Reihe, aufgeregt zu sein: Hjärsåslilla! Sobald sie das erwähnte, wusste ich mit Sicherheit – auch wenn ich sonst überhaupt nichts über sie wusste –, dass ihre Behauptung über schwedische Wurzeln richtig war. Hjärsåslilla ist ein Ort, den kein Mensch in der Welt kennt, *außer man ist selbst dort gewesen.* Und das war bei mir der Fall gewesen. (Hjärsåslilla ist ein kleiner Ort außerhalb von Knislinge, einem kleinen Dorf außerhalb von Kristianstad, einer Kleinstadt in Skåne.) Offenbar hatte die Großmutter der Frau auch dort gelebt.

Es ist auffällig, wie viele geografische Orte in den Evangelien genannt werden. Jerusalem wird natürlich genannt; die Stadt war im Mittelmeerraum wegen ihres imponierenden Tempels weithin bekannt. Aber es werden auch viele andere Orte genannt, Siedlungen und Dörfer, viele von ihnen klein und heutzutage mehr oder weniger unbekannt, viele davon kann man unmöglich kennen, wenn man nicht selbst dagewesen ist: Aionon, Arimathia, Bethanien, Betphage, Bethlehem, Bethsaida, Cäsaräa Philippi, Dalmanutha, Ephraim, Emmaus, Jericho, Kapernaum, Kana, Chorazin, Magadan, Nain, Nazareth, Salim, Sidon, Sykar, Tyrus …

Man bedenke bitte, dass die Evangelien *außerhalb* von Judäa, Samaria und Galiläa geschrieben wurden – aber über das Leben an diesen Orten berichten – und das zu einer Zeit, da es keine Karten gab, und noch weniger *Google Earth.* Die Quellen sagen einstimmig, dass das Markusevangelium in Rom geschrieben wurde. Dies alles stützt das

Bild, dass die Evangelien keine nachträglichen Konstruktionen sein können.

Die Präzision der Evangelien zeigt, dass die Angaben von Menschen kommen, die mit Jesus zusammen in den 30er Jahren in Judäa, Samaria und Galiläa umhergewandert sind.

18. NEUE FAKTEN ÜBER EIGENNAMEN

Tal Ilan lehrt am Institut für Judaistik an der Freien Universität Berlin. Von 2002 bis 2012 publizierte sie das vierbändige *Lexicon of Jewish Names in Late Antiquity*. Es ist wie ein „Telefonbuch" aus der Antike, in dem sie 3 000 Namen in Dokumenten und Inschriften aus den Jahrhunderten vor und nach Jesus kategorisiert und in dem sie unter anderem zeigt, wie sich die Namensgebung im jüdischen Palästina von der der Juden in Ägypten unterscheidet. Ihre Arbeit wurde dann durch den Engländer Richard Bauckham in seinem epochalen Buch *Jesus and the Eyewitnesses – The Gospel as Eyewitness Testimony* weitergeführt.

Wir alle wissen, dass es Trends in der Namensgebung gibt. Die Listen der beliebtesten Vornamen für Jungen und Mädchen in Deutschland der letzten Jahre sehen so aus:[213]

	Jungen	Mädchen
2000	Lukas	Anna
2010	Leon	Mia
2017	Ben	Emma

Ähnliche Trends gab es in der Antike. Richard Bauckham hat die Namensstatistik der damaligen Juden in Palästina mit der des Neuen Testaments verglichen, um zu sehen, inwieweit sie übereinstimmen.[214]

Die zwei beliebtesten Jungennamen im jüdischen Palästina waren Simon und Joseph: 15,6 Prozent der Männer hießen so. Für die Evan-

---

213 Quelle: Die Internetseite Knud Bielefelds, www.beliebte-vornamen.de.

214 Siehe Kap. 3–5 in Bauckham 2006. Vgl. auch eine Vorlesung des Leiters des Forschungscenters Tyndale House in Cambridge, Peter Williams, mit dem Titel „New Evidences the Gospels are Based on Eyewitness Accounts". Siehe http://www.youtube.com/watch?v=r5Ylt1pBMm8.

gelien und die Apostelgeschichte ist die Zahl 18,2 Prozent. Die neun gebräuchlichsten Namen der Juden in Palästina trugen 41,5 Prozent aller Männer. Für die Evangelien und die Apostelgeschichte ist die entsprechende Zahl 40,3 Prozent. Die Übereinstimmung fällt auf!

Wenn man nun die Jungennamen der Juden in Ägypten und in Palästina miteinander vergleicht, dann sieht man (wie erwartet), wie sich die Trends unterscheiden. Wir listen die Top fünf für Ägypten auf mit dem entsprechenden Status für Palästina in Klammern:

- Lazarus (mit der Namensvariante Eleasar) (Nr. 3)
- Sabbataius (Nr. 68)
- Joseph (Nr. 2)
- Dositheus (Nr. 16)
- Pappus (Nr. 39)

Zwei der Namen waren ähnlich beliebt (Lazarus als Nummer eins beziehungsweise drei, und Joseph als Nummer drei bzw. zwei), während drei der beliebtesten Namen der ägyptischen Juden in Palästina absolut *out* waren. Dort landeten sie auf den Plätzen 16, 39 und 68. Keiner dieser drei Namen kommt im Neuen Testament vor. Wieder ist die Übereinstimmung beeindruckend!

Die Namensfantasie unter den Juden war recht begrenzt; die Anzahl der Frauen mit dem Namen Maria zum Beispiel ist im Neuen Testament verwirrend groß. Um sie unterscheiden zu können, werden sie identifiziert durch ihre Beziehung zu

- *ihrem Mann:* Maria, die Frau des Kleophas[215]
- *ihren Kindern:* Maria, die Mutter Jesu; Maria, Mutter des Johannes, der Markus genannt ist; Maria, Joses' Mutter[216]
- *ihrem Heimatort:* Maria von Magdala[217]

Dies wird interessant, wenn wir Matthäus 10,2–4 lesen:

---

215 Joh 19,25.
216 Apg 1,14; 12,12; Mk 15,47.
217 Mt 27,56.

Das sind die Namen der zwölf Apostel: Zuerst Simon, der Petrus genannt wird, und Andreas, sein Bruder, dann Jakobus, der Sohn von Zebedäus, und Johannes, sein Bruder, Philippus und Bartholomäus, Thomas und Matthäus, der Zolleinnehmer, Jakobus, der Sohn von Alphäus, und Thaddäus, Simon, der Zelot, und Judas Iskariot – er war es, der Jesus später verriet.

Wir stellen fest, dass eine Anzahl Apostel unterschiedliche Arten von Zusatznamen erhält. Wenn man die Namen der zwölf Apostel der Reihe nach aufstellt und damit vergleicht, wo ihre Namen auf der Beliebtheitsskala liegen, ergibt sich ein interessantes Bild. Die Zahl in Klammern gibt den Platz auf der Beliebtheitsskala an. Fehlt die Ziffer, dann liegt das daran, dass der Name nicht unter den 99 beliebtesten Namen des jüdischen Palästinas enthalten ist.

- Simon (1), der Petrus genannt wird, und sein Bruder Andreas
- Jakobus (11), der Sohn des Zebedäus, und Johannes (5), sein Bruder
- Philippus (61) und Bartholomäus (50)
- Thomas
- Matthäus (9), der Zolleinnehmer
- Jakobus (11), der Sohn des Alphäus
- Thaddäus (39)
- Simon (1), der Zelot
- Judas (4) Iskariot

Alle, die einen normalen Namen haben – unter den elf beliebtesten –, bekommen einen Beinamen, eine Identifikation. Simon bekommt den Beinamen Petrus („Stein"), der andere Simon den Beinamen „Zelot" („der Eiferer"). Jakobus und Johannes werden über ihren Vater Zebedäus identifiziert, der andere Jakobus über seinen Vater Alphäus. Matthäus wird durch seinen Beruf identifiziert, der Zolleinnehmer. Judas wird Iskariot genannt, vermutlich ein Bezug auf seinen Heimatort: Kerioth.

Keiner der Apostel, die ungewöhnliche Namen haben, hat einen Beinamen erhalten: Thaddäus Platz 39, Bartholomäus Platz 50, Philippus

Platz 61, Thomas und Andreas (keiner der Namen unter den Top 99).[218] Sie benötigten keine Identifikation über ihren normalen Namen hinaus. Richard Bauckham schreibt:

> Die Daten … zeigen, dass die relative Häufigkeit verschiedener Personennamen in den Evangelien sehr gut mit der relativen Häufigkeit der Namen im vollständigen Datensatz übereinstimmt, der auf Basis von 3 000 Namenserwähnungen zeitgenössischer jüdischer Quellen in Palästina erstellt wurde.

> Es ist schon sehr unwahrscheinlich, dass diese Übereinstimmung daraus resultieren könnte, dass der Überlieferung nachträglich Namen von innerhalb der jüdisch-christlichen Gemeinde in Palästina hinzugefügt worden sein sollten, noch viel weniger durch eine Überlieferung außerhalb des jüdischen Palästinas, da sich die Namensgebung in der Diaspora drastisch von der im jüdischen Palästina unterschied.

> Der Namensgebrauch in den Evangelien korrespondiert darüber hinaus sehr gut mit den typischen Spielarten, wie man im jüdischen Palästina Personen mit denselben häufig verwendeten Namen voneinander zu unterscheiden pflegte.

> Auch dieses Charakteristikum des Neuen Testaments wäre nur *schwer* als Ergebnis von später durch die jüdisch-christliche Gemeinde in Palästina zufällig ausgedachten Namen *zu erklären* und *unmöglich* als Ergebnis einer solchen Erfindung außerhalb des jüdischen Palästinas *zu erklären*.[219]

Damit bricht auch die These in sich zusammen, dass die Evangelien späte nachträgliche Konstruktionen ohne Bezug zu wirklichen Geschehnissen in Judäa, Samaria und Galiläa seien. Eine solche chirur-

---

218 Im Johannesevangelium steht dreimal: „Thomas, der auch Zwilling genannt wird" (11,16; 20,24; 21,2). Thomas ist das aramäische Wort für Zwilling. *Didymos* – übersetzt mit Zwilling – ist das griechische Wort für Zwilling. Beide Namen sind also eigentlich nur Beinamen und keine Eigennamen. Nach syrisch-christlicher Tradition hieß Thomas eigentlich Judas. Wenn das richtig ist, beruht sein Beiname darauf, dass er von den anderen zwei, die Judas genannt wurden, unterschieden wurde, und natürlich darauf, dass er Zwilling war. Siehe Bauckham 2006, S. 105.

219 Bauckham 2006, S. 84 (Übersetzung: Alexander Fink).

gische Präzision lässt sich nicht mehrere Jahrzehnte später von einem geografisch weit entfernten Ort im Nachhinein erreichen. Und diese Präzision ergibt sich offenbar gerade aus der in den Evangelien dargestellten historischen Wirklichkeit.

Man erinnere sich: Die meisten meinen, dass die Evangelien an Orten rund um das Mittelmeer geschrieben wurden, weit entfernt von den Ereignissen um Jesus und seine Jünger. Markus schrieb ja, wie schon gesagt, von Rom aus. Lassen Sie sich doch einmal auf ein Gedankenexperiment ein und schreiben darüber, was vor 70 Jahren in Schlesien geschah. Würden Sie die Namen richtig auswählen? Würde Ihre Namensgebung mit der Liste der Lieblingsnamen Schlesiens vor 70 Jahren übereinstimmen? Wohl kaum, wenn Sie sich die Geschichte einfach nur selbst ausgedacht haben. Eine solche Präzision, wie sie die Evangelien aufweisen, würden Sie nur zustande bringen, wenn Ihr Bericht auf tatsächlichen Ereignissen in Schlesien zu dieser Zeit basiert.

19. DIE IDENTITÄT DER VERFASSER

Oft wird über die Evangelien behauptet, sie seien anonyme Schriften, über deren Verfasser wir nichts wüssten. Wie Richard Dawkins in seinem Buch *Der Gotteswahn* schreibt: „Wer die vier Evangelisten waren, weiß niemand, aber mit ziemlicher Sicherheit sind sie nie persönlich mit Jesus zusammengetroffen."[220] Stimmt das? Lassen Sie uns dies untersuchen.

Keines der vier Evangelien gibt an, wer sein Verfasser ist. Der Titel, der über jedem der Evangelien steht, z. B. „Evangelium nach Markus", ist eine spätere Hinzufügung und kein Teil des ursprünglichen Textes. Das ist aber keineswegs so eigenartig, wie es zunächst scheint; das gleiche gilt nämlich für viele bekannte Werke der Antike.

Plutarch, geboren 46 n. Chr., war ein griechischer Philosoph und einer der berühmtesten Autoren des Römischen Reiches. In allen seinen fast 50 noch erhaltenen Biografien berühmter griechischer und römischer Persönlichkeiten *fehlt der Name des Verfassers!* Wenn wir nur von den ältesten Handschriften ausgehen würden, müssten wir das Gleiche über Plutarchs Biografien sagen, was Dawkins über die Evangelien behauptet, nämlich, dass wir nicht wissen, wer sie schrieb. Trotzdem behaupten die Historiker, dass Plutarch sie schrieb, und sie haben gute Gründe dafür. Spätere Quellen schreiben sie einstimmig Plutarch als Verfasser zu, und es gibt keine sachlichen Gründe, das zu bezweifeln.

Ähnliches gilt für die vier Evangelien. Es gibt frühe Verweise auf die Evangelien, in denen die Verfasser angegeben werden. Nehmen wir Markus als Beispiel und sehen wir, was bereits während des zweiten Jahrhunderts geschrieben wird:

Papias, Bischof in Hierapolis, gehörte zu der Generation, die noch Kontakt zur ersten Generation der Christen hatte. Er kannte persönlich die Töchter des Philippus, der zusammen mit Stephanus den Sieben angehörte, die zu einem speziellen Dienst in Jerusalem ausgewählt wurden.[221] Papias ist der erste, der die Verfasser der Evangelien nennt.

---

220 Dawkins 2008, S. 136.

221 Apg 7,5; 21,8–9.

Auch wenn er erst in den Jahren 110–130 schreibt, so war es doch „gegen Ende des ersten Jahrhunderts, als er sein Material sammelte. Daher war er tatsächlich in der Lage, Wissen aus erster Hand über den Ursprung der Evangelien zu besitzen".[222]

Über das Markusevangelium schreibt er Folgendes:

> Als Markus der Übersetzer von Petrus wurde, schrieb er genauestens alles das nieder, an was er [Petrus] sich von Christi Worten und Taten erinnerte, aber nicht der Reihenfolge nach. Denn er hatte weder den Herrn gehört noch war er ihm gefolgt, aber er folgte später Petrus. Dieser unterwies in kurzen Berichten, aber nicht, um eine geordnete Darstellung der Worte des Herrn zu geben. Daher machte Markus auch keinen Fehler, wenn er nur einen Teil niederschreibt, je nachdem er sich erinnerte. Aber eine Sache lag ihm sehr am Herzen, nämlich nichts von dem, was er gehört hatte, auszulassen oder falsch wiederzugeben.[223]

Irenaeus, Bischof in Lyon, lebte in den Jahren 130–200. Er schreibt:

> Nach ihrem [Petrus' und Paulus'] Tod hinterließ Markus, der Übersetzer von Petrus und sein Jünger, uns eine Niederschrift von Petrus' Verkündigung.[224]

Clemens von Alexandria lebte in den Jahren 150–215. Er schreibt:

> Petrus predigte das Wort öffentlich in Rom und verkündigte das Evangelium durch die Eingebung des Geistes. Da forderten seine vielen Zuhörer Markus auf, all das, was er gesagt hatte, niederzuschreiben, da er Petrus lange Zeit gefolgt war und sich an das erinnerte, was er gesagt hatte. Dies tat er auch und übergab das Evangelium denen, die darum gebeten hatten.[225]

---

222 Bauckham 2008, S. 14.

223 Eusebius 1989, III 39,15 (Übersetzung leicht angepasst).

224 Irenaeus 1993, III 1,1. Wird auch von Eusebius in 1989, V 8,2–4 zitiert.

225 Eusebius 1989, VI 14,5–7.

Wir haben also frühe Angaben, die einstimmig angeben – keine Quelle gibt eine gegenläufige Information –, wer das Markusevangelium verfasste.

Die Angaben sind auf ihre Art verwunderlich. Markus war keiner der Zwölf und war, soweit wir wissen, auch Jesus während seines Wirkens nie gefolgt. Er konnte daher nicht seinen Namen als Bürge für den Wahrheitsgehalt des Berichts in die Waagschale werfen. Ein Augenzeuge wäre natürlich besser. Wir können dies bei den späteren gnostischen Evangelien sehen, dass sie ihre Verfasserschaft Personen zuschreiben, die Jesus ganz nahestanden, um ihren Schriften besondere Autorität zu verleihen: Thomasevangelium, Philippusevangelium, Maria Magdalenas Evangelium. Wenn jemand einen falschen Verfassernamen wählen wollte, warum dann gerade Markus?

Der Professor für Neues Testament Craig Blomberg schreibt:

> Wenn wir davon ausgehen, dass Markus nicht einer der Zwölf war, sondern eine relativ undurchsichtige Persönlichkeit mit gemischter Beschreibung seines Dienstes zu Lebzeiten, ist es unwahrscheinlich, dass irgendjemand, der den wahren Autor seines Evangeliums nicht kannte, es aber einem autoritativen Zeugen zuschreiben wollte, Markus dafür gewählt hätte.[226]

Wer war Markus?

Markus, oder Johannes Markus, wie er auch genannt wurde, hatte eine lange Geschichte in der Urkirche. Sein Elternhaus war einer der Versammlungsorte der ersten Christen in Jerusalem.[227] Er selbst ging mit Paulus und Barnabas auf eine Missionsreise;[228] der letztgenannte war außerdem sein Cousin.[229] Er geriet in einen Konflikt mit Paulus,[230] wurde aber später sein Mitarbeiter.[231]

---

226 Blomberg 2000, S. 121–122. Vgl. auch Riesner 2014.
227 Apg 12,12.
228 Apg 12,25; 13,5.
229 Kol 4,10.
230 Apg 15,36–40.
231 Philemon 24; 2Tim 4,11.

Markus wurde später auch ein enger Mitarbeiter von Petrus und war nach dem ersten Petrusbrief mit ihm in „Babylon", wahrscheinlich ein Codewort für Rom. Im selben Brief nennt er ihn seinen (geistlichen) Sohn.[232] Man kann also eine interessante Verbindung zwischen Petrus, Markus und Rom erkennen.

Die externen Belege bei den Kirchenvätern für Markus als Verfasser, der seine Angaben von Petrus in Rom erhält, passen gut zu den Informationen, die wir über Markus in den neutestamentlichen Texten erfahren. Aber es gibt noch weitere Belege.

Die Petrusperspektive bei Markus

Die interessanteste Frage ist dabei aber nicht die, ob Markus wirklich der Verfasser ist; sondern vielmehr die Behauptung, dass er seine Informationen von Petrus bekommen habe.

Diese Frage hat neue Aktualität bekommen durch Richard Bauckhams bemerkenswertes Buch *Jesus and the Eyewitnesses*. In einem Interview über sein Buch sagt Bauckham,

> dass die Augenzeugen der Ereignisse, die in den Evangelien berichtet werden, zuverlässige Quellen und lebenslange Bürgen für die Überlieferung über Jesus blieben, und dass die Texte in unseren Evangelien viel näher an den Augenzeugenberichten der Ereignisse liegen, als man sich im Allgemeinen vorgestellt hat …

> Ich stelle auch die These auf, dass die Evangelien bis heute weitgehend unbemerkt ihre Augenzeugenquellen jeweils auf unterschiedliche Art angeben, und ich werde neue Belege dafür präsentieren, um Papias' Behauptung zu stützen, dass das Markusevangelium auf der Verkündigung des Petrus basiert.[233]

---

232 1Petr 5,13.

233 http://www.christilling.de/blog/2006/11/richard-bauckham-on-jesus-and.
html.

Indizien im Markusevangelium für Petrus als Quelle

Erstens kommen die beiden Namen von Petrus (Simon und Petrus) öfter bei Markus vor als bei den anderen Evangelien (im Verhältnis zur Textlänge): Simon wird sieben Mal genannt, Petrus 19 Mal.

Zweitens bildet Petrus' Name eine sogenannte *inclusio*, er rahmt das Markusevangelium ein. Der erste genannte Jünger ist Petrus, der letztgenannte ebenso.[234] Bauckham meint, dass eine solche *inclusio* in anderen antiken Texten, zum Beispiel in Porfyrios Buch über Plotinos, ein Signal dafür darstellte, wer die Quelle war.

Drittens ist das Markusevangelium aus der Petrus-Perspektive geschrieben. Durch eine ausführliche und teilweise anspruchsvolle grammatikalische Analyse zeigt Bauckham, dass das Markusevangelium „hauptsächlich (aber nicht ausschließlich) die Geschichte aus Petrus' Sicht berichtet".[235]

Das sind natürlich keine *endgültigen* Beweise. Die gibt es allerdings in der Frage des Verfassers grundsätzlich nicht. Aber dies sind ausreichend gute Gründe, um davon auszugehen, dass Markus der Verfasser des Evangeliums war und Petrus die Augenzeugenquelle für den Inhalt. Dies wird gestützt von

- *externen Belegen:* frühe und einstimmige Angaben bei den Kirchenvätern, und
- *internen Belegen:* die Hinweise auf Petrus durch den Text selbst.

Dies ist bereits mehr, als die alternativen Erklärungsversuche leisten können.

Wir haben beispielhaft die Frage nach dem Verfasser des Markusevangeliums untersucht. Ähnliche Schlüsse lassen sich für die anderen Evangelien ziehen. Wie Craig Blomberg sagt, ist es möglich, „dass es immer noch gute Gründe gibt, dass Matthäus, Markus, Lukas und Johannes die Autoren der Evangelien sind, die ihnen traditionell zugesprochen wurden".[236]

---

234 Mk 1,16; 16,7.
235 Bauckham 2006, S. 179.
236 Blomberg 2000, S. 355.

20. EHRLICHKEIT AUCH IN PEINLICHEN FÄLLEN

Wir leben heute in einer digitalen Kultur, können Bilder einfach retuschieren und Texte formatieren. Wir löschen unvorteilhafte Texte und „photoshoppen" uns eine Schönheit, die wir nicht haben. Wir kennen alle den Wunsch, unser Bild für andere zu verschönern. Wir Menschen kümmern uns sehr um unser Äußeres!

Daraus ergibt sich eine interessante Frage in Bezug auf die Evangelien: Wie verhalten sie sich zu menschlichem Versagen und Niederlagen? Das Bild der Evangelien von den Jüngern – und sogar von den führenden Jüngern – ist alles andere als schmeichelhaft. Warum berichtet man über ihre Unfähigkeit, zu verstehen? Über ihre Selbstsucht und den Versuch, sich selbst die besten Plätze des kommenden Reiches durch Überredung zu erschleichen? Über ihre Müdigkeit, dass sie schliefen, als ihr bester Freund Todesängste ausstand? Warum blieben die Zurechtweisungen von Petrus im Text? Man hätte sie doch eigentlich entfernen müssen. Sie kommen wie eine kalte Dusche direkt nach den anerkennenden Worten für Petrus' Bekenntnis, dass er der Fels sei, auf den Jesus seine Gemeinde bauen würde. Als Petrus Jesus anschließend Vorwürfe macht, nachdem er seine Aufgabe als Messias mit diesen Worten erklärt hat – „Ich muss nach Jerusalem gehen. Dort muss ich viel erleiden von den Ratsältesten, den führenden Priestern und den Schriftgelehrten. Sie werden mich hinrichten lassen. Aber am dritten Tag werde ich vom Tod auferweckt"[237] –, treffen Petrus die denkbar härtesten Worte: „Geh weg von mir, Satan! Du willst mich von meinem Weg abbringen! Dir geht es nicht um das, was Gott will, sondern um das, was Menschen wollen."[238]

Konkreter: Warum lässt Petrus den Bericht über seinen Hochmut und Verrat nicht weg? In Markus 14 lesen wir:

> Aber Petrus widersprach ihm: „Auch wenn sie sich alle von dir abwenden – ich nicht." [...]

---

237 Mt 16,21.
238 Mt 16,23.

Da ließen ihn alle Jünger im Stich und ergriffen die Flucht. [...]
„Du warst doch auch mit diesem Jesus von Nazareth zusammen!"
Petrus stritt das ab und sagte: „Ich habe keine Ahnung, wovon du
da sprichst." ... Als ihn das Dienstmädchen dort wiedersah, fing sie
noch einmal damit an und sagte zu denen, die dabeistanden: „Der
gehört auch zu ihnen." Aber Petrus stritt es wieder ab. ... „Natürlich gehörst du zu denen! Du bist doch auch aus Galiläa." Da legte
Petrus einen Schwur ab: „Gott soll mich strafen, wenn ich lüge! Ich
kenne diesen Menschen nicht, von dem ihr redet."

Die Evangelien tragen das Siegel der Wahrheit. Man merkt, dass sich
die Verfasser dazu entschieden haben, zu berichten, wie es wirklich
war. Daher sind sie auch in den Punkten ehrlich, die für sie ungünstig
und peinlich sind.

Dies gilt aber nicht nur für das Bild von den Jüngern, sondern auch
für ihre Weitergabe der Lehre von Jesus. Merkwürdige Jesus-Worte,
z. B. dass Jesus wesensgleich mit Gott ist, was man gut gegen die christliche Bewegung einsetzen konnte, wurden gewissenhaft weitergegeben,
da sie wirkliche Worte Jesu waren. Wie auch die Aussage, dass er selbst
nicht den Zeitpunkt für sein Wiederkommen kenne: „An welchem
Tag und zu welcher Stunde das sein wird, weiß niemand, auch nicht
die Engel im Himmel, nicht einmal der Sohn, sondern ganz allein der
Vater."[239] Oder wenn er sagt: „Der Vater ist größer als ich".[240]

In der Darstellung der letzten Nacht im Leben von Jesus lassen die
Texte nichts von dem Kampf und den Schwierigkeiten aus, die Jesus
durchmachte. Die Christen bekannten ihn als Herrn, aber berichteten
gleichzeitig, wie er in Gethsemane „in seiner Angst" zu Gott rief und
wie „sein Schweiß wie Blut auf den Boden"[241] fiel und wie er am Kreuz
die furchtbaren Worte rief: *„Eli, Eli, lama sabachtani?",* was Aramä-
isch ist und bedeutet: „Mein Gott, mein Gott, warum hast du mich
verlassen?"[242]

239 Mt 24,36.
240 Joh 14,28.
241 Lk 22,44.
242 Mt 27,46.

Sie hatten sich für die Wahrheit entschieden; dafür, ungeschminkt zu berichten, wie es wirklich war.

21. ZUSAMMENFASSUNG

Wir haben in den letzten Kapiteln einen langen Weg zurückgelegt. Ich habe acht grundlegende Argumente für die Glaubwürdigkeit der Evangelien präsentiert. Es handelt sich um acht konvergierende Argumentationslinien, die alle in die gleiche Richtung weisen, nämlich dass die Evangelien in direktem Kontakt zur wirklichen Geschichte stehen:

1. Die *Datierung* der Evangelien als Quellen aus dem ersten Jahrhundert.
2. Die *Vorgeschichte* mit einer ununterbrochenen Kontinuität bis zurück auf Jesus selbst.
3. Der *Inhalt* der Evangelien als Augenzeugenberichte.
4. Die *Augenzeugen* als namentlich genannte und öffentlich bekannte Vertreter der Botschaft.
5. Der *Kontext* der Evangelien, das historische Judäa, Samaria und Galiläa in den 30er-Jahren.
6. Die *Präzision* der Evangelien im Bezug auf die zeitgenössische jüdische Namensgebung.
7. Die *Verfasser* der Evangelien, zum Beispiel Markus, der seine Informationen von Petrus erhalten hat.
8. Die *Ehrlichkeit* der Evangelien auch in Punkten, die peinlich oder schwer verständlich wirken.

Ich muss zugeben, wenn ich mir diese Beweisführung ansehe, bekomme ich eine Gänsehaut! Es ist möglich, mit dem Mann von Nazareth in historischen Kontakt zu kommen – es handelt sich um einen Kontakt dritten Grades (wir lesen eine Quelle, die direkten Kontakt mit den Augenzeugen Jesu hatte)! Wir besitzen also historische Quellen, die uns sehr nahe an die Person Jesus heranbringen. Wie der Neutestamentler Darrell Bock sagt:

> Wenn man die Evangelien als antike literarische Texte untersucht, kann man auf der historischen Ebene vieles über Jesus sagen. Das Hauptthema in dieser einzigartigen Geschichte kann überzeugend

dargestellt werden, da die Evangelien solide Informationsquellen sind.[243]

Alle Menschen haben einen Kreis von Menschen um sich, die besser als der Rest der Menschheit wissen, wer sie sind. Sie und ich haben einen solchen Kreis um uns: Familie, Eltern, Freunde, Arbeitskollegen usw. Wenn man Informationen über einen Menschen sucht und ihn nicht selbst interviewen kann, dann sind es immer die Menschen in diesem Kreis, zu denen man als erstes den Kontakt sucht.

Dies ist auch der Grund, warum ich die *gnostischen Evangelien* nicht weiter kommentiert habe, da sie nicht aus diesem Kreis rund um Jesus kommen. Sie sind deutlich später entstanden als die Evangelien des Neuen Testaments (ca. 150–350 n. Chr.), und keiner der acht Gründe, die ich für die Glaubwürdigkeit der Evangelien angeführt habe, trifft auf die gnostischen Evangelien zu. Der Historiker John Dickson schreibt:

> Es ist offenbar, dass die gnostischen Evangelien keine unabhängige Schriftsammlung sind, auch nicht genauso alt und wertvoll wie das Neue Testament. Stattdessen bilden sie eine Reaktion auf die jüdischen Überlieferungen über Jesus, die bereits im Neuen Testament vorliegen. „Ihre Mythologie bestand in einem ‚exegetischen Protest' gegen die allgemeinen, akzeptierten Überlieferungen", schreibt Professor Dr. Dr. Kurt Rudolph (er wird wirklich so tituliert) in seiner Überprüfung der Forschungen über die gnostischen Evangelien. „Dies beinhaltet eine Umdeutung der älteren Überlieferung auf eine Weise, die deren ursprünglicher Bedeutung zuwiderläuft." Die gnostischen Evangelien sind mit anderen Worten eine Übung in antikem Revisionismus, also dem Versuch, den ursprünglichen jüdischen Jesus so umzuformen, dass er mit der anti-jüdischen Perspektive des Gnostizismus und seiner negativen Einstellung zur Schöpfung besser vereinbar war.[244]

Am besten liest man diese Evangelien selbst, um sich davon zu überzeugen, dass dies zutrifft. Als Leser wird man nicht in die Welt des Judentums der 30er-Jahre zurückgeführt, sondern in eine spekulative

---

243 Bock 2002, S. 215.

244 Dickson, *Investigating Jesus,* S. 49.

gnostische Welt ohne Verbindungen zu Raum und Zeit, ohne Verbindung zum jüdischen Monotheismus und der ganzen alttestamentlichen Perspektive, die die Welt des historischen Jesus prägte.

Jesus hat nichts hinterlassen, was er selbst geschrieben hätte; ein solcher direkter Kontakt ist uns also nicht möglich. Aber wenn wir Menschen fragten: Wem würdest du am liebsten zuhören, wenn du keine Informationen von der Person selbst bekommen kannst, um dir eine Meinung über Jesus von Nazareth zu bilden? Manche würden Maria, seine Mutter, nennen. Andere würden Johannes vorschlagen. Einige würden Maria Magdalena vorschlagen. *Aber bei allen würde Petrus auf der Liste stehen.* Warum? Weil er der nächste Mitarbeiter und Vertraute von Jesus war. Weil er beim gesamten Wirken von Jesus dabei war, auch bei den außergewöhnlichsten Ereignissen. Auch weil er in den ersten drei Jahrzehnten die christliche Bewegung leitete, bevor er den Märtyrertod starb und mit seinem eigenen Leben für den Wahrheitsgehalt der Botschaft über Jesus bürgte, die er während dieser 30 Jahre weitergegeben hatte.

Kann man sich eine bessere oder wichtigere oder interessantere Informationsquelle als Petrus vorstellen? Wohl kaum! Und wir *haben* seinen Bericht über Jesus!

IV.

EINWÄNDE UND IHRE ERWIDERUNG

22. FEHLER UND WIDERSPRÜCHE

Im vorherigen Kapitel habe ich gezeigt, dass der amerikanische Historiker und Philosoph Stephen Evans Recht hat, wenn er sagt:

Es ist vernünftig, die Grundzüge im neutestamentlichen Bild von Jesus als prinzipiell zuverlässige Geschichte zu verstehen.[245]

Diese Schlussfolgerung ist überraschend für jeden, dem die Evangelien voller Fehler und Widersprüche erscheinen. Lässt sich die These von der geschichtlichen Zuverlässigkeit der Evangelien auch angesichts der Probleme aufrechterhalten, mit denen sie behaftet sind? Darauf möchte ich in zwei Punkten antworten.

1. Unfehlbarkeit ist keine Bedingung für Glaubwürdigkeit

Zuerst müssen wir feststellen, dass Fehler und Widersprüche in den Evangelien an sich nicht ihren Status als historisches Quellenmaterial in Frage stellen. Es sieht so aus, dass es auch Fehler bei Josephus und Tacitus gibt, ohne dass wir darin einen Grund sehen, sie als historische Quellen abzulehnen. Fehlerfreiheit ist natürlich höchst wünschenswert, aber nie eine Bedingung für eine historische Quelle gewesen; sonst hätten wir nur sehr wenig Material.

Beim Thema Fehler und Widersprüche ist es daher wichtig, mit *welcher Art* von Fehlern wir es zu tun haben, wie viele Fehler enthalten sind, wie gravierend diese sind, warum sie da sind (sind es unbewusste Fehler oder bewusste Verdrehungen?), sind sie Ausdruck von syste-

---

245 Bartholomew 2003, S. 320.

matischer Schlamperei, umfassender Unwissenheit oder Propaganda? Natürlich *können* Fehler eine Quelle ernsthaft in Misskredit bringen, aber sie müssen es nicht.

Bei den Evangelien nun scheinen viele – Christen wie auch Kritiker des christlichen Glaubens – der Ansicht zu sein, dass die *Evangelien als historische Quellen ausfallen,* wenn sich Fehler im Text finden. Allerdings wird mit anderen antiken Quellen nicht so umgegangen. So kann man beispielsweise bei Josephus viele Fehler finden. In Shaye Cohens Buch über Josephus finden sich die Worte „Übertreibung", „Inkonsequenz und Schludrigkeit" und „fehlerhafte Namen und Zahlen" im Index.[246] Dennoch ist Josephus trotz seiner Unzulänglichkeiten eine unerhört wertvolle Quelle für uns.

Woher kommt der Gedanke, dass die Evangelien unfehlbar sein müssen? Ich glaube, dass eine Mischung aus zwei unterschiedlichen Fragestellungen dahintersteht: die *geschichtswissenschaftliche* Frage nach der Glaubwürdigkeit der Evangelien als historisches Quellenmaterial und die *theologische* Frage nach der Unfehlbarkeit der Texte.

Wenn es Fehler und Widersprüche in den Evangelien gibt, bedeutet das, dass die klassische christliche Lehre von der Unfehlbarkeit der Bibel untergraben wird und sich als fehlerhaft erweist. *Aber das bedeutet nicht, dass die Evangelien damit als Quellenmaterial nutzlos geworden sind.* Bitte halten Sie fest, dass ich in diesem Buch weder für die Unfehlbarkeit dieser Texte argumentiere noch davon ausgehe. Ich argumentiere nur für die generelle Zuverlässigkeit der Evangelien als historische Quellen.

2. Probleme sind nicht dasselbe wie Fehler

Die Evangelien beinhalten umfangreiches Material, dessen Richtigkeit immer wieder bestätigt wurde. Gleichzeitig enthalten sie wie andere historische Quellen auch Angaben, die auf uns problematisch wirken können und sich nicht unmittelbar mit anderem, was wir zu wissen glauben, harmonisieren lassen. Dennoch ist Vorsicht angebracht, bevor wir kategorisch festlegen, dass eine Quelle falsch liegt – unabhängig

---

246 Cohen 1979, S. 233.

davon, welche Quelle. Manchmal empfiehlt es sich aus mehreren Gründen, abzuwarten:

Erstens ist unser *Wissen über die Geschichte begrenzt*. Vielleicht liegt das Problem nicht an Fehlern im Quellenmaterial, sondern an Wissenslücken bei uns. Ein oft diskutiertes Problem ist, wie die Angaben über den Todestag von Jesus in den sogenannten synoptischen Evangelien (Matthäus, Markus und Lukas) mit den Aussagen bei Johannes zu vereinbaren sind. Eine einfache Lösung wäre, eine Quelle für falsch zu erklären. Es gibt aber noch weitere Möglichkeiten, die Unstimmigkeiten aufzulösen. Vielleicht ist die Lösung sprachlicher Natur und hängt mit unserer Deutung der Aussagen in den Quellen zusammen?[247] Vielleicht ist die Lösung theologisch und hängt damit zusammen, was Johannes über den Tod von Jesus aussagen will?[248] Vielleicht besteht die Lösung in der Verwendung von unterschiedlichen Kalendern (etwa so wie heutzutage Weihnachten und Ostern nicht in allen christlichen Traditionen zur genau gleichen Zeit gefeiert wird)?[249]

Oder nehmen Sie die Frage nach der Steuerschätzung unter Quirinius, über die Lukas in seinem zweiten Kapitel berichtet, eine Angabe, die Richard Dawkins als „historisch gesehen völligen Unsinn" bezeichnet.[250] Eine verbreitete Ansicht dazu ist, dass Lukas hier etwas gründlich durcheinander gebracht und die Steuerschätzung unter Quirinius im Jahre 6 n. Chr. um fast ein ganzes Jahrzehnt falsch datiert habe. Nach Lukas geschah sie ja im Zusammenhang mit der Geburt von Jesus, während Herodes der Große noch lebte, also spätestens 4 v. Chr.

Aber hier spielen mehrere Faktoren eine Rolle. Lukas kennt die Steuerschätzung von 6 n. Chr. sehr wohl und nennt sie in Apostelgeschichte 5,37. Es gibt daher keinen Grund, anzunehmen, dass er unwissend oder verwirrt war, wenn er von einer früheren Steuerschätzung schreibt. Bei einer genaueren Untersuchung dieser Frage entdeckt man, was auch der neutestamentliche Wissenschaftler I. Howard Marshall erklärt:

---

247 Blomberg 1998, S. 200–205.

248 Keener 2009, S. 372–374.

249 Humphreys 2011.

250 Dawkins 2008, S. 132.

Eine solche Steuerschätzung wie die, von der Lukas berichtet, ist absolut nicht unmöglich. Daher sind auch viele jüngere Kommentatoren bereit anzuerkennen, dass Lukas' Beschreibung einer Steuerschätzung eine historische Wirklichkeit widerspiegelt.[251]

Wir können den Ablauf der Ereignisse nicht mit größerer Sicherheit rekonstruieren, sondern müssen uns eingestehen, dass es mehrere denkbare Alternativen gibt.[252] Erst vor einiger Zeit haben Wissenschaftler Argumente dafür präsentiert, dass es Josephus ist – und nicht Lukas –, der sich gründlich vertan und falsche Angaben gemacht hat![253] Dies ist selbstverständlich auch eine Möglichkeit.

Wir müssen ganz einfach feststellen, dass wir aufgrund unseres begrenzten Wissens noch nicht endgültig in dieser Frage Stellung beziehen können, und dass daher die Behauptung, dass Lukas falsch liegt, übereilt ist.[254]

Zum Zweiten ist *unser Wissensstand nicht statisch;* er verbessert sich mit der Zeit immer mehr. Etwas, was aus Sicht des heutigen Wissensstandes wie ein Fehler aussieht, kann gut und gerne morgen als richtig bestätigt werden. Zum Beispiel, dass die Stadt Nazareth zu Lebzeiten von Jesus bewohnt war, wurde erst vor relativ kurzer Zeit durch archäologische Ausgrabungen bestätigt.[255]

Zum Dritten sind *Unterschiede nicht immer dasselbe wie Fehler.* Was als Fehler angesehen wird, kann zum Teil auch eine ergänzende Perspektive darstellen oder ganz einfach damit zu tun haben, wie ausführlich oder komprimiert eine Quelle berichten wollte.

In der Geschichte der Antike muss man oft mit widersprüchlichen Angaben arbeiten. Ein wohlbekanntes Beispiel ist die Frage, wo sich Kaiser Nero in der Nacht befand, als Rom am 19. Juli 64 brannte. Wir

---

251 Marshall 1978, S. 102.

252 Siehe beispielsweise den Artikel „Once More: Quirinius's Census" in: *Detroit Baptist Theological Journal,* Fall 2009, S. 45–54.

253 Rhoads 2011, S. 65–87. Vgl. auch Hirschmüller 1994, S. 33–68.

254 Vgl. auch Gerstacker 2017. Siehe auch www.iguw.de → Textsammlung → Theologie/Geschichte: Andreas Gerstacker, „Der Zensus des Quirinius und die Datierung der Geburt Jesu".

255 Ehrman 2012, S. 192–197.

haben zu drei verschiedenen Quellen Stellung zu beziehen: Tacitus, der mehr als 50 Jahre nach dem Ereignis schreibt; Sueton, der auch mehr als 50 Jahre danach schreibt; und Cassius Dio, der 150 Jahre nach dem Ereignis schreibt. Nun unterscheiden sich ihre Angaben. Nach Tacitus befand sich Nero in Antium (einer Stadt ca. 50 km südlich von Rom), nach Sueton befand sich Nero auf dem Esquilin (einem von Roms sieben Hügeln) und nach Dio befand er sich auf dem Palatin (einem anderen der sieben Hügel Roms). Die Angaben sind schwer miteinander zu vereinen.

Bedeutet dies nun, dass Rom nie brannte? Dass Nero nie Kaiser war? Dass wir von Tacitus oder Sueton nichts Wahres über die Antike erfahren können? Natürlich nicht. Es bedeutet, dass wir in genau diesem Punkt vor einem Problem stehen und eine oder mehrere der Quellen eventuell falsche Informationen enthalten. Gleichzeitig müssen wir uns daran erinnern, dass ein Stadtbrand eine langwierige Angelegenheit ist; es kann mehrere Tage lang brennen. Dies könnte Auswirkungen darauf haben, wie wir die Glaubwürdigkeit der Angaben bewerten.

Lassen Sie mich noch ein modernes Beispiel anführen. Im November 2012 hielt Schweden den Atem an, als in Göteborg ein kleines Mädchen entführt worden war. Glücklicherweise wurde die Kleine neun Stunden später wohlbehalten wiedergefunden, und die Abendzeitungen konnten über den glücklichen Ausgang des Dramas berichten. Sowohl *Aftonbladet* als auch *Expressen* konnten jeweils einen Augenzeugen der Organisation *Missing People* aufbieten, deren Patrouillen das Mädchen fanden. Hier sind ihre Berichte:

Expressen schreibt:[256]

John Pettersen führte die aktuelle Patrouille. Er berichtet:
Wir sahen ein kleines eingeschüchtertes Mädchen mit einem Mann, als sie auf der Skärsgatan ungefähr 300–400 m von ihrem Elternhaus entfernt gingen. Wir erkannten ihre rosa Kleider wieder.

Aftonbladet schreibt:[257]

---

256 http://www.expressen.se/gt/sa-kunde-anna-raddas-i-morse/.
257 http://www.aftonbladet.se/nyheter/article15748483.ab.

Eine Frau von *Missing People* traf einen Mann, der beim Gehen ein Kind an der Hand hielt. – Die Frau reagierte auf die eigenartige Kleidung und dass das Gesicht von einer heruntergezogenen Kapuze bedeckt war. [*Aftonbladet* setzt fort:] Unter den Herrenkleidern trug das Mädchen seine roten Schulkleider.

Oberflächlich gesehen fallen hier mehrere Diskrepanzen in den Berichten auf. Entdeckten sie das Mädchen aufgrund ihrer rosa Kleider oder aufgrund der eigenartigen Herrenkleider, die sie darüber trug? Waren ihre eigenen Kleider rosa oder rot? Und wer entdeckte eigentlich das Mädchen, der Patrouillenführer John oder die unbenannte Frau in seiner Patrouille?

Ein wenig Nachdenken zeigt, dass wir den Zeitungen nicht den Prozess machen müssen; die oberflächlichen Spannungen müssen überhaupt keine wirklichen Widersprüche sein. Vielleicht wurde das Misstrauen durch die Herrenkleider geweckt, während ihre eigenen Kleider das Erkennen ermöglichten. Die Grenze zwischen rot und rosa kann ziemlich fließend sein, besonders im Dunkel der Nacht. Und in der Patrouille können mehrere Menschen den Mann ungefähr gleichzeitig bemerkt haben.

Viele der sogenannten Widersprüche in den Evangelien liegen auf genau diesem Niveau; es handelt sich nicht um wirkliche Widersprüche. Bei einem oft erwähnten Beispiel aus den Evangelien geht es auch um die Farbe von Kleidung: Es geht um die Frage, *was* die Frauen am Grab von Jesus sagen (waren es „Männer in strahlenden Kleidern" oder „Engel in weißen Kleidern"?), und die Frage nach der *Anzahl* von Engeln („zwei Engel" oder „den Engel"), die dort waren.

Meine Schlussfolgerung ist, dass die Probleme, die man in den Evangelien findet, nicht von der Art sind, dass sie deren grundlegende Glaubwürdigkeit als historische Quellen untergraben würden.

23. SIND DIE ABSCHRIFTEN ZUVERLÄSSIG?

Wenn wir heute das Markusevangelium öffnen, befinden wir uns in einem beachtlichen Abstand zum Verfasser. Nicht nur zeitlich, geografisch und kulturell. Der Text, den wir lesen, ist auch eine Übersetzung in unsere Sprache aus griechischen Handschriften, die wiederum Kopien von Kopien von Kopien ... von Kopien vom Text sind, den Markus schrieb und der uns heute nicht mehr vorliegt. Dies gilt für alle Texte des Neuen Testaments; es ist kein Original erhalten.

Genauso kategorisch, wie Bart Ehrman bei der Verteidigung der Existenz von Jesus ist (s. Kap. 4), genau so kritisch ist er in Bezug auf die Zuverlässigkeit des Neuen Testaments, gerade weil wir keinen Zugang mehr zu den Originalen haben und die verfügbaren Kopien nicht miteinander übereinstimmen. Oder, wie er es oft formuliert:

> Es gibt mehr Unterschiede in den Handschriften als Worte im Neuen Testament. Manche Wissenschaftler sagen, dass es 200 000 Unterschiede gibt, andere 300 000 und ein Teil sagt: 400 000. Ich weiß es nicht. Aber irgendetwas in dieser Richtung, zwischen 300 000 und 400 000, wäre meine Vermutung.[258]

Das Neue Testament besteht aus ca. 140.000 Worten. Das bedeutet, dass es statistisch gesehen für jedes Wort im Text zwischen zwei und drei unterschiedliche Varianten gibt!

Außerdem scheint sich die Situation im Nachhinein verschlechtert zu haben. Als der Oxforder Theologe John Mill – nicht der Philosoph des 19. Jahrhunderts John Stuart Mill – im 18. Jahrhundert das Neue Testament auf Griechisch herausgab, gab er alle damals bekannten Varianten an. Sein textkritischer Apparat beinhaltete 30.000 Varianten. Heute hat sich diese Anzahl mehr als verzehnfacht.

Im Lichte dessen könnte es sinnlos scheinen, den Wert des Neuen Testaments als historische Quelle diskutieren zu wollen. Können wir überhaupt wissen, was die Verfasser ursprünglich geschrieben haben? Wenn es Kontinuität zwischen Jesus und den Originalen des Neuen

---

258 Stewart 2011, S. 21.

Testaments gegeben hat, aber keine Kontinuität zwischen den Originalen und den Kopien, aus denen wir die Texte rekonstruieren müssen, können wir ja doch nichts über Jesus wissen. Was soll man dazu sagen?

Erstens bildet das Neue Testament mit dieser *Situation keine Ausnahme*. Das gleiche gilt nämlich für *alle* Texte aus der Antike. Uns fehlt immer der Originaltext. Wir haben weder von Josephus noch von Tacitus oder Platon oder irgendeinem antiken Verfasser den ursprünglichen Text. Was wir haben, sind Abschriften von Abschriften von ... aus ganz logischen Gründen. Das Original ist kaputt – zerlesen, von Feuchtigkeit zerstört, verbrannt usw. Auch aus unseren Bücherregalen werden in 1000 Jahren nicht viele Bücher überlebt haben.

Zweitens ist dies *eine direkte Folge davon, wie gut bestätigt der Text des Neuen Testaments ist,* und nicht davon, dass er sich in einem chaotischen Zustand befindet. Lassen Sie mich das erklären.

Bei den meisten antiken Texten ist die Situation so, dass wir nur einige wenige Kopien haben, die außerdem recht späten Datums sind. Von Tacitus' *Annalen* Band 1–6 haben wir *eine* Handschrift, die auf etwa 850 n. Chr. datiert wird und in der Biblioteca Laurenziana in Florenz liegt. Für Band 11–16 der *Annalen* gilt das gleiche, auch hier gibt es nur *eine* Handschrift – auch sie in der Biblioteca Laurenziana in Florenz –, aber sie wird auf die Mitte des 11. Jahrhunderts datiert. In so einer Situation ist es klar, dass es nicht mehr Varianten als Anzahl der Worte gibt!

Die Schwäche der Tacitus-Texte, dass wir die Texte nicht weiter zurück als bis 800 bzw. 1000 verfolgen können und dass uns nur einzelne Handschriften vorliegen – wird in der Frage der Anzahl der Textvarianten zur Stärke. Logischerweise sind es nur wenige.

Für das Neue Testament ist es genau umgekehrt. Seine Stärke liegt genau auf diesen zwei Gebieten. Die Kopien datieren zeitlich viel näher am Original und die Anzahl der Kopien ist viel größer. Es gibt Textfragmente, die nur wenige Jahrzehnte nach den Originalen geschrieben

Einige der ältesten Handschriften des Neuen Testaments

- John Ryland Papyrus (P52) 125 n. Chr.
- Oxyrrhynchus Papyrus (P90 und P104) 150–200 n. Chr.
- Chester Beatty Papyrus (P46) 200 n. Chr.
- Bodmer Papyrus (P66) 200 n. Chr.

wurden, und es gibt Kopien des gesamten Neuen Testaments – allen 27 Büchern –, die aus der Zeit 300 Jahre nach dem Original stammen. Dazwischen liegen etliche Kopien von Teilen des Neuen Testaments, z. B. die berühmten Chester Beatty Papyri, die auf die Jahre 175–225 datiert werden und Teile der Evangelien und der Apostelgeschichte enthalten, sowie Teile der Paulusbriefe, des Hebräerbriefes und Teile der Offenbarung. Die Gesamtzahl der Kopien des Neuen Testaments ist beeindruckend: ca. 5700 Kopien des griechischen Textes oder von Teilen desselben.

Das Neue Testament bildet hier eine Klasse für sich:

> Mit welchen Zweifeln wir auch dem Text des Neuen Testaments begegnen, so müssten sich diese Zweifel mit Blick auf praktisch alle anderen antiken Texte eigentlich verhundertfachen. Die Handschriften des Neuen Testaments sind zeitlich näher am Original und ihre Anzahl ist weit größer als bei irgendeiner anderen Schrift dieser Epoche. Das Neue Testament ist die bei weitem am besten bestätigte griechische oder lateinische Literatur der antiken Welt.[259]

Dies erkennt auch Bart Ehrman an. Nach einer Debatte über den neutestamentlichen Text wurde ihm die Frage gestellt, wie dieser im Vergleich zu anderen Texten der Antike, beispielsweise Platon, dastehe. Er antwortete:

> Ich kann nicht zeigen, dass Platon korrekter erhalten ist als das Neue Testament. An und für sich ist die Übermittlung von Platon vermutlich schlechter. Daher ist es vermutlich schwerer, zu wissen, was Platon sagte, als was Paulus sagte.[260]

Hier gibt es also eine gewisse Ironie: Je mehr Kopien wir vom Neuen Testament finden – was an sich positiv ist –, umso größer wird die Anzahl der Varianten – was als nachteilig angesehen wird. Die Ursache für die Existenz der vielen Varianten ist also nicht, dass die Kopien der neutestamentlichen Texte selbst so chaotisch wären, sondern dass es so viele Kopien gibt. Gleichzeitig hat die große Anzahl von Kopien zur

---

259 Bock, Wallace 2007, S. 48.
260 Stewart 2011, S. 51.

Folge, dass man bessere Möglichkeiten hat, das Original zu rekonstruieren. Dies erkennt auch Ehrman an:

> Je mehr Handschriften man entdeckt, desto mehr Textvarianten erhält man. Aber gleichzeitig erhöht sich die Wahrscheinlichkeit, dass man irgendwo inmitten dieser Textvarianten den ursprünglichen Text herausfindet.[261]

Hier redet Ehrman gewissermaßen mit gespaltener Zunge. Er attackiert das Neue Testament und muss doch gleichzeitig anerkennen, dass es der besterhaltene Text der Antike ist, den wir haben. In der Debatte „Can we Trust the Text of the New Testament?" [Können wir dem Text des Neuen Testaments vertrauen?] mit Daniel Wallace spielt sich folgender Dialog in der Fragestunde danach ab (leicht gekürzt):[262]

Ein Mann im Publikum:

„Wenn es nun eine zeitliche Lücke zwischen dem Original und den Abschriften, die uns vorliegen, gibt – was wäre dafür nötig, dass Sie sagen würden, dass diese Lücke geschlossen ist und wir Zugang zu dem haben, was Markus wirklich schrieb?"

Bart Ehrman:

„Lassen Sie uns annehmen, dass wir nächste Woche einen archäologischen Fund in Rom machen und zehn Abschriften des Markusevangeliums finden. Und lassen Sie uns annehmen, dass wir gute Gründe dafür haben, zu glauben, sie seien eine Woche später als das Original von Markus geschrieben worden, und dass sie sich im Inhalt nur um 0,001 Prozent unterscheiden. Dann hätten wir gute Beweise. Aber es ist genau das, was uns fehlt."

---

261 Ehrman 2005, S. 87.

262 *Can We Trust the Text of the New Testament? A Debate Between Daniel B. Wallace & Bart D. Ehrman.* Die Debatte fand am 1. Oktober 2011 in Dallas statt. Die DVD kann bestellt werden beim *Center for the Study of New Testament Manuscripts*, www.csntm.org. Zeitcode des wiedergegebenen Dialogs: 1:52 h.

Eine Frau im Publikum:

„Wenn Sie eine solche Bedingung stellen, wie müssen wir dann andere Texte der klassischen Antike einschätzen, bei denen wir weder das Original noch annähernd so umfassendes Textmaterial wie beim Neuen Testament haben? Wie die *Odyssee* oder andere klassische Texte, die wir studieren?"

Bart Ehrman:

„Es ist ganz richtig, dass wir viel mehr Handschriften zum Neuen Testament haben als zu Homer, Platon, Sophokles und anderen antiken Verfassern. Aber das bedeutet nicht, dass wir das ursprüngliche Neue Testament haben. Es bedeutet nur, dass es noch schwerer ist, die anderen Texte zu rekonstruieren als das Neue Testament."

Dies zeigt, welche unrealistischen Anforderungen oft gestellt werden, wenn es um das Neue Testament geht, und wie inkonsequent hier im Vergleich zu anderen Texten der Antike vorgegangen wird. *Warum das Neue Testament angreifen, wenn es der am besten belegte aller klassischen antiken Texten ist?* Das wäre, als würde man einen Volvo als gefährlich und unsicher brandmarken, obwohl er im Test das sicherste Auto der Welt ist.

Drittens ist die *überwältigende Mehrheit aller Textvarianten irrelevant für den Inhalt.*

Die häufigsten Varianten treten im Zusammenhang mit unterschiedlicher Schreibweise und Grammatik auf. In der Antike gab es größere lokale Sprachunterschiede, als wir sie heute haben. Aber das hat keinen Einfluss auf den Inhalt.

Andere Varianten beruhen auf der Struktur der griechischen Sprache.

Nehmen wir zum Beispiel den Satz „Jesus liebt Johannes". Auf Griechisch kann diese Aussage auf mindestens 16 unterschiedliche Arten formuliert werden, aber jedes Mal ist die Übersetzung dieselbe. Wenn wir dann noch die unterschiedlichen Verben für „lieben" berücksichtigen, die es im Altgriechischen gibt, die An- und Abwesenheit von oft unübersetzbaren kleinen Partikeln samt Unterschieden in der Schreibweise, wächst die Anzahl der Möglichkeiten ins hundertfache. Aber alle würden ganz einfach mit „Jesus liebt Johannes" übersetzt werden.[263]

Bei anderen Varianten handelt es sich um unbewusste Schreibfehler wie ein ausgelassenes Wort, ein wiederholtes Wort, ein Wort aus der Zeile darüber, das heruntergerutscht ist, ein Satz, der übersprungen wurde, ein Wort, das versehentlich mit einem anderen verwechselt wurde. Manchmal entbehrt das nicht einer gewissen Komik. Ein müder mittelalterlicher Schreiber mogelte das mit dem tatsächlich dort stehenden Wort leicht zu verwechselnde Wort „Pferd" in 1. Thessalonicher 2,7 hinein, so dass der Text nun lautete: „wir waren Pferde" statt: „wir waren liebevoll"!

In Wirklichkeit können wir sogar noch die eigentümlichsten Texte entziffern. Hier ist ein modernes Beispiel von meinem guten Freund Dirk Jongkind, Handschriftenexperte in Cambridge:

> Ich gehe davon aus, dass die meisten Menschen folgenden Text lesen können (natürlich abhängig davon, wie gut sie Englisch können):
>
> Unvaliebbele but ture
>
> Rcheeasrers at Cmabdrige Uivernisty hvae dsicoevred taht msot Ppoele can raed tihs wthoiut plrombes. Tihs is bcaeuse tehy rlleay need olny the frst and lsat ltteers of ecah wrod to unrdetasnd it.

Sinnvolle und bedeutungsrelevante Varianten

Bei allen Unterschieden im Textmaterial kommen natürlich auch etliche Varianten vor, bei denen eine eingehendere Untersuchung sinnvoll und wichtig ist. Zwei längere Textabschnitte – der Schluss von Markus 16 und der Anfang von Johannes 8 – fehlen in den ältesten Handschriften, was in vielen Bibelübersetzungen durch Klammern o. ä. gekennzeichnet wird.

Andere Textvarianten werden in den Fußnoten kommentiert, zum Beispiel Markus 1,41 und die Frage nach Jesu Zorn. „Und es jammerte

---

263 Stewart 2011, S. 39.

ihn (Jesus) und er streckte die Hand aus, rührte ihn an und sprach zu ihm: Ich will's tun, sei rein!" So der Wortlaut in der Luther-Übersetzung von 1984. Die Neue Genfer Übersetzung übersetzt ähnlich, als Randnotiz steht neben dem Text aber zusätzlich: „AL (=alternative Lesart): Jesus wurde zornig …" Die Bedeutung des Textes verändert sich natürlich ein wenig, je nachdem, welche Lesart wir für die richtige halten. Entweder ist Jesus zornig darüber, wie Krankheit das Leben der Menschen zerstört, oder er hat Mitleid mit dem Kranken. Andere Texte des Neuen Testaments zeigen, dass Jesus oft beides zum Ausdruck brachte: Zorn über Schmerz und Zerstörung im Leben von Menschen und Mitleid mit den betroffenen Menschen. Unabhängig davon, welche Textvariante wir für die ursprüngliche halten, die Aussage über Jesus wird insgesamt nicht verändert.

Theologische Voreingenommenheit?

Ehrman meint außerdem, dass die unterschiedlichen Varianten frühe theologische Streitpunkte in der Kirche anzeigen, bei denen Schreiber, die dem allgemein akzeptierten Glauben zugeneigt waren, bewusst Änderungen in den Texten vornahmen, damit diese ihre theologische Überzeugung deutlicher stützten. Er schreibt:

> Beeinflusste der polemische Kontext die Christen, als sie die Texte kopierten? … Ich möchte behaupten, dass er das tat, dass Schreiber während des zweiten und dritten Jahrhunderts tatsächlich ihre Bibeltexte an wichtigen Punkten änderten, um sie auf der einen Seite orthodoxer (= rechtgläubiger) und auf der anderen Seite für häretische Deutungen unbrauchbarer zu machen.[264]

Dazu möchte ich drei Kommentare formulieren: Erstens ist es unbestritten, dass der Ursprung mancher Varianten in Frustrationen eines Schreibers über bestimmte Formulierungen gesucht werden kann – vielleicht hatte er etwas anderes erwartet oder gewünscht und deswegen ein Wort ausgelassen, geändert oder hinzugefügt. Aber wir sollten im Blick behalten: Da uns so viele Kopien vorliegen, können wir oft gut

---

264 Ehrman 1993, S. 25.

feststellen, wann dies geschehen ist. Die wichtige Frage ist, ob es eine *systematische Manipulation* der Texte gab, sodass das uns heute vorliegende Bild nicht mehr mit dem Original übereinstimmt.

Zweitens erkennt auch Ehrman an, dass die Veränderungen nicht systematisch sind. Er sagt, dass die Veränderungen

> ... zufällig bei unterschiedlichen Textzeugnissen auftreten, absolut nicht mit einer systematischen Konsequenz, die man erwarten könnte.[265]

Drittens zeigt sich diese nichtsystematische Verteilung der Varianten auch in den Texten, die Ehrman als Vorzeigeverse verwendet. Sehen wir uns zwei Beispiele dazu an, eines aus dem Lukasevangelium über den Besuch des zwölfjährigen Jesus im Tempel und eines aus Matthäus über die Beziehung von Jesus zu seinem Vater.

In Lukas 2,33 steht: „Der Vater und die Mutter von Jesus". Aber in vielen Handschriften und frühen Übersetzungen des Neuen Testaments in andere Sprachen steht stattdessen: *„Joseph* und seine Mutter". Etwas weiter im selben Kapitel, in Lukas 2,43 steht: „aber die Eltern merkten es nicht". Aber in einem Teil der Handschriften, wenn auch nicht in genauso vielen wie in Vers 33, steht: „aber *Joseph und seine Mutter* merkten es nicht".

Es klingt zunächst schlüssig, dass diese Varianten in einer Zeit entstanden, in der viele Diskussionen über die Identität von Jesus geführt wurden, und dass Schreiber daher bewusst den Text änderten, um Missverständnisse auszuschließen. Man wollte sicherstellen, dass der Leser verstand, dass Joseph nicht der biologische Vater Jesu war.

Aber diese Rekonstruktion wird plötzlich weniger wahrscheinlich, wenn wir einen Vers lesen, der zwischen den beiden letztgenannten steht. In Lukas 2,41 steht nämlich „die Eltern". Nur in sehr wenigen und späten Handschriften steht „Joseph und Maria". Die allermeisten Handschriften haben die erste Alternative, *sogar die, die in den anderen Versen die zweite Alternative stützen.*

Dirk Jongkind sagt dazu:

---

265 Ebd., S. 98.

Wenn die Veränderungen an den anderen Stellen vorsätzlich durchgeführt wurden, warum wurde dann hier nicht verändert? Auch wenn dieses das stärkste Beispiel für die Hypothese dogmatisch bedingter Veränderungen darstellt, so lautet das Resultat unter dem Strich – wenn wir sämtliche Faktoren berücksichtigen –, dass auch hier die Veränderungen Kennzeichen von Zufälligkeit tragen. Sie sind nicht die Folge eines systematischen Versuchs, den Text zu ändern, sondern die Veränderungen scheinen eher unabsichtlich an einigen Stellen aufzutreten. Gerechterweise gibt auch Ehrman zu, dass solche Veränderungen nicht nur inkonsequent sind, sondern auch „sporadisch".[266]

Matthäus 24,36 ist Ehrmans Lieblingsbeispiel, „der bekannteste Fall" von dogmatisch bedingter Textveränderung. Der Text lautet: „An welchem Tag und zu welcher Stunde das sein wird, weiß niemand, auch nicht die Engel im Himmel, nicht einmal der Sohn, sondern ganz allein der Vater." Nun ist der Halbsatz „nicht einmal der Sohn" nicht in allen Handschriften enthalten. Warum? Ehrman meint, dass die Worte von Schreibern gestrichen wurden, die sich über die Unwissenheit des Sohnes aufregten und die Kirche vor Irrlehren schützen wollten, die behaupteten, dass Jesus nicht ganz und gar Gott wäre. Daniel B. Wallace, Professor für Neues Testament in Dallas, sieht in dieser Hypothese drei Probleme:

Erstens ist es verwunderlich, dass keiner der Kirchenväter der ersten drei Jahrhunderte ein Problem mit dem Halbsatz „nicht einmal der Sohn" hatte, obwohl einige von ihnen den Vers bei Matthäus kommentieren.

Zweitens findet sich der gleiche Ausdruck in der Parallelstelle bei Markus 13,32 – und es liegt praktisch keine Handschrift vor, die diesen Ausdruck dort auslässt. Wenn nun die Schreiber bewusst bei Matthäus änderten, um ihre Theologie zu sichern, warum dann nicht genauso bei Markus?

Drittens hilft es ja auch nicht, nur den Ausdruck „nicht einmal der Sohn" zu streichen, wenn man „ganz allein der Vater" stehen lässt.

---

266 Zitat aus einem unveröffentlichten Aufsatz des Handschriftexperten Dirk Jongkind an der Universität Cambridge, „Apologetics and the Textual Criticism of the New Testament".

169

Denn wenn man die Worte über den Sohn wegnimmt, bleibt trotzdem die Behauptung bestehen, dass keiner außer dem Vater – also auch der Sohn nicht – den Zeitpunkt für das Ende der Geschichte kennt.

Wallace sagt:

> Zusammenfassend kann man sagen, dass, auch wenn Bart Ehrmans Rekonstruktion der Ursachen von Textveränderungen möglich sind, diese doch mehr über Ehrmans Erfindungsreichtum aussagen als über die Intention der Schreiber. Oder wie Gordon Fee gesagt hat: „Leider lässt Ehrman nur zu oft die bloße Möglichkeit in Wahrscheinlichkeit übergehen, und diese dann in Gewissheit, wo es tatsächlich andere mindestens genauso gute Erklärungen für die Veränderungen gibt."[267]

Schlussfolgerung

Die vielen Textvarianten, die sich in dem gigantischen Handschriftenschatz finden, zerstören nicht die Kontinuität zwischen der Originalschrift und dem Text, den wir heute rekonstruieren können. Wir können in hinreichendem Maße und mit hinreichender Sicherheit wissen, was im ursprünglichen Text stand. Keine der unterschiedlichen Varianten beeinflusst die Botschaft des Neuen Testaments oder eine der christlichen Lehren.

---

267 Stewart 2011, S. 46.

24. WENN DIE FORSCHUNG NICHT KRITISCH GENUG IST ...[268]

G reg West, der Agnostiker war und sich dann dem christlichen Glauben zugewandt hat, betreibt heute eine große christliche Website mit dem Namen *The Poached Egg*. Auf seiner Website findet man einen interessanten Kommentar:

> Wenn wir die Auferstehung von Jesus, seine Wunder und alle Behauptungen und Anspielungen auf seine Göttlichkeit wegließen, dann würde das Neue Testament einstimmig als die richtigste und vollständigste historische Quelle über das jüdische Leben während des ersten Jahrhunderts in Palästina angesehen werden. Aber es enthält eben die Auferstehung, Wunder und die Göttlichkeit von Jesus und daher wurden und werden immer noch unzählige Versuche unternommen, seine Zuverlässigkeit zu diskreditieren, wenn auch vergebens. Aber aufgrund der verfügbaren Indizien, sowohl der rein objektiv historischen als auch meiner persönlichen Erfahrung, bin ich komplett von seiner Wahrheit überzeugt.[269]

Ich glaube, dass er Recht hat. Der Grund für die umfassende Kritik an den Evangelien und am Neuen Testament als Ganzem liegt nicht darin, dass es mit mehr oder schwierigeren Problemen behaftet wäre als andere antike Texte, die wir ganz selbstverständlich ernst nehmen. In keiner Weise. Die Evangelien können sich mit jedem beliebigen Text aus dieser Zeit messen.

Was ist der eigentliche Grund für die verbreitete Kritik? Es handelt sich nicht um historische Fakten oder wissenschaftliche Forschung; es handelt sich um philosophische Grundannahmen. Genauer gesagt: um das naturalistische Weltbild.

---

268 Hier folge ich der Darstellung aus Eddy, Boyd 2007, Kapitel „Historical Method and the Jesus Tradition", S. 37–90.

269 http://www.thepoachedegg.net/

Vom Verstehen der Natur zum Naturalismus

Die wissenschaftliche Revolution hat für immer die Lebensbedingungen der Menschen verändert. Wir haben entdeckt: Wenn wir die physische Wirklichkeit – die Natur – als „ein System natürlicher Ursachen verstehen, die aufgrund unveränderlicher Gesetze wirken, dann können wir die Natur verstehen, vorhersagen und effektiver zu unserem eigenen Vorteil anwenden"[270].

Der Fortschritt der Naturwissenschaft ist beeindruckend. Dieser Fortschritt hat auch neue Fragen über unser Geschichtsverständnis geweckt, wie wir die Geschichte zu sehen haben. Wenn das *Universum* durch gesetzmäßige Zusammenhänge gelenkt wird, wie ist es dann mit der *Geschichte*? Kann man immer noch an Wunder glauben? Warum soll unser Verständnis der Geschichte anders sein als unser Verständnis der Natur?

Unter Intellektuellen des 18. Jahrhunderts und später herrschte im Allgemeinen die Auffassung vor, dass

> ... Berichte aus der Antike über übernatürliche Ereignisse – solche, wie wir sie in den Evangelien finden – schon aus Prinzip als fiktiv bewertet werden müssen. Sie können als ein Mythos, als Legenden, Propaganda, als ein Resultat gefühlsmäßiger Hysterie oder als Halluzination erklärt werden. Aber unter dem Einfluss des naturalistischen Weltbildes, das die Perspektive vieler westlicher Intellektueller dominierte, müssen sie wegerklärt werden.[271]

Dies wurde später von dem deutschen Theologen Ernst Troeltsch gegen Ende des 19. Jahrhunderts als Methode formuliert, die sogenannte historisch-kritische Methode, die vom naturalistischen Weltbild ausgeht und voraussetzt, dass alle Ereignisse durch eine Kette von ausschließlich natürlichen Ursachen verbunden sind. Dies wurde über 100 Jahre lang immer wieder wiederholt. Hier sind einige bekannte Namen:

Der vielleicht einflussreichste neutestamentliche Theologe des letzten Jahrhunderts, Rudolf Bultmann erklärt:

---

270 Eddy, Boyd 2007, S. 40–41.
271 Ebd., S. 41.

Die historische Methode schließt die Voraussetzung ein, daß die Geschichte eine Einheit ist im Sinne eines geschlossenen Wirkungs-Zusammenhangs, in dem die einzelnen Ereignisse durch die Folge von Ursache und Wirkung verknüpft sind. [...] Diese Geschlossenheit bedeutet, daß der Zusammenhang des geschichtlichen Geschehens nicht durch das Eingreifen übernatürlicher, jenseitiger Mächte zerrissen werden kann, daß es also kein „Wunder" in diesem Sinne gibt.[272]

Robert Funk, der Gründer des Jesus-Seminars, sagt:

Der Gott des metaphysischen Zeitalters ist tot. Es gibt keinen persönlichen Gott außerhalb des Menschen und der materiellen Welt ... Die Vorstellung, dass Gott sich in die Ordnung der Natur von Zeit zu Zeit einmischt, um zu helfen oder strafen, ist nicht länger glaubwürdig, auch wenn die meisten es noch glauben. Wunder sind eine Beleidigung von ... Gottes Integrität, unbeachtet dessen, wie wir ihn verstehen. Wunder ... widersprechen der Bindung des physischen Universums an Regeln ... Gott bricht keine Naturgesetze.[273]

John Dominic Crossan, ein anderer führender Vertreter des Jesus-Seminars, schreibt im Zusammenhang mit dem Text über Lazarus, den Jesus dem Johannesevangelium zufolge von den Toten auferweckte:

...weil ich zwar nicht meine, dass das dargestellte Ereignis sich wirklich zugetragen hat oder je zutragen könnte ... Ich glaube nicht, dass irgendwer irgendwo zu irgendeiner Zeit imstande ist, Tote zu erwecken.[274]

Hier findet sich die Erklärung für das Misstrauen gegenüber den Evangelien: eine im Voraus eingenommene Überzeugung, wie es sein *muss*.

---

272 Bultmann 1984. .

273 Robert Funk, „Twenty-One Theses" in: *The Fourth R* (July–Aug 1998), S. 8. Zur Diskussion „Gott und Naturgesetze" verweisen wir auch auf www.iguw.de → Textsammlung → Naturwissenschaft: Barbara Drossel, „Zehn Fragen zum Wesen der Naturgesetze", sowie Peter C. Hägele, „Wunder im Visier naturwissenschaftlicher Erkenntnis".

274 Crossan 1996.

Statt aufgrund der Beweise logische Schlussfolgerungen zu ziehen, legt man die eigenen metaphysischen Annahmen über die Beweise. Der Naturalismus wird so eine „metaphysische Linse, durch die man die Welt deutet".[275] Wenn man *weiß*, dass es keinen Gott gibt; wenn man *weiß*, dass Wunder nicht geschehen können – und daher nie geschehen sind –, dann *weiß* man im Voraus, dass die Berichte der Evangelien falsch sein müssen – und so *bleibt dieses negative Vorurteil an allem kleben, wovon die Texte berichten.*

Weite Teile der Jesus-Forschung der letzten Jahrhunderte erinnern somit von ihrer dogmatischen Haltung her an die frühere kirchliche Wissenschaft – nur dass inhaltlich das Gegenteil vertreten wird.

Kritik an den Kritikern

Aus dieser Situation ergeben sich mehrere Fragen.

Erstens stellt sich die Frage nach dem *konsequenten Verhalten gegenüber allen historischen Quellen.* Wir akzeptieren die historische Information in anderen antiken Quellen, auch wenn wir gleichzeitig das dahinterstehende religiöse Weltbild ablehnen, von dem diese Quellen ausgehen – *solange es gute historische Gründe gibt, die anderen Angaben ernst zu nehmen.* Wir lassen also nicht automatisch aus unserem Zweifel gegenüber dem philosophischen oder religiösen Deutungsrahmen des Verfassers auch Zweifel gegenüber der Quelle als solcher erwachsen. Genauso ist es aber leider oft mit den Evangelien geschehen.

Zweitens stellt sich die Frage der *kritischen Analyse aller Denkvoraussetzungen.* Es gibt keinen Zweifel daran, dass die Natur ein System von Ursache und Wirkung ist, und dass wir diese Gesetzmäßigkeit in Naturgesetzen beschreiben können. Aber können wir wissen, ob das System offen oder geschlossen ist? Die Antwort auf diese Frage ist keineswegs eine naturwissenschaftliche, sondern vielmehr eine philosophische, eine Frage des Weltbildes.

---

275 Matthew Ratcliffe, „Scientific Naturalism and the Neurology of Religious Experience" in: *Religious Studies* 39 (2003), S. 341–342.

Aus Sicht des christlichen Glaubens ist das Universum ein *offenes* System von Ursache und Wirkung. Dies bedeutet, dass Gott selbst in die von ihm geschaffene gesetzmäßige Welt eingreifen und Wunder tun kann. Der Glaube an Wunder lehnt die Gesetzmäßigkeiten der Natur nicht ab, sondern baut darauf, dass es *mehr gibt* als die Natur, das *Übernatürliche*. Der Glaube an die Möglichkeit von Wundern baut auch nicht auf Ausnahmen in den Regelmäßigkeiten der Natur. Er bezieht sich auch nicht auf die quantenmechanischen Unbestimmtheiten, die sozusagen einen Spalt für Gottes Handeln offenlassen. In solchen Fällen sind es ja gerade keine Wunder, von denen wir sprechen; es ist nur ein ungewöhnlicher, aber natürlicher Ereignisablauf.

C. S. Lewis schreibt in seinem klassischen Buch *Wunder:*

> Der Glaube an Wunder ist nicht nur weit davon entfernt, auf der Unkenntnis de Naturgesetze zu beruhen, er ist überhaupt nur in dem Maße möglich, wie diese Gesetze bekannt sind. Wenn man davon ausgeht, dass man das Übernatürliche ausschließt, wird man keine Wunder wahrnehmen. Das haben wir schon gesehen. Nun müssen wir noch hinzufügen, dass man auch dann keine Wunder wahrnehmen wird, wenn man nicht daran glaubt, dass die Natur nach bestimmten Regeln abläuft. Wenn man noch nicht bemerkt hat, dass die Sonne stets im Osten aufgeht, wird man auch nichts Wunderbares daran finden, wenn sie eines Morgens im Westen aufgeht.[276]

Genauso wenig ist Gottes Eingreifen ein „Verbrechen" an der Natur. Gott „bricht" keine Naturgesetze, als ob diese außer Kraft gesetzt werden müssten, damit Gott ins Spiel kommt! Ein Wunder handelt stattdessen davon, dass Gott etwas Neues in die gesetzmäßige Situation der Natur hineinbringt.

Noch einmal C. S. Lewis:

> Darum ist es falsch, ein Wunder als etwas zu definieren, das die Naturgesetze bricht. Das tut es nämlich nicht ...

---

276 Lewis 1986, S. 58.

Wenn Gott ein Teilchen der Materie vernichtet oder schafft oder abbiegt, so hat er an diesem Punkt eine neue Situation geschaffen. Und sofort gliedert die gesamte Natur diese in sich ein, lässt sie in ihrem Reich zu Hause sein und passt ihr alle anderen Ereignisse an.[277]

Dem christlichen Weltbild steht das naturalistische gegenüber, welches behauptet, dass die Natur ein *geschlossenes* System von Ursache und Wirkung sei. Dies bedeutet, dass Wunder prinzipiell ausgeschlossen sind; sie können gar nicht geschehen und sind daher auch nie geschehen. Jedes unerklärliche Ereignis hat daher irgendwann letztendlich eine ganz natürliche Erklärung. Jeder Bericht über ein Wunder wird sich, wenn alle Fakten auf dem Tisch liegen, als eine Fehldeutung herausstellen. Alles wird sich aus der Natur heraus erklären lassen.

Beide Positionen, das offene wie auch das geschlossene System von Ursache und Wirkung, sind philosophische Grundüberzeugungen. Sie sind keine naturwissenschaftlichen Wahrheiten, sondern Annahmen, die der wissenschaftlichen Arbeit vorausgehen. Trotzdem hat lange Zeit nur die Perspektive des geschlossenen Systems die Forschung über Jesus dominiert und vorgegeben, nur sie sei neutrale und objektive Wissenschaft. Dies hat meist dazu geführt, dass sie sich einer kritischen Prüfung entzogen hat.

Thomas Oden, ein ehemaliger Schüler Bultmanns, beschreibt, wie die Jesus-Forschung dem traditionellen Verständnis der Evangelien gegenüber eine kritische Haltung einnahm, ohne aber die gleiche kritische Einstellung an die eigenen Denkvoraussetzungen anzulegen:

Die Hermeneutik des Misstrauens wurde gründlich auf die Geschichte Jesu angewendet, aber nicht auf die Geschichte der Historiker. Es ist Zeit, sich von dieser Grundlage zu lösen. Die Hermeneutik des Misstrauens muss mit gleicher Sorgfalt und Rechtmäßigkeit auf die kritische Bewegung selbst angewendet werden.[278]

Eddy und Boyd kommentieren:

---

277 Ebd., S. 71f.
278 Oden 1989, Band 2, S. 226.

Wenn wir die „Hermeneutik des Misstrauens" auch „auf die kritische Bewegung selbst" anwenden, wie Oden fordert, dann entdecken wir, dass sie gar nicht so wissenschaftlich, objektiv und kritisch
ist, wie sie immer von sich behauptet. Ganz im Gegenteil wird sie zu
einem großen Teil von einer metaphysischen Annahme bestimmt,
die von einer Art kulturellem und intellektuellem Elitedenken getragen wird. Es ist für das historisch-kritische Projekt an der Zeit, seine
kritischen Ideale auf den Bereich anzuwenden, den man bisher
davon ausgenommen hat, sie also dort anzuwenden, wo sie aber
gerade jetzt am dringendsten benötigt werden, wo sie auch am
schwersten anzuwenden sind, wo sie aber die weitgehendste Veränderung bewirken – nämlich auf seine eigenen naturalistischen
Grundannahmen.[279]

Es ist ganz einfach an der Zeit, die Kritiker zu kritisieren!

Drittens stellt sich die Frage nach der *Offenheit für mehrere Alternativen.* Es geht dabei nicht um Naivität oder Gutgläubigkeit oder darum,
alle Erklärungsmodelle gleichzusetzen. Ganz und gar nicht. Schon C. S.
Lewis schrieb:

Bis jetzt hat die Beweisführung gezeigt, dass Wunder möglich sind
und dass die Erzählungen, denen zufolge Gott zuweilen Wunder
getan hat, nicht von vornherein lächerlich sind. Das bedeutet natürlich nicht, dass wir verpflichtet sind, sämtliche Wundergeschichten
zu glauben. Die meisten Erzählungen über wunderhafte Ereignisse
sind wahrscheinlich falsch: Aber was das betrifft, so sind auch die
meisten Geschichten über natürliche Ereignisse falsch. Lügen, Über-
treibungen, Missverständnisse und Gerüchte machen vermutlich
die Hälfte all dessen aus, was in der Welt gesagt und geschrieben
wird. Deshalb müssen wir ein Kriterium finden, nach dem jede einzelne Wundergeschichte beurteilt werden kann.[280]

Kritische Analyse, Auswertung des Quellenmaterials, Bewertung der
verfügbaren Beweise nach strikten geschichtswissenschaftlichen Prinzipien sind selbstverständlich und notwendig. Aber in diesem Prozess

---

279 Eddy, Boyd 2007, S. 80.
280 Lewis 1986, S. 119.

gibt es keinen Grund, den Naturalismus zu einem absoluten Kriterium zu erheben. Naturalismus ist kein Teil der Wissenschaft; er ist ein philosophisches Weltbild.

N. T. Wright, von der Zeitung *Newsweek* als „der vielleicht renommierteste Wissenschaftler für das Neue Testament" bezeichnet, liefert dafür ein Beispiel. Seine umfassende Arbeit über den historischen Jesus hat große Aufmerksamkeit und Respekt von allen Seiten hervorgerufen. Wie der Theologe Joel B. Green vom Fuller Theological Seminary in Kalifornien sagt:

> Erstaunlich, neue Perspektiven eröffnend, bahnbrechend ... und noch mehr – es ist leicht, keine Adjektive mehr zu finden, wenn man beschreibt, was N. T. Wright mit seinem mehrbändigen Werk über die Geschichte und Theologie des Neuen Testaments geschaffen hat.[281]

Nun meint N. T. Wright, dass es keine glaubwürdige natürliche Erklärung gäbe, die den geschichtlichen Angaben darüber gerecht würde, was nach der Hinrichtung von Jesus geschah. Wenn sich die uns vorliegenden Fakten, über die weitgehend Konsens unter Historikern herrscht, nicht durch natürliche Ursachen erklären lassen, sollten wir offen dafür sein, dass etwas Übernatürliches geschehen ist.[282]

Die christliche Bewegung wuchs deshalb heran, weil die ersten Christen plötzlich und unerwartet behaupteten, sie hätten Jesus auferstanden angetroffen, und dies sei die Erklärung dafür, dass sein Grab leer war. Wie sollen wir das verstehen? Hier muss prinzipiell eine Offenheit bestehen, die unterschiedlichen Erklärungsalternativen zu prüfen und ihr Erklärungsvermögen zu bewerten. Inklusive der Alternative, dass etwas Übernatürliches geschehen ist.

---

281 Vom Rückseitentext des Buches von N. T. Wright, *Paul and the Faithfulness of God*.

282 Wright 2014.

SCHLUSSWORT

Wir sind der Frage nachgegangen, ob wir historisch mit Jesus von Nazareth in Kontakt kommen können. Die Antwort lautet: In der Summe liegt uns reichhaltiges geschichtliches Material vor: aus nichtchristlichen Quellen, aus sehr frühen Paulus-Briefen und aus vier Biografien über Jesus in den Evangelien. Nicht zuletzt in den Evangelien haben wir Zugang zu glaubwürdigem und historisch relevantem Material, das uns *in engen Kontakt mit dem historischen Jesus bringt, mit seinem Leben, seinem Wirken, seiner Lehre und der letzten dramatischen Woche in Jerusalem mit seiner Hinrichtung und den Zeugenaussagen seiner Jünger darüber, dass sie ihn wieder lebend gesehen haben.*

Mein Ansatz war dabei nicht, zu zeigen, dass das Material fehlerfrei oder frei von Problemen sein muss. Nein, der Zweck dieses Buches ist es, zu zeigen, dass die Texte über Jesus überdurchschnittlich gut die Kriterien für glaubwürdiges antikes, historisches Quellenmaterial erfüllen. Die Texte sind sehr wohl wert, gelesen und studiert zu werden, und wir können mit gutem Grund davon ausgehen, dass sie uns in Kontakt mit dem Mann aus Nazareth bringen.

Lassen Sie mich mit den inspirierenden Worten von Dorothy L. Sayers (1893–1957) über Jesus schließen:

> Wenn das langweilig ist, was, ums Himmels willen, ist dann wert, aufregend genannt zu werden? Das muß man denen, die Christus an den Galgen brachten, zubilligen, daß sie ihn jedenfalls nicht etwa anklagten, langweilig zu sein. Im Gegenteil: sie fühlten sich in ihrer Sicherheit durch seine Dynamik aufgestört. Es war späteren Generationen vorbehalten, das Bild dieser alles erschütternden Persönlichkeit abzudämpfen und mit einer Atmosphäre von Schwäche zu umgeben. Wir wußten dem „Löwen von Juda" seine Pranken sehr wirksam zu beschneiden! Wir gaben ihm das Zeugnis, der „freund-

liche Jesus, sanft und mild" zu sein. Wir empfahlen ihn als geeigneten Hausliebling für bleiche Geistliche oder für fromme alte Damen. Denen, die ihn kannten, machte er in keiner Weise den Eindruck eines harmlosen Milchgesichtes: Sie widerstanden ihm als einem gefährlichen Feuerbrand. Ja, er war zart mit den Unglücklichen, geduldig mit den ehrlichen Suchern und demütig vor dem Himmel. Es machte ihm aber auch nichts aus, ehrwürdige Kirchenmänner als Heuchler zu beleidigen. Er hat den König Herodes „diesen Fuchs" genannt. Er ging in höchst unpassender Begleitung in gute Gesellschaft und mußte sich als „ein Fresser und Weinsäufer, der Zöllner und Sünder Geselle", bezeichnen lassen. Er überfiel zu ihrer Entrüstung würdige Geschäftsherren und warf sie und ihre Habe zum Tempel hinaus. Er kutschierte quer durch so und so viele eisgrausakrosankte Überlieferungen. Er machte Kranke gesund, wie es ihm gerade paßte: mit einer ärgerlichen Unbekümmertheit um anderer Leute Schweine und Eigentum! Er zeigte keinerlei besondere Ehrfurcht vor Vermögen und Rang. Er entfaltete, wenn man ihm geschickte dialektische Fallen stellte, einen paradoxen Humor, der ernstgesinnte Leute vor den Kopf stoßen mußte, und antwortete, indem er unangenehm forschende Gegenfragen stellte, die nicht im Handumdrehen zu beantworten waren. Er war als Mensch seiner Lebtage in der nachdrücklichsten Weise – kein langweiliger Mensch. Und wenn er Gott war, dann ist Gott wahrhaftig keine langweilige Angelegenheit. Es „zeigt sein Leben täglich eine Schönheit, die uns häßlich macht", und die offizielle Welt fühlte, daß die bestehende Ordnung sicherer ohne ihn als mit ihm zu erhalten sei. So haben sie denn im Namen von Frieden und Ruhe mit Gott aufgeräumt![283]

283 Sayers 1982, S. 30f.

LITERATURVERZEICHNIS

Aland, Kurt & Barbara Aland: *The Text of the New Testament.* Eerdmans, Grand Rapids 1995

Ameling, Walter, Hannah M. Cotton, Werner Eck, Benjamin Isaac, Alla Kushnir-Stein, Haggai Misgav, Jonathan Price, Ada Yardeni (eds.): *Corpus Inscriptionum Iudaeae/Palaestinae – Volume II: Caesarea and the Middle Coast* (CIIP). Walter de Gruyter, Berlin 2011

Aslan, Reza: *Zelot – Jesus von Nazaret und seine Zeit.* Rowohlt, Reinbek 2013

Aune, David: *New Testament in Its Literary Environment.* Westminster Press, Philadelphia 1989

Baigent, Michael: *Die Gottesmacher – Die Wahrheit über Jesus von Nazareth und das geheime Erbe der Kirche.* Lübbe, Bergisch Gladbach 2006

Barnett, Paul: *Jesus and the Logic of History.* Apollos Inter-Varsity Press, Leicester 1997

— *Jesus & the Rise of Early Christianity – A History of New Testament Times.* InterVarsity Press, Downers Grove 1999

— *The Birth of Christianity – The First Twenty Years.* Eerdmans, Grand Rapids 2002

— *Is the New Testament Reliable?* InterVarsity Press Academic, Downers Grove 2005

— *Paul – Missionary of Jesus.* Eerdmans, Grand Rapids 2008

Bartholomew, Craig, C. Stephen Evans, Mary Healy & Murray Rae (Hrsg.): *Behind the Text – History and Biblical Interpretation* (Scripture and Hermeneutics Series). Zondervan, Grand Rapids 2003

Bauckham, Richard: *Jesus and the Eyewitnesses – The Gospel as Eyewitness Testimony.* Eerdmans, Grand Rapids 2006

— *The Gospel as Eyewitness Testimony* (Grove Biblical Series B 48). Grove Books, Cambridge 2008

Bauckham, Richard (Hrsg.): *The Gospels for All Christians – Rethinking the Gospel Audiences.* Eerdmans, Grand Rapids 1998

Beilby, James & Paul Eddy (Hrsg.): *The Historical Jesus – Five Views*. InterVarsity Press, Downers Grove 2009

Bennet, Clinton: *In Search of Jesus – Insider and Outsider Images*. Continuum, London 2001

Black, David: *Why Four Gospels? The Historical Origins of the Gospels*. Energion Publications, Gonzales 2001

Black, David & David Beck: *Rethinking the Synoptic Problem*. Baker Academic, Grand Rapids 2001

Blomberg, Craig: *Jesus und die Evangelien*. VTR, Nürnberg 2000

— *The Historical Reliability of John's Gospel*. InterVarsity Press, Downers Grove 2001

— *Die historische Zuverlässigkeit der Evangelien*. VTR, Nürnberg 1998

Bock, Darrell: *Studying the Historical Jesus – A Guide to Sources and Methods*. Baker Academic, Grand Rapids 2002

Bock, Darrell & Daniel Wallace: *Dethroning Jesus – Exposing Popular Culture's Quest to Unseat the Biblical Christ*. Thomas Nelson, Nashville 2007

Brown, Colin (Hrsg.): *History, Criticism & Faith*. InterVarsity Press, Downers Grove 1976

Bruce, F. F. (hrsg. von E. Güting): *Außerbiblische Zeugnisse über Jesus und das frühe Christentum*. Brunnen, Gießen ⁵2007

Bultmann, Rudolf: *Jesus and the Word*. Collins/Fontana, London 1958

— *Ist voraussetzungslose Exegese möglich?*, S. 144–145, in: Rudolf Bultmann, *Glauben und Verstehen – Gesammelte Aufsätze*, Band 3. Mohr Siebeck, Tübingen ⁴1984

Burge, Gary, Lynn Cohick & Gene Green: *The New Testament in Antiquity – A Survey of the New Testament Within its Cultural Contexts*. Zondervan, Grand Rapids 2009

Burridge, Richard: *What Are The Gospels? A Comparison with Graeco-Roman Biography*. Eerdmans, Grand Rapids 2004

Burridge, Richard & Graham Gould: *Jesus Now and Then*. Eerdmans, Grand Rapids 2004

Byrskog, Samuel: *Jesus the Only Teacher – Didactic Authority and Transmission in Ancient Israel, Ancient Judaism and the Matthean Community* (CBNT 24). Almquist & Wiksell, Stockholm 1994

— *Story as History, History as Story – The Gospel Tradition in the Context of Ancient Oral History*. Mohr Siebeck, Tübingen 2000

Casey, Maurice: *Jesus of Nazareth – An Independent Historian's Account of his Life and Teaching*. T&T Clark, London 2010

Charlesworth, James: *Jesus and Archaeology*. Eerdmans, Grand Rapids 2006

Chilton, Bruce D. & Craig A. Evans (Hrsg.): *Studying the Historical Jesus – Evaluations of the State of Current Research.* Brill, Leiden/Boston 1994

Chopra, Deepak: *Der dritte Jesus – Auf der Suche nach dem kosmischen Christus.* Goldmann, München 2008

Cohen, Shaye: *Josephus in Galilee and Rome – His Vita and Development As a Historian.* Brill, Leiden/Boston 1979

Crossley, James: *The Date of Mark's Gospel – Insights from the Law in Earliest Christianity.* T&T Clark, London 2004

Crossan, John Dominic: *Jesus – Ein revolutionäres Leben.* C. H. Beck, München 1996, S. 127–129

Dawkins, Richard: *Der Gotteswahn.* Ullstein, Berlin 2008

Lindemann, Andreas & Henning Poulsen: *Die apostolischen Väter.* Griechisch/Deutsch. Mohr Siebeck, Tübingen 1992. Online: www.unifr.ch/bkv: *Bibliothek der Kirchenväter*

Dickson, John: *A Spectator's Guide to Jesus – An Introduction to the Man from Nazareth.* Lion Hudson, Oxford 2008

— *The Christ Files – How Historians Know What They Know About Jesus.* Zondervan, Grand Rapids 2010

— *Investigating Jesus – An Historian's Quest.* Lion Hudson, Oxford 2010

Dunn, James: *Jesus Remembered.* Eerdmans, Grand Rapids 2003

Eddy, Paul & Gregory Boyd: *The Jesus Legend – A Case for the Historical Reliability of the Synoptic Tradition.* Baker Academic, Grand Rapids 2007

Ehrman, Bart: *The Orthodox Corruption of Scripture – The Effect of Early Christological Controversies on the Text of the New Testament.* Oxford University Press, New York 1993

— *Misquoting Jesus – The Story Behind Who Changed the Bible and Why.* HarperCollins, New York ´2005

— *Did Jesus Exist? The Historical Argument for Jesus of Nazareth.* HarperCollins, New York 2012

Einhorn, Lena: *Das Rätsel von Damaskus – Waren Jesus und Paulus ein und dieselbe Person?* Heyne Verlag, München 2007

Ellegård, Alvar: *Myten om Jesus – den tidigaste kristendomen i nytt ljus.* Bonniers, Stockholm 1992

Eusebius von Caesarea: *Kirchengeschichte* (hrsg. und eingel. von H. Kraft). Wissenschaftliche Buchgesellschaft, Darmstadt ³1989. Online: www.unifr.ch/bkv: *Bibliothek der Kirchenväter*

Evans, Craig: *Jesus and His World – The Archaeological Evidence.* Westminster John Knox Press, Louisville 2012

Evans, C. A. & N. T. Wright: *Jesus, the Final Days – What Really Happened.* Westminster John Knox Press, Louisville 2009

Evans, Stephen C.: *The Historical Christ & The Jesus of Faith – The Incarnational Narrative as History*. Oxford University Press, Oxford 1996

Flew, Antony & Roy Abraham Varghese: *There is a God*. HarperOne, San Francisco 2008

France, R. T., David Wenham & Craig Blomberg, Craig (eds.), *Gospel Perspectives*. 1–6. JSOT Press, Sheffield 1981–1986

Gardell, Jonas, *Om Jesus*. Norstedts, Stockholm 2009

Gerhardsson, Birger: *Die Anfänge der Evangelientradition*. R. Brockhaus, Wuppertal 1977

— *Memory and Manuscript with Tradition and Transmission in Early Christianity*. Eerdmans, Grand Rapids 1998

Gerstacker, Andreas: *Was geschah an Weihnachten? Ein Historiker untersucht die Geburt von Jesus nach dem Lukasevangelium*. SMD-Studien, Marburg [2]2017

Graf-Stuhlhofer, Franz: *Jesus und seine Schüler – Wie zuverlässig wurden Jesu Worte überliefert?* Brunnen, Gießen 1991

Grant, Michael: *Jesus – An Historian's Review of the Gospels*. Touchstone, New York 1995

Green, Michael: *The Message of Matthew*. Inter-Varsity Press, Leicester 2001

Gustavsson, Stefan, *Om Jesus och Jonas*. SEA:s skriftserie Brytpunkt, 1(2009)

Habermas, Gary: *The Historical Jesus – Ancient Evidence for the Life of Christ*. College Press, Joplin 1996

Habermas, Gary & Michael Licona: *The Case for the Resurrection of Jesus*. Kregel, Grand Rapids 2004

Habermas, Jürgen: *Zeit der Übergänge*. Suhrkamp, Frankfurt am Main 2001

Hemer, Colin: *The Book of Acts in the Setting of Hellenistic History*. Eisenbrauns, Winona Lake 1990

Hirschmüller, Martin: *Der Zensus des Quirinius nach der Darstellung des Josephus*, in: JETh 8 (1994), 33–68

Hoffmeier, James & Dennis Magary: *Do Historical Matters Matter to Faith? A Critical Appraisal of Modern and Postmodern Approaches to Scripture*. Crossway, Wheaton 2012

Holmberg, Bengt: *Människa och mer – Jesus i forskningens ljus*. Arcus, Lund 2001

Humphreys, Colin: *The Mystery of the Last Supper*. Cambridge University Press, Cambridge 2011

Hurtado, Larry: *The Earliest Christian Artifacts – Manuscripts and Christian Origins*. Eerdmans, Grand Rapids 2006

Irenaeus, Adversus Haereses: *Gegen die Häresien.* Griechisch/Deutsch, herausgegeben, übersetzt und eingeleitet von Norbert Brox, 5 Bände (Fontes Christiani). Herder, Freiburg 1993–2001. Online: www.unifr.ch/bkw

Josephus, Flavius: *Jüdische Altertümer.* Marixverlag, Berlin [4]2015

Keener, Craig: *The Historical Jesus of the Gospels.* Eerdmans, Grand Rapids 2009

Komoszewski, J. Ed, M. James Sawyer & Daniel B. Wallace: *Reinventing Jesus – How Contemporary Skeptics Miss the Real Jesus and Mislead Popular Culture.* Kregel, Grand Rapids 2006

Lecky, William E. H.: *Sittengeschichte Europas von Augustus bis auf Karl den Grossen.* Band 2. C. F. Winter'sche Verlagshandlung, Leipzig und Heidelberg [2]1879

Lewis, C. S.: „Geblök eines Laien", in: *Was der Laie blökt – Christliche Diagnosen.* Johannes-Verlag, Einsiedeln 1977

— *Wunder – möglich, wahrscheinlich, undenkbar?* Gießen, Brunnen [4]1986

Licona, Michael: *The Resurrection of Jesus – A New Historiographical Approach.* InterVarsity Press, Downers Grove 2010

Llewenlyn, S. R. (Hrsg.): *New Documents Illustrating Early Christianity.* Vol. 9. Eerdmans, Grand Rapids 2002

Löfgren, Bert: *Katolska kyrkans djupa hemlighet.* Recito, Borås 2008

Marguerat, Daniel: *The First Christian Historian – Writing of the ‚Acts of the Apostles'.* Cambridge University Press, Cambridge 2004

Marshall, David: *Why the Jesus Seminar Can't Find Jesus and Grandma Marshall Could.* Kuai Mu Press, Fall City 2005

— *The Truth About Jesus and the „Lost Gospels" – A Reasoned Look at Thomas, Judas, and the Gnostic Gospels.* Harvest House Publishers, Eugene 2007

Marshall, I. Howard: *The Gospel of Luke (*The New International Greek Testament Commentary). Eerdmans, Grand Rapids 1978

Marxsen, Willi: *Die Auferstehung Jesu von Nazareth.* Gütersloher Verlagshaus, Gütersloh 1968

McCullagh, Behan: *Justifying Historical Descriptions.* Cambridge University Press, Cambridge 1984

— *The Truth of History.* Routledge, New York 1997

— *The Logic of History – Putting Postmodernism in Perspective.* Routledge, New York 2004

Meier, John: *A Marginal Jew – Rethinking the Historical Jesus.* Doubleday, New York 1991

Mendell, Clarence: *Tacitus – The Man and his Work.* Oxford University Press, Oxford 1957

Metzger, Bruce & Bart Ehrman: *The Text of the New Testament – Its Transmission, Corruption and Restoration.* Oxford University Press, Oxford 2005

Millard, Alan R.: *Pergament und Papyrus, Tafeln und Ton – Lesen und Schreiben zur Zeit Jesu* (BAZ9). Brunnen, Basel/Gießen 2000

Moule, C. F. D.: *The Phenomenon of the New Testament*. SCM Press, London 1967

Oden, Thomas C.: *Systematic Theology*, Volume 1–3. Harper & Row, San Francisco 1989

Ordway, Holly: *Nicht der Typ für Gott – Eine Skeptikerin entdeckt einen kompromisslosen Glauben*. Brunnen, Gießen 2011

Pelikan, Jaroslav: *Jesus Christus – Erscheinungsbild und Wirkung in 2000 Jahren Kulturgeschichte*. Benziger, Zürich/Einsiedeln 1986

Perrin, Norman: *Was lehrte Jesus wirklich? Konstruktion und Deutung*. Göttingen: Vandenhoeck & Ruprecht 1972,

Reiser, Marius: *Sprache und literarische Formen des Neuen Testaments – Eine Einführung* (UTB 2197). Schöningh, Paderborn/München/Wien/Zürich 2001

Rhoads, John H.: *Josephus Misdated the Census of Quirinius*. JETS 54(2011):1, S. 65–87

Riesner, Rainer: *Der Ursprung der Jesus-Überlieferung*. Liebenzeller Mission, Bad Liebenzell 2002

— „Die Rückkehr der Augenzeugen – eine neue Entwicklung in der Evangelienforschung" in: *Theologische Beiträge* 38 (2007), S. 337–352. Online: www.iguw.de → Textsammlung → Theologie/Geschichte: Rainer Riesner, „Die Rückkehr der Augenzeugen"

— *Jesus als Lehrer – Eine Untersuchung zum Ursprung der Evangelien-Überlieferung*. Mohr Siebeck, Tübingen ³1988

— *Paul's Early Period – Chronology, Mission Strategy, Theology*. Eerdmans, Grand Rapids 1998

— *Von Jesus zum Markusevangelium – Der Weg der Überlieferung*, in: *Vox Scripturae* 22|1 (2014), S. 15–44. Online: www.iguw.de → Textsammlung → Theologie/Geschichte: Rainer Riesner, „Von Jesus zum Markusevangelium"

Robinson, James (Hrsg.): *The Nag Hammadi Library*. Harper San Francisco, San Francisco 1990

Robinson, John A. T.: *Wann entstand das Neue Testament?* Bonifatius/R. Brockhaus, Paderborn/Wuppertal 1986

Rudolph, Kurt: *Die Gnosis – Wesen und Geschichte einer spätantiken Religion*. Vandenhoeck & Ruprecht, Göttingen ⁴2011

Sanders, E. P.: *Sohn Gottes – Eine historische Biographie Jesu*. Klett-Cotta, Stuttgart 1996

Sayers, Dorothy L.: *Das größte Drama aller Zeiten. Drei Essays und ein Briefwechsel zwischen Karl Barth und der Verfasserin*. Herausgegeben von Hinrich Stoevesandt. Theologischer Verlag Zürich, Zürich 1982

Schadewaldt, Wolfgang: „Die Zuverlässigkeit der synoptischen Tradition", in: *Theologische Beiträge* 13 (1982), S. 201–223. Online: www.iguw.de → Textsammlung → Theologie/Geschichte: Wolfgang Schadewaldt, „Die Zuverlässigkeit der synoptischen Tradition"

Schaeffer, Francis: *He Is There and He Is Not Silent.* Tyndale House, Carol Stream 2001

Schmidt, Alvin: *How Christianity Changed the World.* Zondervan, Grand Rapids 2004

Sherwin-White, A. N.: *Roman Society and Roman Law in the New Testament.* Oxford University Press, Oxford 1963

Skarsaune, Oskar: *Den Ukjente Jesus.* Avenir Forlag, Oslo 2001

Stanton, Graham: *The Gospels and Jesus.* Oxford University Press, Oxford 2002

Stark, Rodney: *For the Glory of God – How Monotheism Led to Reformations, Science, Witch-Hunts and the End of Slavery.* Princeton University Press, Princeton 2003

— *The Victory of Reason – How Christianity Led to Freedom, Capitalism and Western Success.* Random House, New York 2005

Stewart, Robert (Hrsg.): *The Reliability of the New Testament – Bart D. Ehrman & Daniel B. Wallace in Dialogue.* Fortress Press, Minneapolis 2011

Suetonius Tranquillus: *Kaiserviten.* Akademie Verlag, Berlin ⁴2014

Söderberg, Hjalmar: *Den förvandlade Messias – Jesus Barabbas II.* Anomali, Stockholm 2007

Tabor, James D.: *Die Jesus-Dynastie – Das verborgene Leben von Jesus und seiner Familie und der Ursprung des Christentums.* C. Bertelsmann, München 2006

Tacitus, P. Cornelius: *Annalen,* Lateinisch/Deutsch, herausgegeben von Erich Heller (Sammlung Tusculum), Artemis & Winkler, Mannheim ⁶2010

Theißen, Gerd & Annette Merz: *Der historische Jesus – Ein Lehrbuch.* Göttingen ⁴2011

Thiede, Carsten & Matthew D'Ancona: *Der Jesus-Papyrus.* Nikol, Hamburg 2007

Van Vorst, Robert: *Jesus Outside the New Testament.* Eerdmans, Grand Rapids 2000

Vermes, Geza: *The Resurrection.* Doubleday, New York 2007

Viklund, Roger: *Den Jesus som aldrig funnits – en kritisk granskning av Bibelns Jesus och kristendomens uppkomst.* Vimi, Röbäck 2005

Wallace, Daniel (Hrsg.): *Revisiting the Corruption of the Text – Manuscript, Patristic, and Apocryphal Evidence.* Kregel, Grand Rapids 2011

Wenham, David: *Paulus – Jünger Jesu oder Begründer des Christentums?* Schöningh, Paderborn/München/Wien/Zürich 1999

Wenham, John: *Redating Matthew, Mark and Luke – A Fresh Assault on the Synoptic Problem*. Hodder & Stoughton, London 1991

Wilkins, Michael & J. P. Moreland (Hrsg.): *Jesus under Fire – Modern Scholarship Reinvents the Historical Jesus*. Zondervan, Grand Rapids 1996

Williams, Peter S.: *Understanding Jesus – Five Ways to Spiritual Understanding*. Paternoster, Milton Keynes 2011

Witherington III, Ben: *The Jesus Quest – The Third Search for the Jew of Nazareth*. InterVarsity Press, Downers Grove 1997

— *New Testament History*. Baker Academic, Grand Rapids 2001

— *What Have They Done With Jesus? Beyond Strange Theories and Bad History. Why We Can Trust the Bible*. Harper One, New York 2006

Wright, N. T.: *Das Neue Testament und das Volk Gottes. Die Ursprünge des Christentums und die Frage nach Gott, Band 1*. Verlag der Francke-Buchhandlung, Marburg 2011

— *Jesus und der Sieg Gottes. Die Ursprünge des Christentums und die Frage nach Gott, Band 2*. Verlag der Francke-Buchhandlung, Marburg 2013

— *Herausforderung Jesus – Wer er war und wer er ist*. causa mundi, Böblingen 2012

— *Die Auferstehung des Sohnes Gottes*. Verlag der Francke-Buchhandlung, Marburg 2014

— *Paul and the Faithfulness of God – Christian Origins and the Question of God*. Fortress Press, Minneapolis 2013

Tipps zum Weiterlesen

Andreas Gerstacker

Was geschah an Weihnachten?

Ein Historiker untersucht die Geburt von Jesus nach dem Lukasevangelium

Edition SMD 2016, 96 S., 5,00 €,
nur bei https://shop.smd.org/

Das Lukasevangelium berichtet detailreich, wie Jesus von Nazareth geboren wurde. Doch immer wieder weisen Kritiker auf historische Unstimmigkeiten hin, z. B. die Volkszählung unter Quirinius.

Der Historiker Andreas Gerstacker analysiert in dieser Studie den Bericht auf Basis des aktuellen Forschungsstandes mit historischer Akribie, wobei seine umfassende Fachkenntnis der damaligen römischen und jüdischen Kultur zum

Tragen kommt. Erfrischend selbstkritisch stellt er auch fehlgeschlagene Harmonisierungsversuche dar.

Nach sorgfältiger Abwägung der Argumentationswege demonstriert er, warum ein Historiker weiterhin von der Zuverlässigkeit des Lukasevangeliums ausgehen kann.

„Empfehlenswert für jeden, der sich für die historische Zuverlässigkeit der Evangelien interessiert." *Dr. Jürgen Spieß*

John Lennox

Hat die Wissenschaft Gott begraben?

Eine kritische Analyse moderner Denkvoraussetzungen

Institut für Glaube und Wissenschaft /
SCM R. Brockhaus, ⁶2016, 327 S., 16,95 €

Vor der Aufklärung war alles selbstverständlich: Keine Wissenschaft ohne die Prämisse Gott. Doch seitdem hat sich das Blatt gewendet: Gott wurde immer mehr an den Rand gedrängt und heute scheint er für die Wissenschaft völlig begraben zu sein. Aber wie ist die Welt sonst zu erklären? Ist die Komplexität der Natur ohne einen „Baumeister", ohne eine dahinter stehende Intelligenz überhaupt denkmöglich?

John Lennox geht in diesem Buch den Voraussetzungen der modernen Naturwissenschaften auf den Grund. Dabei stehen Themen wie „Schöpfung und/oder Evolution" und „anthropisches Prinzip" im Mittelpunkt. Lennox berücksichtigt viele Grundideen, die in der wissenschaftlichen Diskussion in den letzten Jahren weit über den fachlichen Rahmen hinaus Aufsehen erregt haben.

John Lennox

Gott im Fadenkreuz

Warum der neue Atheismus nicht trifft

Institut für Glaube und Wissenschaft / SCM R. Brockhaus, ²2016, 318 S., 19,95 €

Der „Neue Atheismus" ist in Europa auf dem Vormarsch, selbstbewusster und kämpferischer denn je. Die Argumente gegen die Existenz Gottes sind aber längst nicht zwingend.

Der Mathematiker John Lennox nimmt den Ball auf. Engagiert und lebendig in der Sprache, brillant in der Gedankenführung, weist er nach, dass die Argumente der prominenten Vertreter der Neuen Atheisten sehr begrenzt sind: logisch nicht stichhaltig, wissenschaftlich nicht sauber genug.

Ein Buch für alle, die sich dafür interessieren, welcher Geist Europa künftig prägen soll.

John Stott

Das Kreuz

Zentrum des christlichen Glaubens

SMD / Verlag der Francke-Buchhandlung, 2009, 528 S., 14,95 €

Das Kreuz ist das zentrale Symbol des christlichen Glaubens. Was genau es damit auf sich hat und warum Jesus Christus sterben musste, ist vielen Menschen aber unbekannt.

John Stott erklärt tiefgründig und doch allgemein verständlich die Bedeutung des Kreuzes. In seiner sorgfältigen Studie kombiniert der Autor eine hervorragende biblische Auslegung mit dem fesselnden Ruf an jeden Christen, in der Nachfolge des Gekreuzigten zu leben. Gleichzeitig geht er auf moderne Anfragen an die biblische Lehre des stellvertretenden Sühnetodes ein.

In der englischsprachigen Welt avancierte John Stotts Buch zum Bestseller und wurde zu einem modernen Klassiker.

DVD

Jürgen Spieß

Ist Jesus auferstanden?

SMD-Kompakt, 2011, 48 S., 1,00 €
nur bei https://shop.smd.org/

An der Auferstehung von Jesus Christus scheiden sich die Geister. Für die einen ist Jesus tatsächlich auferstanden, andere sehen im leeren Grab Spielraum für ganz verschiedene Deutungen und Spekulationen, wieder andere halten die Auferstehung für ein Produkt der Fantasie.

Was berichten die Zeitzeugen? Welche Quellen gibt es? Und wie zuverlässig sind die Quellen? Der Althistoriker Jürgen Spieß gibt erhellende Einsichten in dieses spannende Thema.

Dr. Jürgen Spieß ist Althistoriker und Gründer des Instituts für Glaube und Wissenschaft (Marburg). Er wurde 1975 bei Hermann Bengtson in München über ein Thema der römischen Geschichte promoviert.

Alexander Fink

Mehr als mein Gehirn

Eine Reise zum Ich (Dokumentarfilm)

Institut für Glaube und Wissenschaft, 2017, 14,90 €, nur bei https://shop.iguw.de/

Lange Version: 55 Minuten, *kurze Version:* 39 Minuten, Trailer: 2 Minuten

Sprachen: Deutsch, Englisch

Das menschliche Gehirn vollbringt erstaunliche Leistungen. Neurowissenschaftler versuchen, seiner Funktionsweise auf die Spur zu kommen, und stoßen dabei auf fundamentale Fragen des Menschseins:

- Wie hängt unsere Persönlichkeit mit der Struktur unseres Gehirns zusammen?
- Können Computer Bewusstsein hervorbringen?
- Ist das "Ich" im Gehirn lokalisierbar?
- Hat der Mensch einen freien Willen?
- Gibt es Bewusstsein ohne Gehirn?
- Sind Transzendenzerfahrungen und Gott nur Illusionen der Neuronen?

denken.glauben.erleben. **smd**₊

Die SMD

Die SMD ist ein Netzwerk von Christen in Schule, Hochschule und akademischer Berufswelt. Wir haben Kontakt zu rund 600 Schülerbibelkreisen, sind mit Hochschulgruppen an mehr als 80 Universitäten vertreten und bieten etwa 20 Fachgruppen und Netzwerke für Akademiker an. Die SMD wurde 1949 als „Studentenmission in Deutschland" gegründet und ist heute ein freies Werk im Raum der Kirche mit Angeboten für Menschen aller Altersgruppen. Wir fördern einen lebendigen christlichen Glauben, der sich nicht nur auf den Sonntag beschränkt, sondern den ganzen Alltag von Christen durchdringt. Dabei richten wir uns besonders an heutige und zukünftige Verantwortungsträger: Schüler, Studenten und Akademiker. Auf diese Weise leisten wir einen wichtigen Beitrag für die Zukunft von Kirche und Gesellschaft in unserem Land.

Die SMD arbeitet überkonfessionell auf der Basis der Evangelischen Allianz. Eine gute Zusammenarbeit mit den christlichen Kirchen und Gemeinden vor Ort ist ihr wichtig. Sie ist Mitglied der Diakonie Deutschland in der Evangelischen Kirche. Im Dachverband der International Fellowship of Evangelical Students (IFES) ist die SMD mit über 150 Studentenbewegungen weltweit verbunden.

www.smd.org

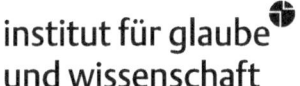

institut für glaube
und wissenschaft

Das Institut für Glaube und Wissenschaft

Das Institut für Glaube und Wissenschaft will Denkanstöße und Orientierung in einer pluralistischen Gesellschaft geben und den Dialog zwischen Wissenschaft und christlichem Glauben fördern. In Vorträgen und auf Studientagungen setzen sich Wissenschaftler unterschiedlicher Fachbereiche mit aktuellen (Grenz-)Fragen ihrer Wissensgebiete und dem christlichen Glauben auseinander.

Mit einer eigenen Buchreihe greifen wir ausgewählte Themen auf und beziehen differenziert Stellung. Dokumentarfilme sollen die wissenschaftliche Diskussion auch Laien verständlich und anschaulich nahebringen. Die Internetseiten des Instituts bieten eine umfangreiche Textsammlung an Aufsätzen und Essays zu Ethik, Geschichte, Literatur, Naturwissenschaft, Philosophie, Psychologie, Theologie und Zeitfragen. Das Internetportal begründet-glauben.org bietet eine multimediale Sammlung an Videos, Audios und Texten, um Antworten auf Fragen von Skeptikern zu geben.

Das Institut für Glaube und Wissenschaft ist aus der Arbeit der SMD heraus entstanden und existiert seit 1999.

www.iguw.de
www.begruendet-glauben.org

NEUFELD VERLAG

Roland Werner

Jesus Christus

7 Gründe, warum ich ihm nachfolge

n (v)

„Die Faszination, die von Jesus ausgeht, ist ungebrochen. Auch im 21. Jahrhundert. Die immer neuen Jesus-Bücher und Filme über sein Leben zeigen das. Doch: Jesus Christus nachfolgen – ist das heute noch möglich? Jesus nachfolgen. Das klingt ziemlich radikal. Ist das nur etwas für religiöse Typen? Und: Gibt es Gründe dafür? Ist die Sache mit Jesus eigentlich wahr? Kann ein denkender Mensch heute noch an Jesus glauben?

Jesus folgen – und die Folgen. Ich lade Sie ein, mit mir darüber nachzudenken. In diesem Buch möchte ich Ihnen darlegen, warum ich Jesus folge. Ich habe entdeckt, dass es sich lohnt. Und dass wir bei Jesus dem Leben auf der Spur sind."

Prof. Dr. phil. Dr. theol. Roland Werner,
Jahrgang 1957, Sprachwissenschaftler und Theologe

63 Seiten, Paperback, ISBN 978-3-86256-013-4

NEUFELD VERLAG

Eugene H. Peterson

»Nimm und iss ...«

Die Bibel als Lebensmittel

Eugene H. Peterson fordert heraus, die Bibel auf eine andere Art zu lesen – so dass sie ein Text zum Leben und Wachsen wird, nicht nur um Wissen anzuhäufen oder Regeln zu befolgen. Dabei verleiht er der klugen Art eines bedächtigen Lesens, die sich im Laufe von Jahrhunderten entwickelt hat (*Lectio Divina*), eine neue Form für unsere Zeit.

„Mein Verständnis der Bibel wurde durch Peterson revolutioniert. Er stellt die Bibel als Eingangstor in die ‚wirkliche' Welt vor; die Wirklichkeit, die uns umgibt, aber viel weiter und tiefer ist als das, was wir mit unseren Sinnen wahrnehmen können. Und er lädt ein, in diese Welt der Bibel einzutreten, in die biblischen Geschichten einzutauchen, Teil von ihnen zu werden."

Dr. Thomas Baumann

224 Seiten, Hardcover, ISBN 978-3-86256-045-5
E-Book: ISBN 978-3-86256-746-1

sascha lobo

strohfeuer

roman   rowohlt · berlin

1. Auflage September 2010

Copyright © 2010 by Rowohlt · Berlin Verlag GmbH, Berlin

Alle Rechte vorbehalten

Zitat S. 5: Daniel Defoe: «Upon Projects»

(London 1697), übersetzt von Hugo Fischer

(Leipzig 1890)

Satz aus der New Century Schoolbook PostScript

bei hanseatenSatz-bremen, Bremen

Druck und Bindung CPI – Clausen und Bosse, Leck

Printed in Germany

ISBN 978 3 87134 678 1

Ein bloßer Projektenmacher ist demnach etwas Verächtliches. Durch seine verzweifelte Vermögenslage so in die Enge getrieben, daß er nur durch ein Wunder befreit werden oder umkommen muß, zermartert er sein Gehirn nach solch einem Wunder vergebens und findet kein anderes Rettungsmittel als, indem er, einem Puppenspieler gleich, der Puppen hochtrabende Worte reden läßt, dieses oder jenes Nichts als etwas noch nie Dagewesenes hinstellt und als neue Erfindung ausposaunt, sich ein Patent darauf verschafft, es in Aktien theilt und diese verkauft. An Mitteln und Wegen, die neue Idee zu ungeheurer Größe anzuschwellen, fehlt es ihm nicht; Tausende und Hunderttausende sind das Geringste, wovon er spricht; manchmal sind es sogar Millionen, bis schließlich der Ehrgeiz eines ehrlichen Dummkopfs sich dazu verlocken läßt, sein Geld dafür hinzugeben.

Daniel Defoe

like it's 1999

Im Spätsommer 1999 wartete ich auf das Fin-de-siècle-Gefühl, von dem ich gelesen hatte. Es blieb aus. Stattdessen kam Lena. Ich sah sie bei einem Kongress, den sie organisierte, zufällig hinter der Bühne. Es war beeindruckend, wie sie ein Dutzend Helfer herumkommandierte. Sie schien in jedem Augenblick zu wissen, was wann wie und wo von wem zu tun sei.

Sie war klein, blond, sehr hübsch und ignorierte mich. In einem ruhigeren Moment sprach ich sie an. «Hallo.»

«Hallo.»

Ich hatte mir nichts zurechtgelegt, sondern verließ mich auf mein Gespür für Situationen. Ich war ein Meister darin, Nuancen in Mimik, Gestik und Aussprache von anderen Menschen wahrzunehmen und geschickt und schnell darauf zu reagieren. Ich konnte Gesichter lesen. Aber in ihrem «Hallo» steckte nichts, was mir weiterhalf.

«Du organisierst also diesen Kongress?»

«Ja. Aber was hast du hinter der Bühne zu suchen?» Ihre Gleichgültigkeit drohte in Ablehnung umzuschlagen.

«Ich, also, ich habe vor ... demnächst lasse ich auch eine Veranstaltung organisieren, und ich dachte ...»

7

«Interessant. Aber wir haben jetzt alle zu tun, vielleicht können wir heute Abend bei der Party darüber sprechen.»

Sie ließ mich stehen.

Am Abend kehrte ich zum Veranstaltungsort zurück, einem alten Fabrikgebäude, verziert mit Lichteffekten und Laserprojektionen. Lena stand in einem schulterfreien Sommerkleidchen auf dem Hof der Fabrik und trank Bier aus der Dose. Ich war begeistert – gerade auch von mir selbst: meinem Mut und meiner Spontaneität – und ging lächelnd auf sie zu. «Hi. Na, den Kongress einigermaßen überstanden? Ich wollte nur nochmal ...» Dann fiel mir auf, dass sie ein Funkgerät mit Headset trug und jemandem zuhörte. Unsere Beziehung hatte noch nicht einmal begonnen und war schon geprägt von unvollendeten Sätzen. Betreten stand ich neben ihr, hörte das Gemurmel aus dem Gerät, ohne es zu verstehen, und betrachtete sie. Ihr rotes Kleid, ihre Schultern, in ihrer Hand die Bierdose, das schwere Funkgerät, dazu die langen blonden Haare, ihr teilnahmsloser Blick aus blauen Augen an mir vorbei. Ich verliebte mich.

Eigentlich hatte Lena auf dem Kongress nichts mehr zu tun, wollte aber ständig informiert werden, ob alles wie geplant ablief. Aus amüsiertem Interesse an meiner offensichtlichen Zuneigung widmete sie mir diejenige Hälfte ihrer Aufmerksamkeit, die nicht vom Headset beansprucht wurde. Ich redete und redete, scherzte, wie im Taumel feuerte ich eine Anekdote nach der anderen ab, erlebte, ausgeschmückte, ausgeborgte, erfundene – ich hatte ihr Ohr, ihr eines Ohr jedenfalls, aber ich wollte auch ihr Herz. Tief in der Nacht, als ich ihr schon drei-, viermal ein Lachen hatte entlocken können, verabschiedete sie sich überraschend.

Irritiert gab ich für den Abend auf, zum Abschied packte ich sie fest an der Schulter. Sie zuckte zurück, ich lockerte den Griff nicht, es war unsere erste Berührung. Ich ließ erst los, als mich ihr verstörter Blick traf. «Oh, sorry. Sorry.»

«Hm.»

«Bis bald.»

«Vielleicht.»

Am nächsten Morgen war Herbst. Als ich aus dem Haus ging, konnte ich meinen Atem sehen. In den kommenden Wochen versuchte ich häufiger, mich mit Lena zu verabreden, was sie mit freundlichen Worten ablehnte. Irgendwann gab sie mir doch eine Chance, mit der Begründung, noch niemand habe so viele Absagen so charmant aufgenommen wie ich. Wir trafen uns. Ihr anfänglicher Widerwille löste sich in Gesprächen darüber auf, was man vom vergangenen Jahrtausend zu halten hatte und was man von sich und dem kommenden Jahrtausend erwartete. Wir kamen zusammen – aber nur versuchsweise, wie sie betonte. Sie verriet mir, der Moment unserer Berührung sei der entscheidende gewesen. Sie habe den Eindruck gehabt, ich hätte, dem Zusammenbruch nahe, mit letzter, verzweifelter Kraft halten wollen, was schon entronnen war. Meine Mischung aus Schwäche und Trotz habe bei ihr eine Mischung aus Interesse und Mitleid erzeugt. Ihre Analyse stieß nur auf mittelgroße Freude bei mir, obwohl ich wusste, dass sie recht hatte. Oder weil ich wusste, dass sie recht hatte.

Bei einem Kneipenbesuch stellte ich meine neue Freundin Lena einem größeren Bekanntenkreis vor. Mit Philipp, einem selbständigen Berater, mit dem ich an verschiedenen Projekten gearbeitet hatte, verstand sie sich sofort. Phil-

9

ipps selbstgesetzte Aufgabe zu solchen Anlässen war, die Leute um sich herum zum Lachen zu bringen. Das vertrug sich gut mit Lenas Anspruch, unterhalten zu werden. Ihr gegenüber saß Sandra. Bis ich mit Lena zusammengekommen war, hatte ich mich gelegentlich mit Sandra getroffen, die beiden Frauen ignorierten sich offensiv. Das bestimmende Thema der Runde war die Silvesterfeier 1999 auf 2000. Die meisten wussten noch nicht, wo sie feiern wollten. Gemeinsam mit Philipp, Sandra und Kathi, einer brünetten Wienerin, entschloss ich mich an diesem Abend, eine Millenniumsfeier auszurichten. Es war Oktober, viel Zeit blieb nicht mehr.

In den folgenden Tagen mieteten wir eine leere Fabriketage voller Elektronikschrott an. Die Entsorgung war Teil des Mietdeals, zur Party würde eine Hundertschaft alter Monitore als Dekoration dienen. Wir träumten eher, als dass wir planten, wollten Kameras aufhängen, die Bildschirme anschließen und auf diese Weise eine Medieninstallation schaffen, bei der man überall beobachtet werden würde. Irgendwann kam die Frage auf, wie man Einladungen und Kasse organisieren sollte. Philipp rief in die Runde: «Internet!»

Internet. Bis zu diesem Zeitpunkt hatte ich kaum Kontakt mit dem Netz gehabt. Obwohl ich Technologie liebte und schon Mitte der Neunziger das Handy als ideales Werkzeug für Privatleben und Arbeitsorganisation entdeckt hatte, war mir das Internet egal. Ich verstand nicht, wozu es gut sein sollte, denn jeder, den ich fragte, kam nach wenigen Sätzen auf Kochrezepte zu sprechen. Ich kochte nicht – also brauchte ich kein Internet. Statt E-Mails, die mir durchaus sinnvoll zu sein schienen, schrieb ich lieber SMS.

10

Wir verständigten uns darauf, dass man sich für die Silvesterparty auf einer Website verbindlich anmelden und vorab das Eintrittsgeld überweisen müsse. Also führte an einer Mailadresse kein Weg mehr vorbei. Ich kaufte einem Freund einen alten Laptop von Apple ab. Und schon nach ein paar Tagen war ich so begeistert von E-Mails, dass ich jeden Tag Dutzende Organisationsmails in die Runde schickte, gespickt mit Wortspielen und Doppeldeutigkeiten, die an die beiden Frauen gerichtet waren. Kathi litt charmanter als irgendjemand sonst unter der Mühsal der Welt. Sie konnte sich bei allem, was sie tat, ärgerlich aufreizend bewegen, wenn sie wollte. Sie wollte andauernd. Sandra war groß, schlank und hatte kurze, dunkle Haare. Sie hatte ein etwas burschikoses, aber sehr schönes Gesicht und konnte äußerst fordernd sein. Ihren mit fester Stimme vorgetragenen Worten wollte man nicht widersprechen. Beide Frauen – ich redete von ihnen abwechselnd als «Girls» oder «Mädchen» – reizten mich sehr, die Liebe zu Lena hatte das nicht geändert.

Ende November hatten sich über hundert Leute angemeldet, unser Ziel von insgesamt zweihundert Besuchern lag durchaus in Reichweite. Wir hatten Freunden Bescheid gesagt, ein paar Mailinglisten angeschrieben und uns ansonsten auf Mundpropaganda verlassen. Mitte Dezember kam Philipp aufgeregt zu einem Organisationstreffen. «Wir haben eine *Situation*! Gestern haben sich noch mehr Leute angemeldet!»

«Ja und? So soll's doch sein, ich meine ...»

«Hundertsechzig! Gestern haben sich einhundertsechzig verbindlich angemeldet!»

Wir einigten uns darauf, die *Situation* auf uns zukom-

men zu lassen. Am nächsten Tag nahmen wir das Anmel-
deformular von der Website. Über Nacht hatten sich fünfhundert weitere Gäste eingetragen. Fast alle hatten das
Geld bereits überwiesen. Wir beschlossen, die siebenhundertfünfzig Angemeldeten in die für dreihundert Personen
geeignete Fabriketage zu lassen und das Beste zu hoffen.

Neben der Kongress-Organisation und gelegentlichen Promotionjobs arbeitete Lena als Produktionsleiterin bei einem kleinen Radiosender, wo ich sie häufig besuchte. Dort
saß an der Eingangspforte Tag und Nacht ein bebrillter
Pförtner mit einer dampfenden Tasse Tee. Ich hatte den
Mann im Verdacht, zwei bis vier sehr ähnliche Männer zu
sein. Aber da er immer die gleiche Brille trug und immer
gleich freundlich grüßte, kam ich nicht dahinter.

Wenige Tage vor der Millenniumsfeier erzählte mir
Lena, dass sie in der Silvesternacht beim Radio würde arbeiten müssen. Ich tat, als sei ich enttäuscht. Dabei passte
es mir ganz gut, die Silvesterfeier nicht unter den Augen
meiner Freundin verbringen zu müssen. Der größte Teil
meiner üblichen Partybeschäftigung bestand aus intensi-
vem Flirten.

Am Abend des 31. Dezember 1999 sammelten sich ab neun
die Menschen vor dem Treppenhaus der Fabriketage. Ein
halbprofessioneller DJ – vermutlich der einzige, der noch
zu buchen gewesen war – sollte die ganze Nacht hindurch
House auflegen. Die Party füllte sich. Um zehn war es voll,
halb elf unangenehm voll, und kurz vor elf beschwerten
sich die ersten Gäste, dass es zu voll sei. Wir redeten uns
raus, die Leute würden sich nur ungünstig verteilen, und
öffneten einen Raum, der ursprünglich als Getränkela-

ger diente. Überall war es feucht und heiß. Die Kleidung klebte am Körper. Der Boden war bedeckt mit Scherben, Luftschlangen, Flaschenetiketten und einem grünlichen Schleim, der sich aus dem mürben Kunstharz-Bodenbelag und verschüttetem Bier zusammensetzte. Philipp, Kathi, Sandra und ich trafen uns zur Lagebesprechung in einem kleinen Kämmerchen hinter dem DJ. Philipp war betrunken und hektisch, wir drei anderen waren nur betrunken. Er brachte kaum ganze Sätze heraus. An diesem Abend war er zu nichts mehr zu gebrauchen. Wir schickten ihn wieder raus.

Ich sagte: «Ich fahr gleich zu Lena in den Sender. Zwölf will ich bei ihr sein. Hab ich versprochen.»

«Ins neue Jahrtausend reinknutschen, wa?», sagte Sandra.

«Ja.»

«Und aus dem alten Jahrtausend rausknutschen, was ist damit?» Kathi schaute uns nacheinander an. Sandra warf die Tür zu und stellte sich vor Kathi hin. Die beiden verschwitzten Girls umarmten sich und versanken in einem Zungenkuss. Ich drückte mich dazu, als schon ein paar feuchte Kleidungsstücke auf dem Boden lagen, und wurde ohne größeren Widerwillen aufgenommen. Wir gerieten ins Vögeln.

Als die Musik draußen ausgestellt wurde, unterbrachen wir, Irritation. Ein Countdown aus siebenhundertfünfzig Kehlen setzte ein: «Zehn, neun, acht …»

«Fuck!», sagte ich.

«Allerdings», sagte Sandra.

Wir lachten und zogen uns hastig an und stolperten aus der Kammer in die allgemeine Umarmung hinein. Wir fie-

13

len nicht auf, mittlerweile waren unsere Gäste nicht mehr feucht, sondern nass. Es tropfte von der Decke – kondensierter Schweiß.

«Indoor-Regen!»

Ein Dutzend Umarmungsversuche wehrte ich mit einem Grinsen ab, schlug mich zum Treppenhaus durch und ging runter auf die Straße. Weil kein freies Taxi zu finden war, stieg ich in mein Auto, einen goldenen Golf 2, und raste – immerhin vom Vögeln trotz des vielen Biers einigermaßen klar im Kopf – durch menschenvolle, aber autoleere Straßen zum Radiosender. Ich schnappte mir die Champagnerflasche aus dem Kofferraum, rannte zum Empfang und klingelte Sturm. Der Pförtner erkannte mich wieder und öffnete.

Gegen 0.30 Uhr stand ich vor der Glasscheibe von Lenas Studio, verschwitzt, frierend von der Autofahrt durch die Kälte, den Champagner in der Hand, zerknirscht. Lena schaute mich durch die Scheibe an, ohne zu lächeln oder irgendeine andere Reaktion zu zeigen. Ich ging hinein.

«Ich bin zu spät.»

«Hab ich gemerkt, ja.»

«Lass uns einfach so tun, als würde es erst um eins anfangen. Wie wär das denn?»

«Hm.»

«Ich wollte doch so gern mit dir ins 3. Jahrtausend reinknutschen. Wir fangen einfach um kurz vor eins an. Ist das nicht super?»

«Super ist anders, aber wir können's ja mal versuchen. Du riechst komisch.»

«Ja. Diese Schweißhölle von Party. Da tropft's von der Decke, keiner ist mehr trocken.»

14

Alle paar Minuten drückte Lena ein paar Knöpfe. Ich taumelte mit meinen Gedanken hin und her zwischen der frischen Erinnerung an die nackten, verschwitzten Frauen, die grünschleimige Party und der passenden Aufmunterungsstrategie vor Ort. Wir redeten über die belanglose Musik, der übliche Silvestermix der Popbourgeoisie: «Live is life», «Living in a box» und das in dieser Nacht allgegenwärtige «Party like it's 1999». Um kurz vor eins öffnete ich die Champagnerflasche, zählte laut von zehn herunter und küsste Lena genau zur null auf den Mund. Sie erwiderte den Kuss zu ungefähr einem Drittel. Das Telefon klingelte in ihre Drittelherzigkeit hinein. Der Pförtner war dran und wollte etwas wissen. Wir schwiegen eine Weile vor uns hin, dann machte ich ein paar Scherze über den Millennium-Bug, der bis dahin ausgeblieben war – abgesehen von einem japanischen Planetarium, wo der Strom ausgefallen war, wie die Nachrichten meldeten. Auch nach dem soundsovielten Schluck Champagner wurde für uns beide die Situation nicht angenehmer. Ich umarmte Lena noch einmal, machte ein bedrücktes Gesicht und bat sie, nach der Schicht noch auf die Feier zu kommen. Sie antwortete nicht, aber immerhin schien sie nicht mehr sauer zu sein.

Durch Rauchschwaden und Eisregen fuhr ich zurück. Die Party tobte noch immer, der grüne Schleim hatte sich mit den Luftschlangen, Servietten und Kartoffelsalat zu einem stinkenden Amalgam verdickt, das allen an Schuhen und Hosen klebte. Ein paar Betrunkene schoben in der Ecke Matschballen zusammen und warfen sie in die Menge, beinahe wäre es zu einer Schlägerei gekommen. Kathi und Sandra waren leider nirgends zu sehen, auch

15

nicht im Kämmerlein. Im Getränkelager war es etwas ruhiger, weil dort keine Lautsprecher aufgestellt waren. Ich lehnte mich zur Erholung kurz an die Wand. Ein Zwei-Meter-Mann mit schwarzen Locken und einer Narbe quer über die Stirn baute sich vor mir auf. Er lachte mich an. Ich musste zurücklachen.

«Eure Party? Echt gut. Ich meine, so richtig gut. Und ich kenn mich aus! Ich mach auch Events.»

«Danke.» Mit kurzer Verspätung erkannte ich ihn. Er hieß Thorsten und gehörte zum weiteren Bekanntenkreis von Sandra. Er hatte den Ruf, ein windiger Geschäftsmann zu sein. Sandra hatte mal von einem seiner Deals erzählt, bei dem er Optionen auf Solaranlagen verkaufte. Im Voraus konnte man zu einem festgesetzten Preis den Strom einzelner Tage kaufen – eine Art Wette auf das Wetter an diesem Tag. War es sonnig, machte man Gewinn, wenn es wolkig war, ein wenig Verlust, und wenn es regnete, war praktisch alles verloren. Ich erinnerte mich, damals beeindruckt gewesen zu sein von der Verbindung aus Investition, Glücksspiel, Umweltgeblubber und Gier.

Thorsten kam schnell auf seine beruflichen Erfolge zu sprechen. «Ich hab jetzt in einer Werbeagentur angefangen. Ist der Hammer.»

«Hammer?» Ich fürchtete, mein Interesse für die Geschäftspraktiken von Thorsten würde nicht ausreichen, um mir Agentur-Anekdoten anzuhören. Aber abwürgen wollte ich Thorsten auch nicht, weil er mir mit seiner abschreckenden Aura die anderen Smalltalk-Ritter vom Leib hielt. Während er redete, sprangen meine Gedanken im Dreieck zwischen Lena, Kathi und Sandra. Ob die beiden hinterher wieder in die Kammer gegangen waren? Inzwischen wurde mir das Gespräch doch zu anstrengend, ich wollte es beenden. Thorsten nicht. «Kommunikation ist halt der Anfang von allem. Ich hab ein Konzept geschrieben, das hab ich dem Chef gezeigt. Ist voll drauf abgefahren.»

«Soso.»

«Und zwar: ein Brutkasten für junge Firmen im Internet. So eine Art Labor. Lab.» Thorsten sprach «Lab» sehr lang gezogen und betont amerikanisch aus.

«Ah, Internet. Ist ja modern, gerade.» Er schien meine Ironie nicht zu bemerken. «Ja, total! Irre viel Geld im Markt. Du sagst nur laut eine Idee, und schon zwingen sie dich, ein Start-up zu gründen.»

«Start-up?» Ich ahnte, was gemeint war, hatte das Wort aber noch nie vorher gehört.

«Start-up. Ein junges Internet-Unternehmen.»

«Jetzt, wo du es sagst, fällt mir alles wieder ein.»

Thorsten schien immun gegen jede Art von Sarkasmus oder Ironie zu sein. Während ich überlegte, ob das eine gute oder eine schlechte Eigenschaft war, lobte er sich weiter selbst, als wolle er nicht nur mich, sondern auch sich von seiner Hechtartigkeit überzeugen.

«Die Strategie von dem Lab geht so: Wir beteiligen uns an den Start-ups. Investieren und so. Dann – zack! – kriegen wir als Gegenleistung auch den Auftrag für die Kommunikationsentwicklung. Werbung, PR, Online, all of it.»

«Wow.»

«Kracher, oder?»

«Ich kann das nicht einschätzen. Internet und ich, wir kennen uns nur so vom Sehen. Bis jetzt läuft da nichts.»

«Haha. Witzbold. Dabei könnten wir Leute wie dich gut gebrauchen. Verkäufertypen, die überzeugen können. Selbst wenn sie keine Ahnung haben, wovon!» Er lachte. Und ich war verwirrt. Thorsten schätzte mich so ein, wie

17

ich ihn eingeschätzt hatte. Meine Selbstwahrnehmung war die des charmanten Vermittlers zwischen den Fronten, zwar zu Zeiten unverschämt, aber doch mit viel Selbstironie und Freundlichkeit ausgestattet und selbstbewusst, aber uneitel.

«Ich glaube, dass wir Leute wie dich gebrauchen könnten in der Agentur. Denk mal drüber nach. Und echt danke für die Party!»

«Unecht danke für das Gespräch», dachte ich. Aber sein Job-Angebot klang gerade interessant genug, damit ich es mir merkte. Thorsten stolperte in den Nachbarraum. Eine Handvoll Leute stürzte sich auf mich. Sie umarmten mich ebenso euphorisch wie nass und wünschten mir zwei Dutzend frohe neue Jahre. Nach wenigen Minuten ertrug ich es nicht mehr und verzog mich auf die Toilette, die zu meiner Überraschung frei war. Ich schloss mich ein und versuchte, meine Nase so weit wie möglich zwischen meine Beine zu stecken, um den Geruch von Kathi und Sandra zu erhaschen.

der unfall

Ein paar Tage später hatte sich die Stimmung zwischen mir und Lena dank eines Lächelmarathons der Sorte «treuherzig» wieder verbessert. Manchmal vergaß sie sogar ihren vorwurfsvollen Blick, wenn sie mit mir redete. Leider – ich hatte es einfach nicht mehr ausgehalten, niemand konnte so wirkungsvoll wie ein angeschossenes Reh schauen wie Lena – hatte ich am Neujahrsmorgen beim Frühstück ein halbes Geständnis abgelegt, oder ein Achtelgeständnis, und eine kleine Knutscherei mit Kathi auf

18

der Silvesterparty zugegeben. Auf Sandra war Lena seit dem Abend in der Kneipe eifersüchtig, deshalb hatte ich sie ausgespart. Lena schien irgendwie erleichtert zu sein, dass es wenigstens einen einigermaßen schlimmen Grund für mein Zuspätkommen zur Jahrtausendwende gab und ich sie nicht nur *einfach so* vergessen hatte.

Am fünften Januar wollten wir am frühen Abend zu einer Party fahren, waren in bester Laune und scherzten und schäkerten, während ich das Auto über die Straßen steuerte. Gleichzeitig mit einer Hand den Wagen zu führen und zu reden war für mich der Inbegriff der Souveränität. Lena saß auf dem Beifahrersitz, ich fasste ihr ans Knie und lachte sie an.

Der linke Vorderreifen touchierte die Bordsteinkante des Mittelstreifens. Das Lenkrad, das ich mehr berührt als festgehalten hatte, wurde herumgerissen. Der Wagen drehte sich um hundertachtzig Grad. Ein Krachen und ein Knall waren zu hören. Das alles ging mich nichts an, befand ich im Moment des Crashs. Ich sah Lenas süßes, zurückhaltend geschminktes Gesicht, wie es sich in Zeitlupe zur Fratze verzog, die Augen aufgerissen, die Lippen auf der einen Seite geöffnet, auf der anderen Seite zugekniffen. Die Sehnen am Hals waren angespannt, der Sturz nach vorn, ihr vibrierendes Gesicht, die Stirn auf die Klappe des Handschuhfachs zufliegend, dann brachial zurückgehalten vom Gurt, den Nacken unnatürlich nach vorn klappend, immer weiter, bis das Kinn auf der Brust aufschlug, sich langsam Zentimeter um Zentimeter in die obersten Rippen bohrte. In diesem einen Sekundenbruchteil, der sich mir einbrannte, hing Lena vorne in den Gurt gepresst, schien schwerelos über dem Sitz zu schweben,

19

den Körper verbogen und zusammengedrückt, ein blondes, zartes Mädchen, in der Gewalt des Aufpralls, eine soziale Plastik für einen winzigen Augenblick.

Als wir am nächsten Vormittag aus dem Krankenhaus entlassen wurden, hatte ich Angst vor Lenas Vorwürfen, aber nichts kam. Sie drückte sich nur schweigend an mich, etwas ungelenk wegen der Halskrause. Lena hatte ein Hals-Nackenwirbel-Trauma, ein paar Tage sah sie aus wie ein Hund, der seine Wunde nicht ablecken darf und deshalb einen Trichter trägt. Mir fehlte nichts. Zunächst. Auf dem Weg nach Hause wurde mir dann klar, was der Unfall bedeutete: Ich hatte kein Auto mehr. Ein Reifen war geplatzt, die Achse gebrochen, *wirtschaftlicher Totalschaden*. Mein Auto war mein Wohnzimmer gewesen. Kleidung und Getränke im Kofferraum, Grundnahrungsmittel wie Mars und Snickers im Handschuhfach, ein Radio mit Kassettendeck, fünf Dutzend Tapes mit sorgfältig zusammengemischten Songs und das Schiebedach. Autos ohne Schiebedach waren für mich am Rande der Existenzberechtigung. Jetzt hatte ich weder Schiebedach noch die Tonne Blech darunter, mit der man von A zu jedem anderen Buchstaben fahren konnte, wenn man wollte.

Die öffentlichen Verkehrsmittel hätte ich längerfristig kaum ertragen. Busfahren war mir seit den Studententagen zuwider. In die U-Bahn ging ich nur mit Sonnenbrille, Mütze und Kopfhörern, um möglichst wenig von meinem direkten Umfeld mitzubekommen. Ich brauchte ein Auto. Ohne Auto war ich behindert. In meiner persönlichen Entfaltung empfindlich gestört. Ich hatte vor mir selbst ein Recht auf ein Auto. Leider hatte ich kaum Geld, jedenfalls nicht genug, um auch nur einen Gebrauchtwagen zu kau-

20

fen. Lena war noch ein bisschen schwach und klagte über Übelkeit, deshalb brachte ich sie ins Bett. Sie war schon eingeschlafen, als ich sie fragte, ob ich ihr ihren Lieblingstee kochen sollte. Dann überlegte ich, wie ich Geld für ein Auto verdienen könnte.

Anfang Februar hatte ich einen Termin bei der Werbeagentur, in der Thorsten arbeitete: Förster, Tobler, Kirk. Ich hatte noch nie in einer Agentur gearbeitet. Dafür hatte ich einen Freund, dem eine kleine Agentur gehörte. Vor dem Termin gab er mir einen dreistündigen Intensivkurs Werbung und Internet. Er schrieb die wichtigsten Begriffe auf, ich lernte alles auswendig. Am nächsten Tag stand ich vor einem eindrucksvollen Bau am Wasser. Im Innern des Gebäudes gab es vier Oberflächentypen: schwarzer Lack, weißer Lack, gebürsteter Stahl und Glas. Die Wände waren weiß, der Boden schwarz lackiert. Die phantastisch aussehende Empfangsdame brachte mich in den Konferenzraum im ersten Stock. «Felix, Thorsten und Kerstin warten schon auf dich, Stefan.»

Ich war irritiert, dass sie mich mit Namen ansprach. Sie lächelte.

«Wahnsinnsbüro habt ihr hier.» Ich wollte sie in ein Gespräch verwickeln, um an sie heranzukommen. Ihre Locken fielen ihr bei jeder Bewegung von Neuem um den Hals, und ich wollte das auch tun.

«Ja. Sieht toll aus, aber es ist sooo unpraktisch. Hier muss jeden Tag zweimal gewischt werden! Morgens ist die Putzfirma eh da, und dann wischen sie nochmal mittags. Felix sagt immer: ‹Wer schön sein will, muss wischen›, kicher.» Sie sagte tatsächlich «kicher». Ich war mir nicht mehr so sicher, ob ich an sie heranwollte. Aber dann waren da wieder diese Locken. «Wie ist die Stimmung so? Ich meine, hier in der Agen…»

«Suuuuuuupi! Wirklich! Alle sind soooo froh, hier zu arbeiten, echt, hab ich noch nie erlebt. Wenn du Samstagabend halb acht gehst, sitzen noch alle da und worken. Toll, ne?»

Ich ließ ihren Redeschwall an mir vorüberziehen und genoss den Blick auf ihre Beine. Wir kamen an den schweren Flügeltüren des Konferenzraums an. Sie bemühte sich, beide Seiten gleichzeitig zu öffnen, war aber zu schwach, um gegen die Türhydraulik eine Chance zu haben. Hinreißend. Die Flügel hatten sich kaum zehn Zentimeter voneinander entfernt. Ich sah durch den Spalt und war geblendet, weil die Sonne durch das Glaspanorama über den schwarzlackierten Tisch direkt in unsere Richtung schien. Das Empfangsgirl mühte sich, kämpfte, wollte dabei aber cool wirken. Bekam sie die eine Seite unter Kontrolle, ging der andere Türflügel wieder zu und umgekehrt. Die Leute drinnen schienen ein Einschreiten nicht einmal in Erwägung zu ziehen, und ich half ihr auch nicht, um meine Überlegenheit zu beweisen. Freundlichkeit gegenüber Hilfskräften war hier fehl am Platz. Dann gab sie den Kampf auf und ließ einen Flügel zurückfahren, um den anderen öffnen zu können. Ich schob mich an ihr vorbei ins Licht.

Felix Förster, Gründer und Geschäftsführer der Agentur, begrüßte mich überschwänglich. «Stefan! Toll, dass du da bist. Thorsten hat uns schon so viel von dir erzählt. Und jetzt lernen wir uns endlich mal kennen.»

«Ja, freut mich auch, dass wir …»

«Setz dich, ich stell dir mal alle vor.»

«Wenigstens meinen ersten Satz hätte ich gern ausgeredet», dachte ich, sagte aber nichts.

«Thorsten kennst du ja. Der hat eine Kometenkarriere bei uns gemacht, sag ich dir. So geht's hier mit den High Potentials. Die kommen zu uns, die werden was bei uns, die bleiben bei uns. Wir sind 'ne Art große Familie – ich weiß, das sagt jeder, aber bei uns stimmt's einfach. Ist so. Frag mal Kerstin! Die ist die Beste, ohne Kerstin würde hier nichts laufen, gar nichts, echt.» Seine Stimme überschlug sich. «Sie ist die Agenturmutti. Hat alles unter Kontrolle, frag sie, wann das Agenturbier geliefert wird, weiß sie sofort! Kerstin – wann wird das Agenturbier geliefert?»

«Donnerstags. Am frühen Abend.»

Felix bemerkte nicht den Raureif in Kerstins Stimme, und ich ahnte, dass sich diese Szene schon häufig genau so abgespielt hatte.

«Und warum, Kerstin?»

«Weil Bier freitags am wichtigsten ist.»

«Sie weiß einfach alles, Stefan, siehste, ich hab's dir gesagt. Unsere Kerstin. Kennst du jetzt ja auch. Lass uns talken. Wie kriegen wir das zusammen hin? Ich meine, unseren Inkubator?»

Ich versuchte, mir die Begriffe auf der Merkliste zu vergegenwärtigen. Inkubator war nicht dabei. Das Wort kannte ich aus dem biologischen Kontext, assoziierte es mit «Brutkasten» und wusste daher in etwa, was gemeint war. Trotzdem wollte ich mich vorsichtig herantasten. «Wie wollt ihr den Inkubator denn aufstellen?»

«Haha, Kerstin, siehst du, stellt gleich die richtigen Fragen, der Mann. Ex-zel-lent! Thorsten, du hast kein Stück übertrieben.»

Thorsten musste mich als Genie angepriesen haben. Ich nahm mir vor, vorsichtig zu sein, damit keine Diskrepanz aufkam zwischen dem, was er erzählt haben mochte, und dem, was ich mir spontan ausdenken würde. Die Wahrheit kam sowieso nicht in Frage, dazu hatte ich zu wenig Erfahrung, außerdem waren wir in einer Werbeagentur. Als Kommunikationsprofi durfte man natürlich lügen.

Meine ersten Aufträge hatte ich Mitte der neunziger Jahre bekommen, weil ich überall herumerzählt hatte, ich sei Trendscout. Ich fand das Wort cool. Es hörte sich nach jemandem an, den man fragt, was gerade hip ist. So jemand wollte ich sein. Irgendwann rief eine Agentur an. Ein Kunde hatte ihnen gesagt, sie sollten einen Trendscout engagieren. Die Leute hatten über Umwege von mir gehört. Meine Berufspraxis bestand zu dieser Zeit darin, das Wort «Trendscout» flüssig aussprechen zu können.

Ich hatte abweisend getan und mich dann nach Art und Volumen des Auftrags erkundigt. Die Anruferin, die Assistentin der Geschäftsführung, hatte keine Ahnung und verband mich deshalb mit einem Berater, der ebenfalls keine Ahnung hatte. Der stellte mich durch zu einem anderen ahnungslosen Berater. Niemand konnte die Frage beantworten, welchen Inhalt das Projekt haben sollte. Am Ende sprach ich mit dem Geschäftsführer, der es eilig hatte und mit den Worten eröffnete: «Sie helfen uns also aus der Patsche mit diesem Trendscouting!» Es ging darum, herauszufinden, wie der Nachfolger eines sehr erfolgreichen Parfums aussehen könnte. Ich las in einer Fachzeitschrift nach, wie das genau funktionieren sollte, Trendscouting. Viel fand ich nicht heraus. Einen Bekannten, der in einer Agentur arbeitete, fragte ich nach den Erwartungen. Er erklärte mir, dass am Ende eines Arbeitsprozesses immer

24

ein Booklet stand. Und dass man Leute befragen musste, am besten in *Fokusgruppen.* Also schrieb ich auf einem geliehenen Computer fünf oder sechs Seiten voll mit Begriffen, Methoden, Behauptungen und Schlussfolgerungen, und zwar in einer logisch erscheinenden Struktur, grafisch ansprechend aufbereitet. Auf Anraten des Bekannten schrieb ich am Ende einen fünfstelligen Preis drunter, alles darunter nehme man nicht ernst in dieser Branche. «Eine tolle Branche!», dachte ich und erfand die Summe 16 450,– DM. Mein erstes Angebot war fertig. Es wurde angenommen, ohne dass jemand ein Wort über das Geld oder das Vorgehen, die Strategie oder die vielen ausgedachten Behauptungen verloren hätte. Ich rief acht Freunde zusammen, beim Bier malten wir uns aus, was eine Fokusgruppe wohl so erzählen würde. Ich schrieb alles auf, klebte Fotos von meinen Freunden dazu und ergänzte es mit plausibel erscheinenden Flunkereien. Das fertige fünfzigseitige Booklet las sich geschmeidig, weil es keinerlei Rücksicht auf die Realität nehmen musste. Die Agentur und auch der Kunde waren begeistert. Kommunikation war meine Branche.

Jetzt saß ich Felix Förster und seinen Mitarbeitern Kerstin und Thorsten gegenüber. Noch redete Felix, aber in wenigen Sekunden würde er aufhören. Er schwärmte uns von seiner «Big Vision» vor. Dann musste ich «delivern». Dieses Wort hatte ich irgendwo aufgeschnappt und fand es grauenvoll und wunderbar zugleich.

Ich deliverte. Ich redete fünf Minuten, in denen ich wiederholte, was Felix Förster gesagt hatte, bereinigt um den wirren Quatsch und versehen mit laut ausgerufenen Aufzählungsnummern. Außerdem sagte ich «wir», wenn es um den Inkubator ging. Durch Felix' Ausführungen wusste ich, dass es sich um eine Art Brutstätte für Geschäftsideen im Internet handeln musste. «Erstens! Wir entwickeln eine Strategie wie folgt: ...»

Drei Tage später war mein erster Arbeitstag.

der katzenaugen-krieg

Nach meinen Stärken gefragt, tat ich oft, als wäre mir
die Frage unangenehm. Das stimmte zwar nicht, aber die
meisten Gesprächspartner erwarten, dass man so reagiert.
Ich bildete mir etwas darauf ein, solche Erwartungen bestätigen zu können. Voraussetzung dafür war meine Fähigkeit, Gesichter zu lesen – beinahe so wirkungsvoll wie
Gedanken lesen, wenn man es so gut beherrschte wie ich.
Es ist den meisten Menschen unmöglich, in einem Gespräch keine Reaktion zu zeigen. Selbst wenn man sich
einbildet, mit unbewegter Miene zuzuhören, spiegelt sich
in der Körpersprache und vor allem im Gesicht wider, was
man denkt und fühlt. Und weil ich Gesichter lesen konnte,
konnte ich auch Menschen manipulieren.

Mit ungefähr zehn Jahren bemerkte ich zum ersten Mal,
dass es mir Spaß machte, die Reaktionen anderer vorher-
zusehen und zu beeinflussen. In dieser Zeit war auf dem
Schulhof das Murmelspiel die Hauptbeschäftigung. Meine
Noten waren die gesamte Schulzeit über hervorragend,
aber die soziale Anerkennung im Klassenverband musste
ich mir immer wieder erkämpfen, weil ich einer der Jüngs-
ten war und nicht besonders sportlich.

27

Beim Murmeln und dem dazugEhörenden Murmel-
tausch ergaben sich Gelegenheiten, mich in der Gruppe
zu behaupten und das Manipulieren zu üben. Meinen ersten Trick, auf den ich sehr stolz war, nannte ich den «Katzenaugen-Krieg». Das Wort Krieg war übertrieben, genau
genommen sogar falsch, denn es handelte sich um einen
Bluff. Aber ich mochte Alliterationen sehr gern, außerdem
fühlte sich mein Schulalltag durchaus wie Kampf an –
wenn das auch sonst niemand bemerkte. Der «Katzenaugen-Krieg» war nur möglich geworden, weil es bei uns eine
festgelegte Rangordnung der verschiedenen Murmelquali-
täten gab. Am wenigsten wert waren die Katzenaugen. So
nannten wir die Murmeln aus durchsichtigem Glas mit einer farbigen Welle darin. Die Farben waren wohl zufällig, es gab rote, grüne, blaue, sogenannte gelborange und
mehrfarbige in großer Zahl. Der Spielwarenhändler neben der Schule hatte eine große, ungeordnete Kiste davon.
Die Katzenaugen kosteten fünf Pfennig. Die Murmeln der
nächsthöheren Stufe nannten wir Ölis, weil sie glänzend
dunkel waren. Sie schillerten in vielen Farben und kosteten zehn Pfennig. Dann kamen die vollfarbenen Glasmur-
meln, die matt schimmerten und in fünf oder sechs Farben
für fünfzehn Pfennig zu haben waren. Sie hießen Farbis.
In eine ähnliche Kategorie fielen die Spaghetti, die von
feinen Linien durchzogen waren. Die oberste Stelle der
Rangfolge belegte die Perlenmurmel oder kurz: Perle. Sie
war echten Perlen nachempfunden, hatte eine etwas andere, wohlgeschliffene Oberfläche und glänzte vielver-
sprechend, wenn man sie in die Sonne hielt. Nur dann
konnte man auch sehen, ob dunkle Einschlüsse darin waren. Wir hielten die Perlen mit den meisten Einschlüssen
für die wertvollsten. Der Stolz der ganzen Klasse war eine

Perlenmurmel mit sieben zählbaren Einschlüssen, die alle paar Wochen in spektakulären Murmelturnieren den Besitzer wechselte, wo sie jeweils als Hauptpreis ausgeschrieben war.

Die Wechselkurse zwischen den Murmeln waren, unabhängig von den Preisen, präzise festgelegt und änderten sich nie; die Grundwährung waren Katzenaugen. Ein Öli war drei Katzenaugen wert, ein Farbi konnte je nach Beschaffenheit vier oder fünf Katzenaugen wert sein. Eine Perle ohne Einschlüsse war zehn Katzenaugen wert, danach war alles Verhandlungssache. Eine Perle mit drei Einsprengseln brachte in jedem Fall mehr als vierzig Katzenaugen. Alles oberhalb von vier Einschlüssen galt als absoluter Sonderfall. Normale Deckenlampen waren zu schwach, nur mit Hilfe der Sonne konnte man sich von der Zahl der dunklen Punkte in der Murmel und damit von ihrem Wert überzeugen. Alle zwei Wochen ließen sich fünfzehn Jungs und drei oder vier mitmurmelnde Mädchen dabei beobachten, wie sie eine einzelne Murmel im Kreis herumreichten, jeder sie vors Auge führte, einen kurzen Kommentar laut in die Runde sprach und versuchte, anerkennend zu pfeifen, was den wenigsten gelang.

Weil niemand zehn Minuten schweigend auf die Murmelbegutachtung warten wollte, entstand am Rande dieser Versammlungen ein Basar, wo Murmeln zu den üblichen Kursen getauscht wurden. Bei einer dieser Gelegenheiten entstand die Idee zu meinem Katzenaugen-Krieg aus einem Missverständnis heraus. Ein Junge namens Mario bot mir gelborange Katzenaugen und einen Farbi für eine beschädigte, aber schön glänzende Perle. Ich verstand ihn falsch und dachte, er würde mir goldorange Katzenaugen anbieten. Der Fehler klärte sich schnell auf, aber ich mochte das Wort goldorange sehr gern.

Die Sonne schien mir auf die Hand und leuchtete in das gelborange Katzenauge. Mit etwas gutem Willen sah es im Sonnenlicht tatsächlich aus wie goldorange. Das Murmelglas war von minderer Qualität und hatte ein paar Lufteinschlüsse. Die Farbwelle schien sich im Innern von der Glasoberfläche leicht abzulösen. Dort wurde das Sonnenlicht gebrochen, und das Funkeln und Glitzern verstärkte den Goldorange-Effekt.

«Goldorange Katzenaugen!», dachte ich. «Die wertvollsten Murmeln überhaupt, goldorange Katzenaugen!» Ich war begeistert von meiner Idee, ich hatte etwas entdeckt, das die Murmelwelt von Grund auf veränderte – ich musste nur noch die anderen davon überzeugen.

Am folgenden Tag zerschlug ich mein Sparschwein, stahl fünfzig Mark aus der Pfandgeld-Kasse in der Küche und hielt damit fast einhundert Mark in meinen Händen. Damit ging ich nach der Schule zum Murmelhändler. «Guten Tag, ich hätte gern die goldorangen Katzenaugen.»

«Hallo, junger Mann. Goldene haben wir nicht. Nur orange.»

«Nein, da sind auch goldorange mit dabei! Wirklich! In der Sonne kann man sie unterscheiden.»

«Ach was, das sind doch alles die Gleichen. Aber gut, Junge, sammle sie dir raus. Fünf Pfennig das Stück, weißt du ja. Oder willst du für die goldenen mehr bezahlen, hahaha!»

Ich ging an die Murmelkiste und begann zu wühlen. Über eine Stunde brauchte ich, um die Quelle, aus der sich die gesamte Schule bediente, vollständig von allen gelborangen Katzenaugen zu säubern. Es waren eintausend

30

Stück, für die mir der Händler vierzig Mark abnahm. Für das restliche Geld kaufte ich zweihundert Perlenmurmeln, die jeweils fünfzig Pfennig kosteten, aber bei der Menge bekam ich ordentlich Rabatt.

Der Transport der Murmeln nach Hause war für mich nur schwer zu bewältigen, immerhin wog der große Murmelsack aus Stoff, den mir der Händler dazugeschenkt hatte, jetzt bestimmt zehn Kilogramm. Alle paar Meter musste ich ihn absetzen. In meinem Zimmer untersuchte ich unter der Schreibtischlampe die gelborangen Katzenaugen und wählte diejenigen mit einem hohen Orangeanteil aus, weil sie am ehesten goldorange wirkten. Als Kontrast behielt ich auch einige, die besonders viel Gelb mitbekommen hatten. Stunden später lagen sieben fast gelbe Katzenaugen auf der einen Seite – und die zwanzig goldorangesten Katzenaugen auf der anderen. Ich war glücklich und verteilte sie in zwei Murmelbeutel, in einen dritten kamen gut dreißig Perlen.

In der großen Pause am nächsten Tag versuchte ich mit Thomas ins Gespräch zu kommen. Er war sitzengeblieben und zählte deshalb zu den am meisten respektierten Jungs in der Klasse. Als Murmelbewerter war er eine Instanz, die dann besonders wichtig wurde, wenn es darum ging, die genaue Zahl der Einschlüsse einer Perle festzulegen. Sogar im Sonnenlicht konnte man oft nur erahnen, was sich im Inneren der Murmel befand. Günstigerweise kannte Thomas kein anderes Gesprächsthema als Murmeln und begrüßte mich mit entsprechenden Neuigkeiten. «Ich habe jetzt eine Perle mit fünf!», sagte er triumphierend. Das Wort «Einschlüsse» ließen wir weg, das hörte sich erwachsener an, fanden wir.

«Nein, echt? Zeig mal!»

31

«Hab ich nicht dabei, die ist zu Hause, die trag ich doch nicht den ganzen Tag mit mir rum.»

«Klaro. Woll'n wir was tauschen?»

«Och, was hast'n so im Angebot?»

«Paar neue Perlen, vorhin erst gekriegt. Noch nicht mal die Einschlüsse geprüft, war ja keine Sonne.»

«Toll. Zeig mal.»

Wir saßen auf der niedrigen Holzbegrenzung des Spielplatzes. Ich griff in die Hosentasche und holte eine Handvoll Murmeln heraus, darunter zehn Perlen, aber auch das goldenste Katzenauge, das ich hatte finden können. Ich warf sie betont achtlos in den Sand, Thomas stürzte sich drauf, aber stutzte, als er das Katzenauge sah. «Hä? Und das Katzenauge? Warum denn das?»

«Ach das goldorange, nein, gib mal her, das nicht.»

«Goldorange, Quatsch, das ist doch gelborange.»

«Nein, nein, halt mal ein gelboranges von dir dagegen.»

«Hab grad nur Ölis, Farbis und zwei normale Perlen.»

Wegen des geringen Werts spielten wir kaum noch mit Katzenaugen, deshalb war es üblich, sie nicht mit in die Schule zu bringen, sondern zu Hause zu horten, als gläserne Reserve.

«Warte, ich glaube, ich hab eine dabei.» Ich griff in die andere Tasche, in der sich Katzenaugen in verschiedenen Farben befanden – und das gelbste Katzenauge aus meinem tausend Murmeln großen Bestand. Thomas hatte die Perlen beiseitegelegt und verglich mit großen Augen die beiden Katzenaugen. «Stimmt irgendwie. Die eine ist so gelb, die andere eher so … na ja, schon irgendwie goldorange. Mehr so orange, aber …»

«Nein, halt die mal ins Licht, die funkelt nochmal ganz anders, richtig goldorange.»

Die Sonne schien nur schwach durch die Wolken, aber zusammen mit meinen Worten reichte es, um Thomas von der Existenz der goldorangen Katzenaugen halbwegs zu überzeugen. Ein Rest Misstrauen blieb, aber mein Plan sah vor, den auch auszuräumen.

Zwei Tage später saßen wir wieder zusammen, Thomas packte fünfzehn Katzenaugen aus, allesamt gelborange. Ich riss begeistert die Augen auf und untersuchte die Murmeln eingehend. Dann bot ich ihm dreißig Perlen. Er traute seinen Ohren nicht. «Dreißig Perlen für, für, für … fünfzehn gelborange Katzenaugen?»

«Neeeee – die sind goldorange!»

«Alle?»

«Ja, alle, siehst du das nicht?»

Ich zählte bereits die Perlen ab. Thomas nickte langsam. «Doch, ja. Nicht leicht zu erkennen, aber geht schon. Wollte nur wissen, ob du's auch sehen kannst.»

«Klaro.» Ich legte die ertauschten Katzenaugen mit der Behutsamkeit eines ehrfürchtigen Kindes in einen eigenen Murmelbeutel, schob die dreißig Perlen zu ihm hin und ging fort. Die Katzenaugen-Kriegslist ging schon am nächsten Tag auf. Immer wieder kamen Klassenkameraden mit gelborangen Katzenaugen zu mir und wollten sie gegen Perlen tauschen. Ich hielt sie jedes Mal gegen das Licht und zahlte dann im Verhältnis zwei zu eins aus. Am darauffolgenden Montag begann die Stufe zwei des Krieges. Als in der großen Pause zwei Klassenkameraden Katzenaugen gegen Perlen tauschen wollten, bekam der erste für fünf Katzenaugen fünf Perlen. Beim zweiten untersuchte ich die Murmeln eingehend, drehte und wendete sie gegen das Licht und sagte: «Jetzt schummle mal nicht, das sind gelborange Katzenaugen, die sind nichts wert.»

«Aber die hab ich gegen fünf Ölis und eine Perle getauscht, das sind ...»

«Kennst du etwa den Unterschied nicht zwischen gelborangen und goldenen Katzenaugen? Bist du doof oder was? Behalt mal schön deine gelborangen, die sind ja gar nichts wert.»

Die beiden trugen ihre Verwirrung in die murmelbegeisterte Klasse hinein, was für einigen Tumult sorgte. Nach der Schule kam eines der Murmel-Mädchen vom Spielwarenhändler mit der Botschaft zurück, es gäbe «überhaupt kein einziges goldoranges Katzenauge mehr, ich hab die ganze Kiste durchgewühlt!».

Ich ging direkt nach Hause und ließ die Klasse mit ihrer Irritation allein. Am nächsten Tag in der ersten großen Pause umringten mich mehrere Klassenkameraden und verlangten Aufklärung, was nun gelborange Katzenaugen seien und was goldorange, wo da der Unterschied wäre. Ich ließ mir die Katzenaugen geben, griff nach kurzem Suchen eine heraus. «Das hier ist eine goldorange, das ist ja klar. Können wir ja mal vergleichen.» Ich zog meine gelbste Vergleichsmurmel heraus, und tatsächlich war auf den ersten Blick ein Unterschied zu erkennen. Ein Raunen ging durch die Gruppe. Ich ließ die Vergleichsmurmel wieder in die Tasche gleiten und zog aus den Katzenaugen der anderen eine zweite Murmel heraus mit der Behauptung, dass dieses zweite Katzenauge ein deutlich gelboranges sei. Es wurde mir ganz ohne Beweis geglaubt.

Durch die Verwirrung, die unerwartete Knappheit von gelborangen wie auch goldorangen Katzenaugen im Spielzeuggeschäft und den kleinen Goldrausch, den ich mit meinen abstrusen Wechselkursen verursacht hatte, war eingetreten, was ich mir gewünscht hatte: Ich war die neue Bewertungsinstanz für Murmeln geworden – letztlich konnte nur ich mit Sicherheit sagen, ob es sich bei einem Katzenauge um ein goldoranges, wertvolles Exemplar handelte oder ein fast wertloses gelboranges. Wann immer jemand meine Expertise anzweifelte, zog ich je nach Bedarf mein gelbstes oder mein goldenstes Katzenauge heraus, im Kontrast konnte ich jedes Urteil beweisen.

In den folgenden Wochen genoss ich meinen Status. Um meine Position zu stärken, band ich Thomas mit ein, indem ich sein Urteil – er riet einfach – stets stützte, während ich in unregelmäßigen Abständen alle anderen des Fehlurteils in beide Richtungen überführte. Dass auf gewohntem Weg kein Nachschub an goldorangen Katzenaugen erworben werden konnte, war von großem Vorteil. So konnte ich mit Tauschgeschäften die im Umlauf befindliche Menge der goldorangen und gelborangen Katzenaugen kontrollieren. Ich kam zwar kaum noch zum Murmeln, was ich schade fand, hatte mich jedoch zum geachteten Murmelbankier entwickelt.

Inzwischen kamen auch Schüler aus den Parallelklassen zu mir. Ein paar wollten meine Unterscheidungskünste austesten, einige wollten Murmeln tauschen, die meisten aber wollten sich rückversichern, ob sie die echten goldorangen oder die wertlosen gelborangen Murmeln besaßen. Mein Urteil machte ich unter anderem davon abhängig, mit welchen Erwartungen die Kinder in die Überprüfung hineingingen. Ich versuchte zu analysieren, ob sie selbst meinten, wertlose Murmeln vor sich zu haben – oder echte goldorange. Wie schauten sie auf ihre Murmeln? Wie sahen sie mich an? Trauten sie sich, mir länger in die Au-

35

gen zu sehen? Waren sie fahrig in ihren Bewegungen? Wie war die Mimik? Ich konzentrierte mich auf jedes Detail. Die Zeit als Murmelbankier war für mich ein Crashkurs in Menschenkenntnis zum Zweck der Manipulation.

Aus einem Gespräch mit einem Mädchen, das Murmeln mit einem älteren Jungen getauscht hatte, zog ich eine Erkenntnis, die mich viele Jahre lang begleitete. Sie vertraute ihrem Tauschpartner nicht recht und wollte wissen, ob ihr Misstrauen berechtigt gewesen war. Ich betrachtete sie. Auf den ersten Blick war nicht zu erkennen, was sie erwartete. Mädchen waren schwer einzuschätzen. Damals. Aus der Verunsicherung heraus beschloss ich, mich erst im letzten Moment zu entscheiden, ob ich die Katzenaugen für echt oder falsch erklären würde. Langsam und gedehnt sagte ich: «Also, es ist ja völlig sonnenklar, dass diese Katzenaugen ...», ich machte eine Pause, um mich zu entscheiden. Etwas Überraschendes geschah. Ihr Gesicht verzog sich, sie seufzte, in ihrem Augenwinkel bildete sich eine Träne. Während ich noch stockte, sagte sie: «Ich hab's gewusst, ich wusste es, dieser Fiesling ...»

Augenblicklich begriff ich die Zusammenhänge. Sie hatte die angeblich goldorangen Katzenaugen bei einem Jungen eingetauscht, in den sie verliebt war. Mein Urteil über deren Echtheit war das Urteil über seine Gefühle für sie. Viel wichtiger aber war: Sie hatte hören wollen, dass sie beschummelt worden war. Ihre Reaktion war vor meiner Bewertung gekommen. Ich kam mir ein bisschen schäbig vor, aber es gab kein Zurück, jede Korrektur hätte womöglich meinen Status gefährdet. Auf einmal tat mir leid, dass ich ihr nicht hatte helfen können, und ich entschuldigte mich bei ihr. Sie nahm es als mitleidige Bestätigung,

36

dass sie betrogen worden war von dem Jungen, den sie liebte, und lief weinend davon.

Mein neugewonnener Platz in der Rangordnung war wenige Tage später wieder verloren. Der Spielwarenhändler hatte inzwischen so viele Nachfragen nach «goldenen Katzenaugen» bekommen – so die Verkürzung –, dass er nicht nur neue gelborange Katzenaugen bestellte. Sondern auch Katzenaugen aus einem französischen Spielzeugkatalog, die in ihrem Innern ganz eindeutig golden waren. Sie glitzerten sogar im Halbdunkel der Flure und waren sofort eine Sensation an der Schule. Die Goldkatzenaugen kosteten als Importware unglaubliche zwei Mark pro Stück, es ging das Gerücht, sie würden echtes Gold enthalten.

Die neuen Murmeln machten die Unterscheidung zwischen den Nuancen Gelborange und Goldorange hinfällig. Ich konnte nicht noch einmal so viel Geld besorgen und mir deshalb nur wenige Goldkatzenaugen leisten und saß mit eintausend fast wertlosen gelborangen Katzenaugen da. Weil meine Unterscheidungskünste nicht mehr benötigt wurden, war ich anderthalb Monate später im verklärenden Gedächtnis meiner Mitschüler nur noch derjenige, der die neuen Goldkatzenaugen als Erster entdeckt hatte.

förster, tobler, kirk und lena

Der Job bei der Agentur Förster, Tobler, Kirk war mein erster Kontakt mit Werbung. Thorsten hatte mir eingeschärft, ich solle mir meine Unwissenheit niemals anmerken lassen. Um keine Zweifel an meiner Sachkompetenz zu wecken, aber trotzdem möglichst viel zu lernen, hatte ich mir bestimmte Fragestellungen ausgedacht. Wenn ich zum Beispiel einen Fachbegriff wie «Reinzeichnung» nicht kannte, fragte ich, wie man hier in dieser Agentur die Reinzeichnung so mache, da gäbe es ja erhebliche Unterschiede.

«Berater» lautete meine Berufsbezeichnung. Meine Aufgabe war, zwischen den Kunden, den Kreativen in der Agentur und allen möglichen Dienstleistern, wie Druckereien oder freien Mitarbeitern, zu vermitteln. Um engagiert und organisiert zu wirken, schrieb ich gleich am zweiten Tag eine Mail an alle Kreativen. Darin bat ich um eine genaue Beschreibung ihres Aufgabenfeldes und ihrer momentanen Tätigkeiten, und zwar in kundentauglichen Formulierungen, man wisse ja, wie wenig diese vom Werbegeschäft verstünden. Mein Trick funktionierte. Sämtliche Angeschriebenen antworteten wohlwollend, viele fühlten sich endlich von einem Berater ernst genommen. Zwischen den anderen Beratern und den Kreativen – die mit ihren Ideen, Texten und Designs herstellten, was die Agentur verkaufte – schien Feindschaft zu herrschen. Die Berater würden als Anwälte der Kunden auftreten und jede gute Idee und jedes schöne Design zerreden, klagten die Kreativen.

Die Abteilung, in der ich arbeitete, war auf Start-ups oder Dotcoms spezialisiert. So wurden die Unternehmen genannt, die nur im Internet existierten, die New Economy.

38

Thorsten leitete die Abteilung nicht offiziell, aber nahm ein paar verantwortungsvolle Aufgaben wahr.

Dotcoms wurden gerade im Dutzend gegründet, ihre Entstehungsgeschichten schienen sämtlich einem Ritual der New Economy zu folgen: Ein paar junge Banker oder Unternehmensberater hatten eine Internet-Geschäftsidee oder kopierten eine erfolgreiche Idee aus den USA. Sie dachten sich einen englisch anmutenden Firmennamen aus, mit modern wirkenden Buchstabenkombinationen wie «xx» oder «my» darin. Dann schrieben sie einen Businessplan, in dem sie die wirtschaftliche Zukunft der noch nicht existierenden Firma in strahlenden Farben ausmalten, und kauften als erste Unternehmenshandlung einen Kickertisch – zum Beweis für die lockere Atmosphäre und die flachen Hierarchien. In der Regel strebten sie für ihren Bereich die Marktführerschaft innerhalb weniger Monate an. Oder die Weltmarktführerschaft. Weltmarktführerschaft! Dieses an Weltmeisterschaft erinnernde Wort faszinierte mich ebenso wie die jungen Gründer selbst. Konnte man kürzer ausdrücken, dass man sich für grandios hielt? Außerdem wurden solche Ziele von den Investoren mit graumelierten Haaren erwartet, die jeweils nach kurzer Prüfung einige Millionen Mark überwiesen. Damit wurde die Geschäftsidee von einer virtuellen Papierfirma in eine virtuelle Pixelfirma verwandelt.

Die Jungunternehmer nahmen mit großer Freude und Schaffenskraft ihre neue Rolle an. Sie besorgten sich auf Kredit teure Autos und stellten Mitarbeiter ein, um die Zahl der Mitarbeiter zu erhöhen. Die Unternehmensgröße war unter Dotcom-Gründern ein Statussymbol, an den Umsätzen konnte man sich nicht messen, weil es keine gab. Vor allem aber schmissen sie eine Party nach der anderen

39

und gaben enorme Summen aus, um die jeweils letzte Dotcom-Feier zu übertrumpfen. Bei der Büroeinweihung eines Internet-Portals, von dem keiner sagen konnte, was es genau machte, stand in der Mitte des Lichthofs ein fünf Meter hoher, tonnenschwerer Eisblock, von blauen Lasern angestrahlt. Die Barkeeper schlugen mit Hackebeilen das Eis für die Drinks heraus, ich war so überwältigt von diesem archaischen Vorgang, dass ich Gin Tonic auf Eis bestellte, bis ich mich an der Theke festhalten musste und sogar zu betrunken war, um mir irgendein Mädchen zum Knutschen zu suchen.

Bei der Feier eines Onlineshops für Elektronik hing die Tanzfläche in der Luft, getragen von einem Kran, zugänglich nur über eine Hängebrücke. Mir wurde wie den meisten anderen Gästen auf der schaukelnden Fläche übel. Leider war das Getränkekonzept – Cocktails mit superkreativen Namen wie «Flying Dancefloor» und «The Crane» – nicht geeignet, die Übelkeit zu bekämpfen. Das Event galt fortan in der Szene als Vorzeigebeispiel einer Fehlinvestition.

Für eine anlasslose Party mit dem Motto «Dschungel» hatte ein Dotcom-Unternehmen drei lebende Elefanten von einem Zirkus ausgeliehen. Einer wäre, provoziert durch die vielen Menschen, beinahe durchgedreht. Er brüllte so laut, dass die Musik kaum mehr zu hören war, und warf sich mit aller Kraft nach vorn. Dabei riss eine der drei Ketten, mit der der Elefant an die Hauswand gebunden worden war. Die Partygäste erstarrten, vermutlich hätte es eine Panik gegeben, wenn die meisten nicht zu alkoholisiert zum Wegrennen gewesen wären. Als sich die beiden anderen Ketten nicht aus der Wand reißen ließen, entdeckten die Gäste ihre Coolness wieder, begannen zu

40

scherzen und lobten die gute Show. Das Ziel war erreicht. «Wir wollen Talk of the Town werden», so beschrieben die Gründer die Gründe für die teuren Veranstaltungen. Sie wollten in der Dotcom-Szene Eindruck schinden und Investoren wie gute Mitarbeiter von sich überzeugen. Qualifiziertes Personal, vor allem Programmierer, war knapp. Man fasste diese Leute unter dem Begriff «High Potentials» zusammen. Eine Wendung, die ich zum ersten Mal bei Agenturchef Felix gehört hatte und der ich mittlerweile kaum mehr entkommen konnte. High Potentials als Mitarbeiter, High Potentials als Kunden, es highpotentialte überall.

Jeden Tag begriff ich besser, was eine Werbeagentur überhaupt tat, wofür die Kunden Geld bezahlten und was sie dafür hören wollten. Mit besonderem Interesse verfolgte ich die Verhandlungen um die Verträge, dort wo «die Scheiße den Ventilator trifft», wie Felix die Momente nannte, in denen sich die Zukunft der Agentur entschied. Später begriff ich, dass er amerikanische Slang-Redewendungen wörtlich übersetzte, «blutige Hölle» und «die Scheiße ist Bargeld».

Man musste kein erfahrener Gesichtsleser sein, um zu bemerken, dass Felix in jeder Minute aufs Neue gelobt und verehrt werden wollte. Keine Anbiederung war ihm zu plump. Sein Selbstwertgefühl schien zu verblassen, wenn es nicht in kürzesten Abständen gestärkt und poliert wurde. Dementsprechend errichtete er vor jedem Gespräch, jeder Präsentation, jeder Verhandlungsrunde monolithenhaft sein Ego im Raum. Diese Fabeln der Selbstüberhöhung als «Angeben» zu bezeichnen hieße, einen Tsunami «Wasserbewegung» zu nennen. Unter den Beratern von

41

Förster, Tobler, Kirk kursierte ein Witz: «Wie macht Felix Förster Selbstmord?» – «Er steigt auf sein Ego und springt runter.»

Nach den Tagen in der Agentur ging ich fast immer zu Lena. Es passte ihr, dass wir die Nächte zusammen verbrachten und sie ansonsten ihren eigenen Dingen nachgehen konnte. Tagsüber sei sie sowieso zu nichts außer Arbeit zu gebrauchen, sagte sie. Wenn die Sonne unterging, blühte sie auf. Das Gegenstück zu einer Sonnenblume. Ihre kleine Einzimmerwohnung war vollgestopft mit Kleidern in Imelda-Marcos-haften Größenordnungen. Lena hasste Shopping und bestellte sich deshalb Klamotten im Internet und in Katalogen. Wenn sie nicht passten oder schlecht geschnitten waren, wollte sie sie umtauschen, so der Plan. Leider war sie privat nicht ganz so organisiert wie beruflich, deshalb hing alles voll mit nicht umgetauschter Kleidung. An den Wänden lief rings um das Bett ein offener Kleiderschrank, der vom Fußboden bis zur Decke reichte, aber ihre vielen hundert Kleidchen, Hosen, Röcke, Shirts, Tops und Wäscheteile nicht fassen konnte.

Das Bett war ihr wichtigstes Möbelstück, der Mittelpunkt ihres Lebens, das, was für mich das Auto war. Lena aß und trank im Bett, sie arbeitete im Bett, sie las im Bett, sie wohnte in ihrem Bett. Im Möbelhaus, hatte sie mir erzählt, habe sie sich nach einem «Bett zum Festhalten» erkundigt, worauf der Verkäufer errötete, sie zu einem entsprechenden Bett führte und ihr seine Telefonnummer gab. Sie hatte sich sogar mit ihm getroffen, aber seine Spezialität im Bettbereich war eher das Verkaufen, wie Lena sagte. In solche Anekdoten verpackt, erzählten wir uns von unseren früheren Affären und Partnern, weil wir beide nicht

42

zu direkt über verflossene Liebschaften reden wollten. Wir versicherten uns gegenseitig, dass nur das Jetzt wichtig sei, alles andere lenke vom Wesentlichen ab. Sie hatte weder Lust, über die Vergangenheit nachzudenken, noch die Zukunft zu planen. Ich liebte sie dafür – in diesem Moment.

Lenas Fixierung auf das Bett hatte auch praktische Gründe. Man konnte in ihrer winzigen Wohnung fast nichts anderes tun, als im Bett zu liegen. Es war eine Insel, umgeben von einem Meer aus Klamotten, die bis in die kleine Küche und das noch kleinere Bad trieben. Einen Flur gab es nicht, die Wohnungstür mündete ins Wohnschlafzimmer mit der Bettinsel. Nach dem Eintreten zog ich die Schuhe aus, sprang auf die Insel, dann kabbelten wir uns, scherzten und vögelten, bis uns der Hunger aus dem Haus trieb. Wir aßen selten bei ihr, sondern gingen in billige Restaurants oder schummelten uns auf Vernissagen und Galerieeröffnungen, die jeden Tag irgendwo stattfanden. Von Donnerstag bis Sonntag konnte man im Kunstviertel die Straßen ablaufen, bis man ein hellerleuchtetes Ladenlokal mit einer Gruppe Menschen davor fand, die Sektgläser und Häppchen in den Händen hielten. Es gab selten eine Einlasskontrolle, und wenn doch, spielte Lena meine Assistentin, und ich gab den ausländischen jungen Bohemien unklarer sozialer Herkunft, jemanden, der ebenso der Sohn eines Kunsthändlers wie selbst Künstler oder Journalist sein konnte. Dazu passten neben meinem sorgfältig auf Nachlässigkeit getrimmten Zweitagebart auch mein schwarzer Anzug mit dem weißen, krawattenlosen Hemd und mein unaufhörliches Gerede, eine lächelnd vorgetragene Mischung aus Französisch, Spanisch, Englisch und Phantasiesprache. Parallel

43

dazu übersetzte Lena ausgedachte, wirre Satzfetzen, so dass wir nach wenigen Sekunden vom überforderten Personal hineingelassen wurden. Mehrmals die Woche gingen wir tanzen. Lena brauchte die Bewegung, sie wurde sonst nervös und übellaunig. Zum Glück gab es an jedem Wochentag eine größere Auswahl an Clubs, die sich – wie die halbe Stadt – nicht um bürgerliche Arbeitsrhythmen scherten.

Lena musste selten früh aufstehen, und bei Förster, Tobler, Kirk reichte es aus, wenn man den Kollegen kurz nach zehn am Espresso-Automaten interessante Geschichten vom vergangenen Abend erzählte. In dieser Zeit fühlte sich mein Leben an, als sei es in zwei Teile gespalten, einen dunklen, den ich mit Lena verbrachte, in den Galerien, auf den Dancefloors und in ihrem Bett. Der helle Teil dagegen war geprägt von Arbeit, der Vortäuschung von Arbeit und endlosen Gesprächen und Meetings, in denen Anglizismen kunstvoll aufeinandergestapelt wurden. *User Centric Strategy, Knowledge Management System, Reverse Keyword Tagging.* Die Fülle dieser Wortkombinationen regte meine Phantasie an, in einer Besprechung behauptete ich, das Fremdwort für ein erfundenes Fremdwort sei «Pliasmus». Es setzte sich zu meiner Freude tatsächlich in der Agentur durch.

Die einzige Verbindung zwischen meinen Tagen und meinen Nächten waren die Dotcom-Menschen, die ich in Meetings kennengelernt hatte und ab und zu in den Clubs traf. Dann zwinkerten wir uns zu und sagten: «Work hard, play hard.» Mit dieser Formel erklärte die gesamte, aus einigen tausend Personen bestehende Start-up-Szene ihre absurde Zahl an Überstunden ebenso wie Kater und Er-

44

schöpfung an einem normalen Mittwochmorgen. Mein helles Leben war von Arbeit und Koffein bestimmt, das dunkle Leben von Liebe und Alkohol.

Eines Nachts kam ich auf die Spur von Lenas ungeheurer Energie. In einer Bar stand Thorsten am Tresen. Ich lief auf ihn zu und begrüßte ihn viel überschwänglicher als am Tag, so wie man auch Nachbarn, die man sonst kaum wahrnimmt, bei einem zufälligen Treffen im Ausland um den Hals fällt wie verschollen geglaubten Halbgeschwistern. Weil ich ihm Lena vorstellen wollte, drehte ich mich um. Sie war mir nicht gefolgt, sondern stand in einiger Entfernung mit verschränkten Armen da und schaute misstrauisch zu uns herüber. Nachdem ich sie mit Blicken und Handzeichen heranlotsen konnte, ergab sich eine für mich beklemmende Situation.

«Hi, ich bin Thorsten. Du bist Lena, oder?»

«Ja.»

«Und was machst du so tagsüber?»

«Ist doch egal», sagte Lena, nickte kurz zum Abschied, drehte sich um und verschwand hinter einer Gruppe angetrunkener Holländer in Businessanzügen, aber mit orangen Schals und Mützen.

«Ich weiß nicht, was sie hat, sie ist sonst eigentlich ganz herzlich», sagte ich zu Thorsten, bevor ich ihr hinterherlief. Lena stand im Vorraum der Toilette. Sie begann sofort auf mich einzureden. «Wirklich, bitte, stell mich nicht irgendwelchen Arschlöchern vor, das ertrage ich nicht. Ich habe lange dran gearbeitet, mein Leben arschlochfrei hinzukriegen, dabei soll es bleiben. Ist mir egal, ob das ein Kollege ist, ich möchte mit dem nichts zu tun haben.»

«Aber Lena, ich …»

«Erzähl mir nicht, dass du das nicht merkst! Der Typ

45

ist ein Arschloch, wie blindblöd muss man sein, um das nicht zu merken! Das kann nicht sein, das kann einfach nicht sein, dass du das nicht checkst.»

Während Lena über Thorsten herzog und ich in regelmäßigen Abständen verständnisvoll nickte, erkannte ich, warum sie ein solches Energiebündel war. Sie eliminierte die Störquellen aus ihrem Leben. Alles, was ihr Energie rauben konnte, verbannte sie. Die seltsame Szene mit Thorsten war nur ein Anzeichen – für eine Haltung, die sie konsequent und ohne Rücksicht durchhielt. Aber was erwartete sie von mir? Musste ich in Zukunft dauernd überlegen, wer ein Arschloch sein könnte? Würde sie mich auch irgendwann wegschicken, wenn ich sie zu viel Energie kostete?

agenturgründung

Thorsten log ohne jede Scheu. Auf diese einfache Formel konnte ich sowohl den Grund für meine heimliche Bewunderung als auch seine größer werdenden Probleme bei Förster, Tobler, Kirk reduzieren. In den Kundenmeetings, die wir gemeinsam bestritten, erzählte er jedes Mal mindestens eine Lüge. Seine Strategie war sorgfältig ausbalanciert. Er log bei schwer überprüfbaren Fakten und setzte zum Beispiel darauf, dass man einen Konzernchef kaum anrufen konnte, um nachzufragen. Er streute zwischen seine Behauptungen auch wahrheitsgetreue, aber absurd erscheinende Angaben. Thorsten hatte ein umfangreiches Reservoir an Anekdoten, die ihre eigene Überprüfung provozieren sollten. Bei Präsentationen benutzte er am liebsten eine Marketingmetapher aus dem Tierreich, die Geschichte des Schafsleberegels. «Dieses Tier betreibt

46

eine Art zielgruppenorientiertes Neuromarketing. Der Parasit kommt im Darm von Schafen vor und legt da seine Eier ab. Dann werden sie natürlich vom Schaf ausgeschieden, bupp. Aus dem Schafskot fressen Schnecken die Eier des Leberegels, weil sie mit Lockstoffen versetzt sind, perfekt auf die Zielgruppe zugeschnitten. Aromamarketing!»

Thorsten hatte sein erstes Ziel erreicht: An dieser Stelle der Geschichte konnte ich in den Gesichtern Ekel und Faszination lesen und die berechtigte Frage, wie Thorsten den Bogen von Schafkacke zu ihrer Werbekampagne schlagen würde.

«Aus dem Verdauungstrakt der Schnecken wandern die Erreger in die Nase der Schnecke, oder das, was Schnecken eben statt einer Nase haben. Dort verursachen sie eine Erkältung und werden ausgeniest, vermengt mit Schneckenschnupfenschleim. Davon können sie sich einige Zeit ernähren und machen dabei wieder Neuromarketing mit Duftenzymen. Diesmal sind aber Ameisen die Zielgruppe, von denen lassen sich die Schafsleberegeleier fressen.» Einmal waren wir an dieser Stelle von Thorstens Erzählung aus dem Konferenzraum geflohen. In den meisten Fällen aber hatte Thorsten sein Publikum längst gepackt – allein schon durch den Mut, vor Menschen, von denen man Geld haben wollte, minutenlang von Schafskot, Schneckenrotz und Egelvermehrung zu sprechen.

«In der Ameise schießen die Leberegeleier ein echtes Marketingfeuerwerk ab. Sie gehen direkt ins Gehirn und bringen die Ameise dazu, auf die Spitze von Grashalmen zu steigen und sich dort tagelang festzubeißen. Leute, das ist klassisches Angstmarketing! Da wird der Ameise eingeredet, dass eine Sintflut unmittelbar bevorsteht. Dadurch ist die Ameise, voll mit Leberegeleiern, genau dort,

47

wo die Chance am höchsten ist, von einem Schaf gefressen zu werden. Peng! Und alles nur mit Werbung, die auf die Zielgruppen abgestimmt ist.»

Spätestens seit der auf dem Grashalm festgebissenen Ameise glaubte niemand mehr auch nur ein Wort der Geschichte. Dabei war jedes Wort wahr. Wenn die unwahrscheinlichste Passage einer Präsentation überprüfbar den Tatsachen entsprach, beschäftigte sich niemand mehr mit seinen realistisch wirkenden Lügen. Mit diesem Trick hatte Thorsten eine Reihe von Leuten überzeugt, ihm zu vertrauen; einige waren Kunden von Förster, Tobler, Kirk geworden. Mit dem Schafsleberegel ließen sich am besten komplizierte und deshalb teure Kampagnen verkaufen. Thorsten machte seinen Job als Kundenberater und Stratege hervorragend, wenn man ihn an den Agenturumsätzen maß.

Aber auch außerhalb der Präsentation log er weiter. Um irgendetwas als wahr zu betrachten, reichte es ihm aus, wenn die Möglichkeit bestand, dass es wahr werden könnte. Zumindest theoretisch, irgendwann. Er ging mit dieser Haltung erstaunlich offen um; wurde er ertappt, war seine Antwort: «Ach, Wahrheit ist nur ein Gefühl.» Beim Lügen kannte er weder Freund noch Feind, sein Ziel war, aus dem jeweiligen Moment das Beste herauszukitzeln, um Konsequenzen kümmerte man sich, wenn sie auftraten. Um sein rücksichtsloses Vorgehen zu erklären, zitierte er John Maynard Keynes: «Auf lange Sicht sind wir alle tot.»

In der Agentur bekam Thorsten wegen seiner sehr subjektiven Interpretation der Wirklichkeit zunehmend Probleme. Auf die Frage, ob ein Kunde zufrieden sei, antwortete er mit «Ja» – obwohl das Gegenteil der Fall war und Thorsten lediglich im Kopf hatte, wie der Kunde schon bald zufriedengestellt werden könnte. Aber weder die anderen Mitarbeiter noch die Realität selbst taten ihm den Gefallen, seine Sichtweise als Maßstab zu nehmen. Als Thorsten bemerkte, dass er unter Druck geriet, wurde er trotzig und provozierte einen Machtkampf. Ich hatte gerade von seiner Entlassung gehört, als er mich anrief. «Hör zu, der Knaller.»

«Was ist überhaupt los? Du bist doch gefeuert worden!»

«Jajaja, alte Story von gestern. Das war irgendwie klar, ich bin denen zu mächtig geworden da. Die Kunden …»

«Was?»

«Ich sag dir mal, was los ist. Die Kunden rufen mich an. Weil sie am Anfang superzufrieden waren und die Deppen es nicht schaffen, was Ordentliches abzuliefern. Die Hälfte von denen ist auf dem Absprung, und wenn die Kunden gehen, dann gehe ich halt auch.»

Thorsten hatte zehn Sekunden gebraucht, um seine fristlose Entlassung in einen selbstgewählten Abgang zu verwandeln, vermutlich ein Verklärungsweltrekord.

«Und wie geht's jetzt bei dir weiter?»

«Dachte schon, du fragst gar nicht mehr. Vor zwei Stunden ging die Mail an die Kunden, dass ich ab sofort nicht mehr bei Dingenskirchen arbeite. Und jetzt halt dich mal mit Anlauf fest: Ich hab schon drei Anrufe von Kunden gekriegt. Wenn wir jetzt 'ne eigene Agentur gründen, dann sind die dabei. Das ist doch der Kracher!»

«Ähm, wir?»

«Du hast den Laden doch kennengelernt, die kriegen nichts gebacken. Die sind viel zu slow. Lass uns 'ne eigene Agentur zusammen hochziehen. Wir spezialisieren uns auf Dotcoms und haben Kunden von Anfang an, besser geht's doch gar nicht.»

49

Der Vorschlag war reizvoll. In den vergangenen Wochen hatte auch ich häufig bemerkt, dass Förster, Tobler, Kirk zu behäbig war, um die jungen, ungeduldigen Kunden betreuen zu können. Auf einem Kongress sprach der Gründer eines Onlineshops davon, dass ein Jahr vier Internetjahre seien. «Internetjahre sind also fast Hundejahre», dachte ich. Die Beschleunigung, mit der die Dotcoms ihr gesamtes Umfeld ansteckten, riss auch mich mit. Jeder Start-up-Mitarbeiter konnte spontan einen «Elevator-Pitch» vortragen, also die Geschäftsidee seines Unternehmens in wenigen Sekunden vorstellen. Es gab eine Legende, von der ich vergessen hatte, ob ich sie irgendwo aufgeschnappt oder mir ausgedacht hatte: Ein amerikanischer Investor würde junge Unternehmer auf der Suche nach Risikokapital im Foyer seines Bürogebäudes persönlich in Empfang nehmen. Dann würde er mit ihnen in den Lift steigen, auf den Knopf für das zweiundvierzigste Stockwerk drücken und darum bitten, ihn bis zum Ende der Fahrstuhlfahrt zu überzeugen. Wer das nicht schaffe, könne im Aufzug bleiben und wieder hinunterfahren.

Von dieser Welt wollte ich ein Teil sein; ich wollte von Meeting zu Meeting fliegen, abends im Hotel nicht wissen, in welcher Stadt ich war, ich wollte in London am Laptop mit zwei Handys gleichzeitig telefonieren, von Tokio aus wichtige Probleme in wenigen Minuten mit ein paar Mails lösen, ich wollte Mitarbeiter hin und her dirigieren, an einem schweren Eichenholzschreibtisch sitzen und eine attraktive Assistentin haben. Oder zwei. Vor allem aber wollte ich Geld verdienen. Geld, Geld, Geld. Mein Verhältnis zu Geld war leicht zu beschreiben: Es zu besitzen war mir weniger wichtig als die Möglichkeit, es auszugeben. Sparen war eine sinnlose Selbstbegrenzung. Geld wollte

50

durch meine Hände fließen. Egal, wie viel Bargeld ich am Automaten abhob – spätestens nach drei Tagen war es aufgebraucht. In den Monaten, in denen mir das Gehalt von Förster, Tobler, Kirk überwiesen worden war und ich deshalb über viele tausend Mark verfügen konnte, hatte ich im Nachtleben ein extensives Einladungsverhalten entwickelt. Bei unseren regelmäßigen Treffen in den Kneipen der Stadt zahlte ich heimlich die gesamte Rechnung des Freundeskreises, ging ohne Verabschiedung nach Hause und freute mich über die später eintreffenden Dankes-SMS.

Geschwindigkeit und Geld waren meine «zwei großen G», im Gespräch mit Männern fügte ich manchmal noch ein G für Geschlechtsverkehr hinzu. Zwischen diesen Begriffen sollte sich mein Leben aufspannen. Und auf einmal schien eine Abkürzung da hinzuführen – ich wollte mit Thorsten die Agentur gründen. Kurz dachte ich darüber nach, wie ich entschieden hätte, wenn Thorsten mir seinen Vorschlag persönlich unterbreitet hätte und ich in seinem Gesicht hätte lesen können. Dann verwarf ich den Gedanken und konzentrierte mich darauf, meine Zukunft bunt auszumalen und mit Eichenholzintarsien auszustatten.

Am Morgen darauf bat ich Felix Förster um einen persönlichen Termin, den ich ein paar Stunden später und damit überraschend früh bekam. Als ich in Felix' Büro kam, saß neben ihm Kerstin, die aber mit ihrem Laptop beschäftigt zu sein schien.

Ohne Umschweife bot Felix mir Thorstens Job an. «Wir brauchen hier die jungen Wilden, wir brauchen hier Raubtiere, da draußen ist ein Dschungel, da herrscht Krieg, da brauchen wir Leute, die was reißen können! Hey, ich seh dein Zucken, du findest das komisch, den Job von deinem Kumpel zu kriegen.»

51

«Nein, ich …»

«Ha, noch besser! Deine Einstellung gefällt mir, keine falsche Scheu, immer geradeaus, der eine fliegt raus, jemand anders muss den Job machen. Das ist der Spirit hier in meiner Agentur, so gefällt mir das! Man muss die Ellbogen an der richtigen Stelle haben.»

Kerstin bemerkte, dass ich etwas ganz anderes hatte sagen wollen. «Aber …»

«Kerstin, sei mal ruhig, just a second, jetzt lass doch mal den Stefan antworten. Ich hab ihm gerade ein Angebot gemacht, das er nicht ablehnen kann. Lass ihn doch mal selbst entscheiden!»

Ohne auf das Angebot einzugehen, erbat ich mir Bedenkzeit und verließ den Raum. Felix rief mir hinterher, wie sehr er meine Neigung zu gründlich durchdachten Entscheidungen schätzen würde und wie gut ich schon deshalb in die Agentur passte.

Die folgenden Stunden verbrachte ich in der «Denkermatte», einer Hängematte, die vor der Agentur am Wasser zwischen zwei Bäumen aufgespannt war. In der Matte dürfe man auf keinen Fall gestört werden, besagten die Agenturregeln, die jeder Mitarbeiter in Form eines Büchleins ausgehändigt bekam. Man sollte so tun, als sei die Denkermatte in einer anderen Dimension, jenseits von Kollegen und Kunden. Für ein albernes Ritual wurde es erstaunlich rigide befolgt, wahrscheinlich würde man nicht einmal über einen Brand informiert werden und deshalb in den Flammen sterben, aber immerhin ungestört.

«Eigentlich eine schöne Einrichtung, diese Denkermatte», dachte ich. Wie auch ein paar andere Eigenheiten bei Förster, Tobler, Kirk ihren Charme hatten, der Fuck-off-Day zum Beispiel. Einmal im Monat durfte man morgens seinen Chef anrufen und sagen: «Fuck off, heute komme ich nicht ins Büro.» In der feierwütigen Werbeszene war diese Art des Überstundenausgleichs eine Errungenschaft.

Obwohl ich mich längst entschieden hatte, ging ich noch einmal die Argumente für und gegen die Gründung einer eigenen Agentur mit Thorsten durch. Dann fiel mir ein, dass Philipp einen Job suchte. Er war der gewissenhafteste Arbeiter, den ich kannte. Vor der gemeinsamen Silvesterfeier hatten wir zusammen an einigen kleineren Projekten gearbeitet. Jedes Mal war ich beeindruckt von seiner Vorbereitung, seiner Akribie und seiner Organisiertheit. Solche Dinge bewunderte ich, schon weil sie mir völlig abgingen. Und weil Thorsten genauso unstrukturiert arbeitete wie ich, musste jemand wie Philipp in die Agentur geholt werden. In der Hängematte telefonierte ich mit ihm, erzählte von der Agenturgründung und fragte ihn, ob er dabei sein wollte. Dann rief ich voller Enthusiasmus Thorsten an. «Hey, Thorsten, Alter, ich wollte dir nur sagen: Ich geh gleich zu Felix und kündige.»

«Super, lass uns treffen heute Abend. Und spuck Felix mal von mir ins Gesicht. Die Schweine haben mir heute Morgen 'ne Unterlassungserklärung geschickt.»

«Was? Das ist ja heftig. Was für 'ne Unterlassungserklärung? Und warum flüsterst du eigentlich so?»

«Ich bin hier bei der Beerdigung von der Mutter von 'ner Freundin, ich muss jetzt Schluss machen. Ich ruf dich an, wenn die Eingrabung hier over ist. Cool, dass du am Start bist, Alter.»

«Und die Unterlassungserklärung? Was ist mit …»

Thorsten hatte das Gespräch beendet. Dann erst fiel mir die sonderbare Situation auf, in der er sich befunden haben musste. Ein Telefonat auf dem Friedhof. Seine An-

53

deutung zu der Unterlassungserklärung ging mir im Kopf herum, aber ich wollte nicht weiter darüber nachdenken, wo doch mein Plan geklappt hatte, eine Agentur zu gründen. War das überhaupt mein Plan gewesen? Es fühlte sich inzwischen so an – auch noch, als ich am frühen Abend wieder in das Büro von Felix ging, der allein dort saß und mich erschöpft ansah.

«Hey, Stefan. Sorry. Ich hab mich vorhin verkalkuliert mit dem Jobangebot. Tut mir irre leid, ist überhaupt nicht meine Art, ich bin ja der Typ ‹ein Mann, ein Wort›. Aber die anderen flippen völlig aus, weil du noch so jung bist und noch nicht so lange bei uns.»

«Halb so wild. Ich wollte sowieso gerade kündigen.»

«What?»

«Ja.»

«Das ist jetzt ein Joke, oder? Gerade wolltest du noch Karriere machen, und das hier ist echt der Place to be zum Karrieremachen! Und jetzt lässt du dich aus der Bahn werfen, weil ich mich ein bisschen verkalkuliert habe?»

«Nein, ich kündige, weil ich vorhin schon kündigen wollte, weil ich nämlich einfach kündigen will.»

«Aber warum?»

Es kam mir unklug vor, ihm von unseren Plänen zu erzählen. Fünf Sekunden vergingen, zehn Sekunden, zwanzig – aber keine plausible Begründung wollte mir einfallen, obwohl ich sonst der schlagfertigste Mensch war, den ich kannte.

«Aber warum? Was soll der Shit? Das hier ist Förster, Tobler, Kirk, hier kündigt keiner! Es ist eine verfickte Ehre, hier zu arbeiten, hier arbeiten die besten Werber im ganzen Scheißland, wir sind eine fucking Family!» Felix hatte die Fassung verloren. Später erzählte mir Kerstin, nie vorher habe jemand von sich aus gekündigt – man habe sich höchstens im gegenseitigen Einvernehmen voneinander getrennt, darauf würde Felix viel Wert legen. Irritiert von seinem Wutanfall, schleuderte ich den ersten Grund heraus, der mir in den Sinn kam. «Ich kündige, weil ich scheiße finde, wie ihr mit Thorsten umgegangen seid.» Das war zumindest nicht vollkommen falsch. Jetzt schlug seine Wut in Verwirrung um. «Was? Was meinst du denn damit? Wie ... äh, wer hat dir, hast du mit Thorsten, also, was ... was, was meinst du?»

«Na, ihr habt ihn gefeuert, einfach so, ohne Vorwarnung!»

«Das ist doch Quatsch, der hatte längst seine dritte Abmahnung, ich hab ihn zehnmal gewarnt! Du weißt das vielleicht nicht, aber Thorsten hat alle angelogen, der hat richtig Probleme gemacht, die Kunden sind auf die Barrikaden, die sind im Dreieck gesprungen, schau mal bei mir in die Mailbox, jede zweite Mail ist 'ne Beschwerde von 'nem Kunden, und die andere Hälfte sind meine Warnungen an Thorsten.»

Wenn Felix überhaupt bemerkt hatte, dass ich durch seine Worte erschüttert war, ließ er es sich nicht anmerken. Thorsten hatte mir einiges verschwiegen, und vielleicht waren auch seine Kundenkontakte gelogen, das konnte ich kaum mehr einschätzen. Aber da war die Möglichkeit, mich mit einem guten Team selbständig zu machen, immerhin war Thorsten begnadet, was die Auftragsakquise anging, das stand außer Frage. Selbst wenn es uns nicht gelingen sollte, Kunden von Förster, Tobler, Kirk mitzunehmen, würden wir in kürzester Zeit am Markt erfolgreich sein, schon allein meinetwegen. Außerdem hatte ich mich irgendwie schon entschieden, da würde ich mich doch von ein paar

55

leicht veränderten Randrealitäten nicht umstimmen lassen. In Zukunft würde Thorsten mich nicht mehr hereinlegen können, immerhin konnte ich Gesichter lesen und wusste deshalb genau, was Thorsten dachte – wenn wir nicht gerade am Telefon sprachen wie tags zuvor. Oder vorhin. Ein paar Flunkereien würde es natürlich geben, wie bei jeder guten Beziehung in der Anbahnungsphase – aber dreiste Lügen würde ich definitiv entlarven können. Das stand fest.

«Also hör zu, Felix. Ich hab mich entschieden, ich will kündigen. Das geht nicht gegen dich oder die Agentur, eigentlich ist es super hier. Aber irgendwie will ich was Eigenes machen, die Zeit schreit danach, das merkst du doch auch. Das ist ein Kampf, du willst ihn gewinnen, du gehst da raus, in den Dschungel, in den Krieg, und willst was reißen! Und ich eben auch.» Felix liebte es, wenn man ihn zitierte. «Ich hab dich beobachtet, wie du geschickt argumentierst, wie du die Kunden überzeugen willst. Und nicht von irgendwas, sondern von deiner Agentur. Das merkt man doch, dass du nichts verkaufen willst, sondern dass es da um dein eigenes Ding geht, das ist doch das Erfolgsgeheimnis von Förster, Tobler, Kirk.»

«Och, ja, stimmt schon.»

«Das will ich auch, mein Ding machen. So wie du. Du bist mein Vorbild!»

«Ehrlich?»

«Ganz ehrlich, großes Werberehrenwort.»

«Na, so irre viel ist ein Werberehrenwort ja nicht wert.»

«Meins schon.»

«Okay. Versteh schon. Gute Erklärung, Stefan, echt gute Erklärung, am besten hat mir die Passage mit dem Dschungel gefallen. Und die mit dem Krieg da draußen, genau so ist es. Punkt. Du bist ein Guter, pass bloß auf, dass da nichts schiefgeht mit Thorsten, ich trau dem nicht. Komm mal vorbei irgendwann demnächst, auf ein, zwei Espressi.»

Auf der Fahrt zu Lena fiel mir ein, dass ich ihr von den neuen Entwicklungen noch gar nichts gesagt hatte. Dabei hatte sie mich erst kürzlich inständig gebeten, ihr zu erzählen, was mich beschäftigte. Ich fiel von der Tür ins Bett, in dem sie halbnackt herumlag und in einer uralten Modezeitschrift blätterte. Dort fand sie Anregungen für ihre Garderobe, die stilistisch von Audrey Hepburn bis Jackie Kennedy reichte, ergänzt durch eine Portion LSD und Klebstoffdämpfe.

«Wahnsinn, es ist so viel passiert heute, ich bin total durch. Ich brauch deinen Rat, du musst mir helfen.»

«Worum geht's denn?» Sie sprach in meine Richtung, aber blickte nicht von ihrer Zeitschrift auf. Normalerweise machte mich das wahnsinnig. Aber jetzt wollte ich ihr das Gefühl geben, an meiner Entscheidung für die Selbständigkeit irgendwie beteiligt zu sein, und nahm es deshalb hin. «Wir wollen 'ne Agentur gründen, und ich bin unsicher, soll ich eine Agentur gründen, ja oder nein? Du musst mir helfen, ich bin da einfach unsicher.»

«Moment, was für eine Agentur gründen? Und mit wem? Du arbeitest doch gerade erst ein paar Monate bei …»

«Jetzt nicht mehr. Ich habe heute im Affekt gekündigt, vielleicht war das falsch, aber es ging nicht anders, in dem Moment.»

«Du hast gekündigt? Warum das denn? Wegen der Agentur, die du gründen willst?»

«So ähnlich, ach, verdammt, vorhin hatte ich das Gefühl, ich verpasse was, wenn ich mich da erst mal zwei

57

Jahre durch die Abteilungen klicke. Dabei geht es gerade total ab dort draußen, diese ganze Dotcom-Situation, das muss man doch mitnehmen! Mit einer eigenen Agentur und nicht auf Rechnung von jemandem, der dich mit Krümeln abspeist, wo gerade der große Kuchen verteilt wird!»

«So richtig unsicher hört sich das nicht an. Und außerdem hast du doch schon gekündigt, wofür brauchst du meinen Rat jetzt noch?»

«Na, ob ich die eigene Agentur wirklich gründen soll mit ein paar Leuten.»

«Das hängt total von den Leuten ab. Was soll ich dir da sagen? Kenne ich die?»

«So halb.»

«Aha, und wer ist es?»

«Philipp. Hast du bestimmt schon mal gesehen, dieser Dünne, ganz lustiger Typ, so halblange Haare, immer 'n Gag am Start.»

«Hm, ach ja, der. Und sonst noch wer?»

«Ja ...»

«Und zwar?»

«Thorsten.»

Lena setzte sich aufrecht hin. «Ach, tu doch, was du willst.» Dann wandte sie sich von mir ab und legte sich ohne ein weiteres Wort wieder hin. «Begeisterung sieht anders aus», dachte ich. Aber immerhin hatte ich sie mit einbezogen, und sie hatte es besser verkraftet als befürchtet. Unsere Agentur konnte gegründet werden.

die agentur

Die Agentur gründete sich von selbst, uns fiel alles zu. Das Kernteam bestand aus Thorsten, Philipp und mir als geschäftsführenden Gesellschaftern. Weil wir alle der Meinung waren, dass man in einer Agentur eine Frau brauchte, fragten wir Sandra, die ohne Zögern ihren Job kündigte. Wir gaben ihr zehn Prozent der Firmenanteile, damit sie sich mit der Agentur identifizierte, aber nicht zu viel zu sagen hatte. Zwei Kunden ließen sich tatsächlich von Thorsten überzeugen, kündigten bei Förster, Tobler, Kirk und wechselten mit dreimonatigen Probeverträgen zu uns. Das brachte ausreichend Geld, um eine GmbH zu gründen. Thorsten kannte einen Notar, der – wie er erzählte – zu dick sei, sich um neue Klienten zu kümmern, und deshalb dankbar alles durchwinke, was man ihm auf den Tisch lege. «Zu dick» erwies sich als starke Untertreibung. Er empfing uns hinter seinem Schreibtisch sitzend – eine Fettpyramide mit dem schweißglänzenden Kopf als Spitze, Jabba the Hutt mit Sakko. Natürlich war ich angewidert, aber spätestens bei der Frage nach dem Gründungskapital zeigte sich, dass wir den richtigen Notar ausgewählt hatten. Thorsten beteuerte, die nötigen fünfundzwanzigtausend Mark befänden sich in der mitgebrachten Tasche, die er mit großen Augen hochhielt. Der Notar setzte sein Zeichen und den Stempel unter die Gründungsurkunde. «Brauchen Sie nicht aufzumachen, das glauben wir jetzt mal aus der Halbdistanz.» Es wirkte angemessen, dass er von sich in der Mehrzahl sprach. Direkt nach der Gründung suchten wir uns ein paar Mitarbeiter und Praktikanten, die unter Philipps Leitung alle vorhandenen Aufträge abarbeiten sollten. Durch Zufall hatten wir bei einem Spaziergang durch die Innenstadt eine Remise gefunden, im dritten Hinterhof, aber in bester Lage. Der Hausmeister hatte uns durch die großen Räume mit einem kleinen Innenhof geführt, eine Hof gewordene Aufforderung zum Grillen. Wir waren entzückt. Zum Einzug mieteten wir einen Lieferwagen, luden bei Ikea Schreibtische und Stühle ein und kauften bei einem Elektronikmarkt ein Dutzend iMacs und einen Server. Philipp hatte gespart und konnte das Geld auslegen. Markus, ein Bekannter von Sandra, half uns beim Einrichten des Servers und erwies sich aus der Laienperspektive als so kompetent, dass wir ihm halb im Scherz den Job des Technikchefs anboten. Ebenso halb im Scherz nahm er an und versprach, zur Verfügung zu stehen, wenn wir Aufträge hätten und gute Tagessätze bezahlen würden.

Thorsten und ich waren uns rasch einig, dass die Agentur auch einen Firmenwagen brauchte. Philipp war strikt dagegen, weil wir mit den Einnahmen knapp Gehälter und Miete decken konnten. Thorsten und ich fanden aber, dass man eher Erfolg hätte, wenn man erfolgreich aussähe. Und gerade das Auto entscheide darüber, ob man eine gutgehende Agentur repräsentiere oder einen Haufen Amateure.

«Wie wär's dann mit einem ironischen Firmenwagen?», fragte Philipp.

«Was meinst du? Eine Matchbox-S-Klasse?»

«Nein, schon ein echtes Auto, aber eben mehr so witzig cool, als cool cool.»

«Und zwar?»

«Einen Käfer.»

«So einen New Beetle? Der ist doch hässlich wie die Nacht und außerdem gar nicht so billig, wie man …»

«Nein! Ein Käfer. Ein richtiger alter Käfer.»

«Hm. Hab ich meine Altautoallergie schon mal erwähnt?»

«Hey, Käfer, das kommt auch bei den Girls super an, das hat Style. Käfer kann nicht jeder fahren.»

«Mag sein, Käfer bin ich früher mal gefahren, aber heute ist halt heute, und alt ist jetzt out.» Thorsten zweifelte noch. Ich wollte unbedingt einen Firmenwagen haben und sah die beste Chance darin, auf den Käfer zu setzen. «Supere Idee, Philipp! Das ist der Knaller.»

«Findest du?»

«It's not a bug, it's a feature! Und bug heißt ja gleichzeitig auch noch Käfer, versteht ihr?»

«Ja, Mega-Gag, Stefan, darüber lachen wir nächste Woche noch.»

«Lass mich mal ausreden, Alter. Erfolgreiche Agentur, wir fahren trotzdem Käfer, und zwar weil: Und dann kommt die Story. Schreiben wir auch auf die Website, schlachten wir pressemäßig aus.»

«Ja, und wie geht die Story? Die Agentur verdient so ultraviel Geld, dass wir den Originalkäfer von Hitler gekauft haben?»

«Nein, ich dachte eher an die Marke Käfer. Wir fahren Käfer, weil drei Milliarden Menschen auf der Welt beim Wort Auto an einen Käfer denken. Der Käfer ist das erfolgreichste Auto der Welt. Zack. So einfach.»

61

«Hm. Na ja. So übel hört sich das gar nicht an. Woher hast du denn die drei Milliarden?»

«Gerade ausgedacht, darum geht es doch gar nicht. Wir machen Werbung, Alter. Hauptsache, es fühlt sich richtig an.»

Thorsten hatte ein Faible für Größe. Schiere Größe war bei ihm grundsätzlich ein Argument, deshalb überzeugten ihn die drei Milliarden. Leider beauftragten wir Philipp mit dem Kauf, der bei all seinen Bekannten per Mail nach einem gebrauchten Käfer als Firmenwagen fragte. Thorsten war außer sich, und Philipp musste eine zweite Mail hinterherschicken und behaupten, alles sei ein Missverständnis, natürlich suche man keinen Firmenwagen, sondern eine fahrbereite Mühle für einen Werbespot. Auf diese zweite Mail meldete sich jemand, der einen blauen Käfer für fünfzig Mark zu verkaufen hatte. Das Geld wäre weniger für den Wagen, sondern weil er vollgetankt sei. Aus Furcht, nicht zu *delivern*, schlug Philipp sofort zu, ohne mit uns Rücksprache zu halten oder sich den Wagen zumindest näher anzusehen. Für ein Schnäppchen war er ausreichend gut in Schuss. Als Firmenwagen in ständigem Gebrauch aber taugte er kaum. Das Bremspedal funktionierte nur noch, wenn man es in einer Überraschungsattacke bis ans Blech durchtrat – und selbst dann schlecht. Man musste bei größeren Geschwindigkeiten mit der Handbremse operieren, was mit dem Heckantrieb des Käfers nicht unbedingt Fahrstabilität versprach. Das Getriebe hatten unbegabte Fahrzeugführer schrottreif geschaltet, nur der dritte Gang ließ sich noch ohne Gewalt einlegen. Thorsten und ich – die anderen trauten sich nicht – fuhren deshalb ausschließlich im dritten Gang durch die Stadt. Anfahren war die Hölle auf Rädern, aber alles zwischen zwanzig und achtzig Stun-

62

denkilometern war ohne Nervenzusammenbruch machbar. Die Rücklichter waren defekt, neu eingesetzte Glühbirnen gingen nach einer Viertelstunde kaputt. Irgendwo in der elektrischen Leitungsstruktur musste ein Fehler sein, ein Kurzschluss oder Kriechstrom. Nur die Bremslichter und die Frontscheinwerfer funktionierten zuverlässig, «das Auto weiß halt, worauf es ankommt», sagte Thorsten.

Bei den Angestellten wurde der Käfer als Zeichen der gewitzten Bescheidenheit der Geschäftsführung gewertet. In Kundengesprächen vergaßen Thorsten und ich nie, die Käfergeschichte zu erzählen. Jedes Mal schmückten wir sie noch etwas mehr aus. Ich dachte mir eine Studie von einer großen Unternehmensberatung aus, nach der niemals wieder eine Automarke an die Größe des Käfer würde kommen können, aus Gründen der «Diversifizierung des Marktes». Es gäbe inzwischen einfach zu viele Marken, die Produktzyklen seien zu kurz, kein Auto hätte die Chance, so hohe Marktanteile zu bekommen. Thorsten erfand das «Käfer-Prinzip», eine Marketingformel, die er je nach Bedarf leicht variierte. Entweder sprach er davon, dass die Bekanntheit einer Marke sich automatisch in Verkäufe übersetzen würde. Oder er definierte das «Käfer-Prinzip» als den Sieg des Designs über die Technik. Der Heckantrieb sei seit den fünfziger Jahren überholt, aber Technologien könnten ohnehin nur Fachleute beurteilen, «die Welt orientiert sich am Aussehen». Bei einer Präsentation behauptete Thorsten, dass wir eigens eine «Idiotenabteilung» eingestellt hätten. So hieße sie natürlich nur intern, ihr offizieller Name wäre «Testing». Dort hätten wir besonders unqualifizierte Kräfte konzentriert – Bescheuerte an der Grenze zur geistigen Behinderung –, die alles testen würden, was wir an Kommunikation produzierten. Dabei zeige sich immer wieder, dass

63

es den Leuten ausschließlich ums Design gehe. Die Technik dahinter sei völlig egal.

Die Termine bekamen wir, indem Thorsten, Philipp, Sandra und ich auf jede verfügbare Veranstaltung gingen, die irgendetwas mit der New Economy zu tun hatte. Jeder von uns ließ sich neben *Werbung* noch zwei Standardbegriffe wie *E-Commerce* und *Internet Marketing* auf sein Namensschild schreiben, so konnten wir zu viert als Spezialisten acht verschiedene Branchen ansprechen. Weil die Hochstimmung in der Dotcom-Szene anhielt, bekamen wir auf jeder Veranstaltung Dutzende Visitenkarten von Marketing-Entscheidern, die wir anschließend am Telefon bearbeiteten. Sandra sah nicht nur gut aus, sondern erwies sich wegen ihrer rauchrauen Stimme als Telefongöttin. Sie vereinbarte für uns an die zehn Termine pro Woche. Wir waren eine Terminmaschine geworden. Auf den Fahrten zu den potenziellen Kunden saß Thorsten am Steuer, Sandra auf der Rückbank. Dabei gingen wir die jeweilige Präsentation durch, eilig von Praktikanten angepasst, die wir das «Präsentariat» nannten.

«Wohin fahren wir jetzt eigentlich?»

«Zu einem Start-up, die heißen streaver.com. Haben gerade fünf Millionen bekommen.»

«Aha. Nie gehört.»

«Ich auch nicht, ist ja auch egal.»

«Was machen die denn, diese Streaver-Typen?»

«Radio übers Internet und später auch Fernsehen. Aber – festhalten, extradämlich – mit einem eigenen Gerät, das man für fünfhundert Steine zusätzlich kaufen muss. Das Ding heißt *Streaming Receiver* oder eben kurz *Streaver*.»

«Das kauft doch original überhaupt gar keiner.»

«Wär nicht schlecht, wenn du ihnen diese Premium-Information wenigstens bei unserer ersten Vorstellung vorenthältst, Thorsten.»

«Lies mal vor.»

«Wenn erst mal 'ne Million Geräte unters Volk gebracht sind, ist das Geschäftsmodell gar nicht so doof. In diesem Streaver ist das Modem schon drin, muss man nur an die Telefonleitung klemmen und kann sechzigtausend Radiosender im Internet empfangen. Und dann schalten sie Werbung. Die Sender kriegen die Hälfte ab von der Werbekohle.»

«Ach ja! Ich erinnere mich an die Typen», sagte Sandra. «Die hab ich aufgerissen auf der Konferenz in diesem Hotel neulich. Der eine Geschäftsführer kam dauernd mit ‹Weltmarktführer› um die Ecke.»

«Was brauchen die denn, weiß man das schon?»

«Werbung. Einführungskampagne Deutschland, Österreich, Schweiz.»

«Hausnummer?»

«Eine Million.»

«Könnte knapp werden: drei Länder für die Summe, mit einem Gerät, das keine Sau kennt.»

«Bleib mal geschmeidig, Thorsten, eine Million. Das wär unser größter Auftrag bisher.»

«Eine Million, da bleiben maximal zweihundert an Honoraren übrig, der Rest sind Anzeigen und Spots im Fernsehen, Internetwerbung ist ja Unsinn, wer schon online ist, kauft so einen Quatsch nicht. So viel ist 'ne Mio dann auch nicht.»

«Wir fahren trotzdem hin, oder?», fragte ich mit einem sarkastischen Unterton, den Thorsten wie üblich nicht bemerkte.

65

Bei der Präsentation duzte er die Jungs ungefragt und fing gleich mit einer Beleidigung an: «Leute, so nicht – euer Plan ist total DDR. Ich lese hier, dass ihr mit 'ner schlaffen Million drei Märkte erobern wollt. Wenn die nicht gerade Luxemburg, Liechtenstein und San Marino heißen, ist das viel zu klein gedacht. Das könnt ihr gerne machen, aber nicht mit uns. Dann sucht euch eine andere Agentur, die nur Geld verdienen will und euch irgendwas Unmögliches verspricht. Zum Beispiel eine Produkteinführung in drei Ländern mit einer Million.»

In die Fassungslosigkeit der Gründer hinein presste ich alle relevanten Informationen über unsere Agentur, die zur Hälfte geschönt und zur anderen Hälfte gelogen waren. Neben der wenig überraschenden Ablehnung sah ich in den Gesichtern auf der anderen Seite des Konferenztisches aber auch Interesse. Deshalb ließ ich auf Thorstens Affront meine Anbiederung folgen: das überschwängliche Lob des Geschäftsmodells und der Idee von streaver.com. Ich hatte einige Formulierungen von ihrer Webseite auswendig gelernt und webte sie in mein Lächelgeplauder ein. In der Mitte saß ein dunkelhaariger Scheitelbubi, den ich als Wortführer der drei ausmachte. Deshalb wandte ich mich in meiner Ansprache an den blonden Schlaks neben ihm. Auf diese Weise fühlte sich der Dunkelhaarige angehalten, ständig entlarvende Kommentare abzugeben. Sein Gesicht verriet, dass er erbost war über den Ton der Eröffnungsrede, aber ahnte, dass Thorsten recht hatte. Eigentlich wollte er genau das hören, um gegenüber seinen Investoren ein Argument für mehr Kapital zu haben. Also schlug ich höflicher noch einmal in die gleiche Kerbe. «Mein Kollege Thorsten ist manchmal etwas, sagen wir, nassforsch.»

«Kann man so ausdrücken.» Gelächter.

«Aber vielleicht muss ich die Vorgeschichte erzählen, um das Ganze ins richtige Licht zu rücken.» Thorsten hatte seinen Blick auf die Tischplatte gerichtet und schmollte. Sandra lächelte in die Runde und schäkerte heimlich mit dem Dunkelhaarigen, der ihr damals seine Karte gegeben hatte. Sie konnte ihre Augenbrauen einzeln heben, das Napalm des Flirtens, danach war alles Feuer und Flamme. «Also, auf der Fahrt hierher – wir haben einen Firmenkäfer, ich erzähle euch auch gleich warum –, auf der Fahrt diskutiere ich mit Thorsten nochmal euer Geschäftsmodell. Thorsten ist begeistert, dabei ist er sonst nicht so der begeisterte Typ, um ganz präzise zu sein, hab ich ihn erst einmal so begeistert erlebt, und das war, als so eine süße Blonde mit ziemlich großen – aber das führt jetzt zu weit.»

Wieder Gelächter. Einer der Gründe, warum wir Sandra zu allen Terminen mitnahmen, war die spätpubertäre Chauvi-Haltung, die unter den Dotcom-Nerds weit verbreitet war. Keine Sexanspielung war zu schlecht, kein Tittengag war zu doof.

«Und mitten in Thorstens Begeisterung rein erkläre ich ihm die Aufgabe. Produkteinführung Deutschland, Österreich, Schweiz. Als ich ihm das Budget verrate, ist er fast ausgerastet.» Die großäugige Stille im Raum verriet mir, dass ich auf der richtigen Spur war, deshalb legte ich nach. «‹Diese geile Idee›, hat er gesagt, ‹… und dann versauen die es mit einer Einführungskampagne für 'ne käsige Million? Das ist doch Mord an der ungeborenen Idee!› Richtig wütend ist er geworden. Und da muss ich ihn jetzt wirklich in Schutz nehmen – der Streaver, das ist der Knaller. Das ist der neue Videorekorder, der steht in drei Jahren in jeder Wohnung. Und den neuen Videorekorder – Leute! Den führt man eben nicht mal eben mit vierhundert Deutsch-

67

land, zwohundert Ösiland, zwohundert Schweiz und zwohundert Agenturhonorar ein.»

Die drei Start-up-Jungs sahen sich an. Wir begannen ein offenes Gespräch, in dem sie uns von ihren Sorgen mit ihren Investoren erzählten, die immerzu den Druck erhöhten und ihnen nicht vertrauten. Wir schlossen einen Pakt: Sie gaben uns den Auftrag für ein *Rundum-glücklich-Paket Kommunikation*, und wir sollten alles auf Erfolg trimmen, sodass sie von den Investoren in Ruhe gelassen würden. Gleich als Erstes verriet ich ihnen den Trick mit dem Käfer. Einen Tag später kauften sie einen alten Käfer, auf den die Investoren so positiv reagierten, dass streaver.com unseren einmonatigen Probevertrag auf ein Jahr verlängerte. Er brachte uns fünfzigtausend Mark netto im Monat, aber die Arbeit ließ sich von einem Grafiker und einem Textpraktikanten erledigen. Dazu kamen zwei oder drei Treffen – denn eigentlich wollten sie in Ruhe gelassen werden – und ein paar Ideen für die Investorenkosmetik. Wir hatten uns als perfektes Verkaufsteam inszeniert, auch wenn Thorsten anschließend wieder mal vergaß, meine sensationelle Gesprächsführung zu loben.

Das Führen der Agentur und das ständige Vortäuschen von Erfolg, um irgendwann Erfolg zu haben, kosteten mich mehr Energie, als ich gedacht hatte. Die aufstrebende Agentur brauchte mich ganz. Am meisten machte das Lena zu schaffen, die mich bat, wieder mehr Zeit mit ihr zu verbringen. Weil ich ihr keinen Grund geben wollte, sich vernachlässigt zu fühlen, wartete ich nach ihrem Vorwurf ein paar Tage und fragte sie dann per Mail, ob wir uns nicht einen romantischen Abend machen wollten. Zwischen den Zeilen Erleichterung und Vorfreude – schlug

Lena vor, gemeinsam zu kochen. In der Küche zu stehen und Gemüse zu häckseln war nicht meine Vorstellung eines romantischen Abends, aber ich fügte mich, ich tat das ja nicht für mich. Sie schrieb mir eine Mail mit den Dingen, die ich einkaufen sollte. Als ich die Agentur verlassen wollte, fiel mir Lenas Liste wieder ein, aber mein Computer war schon ausgeschaltet. Deshalb beschloss ich, später im Supermarkt mein hervorragendes Erinnerungsvermögen zu bemühen. Die Mail hatte ich am Mittag überflogen, rein grafisch hatte ich ihren Aufbau noch gut im Kopf. Es fing mit einem Milchprodukt an, dann kam ein langes einzelnes Wort, eventuell ein Gemüse, dann eine Aufzählung aus drei kurzen Wörtern, eins davon war «Eier». Vermutlich. Nach einer Dreiviertelstunde zwischen den langen Regalreihen hatte ich das Gefühl, die meisten Dinge beisammenzuhaben, ungefähr achtzig Prozent, vielleicht auch nur siebzig, mit Sicherheit aber mehr als die Hälfte. Zu Hause erwies sich dieses Gefühl als nicht ganz korrekt, ich erinnerte mich auch wieder an das Gericht, das Lena hatte kochen wollen: Paprika mit Hackfleisch-Reis-Füllung. Weder Reis noch Paprika hatte ich im Laden rememorieren können. Anstelle von Hack hatte ich Schnitzel mitgebracht, das war immerhin ein halber Treffer. Ohne meine ansonsten gute Gedächtnisleistung zu würdigen – Eier und Milch hatte ich präzise erinnert –, flüchtete Lena sich missmutig in die Zubereitung einer Tiefkühlpizza, die ihr phantastisch gelang, wie ich voller Anerkennung bemerkte. Leider wusste sie mein Kompliment kaum zu schätzen und verzog sich nach dem Essen auf ihre Seite der Bettinsel.

murmelduell

Murmeln, die Währung meiner Kindheit. Im Winter dachten wir uns für die Pausen Spiele aus, die auch im Klassenzimmer funktionierten. Neben dem an Boule erinnernden *Präzisionsmurmeln* war eine Art Glücksspiel besonders beliebt: Zwei Spieler standen sich gegenüber, jeder schob die geschlossenen Fäuste vor. In einer musste sich eine Murmel befinden. Es galt zu raten, in welcher Hand die Murmel war, um sie zu gewinnen.

Mit der Zeit zeigte sich, wer ein Gespür für die richtige Hand hatte. Ein Grüppchen von vier Jungs gewann die meisten Duelle. Einer der vier – Jens, ein schmächtiger Witzbold – beobachtete die Spiele und schrieb dabei ein Heft voll. In einer Pause fragte ich ihn, was es mit seinen Notizen auf sich hätte.

«Geht dich nix an, du Pilot.»

Pilot war eine schulweit akzeptierte Mischung aus Ansprache und Schimpfwort – je nach Betonung. Völlig unklar, woher es gekommen war, verschwand es bald wieder. Aber in seiner kurzen Blütezeit geriet es zum Universalwort für fast alles.

«Ach, komm, erzähl, ich verrat's auch keinem!»

«Hmm ...»

«Du kriegst fünf Bucker!» Ich zog die großen Murmeln aus der Tasche. Er lachte. «Na ja, bei manchen kannst du erkennen, in welcher Hand die Murmel ist. Andi hält die Faust mit der Murmel immer ein bisschen höher. Roland hat den anderen Daumen in der Faust. Und so was halt.» Den Begriff Körpersprache kannten wir beide noch nicht.

«Ui!» Mehr fiel mir für ein paar Sekunden nicht ein. Ich hatte zum ersten Mal das Gefühl, etwas Großem auf die Spur gekommen zu sein.

70

Die Beobachtungen von Jens beeindruckten mich nachhaltig. Bisher hatte ich mich auf mein Bauchgefühl verlassen, von da an ging ich analytisch vor. Leider erwies sich die Haltung der Hände als unzuverlässiges Zeichen. Besonders in entscheidenden Situationen versagte das Handorakel. Deshalb war Jens auch nur unter den besten vier, aber eben nicht der ständige Gewinner im Murmelduell.

Ich wollte eine Methode entwickeln, die mir mehr Sicherheit gab. So, wie die älteren Schüler neuerdings Englisch lernten, erforschte ich die Gesichtersprache. Wie Jens legte ich ein Oktavheft an, in dem ich die Gesichtsausdrücke der Mitschüler beschrieb. Ich versuchte auch, sie zu zeichnen, war aber zu unbegabt. Zeichnen gehörte zu den wenigen Sachen, für die ich kein Ausnahmetalent hatte.

Bei meinen Forschungen konzentrierte ich mich auf drei oder vier Klassenkameraden, darunter ein Mädchen, Isabel. Ich war in sie verliebt und versprach mir einen gewissen Begleitnutzen davon, wenn ich in ihrem Gesicht lesen könnte. Jeden von ihnen analysierte ich Dutzende Male. In einer Pause wurden oft zwanzig Partien ausgetragen. Ich notierte so präzise wie möglich, wie sich die Gesichtsmuskulatur während des Duells verhielt. Nach zwei Monaten, in denen ich selbst gar nicht mehr spielte, konnte ich in neun von zehn Fällen sagen, in welcher Hand die Murmel war. Es erstaunte mich, wie einfach das Gesichterlesen war. Besonders die Lippen und die Stirn offenbarten, was in jemandem vorging. Interessanterweise unterschieden sich die Merkmale von Person zu Person nicht so stark wie anfangs befürchtet. Fast alle neigten dazu, die Murmelhand zu bevorzugen, und ich musste nur herausfinden, auf welche Weise. Das Kinn zeigte bei vielen auf die Murmelseite, die Achse der Schultern verschob sich dorthin. Sie wandten sich, ohne es zu bemerken, dem wertvollen Gegenstand zu. Andere Kinder linsten zwischendurch nach der Hand. Man musste genau hinsehen, die Pupillen flogen nur für einen Augenblick zur Murmelseite hin und wieder zurück.

Bei der Beobachtung von Isabel verliebte ich mich mit jeder Minute mehr. Die Murmel war bei ihr sehr oft in der rechten Hand, was auch ein paar andere Jungs herausgefunden hatten. Wenn aber die Murmel in der anderen Faust steckte, kräuselte sie die Stirn. Das hieß, dass etwas nicht in Ordnung war. Ich war so froh über meine Entdeckungen, dass ich sie jemandem mitteilen musste – meine Chance bei Isabel. Ich glaubte, sie müsste sich geehrt fühlen, wenn sie erfahren würde, dass ich sie beobachtet hatte und in ihrem Gesicht lesen konnte. Wir hatten zwar nicht den gleichen Heimweg, aber ich ging trotzdem öfter ein Stück in ihre Richtung und kam so ins Gespräch mit ihr.

Eines Nachmittags nach der Schule hielt ich die Gelegenheit für günstig. «Ich habe ein Geheimnis.»

«Oh, toll!» Isabel fand irritierend viel «toll». Das war oft ihre erste Reaktion. Sie variierte aber die Betonung und verlieh so ihrem «toll» einen Bedeutungsumfang, der von «nerv nicht» über «aha» bis «phantastisch» reichte. Mein Geheimnis hatte sie mit einem «aha»-toll quittiert.

«Ja. Du kommst auch drin vor.»

«Echt?» Isabel war deutlich interessierter, wenn es um sie ging. Wir waren uns *so ähnlich*.

«Ja, echt. Ich kann was, was sonst keiner kann!»

«Und was hat das mit mir zu tun?»

«Na ja, du kommst eben auch vor, ich kann nämlich sehen, was andere Menschen so denken. Fast wie Gedankenlesen.» In diesem Moment hatte ich ein wenig – für mich selbst kaum zu bemerken – übertrieben. Ich erzählte Isa-

72

bel davon, dass ich unsere Mitschüler beobachtet und analysiert hätte. Dass ich einen Weg gefunden hätte, in Gesichtern zu lesen.

«Hast du bei mir auch …»

«Ja!», sagte ich mit viel Zuneigung in der Stimme.

«Du bist ja komisch. Das ist doch unheimlich, einfach so Leute beobachten und alles aufschreiben.»

«Findest du das echt unheimlich?»

«Ja, voll! Zeig mal, was du aufgeschrieben hast über mich!»

«Aber …»

«Ey, zeig mal, da hab ich ja wohl ein Recht drauf, wenn du das heimlich aufgeschrieben hast. Zeig!»

Ich wusste nicht mehr ganz genau, ob ich heikle Dinge neben Isabels Namen geschrieben hatte, außerdem schien der Moment für ein Liebesgeständnis nicht unbedingt geeignet zu sein. Als sie mich aber mit gekräuselter Stirn ansah, konnte ich nicht anders, als das Heft aus dem Rucksack zu nehmen, darin zu blättern und ihr eine Seite zu zeigen.

Isabel
- *Murmel ist immer rechts (fast)*
- *wenn nicht, Stirn kräusel!*
- *Lippen zusammenkneifen heißt, sie ist ärgerlich*
- *Nasenlöcher ganz weit: verwirrt*
- *beim Reden blinzeln: Sie glaubt es nicht*
- *Mundwinkel zucken: Sie ist nicht einverstanden*
- *wenn sie süß lächelt:*

Dort endete der Eintrag – zu meinem Glück. Die Einträge über andere Kinder waren detaillierter, aber ich hatte mich bei ihr wohl gescheut, allzu Verräterisches in mein

Heft zu schreiben. Isabel sagte: «Du bist total komisch, echt. So was schreibt man doch nicht auf!»

«Aber es kann doch jeder sehen.»

«Na und? So was schreibt man doch nicht auf, das machen nur Verrückte.»

Ich hatte gehofft, dass sie ihr «toll» sagen oder mich wenigstens als «Pilot» bezeichnen würde. Stattdessen las ich in ihrem Gesicht Abneigung. «Und was heißt das überhaupt, wenn ich süß lächle?»

«Dann ...»

«Ja, was?»

Die richtige Ergänzung lautete «dann bin ich noch verliebter in dich», aber wenn es je eine Chance gab, ihr näherzukommen, dann auf gar keinen Fall in diesem Moment. Also sagte ich: «... dann ... dann ... dann siehst du total hübsch aus!» Isabels Miene hellte sich auf. «Echt?»

«Ja, echt.» Schon wollte sie sich dem unerwarteten Kompliment hingeben, als sie sich daran erinnerte, dass sie mich eben noch als komisch und bedrohlich empfunden hatte. Ihre Stirn kräuselte sich wieder, sie kniff die Lippen stärker zusammen, als ich es jemals zuvor beobachtet hatte, und riss mit einer ungeschickten Bewegung das halbe Blatt mit ihrer Beschreibung heraus. Dann ließ sie das Heft fallen, knüllte die einzelne Seite in ihre Tasche und rannte davon. Als sie sich nach fünf Metern noch einmal kurz umdrehte, wusste ich, wie ein Gesicht aussah, das Angst ausdrückte.

roneco

Wir arbeiteten wie selbstverständlich auch am Wochenende. Beinahe ernsthaft sagte Thorsten häufig den Spruch:
«Wie – du kommst Sonntag erst um elf rein?» An einem
Sonntag im August war eine Handvoll der zu dieser Zeit
zehn Mitarbeiter schon da, als ich ins Büro kam. Ich
setzte mich an den Schreibtisch, hörte Musik über Kopfhörer und surfte im Internet. Wenn jemand in meine Nähe
kam, schrieb ich in der Pose höchster Konzentration ein
paar Zeilen in ein Word-Dokument oder fügte ein Symbol-
bild in irgendein Kommunikationskonzept ein. So sah ich
ausreichend beschäftigt aus; niemand belästigte mich. Am
Abend bekam ich Hunger, lief zum Imbiss um die Ecke und
kaufte mir einen ägyptischen Falafel mit Sesamsoße und
extra Knoblauch. Dann ging ich zurück zur Agentur, um
an meinem Tisch zu essen. Nach wenigen Bissen kam Philipp zu mir herübergeschossen. «Das geht nicht!»

«Hmm. Was?»

«Na – das! Das da!» Er zeigte auf meinen Falafel. In seiner Stimme war der für Philipp typische Anflug von Hys-
terie zu hören. Er konnte sich schneller in alles Mögliche
hineinsteigern als irgendjemand sonst auf der Welt. Man
sah ihm dann an, wie er in drei, vier Gedankensprüngen

aus einer weggeworfenen Zigarettenkippe einen Jahrhundertbrand fabrizierte. Seine Pupillen zuckten, seine Lippen verzogen sich, seine Augenbrauen wanderten die Stirn hoch und erstarrten am höchsten Punkt. «Als hätte er seine Medikamente dieses Jahr noch nicht genommen», so kommentierte Sandra seine Reaktion. Er sprach dann besonders langsam, um einen allzu gepressten Unterton zu vermeiden. Es gelang ihm selten. Dabei konnte Philipp sehr cool sein. Allerdings nur, wenn es nicht drauf ankam. Auf dem Schlachtfeld, an der Front, war Philipp wie gelähmt – ein Hindernis für alle Beteiligten. Abseits davon, im Alltag, war Philipp witzig und charmant. Er beherrschte soziale Situationen, konnte Aufmerksamkeit auf sich ziehen und ging auch mit größeren Gruppen souverän um. Er hatte ein Repertoire an Kunststückchen, das unterhaltsamste war das pantomimische Rauchen. Um sich das Rauchen abzugewöhnen, hatte sich Philipp die Bewegungsabläufe beim Rauchen antrainiert – nur ohne Zigarette. Wenn er ein geeignetes Publikum fand, wühlte er in der Tasche nach einer imaginären Zigarettenschachtel. Er lupfte sie heraus und schien sie nicht gleich unter Kontrolle zu bekommen. Ungeduldig riss er die gedachte Plastikumhüllung auf, sah sich ratlos um, was mit der zerknüllten Folie zu tun sei, ließ sie beiläufig auf den Boden fallen und widmete sich wieder der Schachtel. Er schien sie aufzuschnippen und zu zögern, welche Zigarette er nehmen sollte. Dann entschied er sich für eine und zog sie mit spitzen Fingern heraus. Er ließ die virtuelle Schachtel wieder in die Tasche gleiten und mit derselben Bewegung das Feuerzeug herausfließen. Mehrmals musste er es schütteln, um mit einem dumpfen Schnipsen eine Flamme herauszubekommen. Dann zündete er die Pseudozigarette

76

im Mundwinkel an, den Kopf auf die Seite gelegt. Spätestens jetzt lachte jeder Zuschauer und schwor, dass da eine Zigarette in der einen Hand sei und ein Feuerzeug in der anderen. Man sah die zu Boden gefallene, geknüllte Folie, man sah die Ausbuchtung der Schachtel in seiner Tasche, man sah das Aufblitzen der Flamme zwischen seinen Fingern. Philipp, der Zigarettenmagier, rauchte so bezaubernd bemüht wie ein Zwölftklässler. Er führte die Zigarette zum Kopf und gleichzeitig den Kopf zur Zigarette. Er sog etwas zu laut Luft ein, unterdrückte ein Husten, kniff die Augen zusammen, als ihm der Rauch ins Gesicht stieg, ein perfektes Schauspiel. Nach dem Inhalieren hielt er inne, hob den Kopf und öffnete die Augen wieder, streckte den Hals und blies den Rauch in die Luft. In diesen Momenten war Philipp der Größte, ein vorgetäuschter Souverän, der Herrscher des Nichtschwimmerbeckens.

Jetzt stand der andere Philipp vor mir mit seinen hundert sozialen Problemen. Dieser andere Philipp beschwerte sich über den Knoblauchgeruch meines Falafels, er könne so nicht arbeiten. «Ich kann so nicht arbeiten!» war ein geflügeltes Wort geworden in der Agenturlandschaft – vorgebracht im Tonfall eines Künstlers, für den «die Gesamtsituation auch im Detail» stimmen musste, damit er produktiv sein konnte. Ich hatte mir sogar einen Schal mit dem Satz besticken lassen. Leider hatte die Stickerei mitdenken wollen und den Schriftzug unterteilt in «Ich kann so» und «nicht arbeiten!». Um den Hals gelegt, las man «nicht arbeiten! Ich kann so». Die ganze Agentur lachte darüber, ich trug den Schal aus Trotz noch dreimal und warf ihn dann in die Altkleidersammlung, wo ihn sicher jemand kriegen würde, der tatsächlich nicht arbeiten konnte.

Wegen eines Knoblauchfalafels wollte ich keine offene

Konfrontation mit dem kurz vor der emotionalen Apokalypse stehenden Philipp riskieren und trat auf den Hof. Regelmäßig verirrten sich Passanten auf der Suche nach einer Blockdurchwegung dorthin. Sie blieben dann ein paar Minuten stehen und schauten sich die Kulisse an. Die schräg stehende Remise, Erdgeschoss und erste Etage, bestand in jedem Stockwerk aus einem großen Raum und einem Sanitärtrakt. Unter dem gepflasterten Hof erstreckte sich der gefliese Keller. Zwei große Milchglaskuppeln wölbten sich auf dem Hof bis auf Hüfthöhe, die Oberlichter für den Kellerbereich. Das reichte uns, um die vierhundert Quadratmeter Untergeschoss zum Büroraum zu erklären, in dem die Geschäftsführung freilich nicht sitzen wollte. Den Hof nutzten wir als Terrasse und hatten dort Bierbänke und Tische aufgestellt, einen Grill und unter einem Vordach ein Sofa.

Missmutig kaute ich meinen Falafel. Ich wollte mich nicht hinsetzen, sondern Philipp durch mein weithin sichtbares Proteststehen zeigen, dass ich viel lieber drinnen gegessen hätte. Es dämmerte bereits, und es war nicht besonders warm. Zwei kichernde Frauen Anfang fünfzig kamen auf mich zu. Sie waren angetrunken. «Huch! Geht's hier nicht weiter?»

«Nein. Hier ist nur unser Hof. Sackgasse.»

«Aber schön habt ihr's euch hier gemacht.» Sie zeigten auf unsere Bierbänke und kicherten wieder. Die eine bemerkte meinen abwesenden, abweisenden Gesichtsausdruck. «Oh, stören wir?» Sie ließ ihren Blick durch die Glasfront der Agentur wandern und sah die arbeitenden Leute im Schein der Bildschirme. Schon hatte sie vergessen, was sie eben noch gefragt hatte, ihr Gesicht hellte sich auf. «Sind das iMacs? Das sind doch iMacs!»

78

«Ja, das sind iMacs.»

«Toll! Das ist so toll! Wir haben unserem Sohn auch gerade einen iMac geschenkt. Mein Mann und ich. Mein Exmann und ich. Wir machen auch mit Computern.»

«Aha.»

Die Frau – bis jetzt hatte nur eine der beiden geredet, die andere kicherte nur – fuhr mit ihrem Geplapper fort. «Computer sind ja die Zukunft. Bei uns in der Firma versuchen wir grad das papierlose Büro. Klappt allerdings noch nicht so richtig.»

Ich nickte und versteckte mich hinter dem Rest meines Falafels. Dabei fiel mir auf, wie sehr er nach Knoblauch stank.

«In der Firma sind wir ja inzwischen fast tausendfünfhundert! Ganz schöner Brocken, tausendfünfhundert Leute, und ich mache da die Personalentwicklung. Weiterbildung, Fortbildung, aber auch mal Rückenschule, die Mitarbeiter müssen immer verbessert werden, das gilt für alle Bereiche!»

«Mmmh. Ja.»

«Wir kommen grad aus der Firma von einer Feier, das muss ja auch sein ab und zu, ganz wichtig fürs Klima! Aber was macht ihr eigentlich mit euren schicken iMacs? Die sind ja wirklich schick!»

Ich hatte mich damit abgefunden, dass ich zum Falafel eine Plapperbegleitung ertragen musste. Deshalb warf ich aus Höflichkeit ein paar Informationsbrocken hin. «Werbung und Internet. Wir machen Werbung und Internet hier.»

«Nein! Nein!»

«Doch.»

«Nein, echt? Wirklich? Wir sind eine Unternehmensberatung, Technologie-Implementation. Die erfolgreichste in Ostdeutschland!»

«Die einzige in Ostdeutschland», sagte ich.

«Ja! Die einzige auch. Toll, oder?»

Sie hatte meine Spitze nicht verstanden. Verstand eigentlich *irgendjemand* meine Ironie?

«Jedenfalls, ich bin die Hannelore. Das ist die Christa, ich bin die Hannelore. Du kannst Hanne zu mir sagen, alle sagen Hanne, ist ja auch viel kürzer.»

«Hallo, Hanne, ich bin Stefan.»

«Nein! Stefan! So heißt mein Neffe! Mein Neffe heißt auch so!»

Hannelore war vom Zufall überwältigt und kam bis auf einen Schritt an mich heran. Ich lachte sie an und spürte dabei, dass ich Sesamsoße im Mundwinkel haben musste. Sie lachte zurück. «Wir sind ja eine richtig große Firma. Seid ihr auch eine große Firma?»

«Nein, wir haben uns erst vor ein paar Monaten gegründet.»

«Toll, eine blutjunge Firma! Wir unterstützen regelmäßig junge Firmen mit Aufträgen. Horst, mein Mann, mein Exmann, der sagt immer, junge Firmen sind die Zukunft, alle große Firmen waren mal klein!»

«Aha.»

«Da mir fällt was ein! Ihr seid doch eine Werbeagentur! Wir brauchen nämlich ein Schild für die Betriebsfeier im Herbst, das Jubiläum. So ein schön designtes Schild, da muss draufstehen: Zehn Jahre Roneco. So heißen wir, zehn Jahre werden wir alt, im Herbst, und tausendfünfhundert Leute, eine Riesenfeier. Im Herbst!»

«Ein Schild?»

«Ja, ihr könnt doch Design, ihr designt uns ein Schild.

80

Ein kleiner Auftrag, aber wir zahlen gut, und wenn ihr das hinkriegt, dann kommt da bestimmt was hinterher. Man lernt ja Leute einfach besser kennen, wenn man zusammenarbeitet.»

Ich gab nicht viel auf Hannelores Geplauder. Sie war betrunken und kam mir nicht besonders clever vor. Immerhin fiel ihr auf, dass meine Visitenkarte selbst gemacht war. «Oh, schief geschnitten. Und mit dem Farbdrucker, ne.»

«Die richtigen Karten sind noch in der Druckerei, wir sind ja grad umgezogen, da brauchten wir auf die Schnelle so Ersatzkarten, da haben wir …»

«Ach, das ist doch völlig okay, ihr seid doch noch eine junge Firma, das ist doch völlig okay. Ich schreibe dir eine E-Mail, und dann schreibst du mir eure Faxnummer, und ich faxe euch den Auftrag, das ist ja nun mal rechtlich so.»

Wir verabschiedeten uns. Hannelore umarmte mich so lange, dass ich zum ersten Mal während unseres Zufallstreffens auf die Idee kam, sie könnte vielleicht etwas ganz anderes wollen, als eine junge, mit iMacs arbeitende Firma zu unterstützen. Dabei bemerkte ich so was sonst immer sofort. Zurück am Computer, schrieb ich sofort eine Mail an Hannelore, weil ich mir nicht vorwerfen lassen wollte, eine Gelegenheit zur Auftrags-Akquise verstreichen zu lassen, sei sie auch noch so klein.

Einige Tage später kam eine freundliche Antwortmail. Hannelore entschuldigte sich mit einem Zwinkersmiley für ihr Angetrunkensein, beschrieb das Schild, das die Unternehmensberatung für die Zehnjahresfeier brauchte, fragte noch einmal nach der Faxnummer und schob hinterher, dass ihr Mann, ihr Exmann, der Horst, uns kennenlernen wollte. Ich wusste nicht genau, was ich davon zu halten hatte, und schaute mir die Website an. Die Firma hatte tatsächlich über fünfzehnhundert Mitarbeiter, verteilt auf zwölf Standorte in ganz Deutschland, Schwerpunkt neue Bundesländer. Neben dem nebulösen Geschäftsfeld Technologieintegration bot Roneco auch Strategieberatung an. Obwohl die Seite selbst hässlich war, verhießen die Rahmendaten einen interessanten Kunden. Die Umsätze waren imposant, das Wachstum des Unternehmens über die letzten Jahre eindrucksvoll.

Unter dem Punkt Führungsteam fand sich als Geschäftsführer ein Horst Klede – der gleiche Nachname wie Hannelore. Ich schrieb ihr, dass ich die Design-Aufgabe an die Grafik weitergeleitet hätte, und bat sie, einen Termin mit Horst zu vereinbaren, wir wären sehr erfreut über sein freundliches Angebot. Die Antwort kam in Form einer Mail der Sekretärin von Horst Klede. Darin stand ein einziger Terminvorschlag. Ich empfand es als angenehm arrogant, keine Auswahl anzubieten. Kurz vor dem verabredeten Zeitpunkt standen Thorsten und ich vor dem renovierten Plattenbau, in dem die Unternehmensberatung ihr Büro hatte.

«Unprätentiös, würde ich sagen.»

«Dadrin muss es grauenvoll sein, Horror. Platte bleibt Platte, da kannste hundertmal renovieren. Und die Fenster gehen einfach mal gar nicht auf, sieht jedenfalls so aus.»

«Haben bestimmt alles voller Duftbäume gehängt.»

porno

Ende 2000 begann die Start-up-Szene unruhig zu werden. Aus Amerika drangen Gerüchte herüber, dass die Kapitalgeber dort ihre Investitionen zurückgefahren hätten. Man wolle erst einmal sehen, ob die jungen Firmen auch Geld verdienen oder wenigstens Umsätze erzielen könnten. Uns war das ein Rätsel, denn natürlich musste eine Agentur wie unsere Geld verdienen. Aber doch nicht die Start-ups! Die sollten groß gepumpt werden und dann an die Börse gehen, damit die Investoren ihre Anteile für ein Vielfaches verkaufen konnten. Thorsten warnte auf Veranstaltungen regelmäßig die versammelten Start-upper vor dem Teufel Umsatz: «Hört mal, Leute, das ist doch klar: Wenn ihr mit dem Umsatz erst mal anfangt, dann werdet ihr darauf festgenagelt, bupp!»

«Und wir auch», dachte ich.

Auch in Deutschland hatte sich das New-Economy-Fieber abgekühlt, aber alle waren davon überzeugt, dass es im kommenden Frühling weitergehen würde wie in den Jahren davor. Der Winter eben, die klassische Januarflaute, danach die übliche Februarschwäche, vielleicht noch die normale Märzschlappe, das kannte man doch aus anderen Branchen zur Genüge. Trotzdem beschlossen wir, unsere

83

Vertriebsbemühungen – für alle Fälle – zu intensivieren, und setzten uns zu viert regelmäßig zum Brainstorming zusammen. Thorsten hatte die Idee, einen Club zu gründen. «Schau sie dir an, die Start-up-Heinis. Die meisten sind auf dem Papier längst Millionäre, aber freuen sich wie die Kinder, wenn sie mal in 'nen coolen Club für lau reinkommen: boing – glücklich.»

«Wir machen einen Club? Ist das nicht irre viel Arbeit?»

«Unsinn, ich hatte schon paar Clubs. Man braucht halt einen guten Geschäftsführer, der das Personal im Griff hat, der Rest geht von allein. Vor allem kommt schön viel Schwarzgeld rein, Schwarzgeld kann man immer brauchen. Aber erst mal brauchen wir ein Konzept. Ein fucking gutes Konzept.»

Thorsten hatte schon ein Konzept im Kopf. Er wollte den Club *Prozac* nennen, weil die halbe New Economy in den USA auf dem Antidepressivum Prozac sei. Die andere Hälfte sei auf Koks, aber so könne man den Club ja nicht nennen. Mit großem Eifer stürzten wir uns als Abwechslung von den ständigen Kundenterminen auf den Club. VIPs, die uns Aufträge verschaffen könnten, sollten eine Clubmarke aus Metall bekommen, auf der eine Zahl eingestanzt war. Eine +*1* bedeutete einen extra Gästelistenplatz, und die beste Clubmarke, die wir ausgeben wollten, war die + *x*.

«Was glaubst du, wie geil die sich vorkommen, wenn die an der Tür stehen und sagen können: ‹Ich bin mit fünfzehn Leuten da – und alle können rein.›»

«Ja, ziemlich freshe Idee. Ich unterdrücke gerade mühsam eine Erektion.»

«Und die Clubmarken koppeln wir direkt an den Umsatz, den die Freunde bei uns machen. Ab hunderttausend im Monat gibt's *Prozac* + *x*.»

84

«Und *Prozac* + *x*, so nennen wir auch den Cocktail des Hauses.»

Wir machten uns an die Umsetzung der Ideen und hatten in wenigen Wochen alles konzipiert, designt und entwickelt, was man für einen Club brauchte, außer den Club selbst. Der ehemalige Mitbewohner von Philipp arbeitete als Location Scout; er suchte und vermittelte besondere Orte für Filmaufnahmen. Thorsten beauftragte ihn, ein geeignetes Objekt zu finden. Nach ein paar Tagen rief er an und sagte, dass es in der ganzen Stadt nichts gäbe, was unseren Bedingungen auch nur annähernd entsprechen würde. Die Kombination aus «dreistöckig, stuckverziert, großzügige Außenflächen, unterkellert und direkt am Wasser» wäre unmöglich. Auf jeden Fall benötige er noch mindestens zwei Monate, um bei seinen Recherchen voranzukommen. Thorsten regte sich darüber auf. «Zwei Monate! Was bildet sich dieser Depp denn ein? Ist das so schwer, die Uferstraßen abzugehen, die Gebäude zu scannen und dann die Verwaltung rauszufinden? Wozu braucht man da zwei Monate, läuft der auf Händen, oder was?»

«Thorsten, Ruhe erst mal, lass uns einen Plan B überlegen», sagte ich.

«Scheiße, ich bin allergisch gegen Plan B. Sachen haben zu klappen, verdammt.»

«Mag sein, aber für den Fall, dass …»

«Hey, ich hab's! Kein Plan B, sondern viel besser. Wir machen ein Pre-Opening für Prozac. Aber eben ohne Club, hier in der Agentur. Gleichzeitig so als Einweihungsparty.»

«Hört sich gar nicht mal schlecht an.»

«Nee, hört sich total royalschnafte mit Sternchen an. Das wird der Knaller!»

Thorsten lenkte die Aggressionsenergie seines Gehirns

um in das ebenfalls hochaktive Begeisterungszentrum direkt daneben. Aus den Metall-Clubmarken mit einge-stanztem + x wurden Papp-Einladungen mit eingestanz-tem + x. In wenigen Stunden war aus unserem Club eine Agenturparty geworden. Sogar unser Klokonzept – eine Unisextoilette mit halbtransparenten Vorhängen statt Tü-ren – würden wir umsetzen können. Philipp hatte es sich ausgedacht und uns mit den Worten vorgestellt: «Meine Damen und Herren, der Tiefpunkt der westlichen Zivilisa-tion ist erreicht. Ich präsentiere Ihnen hier ein Clubklo-konzept. Jetzt lachen noch alle, aber in zehn Jahren wer-den sich die Menschen weigern, auf andere Klos zu gehen als auf Konzeptklos.»

Die Idee einer Einweihungsparty hob die Stimmung in der Agentur. Hatte ein Club noch in weiter Ferne gelegen, wurde für die Einweihungsparty ein Termin drei Wochen später festgelegt. Als wir wieder zu viert zusammensaßen, sprach Thorsten einen Punkt an, den wir bisher nicht be-achtet hatten. «Wir brauchen auf jeden Fall einen Show-Act auf der Party.»

«Was schwebt dir vor? Eine Liveband?», fragte Sandra.

«Nein, ich hab grad die Idee des Jahrhunderts: Porno!»

«Wie – Porno? Fickfilme auf dem Beamer laufen las-sen? Hat mein Cousin in Bielefeld schon vor drei Jahren gemacht, wie gähn ist das denn?»

«Fuck, nein, Porno live!»

«Aber ...»

«Aber, aber, Kandelaber. Das ist doch supergeil, wenn in der Ecke dahinten ein Pärchen vögelt.» Thorsten zeigte in die Ecke hinter Sandra, die ein angewidertes Gesicht machte. «Na, ich weiß ja nicht ...»

86

«Ja, die Frauen werden das nicht so fett finden», sagte Philipp, der von seiner zehn Jahre jüngeren Schwester regelmäßig Worte übernahm, die er für Jugendsprache hielt.

«Und ob die Frauen das geil finden! Porno wollen alle, sagt bloß keiner. Und nach drei Bier ist denen doch eh alles egal.»

«Du gehst da ein bisschen zu sehr von dir aus, Thorsten», sagte Sandra.

«Wollt ihr etwa eine verdammte Spießerparty machen, über die keine Sau mehr redet in zwei Wochen? Wir müssen Talk of the Town werden, alles andere ist unter unserer Würde. Das ist Gift für unser Image, wenn keiner in der Szene über die Party redet!»

«Aber es ist positiv für unser Image, wenn zwei Pornodarsteller in der Ecke ihre Genitalien ineinanderstecken?»

«Du siehst das viel zu eng», sagte Thorsten. Wir mussten lachen.

«Okay, okay, ihr habt mich so weit, wir denken nochmal nach über die Pornonummer. Aber Action will ich auf jeden Fall haben, meinen Vorschlag kennt ihr, now it's your turn.»

Spät am Abend kehrte ich aus der Agentur zurück. Es wurde oft elf oder zwölf. Aus einem Grund, über den ich noch nicht nachgedacht hatte, beeilte ich mich selten, nach Hause zu kommen. Ich setzte mich zu Lena, die im Bett lag, aber noch hellwach war und ein Buch mit französischer Lyrik las. Anfangs hatte ich gedacht, dass sie mich mit solchem Kram beeindrucken wollte. Aber inzwischen waren wir schon länger zusammen, sie schien sich also wirklich für Gedichte zu interessieren. Thorstens Porno-Vorschlag ging mir nicht aus dem Kopf. Ich überlegte, ob ich Lena davon erzählen sollte. Wir hatten kaum Tabus in unserem eigenen Sexleben, aber um Pornographie waren wir bis auf ein unangenehmes Erlebnis nur in Andeutungen herumgetänzelt. Lena schien damit nichts anfangen zu können, deshalb verspürte ich wenig Lust, ihr meine Sammlung auf der Festplatte zu zeigen. Hefte fasste ich nicht mehr an, im Internet gab es alles, was ich brauchte oder mir vorstellen konnte, jemals zu brauchen. Überhaupt war mein Geschmack, was Frauen betraf, eher unexotisch, ich hatte nichts gegen blonde Mädchen mit großen Brüsten einzuwenden, und wenn an irgendetwas im Internet kein Mangel herrschte, war es genau diese Art von Girls. Die Bilder und Filmchen, die ich auf meinem Laptop gespeichert hatte, empfand ich als meine Privatsphäre. Umso erstaunter war ich, als Lena mich eines Tages wütend zu Hause empfing, mein Laptop stand auf dem Schreibtisch, eine meiner Pornoseiten war aufgerufen. Lena war erschüttert, weil sie dachte, sie würde mir nicht ausreichen und dass ich Frauen mit größeren Brüsten begehrte. Wir konnten die Situation nicht so recht auflösen, deshalb ließen wir das Alltagsgras drüberwachsen. Aus dem Browserverlauf, aus dem Sinn.

Der Gedanke an die Pornoparty erregte mich, Lena las immer noch, und ich überlegte, ob so eine Veranstaltung nicht doch gut für die Agentur sein könnte. Mit der unterschwelligen Hoffnung, dass sie davon vielleicht auch geil werden würde, beschloss ich, Lena nach ihrer Meinung zu fragen. «Du, wir wollen ja eine Einweihungsparty machen.»

«Ach.» Sie legte ihr Buch weg und schaute mich an.

«Ja. Samstag in drei Wochen. Wird groß, wir testen das Clubkonzept, von dem ich dir erzählt habe.»

«Du hast mir von keinem Clubkonzept erzählt.»

«Hab ich nicht? Echt nicht?»

88

«Nein. Du erzählst eh gerade wenig.»

Mir war unangenehm, dass ich ihr nicht vom Club erzählt hatte. Noch unangenehmer war mir, dass ich nicht mehr wusste, ob ich ihr von dem Club erzählt hatte. Wenn Lena mir vorwarf, ich würde mich kaum noch mit ihr beschäftigen, erklärte ich, dass wir uns mit der Agentur in einer Aufbauphase befänden. Die sei sicher bald vorüber, sie müsse nur etwas Geduld haben. Lena war immer froh, wenn ich sie um Hilfe bat. Sie verstand das als Unterwerfungsgeste und ließ Milde walten, auch wenn sie vorher empört gewesen war.

«Ich bin ein bisschen unsicher mit einer Sache wegen der Party. Kannst du mir da helfen?»

«Hat es mit Thorsten zu tun?»

«Ja. Nein. Also, auf eine Art, jedenfalls will Thorsten auch Entertainment anbieten.»

«Und was soll ich dir dabei jetzt raten?»

«Er will, dass am Rand der Party ein Porno live gedreht wird …», sagte ich, weil mir die Idee als Film verpackt leichter verdaulich vorkam, «… und ich bin halt unsicher, ob …»

Lena starrte mich so an, dass meine zum Sprechen notwendigen Muskeln augenblicklich gelähmt waren. «Du. Bist. UNSICHER?», sagte sie, mit jedem Wort lauter werdend. Jetzt war nur noch Schadensbegrenzung möglich. Das Kind war nicht nur in den Brunnen gefallen, sondern auch ertrunken und schon in Aufquellung begriffen. Warum hatte ich nicht vorher auf ihr hübsches Gesicht geachtet? Ich dachte darüber nach, während sich ein Gewitter der unflätigsten Beschimpfungen über mich ergoss. Seltsam, wie man in jedem zweiten Satz ein Wort wie Wichser einbauen und trotzdem gegen Pornos sein konnte.

89

Lena war unterdessen von den wüsten Beleidigungen zu einer umfassenden Abrechnung gelangt und bei meiner fehlenden Unterstützung im Haushalt angekommen sowie meinem mangelhaften Einkaufsverhalten. Dieses Thema wollte ich vertiefen, um von der Pornoparty abzulenken. Aber Lena durchschaute mich, und so konnte ich nur die atmosphärischen Entladungen über mich ergehen lassen. Zwei Stunden später schliefen wir nebeneinander ein, halb waren wir versöhnt, halb klang mir ihre Drohung in den Ohren: «Wenn ihr mit der Agentur so einen Pornoscheiß macht, verlasse ich dich! Setz dich halt durch gegen Thorsten!»

Als ich am nächsten Tag zurück in die Agentur kam, erwartete mich Sandra in der Tür. «Hab mit Thorsten geredet. Porno fällt aus.»

«Wie hast du das denn gemacht?»

Ich war gleichzeitig erleichtert und wütend auf mich selbst, weil ich den Streit mit Lena grundlos begonnen hatte. «Probleme erst lösen, wenn sie auftreten», dachte ich und überlegte, wie ich Lena die Absage als meinen Sieg über Thorsten verkaufen könnte.

«Ich hab ihm gesagt, dass ich kündige, wenn er die Pornoparty macht. Das neue Motto ist jetzt *Milliardäre*, und er will gefälschtes Koks auf Tabletts auf der Toilette auslegen, aber natürlich nicht nur gefälschtes, ein paar echte Haufen sollen auch dabei sein.»

«Fast so toll wie Porno.»

«Hey, sei froh, ich kann mir gut vorstellen, was Lena gesagt hätte, wenn sie auf eine Agenturparty gekommen wäre und in der Ecke hätten Leute wie die Schneehasen gefickt. Jetzt ist es halt nur Schnee.»

Ich nickte. Kurz vor der Mittagspause ging ich aufs Klo

90

und schloss mich ein, um ein bisschen zu dösen. Das tat ich häufiger. Meistens las ich den *Spiegel* oder irgendein New-Economy-Magazin und dachte zwischen den Artikeln über mich nach. Mehr als einmal war ich damit über anderthalb Stunden auf dem Klo beschäftigt. Leider war das einige Wochen vorher nicht unbemerkt geblieben, weil der einzige Ausgang des Toilettentrakts direkt neben der Eingangstür lag – im Sichtfeld der ganzen Etage. Als ich aus der Toilettentür getreten war, hatte aus irgendeinem Grund Totenstille geherrscht. Alle hatten ihre Köpfe gehoben, als ich die Tür etwas zu laut ins Schloss hatte fallen lassen. Die Situation war in neue Dimensionen der Peinlichkeit eskaliert, als irgendjemand begonnen hatte zu klatschen. Sofort hatte sich der Raum mit Applaus und johlenden Rufen gefüllt, «Bitte, keinen Applaus für Scheiße», war mir in den Sinn gekommen. Als Ausweg aus der Schmach hatte ich ein vibrierendes Handy vorgetäuscht und war auf den Hof gestürmt.

Die gesamte Mittagspause verbrachte ich unbemerkt von den anderen Mitarbeitern auf dem Klo, konnte mich aber nicht aus der schlechten Laune herausmanövrieren. Deshalb fragte ich Thorsten, ob wir nicht etwas trinken gehen wollten am Abend. Unsere Präsentationstour de Force erschöpfte mich zunehmend, und ich fand, wir müssten andere Methoden ausprobieren, um Aufträge zu bekommen. Vielleicht würden wir das beim Bier klären können. Am Abend fuhren wir mit dem Käfer los in Richtung einer neueröffneten Bar am anderen Ende der Stadt. Ich saß am Steuer und bemühte mich, an den Ampeln den Motor nicht abzuwürgen.

Irgendwann knallte es plötzlich im Fußraum. Das Gaspedal funktionierte nicht mehr, der Wagen ließ sich gerade noch an den Straßenrand lenken, dort schaltete ich

91

den Motor ab. Thorsten betrachtete das Pedal. «Damn, das kenne ich noch von meinem Käfer früher», sagte er.

«Was denn?»

«Der Bowdenzug vom Gas ist gerissen.»

«Was können wir da machen?»

«Also früher hab ich den einfach wieder angelötet. Hat 'ne Woche gehalten, dann musste ich wieder löten.»

«Und wenn's unterwegs passiert?»

«Dann kann man zur Not auch einfach von Hand ziehen. Einfach lange Schnur dran, buppinger, fertomat.»

«Fertomat statt fertig, so weit ist es also schon gekommen», dachte ich. Das Problem mit dem Bowdenzug war mir im Grunde sehr willkommen, weil ich Thorsten zwar um das Gespräch gebeten, inzwischen aber Angst davor hatte, ihm meine Erschöpfung und Schwäche zu zeigen. Jede halbwegs sinnvolle Ablenkung war geeignet, um meine Furcht vorübergehend zu lindern. Wir wickelten von einem Paket verschnürter Drucksachen ein längeres Band ab und knoteten es am gerissenen Bowdenzug im Bodenraum des Käfers fest. Leider war die Schnur zu dick, um sich über die Rolle am Pedal führen zu lassen. Mit väterlicher Großzügigkeit wollte Thorsten mich erste Erfahrungen mit einem bowdenzugbehinderten Käfer machen lassen und ließ mich fahren.

Um Gas zu geben, musste ich an der Kordel ziehen, die ich um meine Fußspitze herum umgelenkt hatte, denn der Bowdenzug musste in Fahrtrichtung nach vorn gezogen werden. Wenn ich die Kordel mit der Hand unter Spannung hielt, konnte ich mit einer Fußbewegung Gas geben, was besonders bei Überholmanövern wichtig war. Es war gut, dass nur der dritte Gang funktionierte, denn ich steuerte mit der Linken und bediente die Gaskordel mit der Rech-

92

ten – für die Gangschaltung war keine Hand mehr frei. Da wegen der schwachen Fußbremse auch die Handbremse im Verkehr benutzt werden musste, übertrug ich Thorsten die Funktion des Bremsers auf Zuruf. Nach ein paar Minuten Übung schaffte ich es, an der Ampel anzufahren, ohne den Motor abzuwürgen, und die Geschwindigkeit einigermaßen konstant zu halten. «Abenteuer Käfer», sagte ich.

«Sach ma, die Rücklichter sind noch kaputt, wa?»

In angespannten Situationen fiel Thorsten manchmal in Berliner Dialekt. Er war in Berlin geboren, hatte aber seine Jugend in verschiedenen deutschen Städten verbracht und sich deshalb die sprachliche Färbung abgewöhnt.

«Die sind ja immer kaputt.»

«Weil, da sind die Bullen hinter uns. Und bald is dunkel, alle anderen ham dit Licht schon an.»

«Ich auch. Sieht man halt bloß nicht von hinten, haha.»

«Ja lustig, Alter – aber Scheiße.»

«Warum bist du denn so nervös auf einmal? Wegen der Bullen, oder was?»

«Erklär ick dir 'n anderes Mal, jetzt pass erst ma auf, dass du denen keinen Grund gibst, uns anzuhalten. So richtig verkehrssicher is deine Aktion hier mit dem Gaspedal nich.»

«Meine Aktion? Unsere Aktion!»

«Kannste ja gleich den Bullen erklären.»

Thorsten hatte recht. Wenn wir angehalten würden, würde mein Führerschein mit Sicherheit einkassiert werden. Wir saßen in einem vollkommen verkehrsuntauglichen Auto, und ich war der verantwortliche Fahrer. Der Polizeiwagen war noch immer hinter uns. Ich musterte Fahrer und Beifahrer im Rückspiegel, als mich die Lichthupe blendete.

93

«Scheißescheißescheiße, die machen Zeichen!», Thorsten hatte Panik in der Stimme. «Ah, jetzt check ich's. Die wollen, dass wir Licht anmachen. Von hinten sieht's aus, als hätten wir's nich an.»

Wieder blinkte die Lichthupe.

«Na, dann mach das Scheißlicht halt an!», sagte Thorsten.

«Witzbold, wie denn, das ist doch im Arsch.»

«Fuck. Fuck! Ich hab's. Alter, tritt auf die Bremse und lass den Fuß drauf. Die Bremslichter sehen aus wie die Rücklichter, weiß doch keiner auswendig, wo das beim Käfer ist.»

«Bist du bescheuert? Ich balanciere hier eh schon wie verrückt, damit die Karre nicht absäuft, wie soll ich denn dazu noch die Bremse …»

Die dritte Lichthupe. Thorsten kurbelte das Fenster runter und machte Handzeichen, dass wir verstanden hätten. Ich drückte erst sanft auf die Bremse, war mir aber nicht sicher, ab welchem Punkt die Bremslichter leuchteten. Deshalb trat ich die Bremse durch. Sie war ja ohnehin kaputt. Im Spiegel konnte ich erkennen, dass das Nummernschild der Polizei rot reflektierte. Die Polizisten ließen die Scheinwerfer aufblitzen, es sollte wohl «alles klar» bedeuten.

«Jetzt keinen Fehler, Alter!»

«Ich weiß, Mann. Und sei ruhig, ich muss mich Hölle konzentrieren, um gleichzeitig Gas zu geben und zu bremsen, ohne dass die Scheißkarre absäuft wegen dem Getriebescheiß. Die nächste Ampel wird nochmal spannend wegen der Kupplung.»

Die Polizisten folgten uns noch immer. Alle paar Sekunden prüfte ich über den Spiegel, ob die Bremslichter noch an waren. Schon ein kurzes Flackern hätte uns verraten.

94

Die durchgetretene Bremse wirkte sich inzwischen doch auf die Geschwindigkeit aus, ich musste sehr viel mehr Gas geben, um gleich schnell zu bleiben. Eine Ampel kam in Sicht, sie war rot.

«Da vorne, eine rote Scheißampel – und die Bullen noch hinter uns!»

«Ich sehe sie.»

«Fahr langsamer, vielleicht wird's noch grün.»

Schon hundert Meter vor der Ampel wurden wir langsamer und rollten auf die Haltelinie zu. Die Ampel sprang nicht um. Mir blieb keine Wahl, als durch eine Verrenkung des linken Fußes gleichzeitig das Bremspedal zu halten und die Kupplung bis zum Anschlag durchzutreten, um den Motor nicht im dritten Gang abzuwürgen. Mit dem rechten Fuß hielt ich die Kordel gespannt.

«Und jetzt?», fragte Thorsten in einem ängstlichen Tonfall, den ich noch nie bei ihm gehört hatte.

«Keine Panik, ich geb mein Bestes.»

«Dein Bestes reicht nicht, Alter, du musst zaubern, sonst sind wir im Arsch.»

Als es grün wurde, hielt ich mit der Spitze des linken Fußes die Bremse unten, um mit den Bremslichtern die Rücklichter zu simulieren, mit der Ferse ließ ich vorsichtig die Kupplung kommen, um im dritten Gang anfahren zu können, den rechten Fuß drückte ich als Widerstand nach vorn, damit ich mit der rechten Hand an der Kordel ziehen konnte, um Gas zu geben. Ich war ein Zirkusartist, der im Löwenkäfig auf einem Einrad mit brennenden Tellern jonglierte, Schweiß stand mir auf der Stirn.

Das Manöver gelang. Der Käfer fuhr mit konstant leuchtenden Bremsrücklichtern im dritten Gang langsam und etwas stockend an – aber er fuhr an. An der nächsten Kreuzung bog der Polizeiwagen ab. Ich hielt die Luft noch eine Minute an, Sicherheitsabstand, dann explodierte mein Gehirn, ich fuhr an den Straßenrand und schrie die Anspannung heraus, während Thorsten auf dem Beifahrersitz keuchte. Wir verschoben den Barbesuch und nahmen uns jeder ein Taxi nach Hause.

sassnitz

Donnerstagvormittag erreichte uns ein Anruf von Kledes Assistentin. Er müsse uns dringend sprechen, ob wir uns bereithalten könnten für ein halbstündiges Telefonat. Der Anruf kam am Donnerstagabend. Roneco sei in einer misslichen Lage. Ein Großauftrag in Sassnitz. Das bisher eingeteilte Team habe überraschend gekündigt. Er benötige mindestens drei Programmierer, die eine besondere Programmiersprache namens *Java* beherrschten, einer davon müsse sich als Projektleiter verkaufen lassen, erklärte Klede. Er versprach, einen Stundensatz von zweihundert Mark zu bezahlen, wenn wir ihm diesen Auftrag retten würden.

«Das heißt, die Penner kriegen selbst mindestens dreihundert Mark», sagte Thorsten.

«Na und? Wenn wir da drei Leute hinschicken, jeder fünftausend brutto im Monat, dann kostet uns das knapp über zwanzigtausend. Und es bringt uns, Moment ...»

«Acht mal zweihundert am Tag, macht sechzehnhundert, mal drei Leute, macht viertausendachthundert, mal zwanzig Tage, macht, warte mal, mal zwo, neun sechs, mal zehn, na, macht sechsundneunzigtausend fucking Steine im fucking Monat!»

96

«Dazu noch Überstunden, Klede meinte, das Ding muss in fünf Monaten stehen, wir sollten mindestens sechs Tage die Woche einrechnen.»

«Über hunderttausend! Über hunderttausend im Monat. Wie steil ist das denn!»

«Aber wir müssen drei Leute finden, die nächsten Montag in Sassnitz an den Start gehen. Ich wiederhole nochmal: Sassnitz.»

Jetzt rächte sich, dass ich meine Mails mit «Geschäftsführer Kreation, Personal und Reaktorsicherheit» signierte. Diese Bezeichnung stammte noch aus den ersten Wochen der Agentur, als wir beschlossen hatten, jeder Mitarbeiter dürfe sich den Titel selbst aussuchen. Klar, dass Thorsten jetzt befand, es sei meine Aufgabe, die drei Programmierer aufzutreiben. Er ließ sich nach einem kurzen Streit aber dazu herab, mitzuhelfen. Die Chance war zu lukrativ, um sie zu vertun. Wir setzten noch am Abend drei Mitarbeiter an die Recherche, sie sollten alle verfügbaren Jobbörsen im Netz nach Java-Experten durchsuchen und sie anmailen. Am nächsten Morgen hatten wir zwei Dutzend Rückmeldungen.

Leider waren die Kandidaten entweder viel zu teuer, ahnungslos, unwillig, in Sassnitz zu arbeiten, oder alles gleichzeitig. Gegen Mittag, die Zahl der Interessierten ging auf die Dreistelligkeit zu, hatten wir noch immer keinen einzigen tauglichen Bewerber gefunden. Ein Münchener Informatikdoktorand hatte eine Antrittsprämie von vierzigtausend Mark in bar gefordert, ohne Rechnung. Ein Bielefelder, nach eigenen Angaben «ein autodidaktisches Genie», bot an, das gesamte Projekt in einer von ihm selbst entwickelten Sprache zu realisieren, Java sei völlig untauglich. Mit dem letzten Punkt hatte er vermutlich sogar recht. Aber die Unternehmensberatung bestand darauf, das Projekt in Java entwickeln zu lassen. Die Schuld daran trug der Projektleiter, ein hektischer, unseriös wirkender Mann namens Vonnebrink. Er hatte beim Auftraggeber seine Ahnungslosigkeit vertuschen wollen und behauptet, dass es nach eingehender Prüfung der technischen Abteilung eine Realisierungschance für das komplizierte Projekt ausschließlich mit Java gebe – die einzige Programmiersprache, die ihm spontan einfiel.

Unser halber Technikchef, Markus, beherrschte zwar das ominöse Java, hatte aber auf Sassnitz «etwa so viel Lust wie auf eine Arktisdurchquerung per Tretroller». Ein paar kleinere Internetaufträge hatten wir mit ihm realisiert, er arbeitete lieber von zu Hause aus. Philipp hatte ihn einmal besucht und sein Arbeitszimmer als begehbaren Computer mit hundert surrenden Lüftungen beschrieben. Freitagmittag hatten wir Markus überredet, zumindest für zwei Wochen den Projektleiter in Sassnitz zu spielen. Dann würden wir etwas inszenieren, um den bis dahin gefundenen echten Projektleiter zu installieren. Trotzdem brauchten wir noch zwei Leute, die am Montag irgendwo in Mecklenburg-Vorpommern an einer Tastatur javaähnliche Buchstabenkombinationen würden eintippen können. Die Rückmeldungen aus den Jobbörsen wurden immer aberwitziger. Der Markt für ernsthafte Programmierer schien leer gekauft zu sein. Als wir am Nachmittag auch mit Rundmails in den weiteren Bekanntenkreisen unserer Mitarbeiter keinen Erfolg erzielt hatten, kam ich auf die Idee, mit einem Bündel Geldscheine in den Informatik-Fachbereich der Universität zu gehen, um vor Ort Studenten anzuheuern. Thorsten fand die Idee gut, Philipp und Sandra hatten keine Lust, sich damit zu beschäftigen, und so fuhr ich Richtung Campus.

98

Schon im Lift zur fünften Etage des Universitätsgebäudes, wo die Informatik untergebracht war, schlug mir das Nerdtum entgegen. Er hing voller Zettel, auf denen vermutlich Kleinanzeigen gedruckt waren, allerdings in diversen Programmiersprachen gehalten. Ich verstand nichts, hatte aber den Eindruck, am richtigsten Ort für mein Anliegen zu sein. In der mit alten Sofas vollgestellten Cafeteria des Fachbereichs hockten zehn junge Männer an Laptops, rein visuell alle Volltreffer. So sahen Programmierer aus. In der Tür stehend, räusperte ich mich und begann mit meiner Ansprache. «Hey, Leute, ich weiß, das ist ein bisschen ungewöhnlich, aber ich habe ein Problem und hoffe, dass einer oder zwei von euch es lösen können. Gibt auch ordentlich Geld.»

Die Nerds schauten gelangweilt in meine Richtung. «Immerhin schauen sie her und hören zu, das ist ja nicht selbstverständlich», dachte ich und sagte: «Wer von euch kann Java?»

Fast alle Hände gingen hoch. Einer der Jungs sagte, ohne aufzusehen, Java sei doch nicht gleich Java, wie könne man eigentlich eine solche Frage stellen. Darauf ging ich lieber nicht näher ein. «Es ist so, ich hab eine Agentur, und wir haben einen großen Auftrag bekommen. Alles in Java, ist nicht das Sinnvollste für das Projekt, aber der Kunde will es eben so. Leider ist der Auftrag in …»

«Wenn die Java wollen, ohne zu wissen warum, wird das ein Katastrophenprojekt, das kann ich dir jetzt schon sagen, so was habe ich schon mal gemacht, nie wieder!», sagte ein Junge mit langen, grüngefärbten Haaren. Die Situation entglitt mir, die ersten Nerds achteten schon nicht mehr auf mich, das machte mich nervös. Ich vergaß, in den Nerdgesichtern zu lesen, und beging deshalb den Feh-

99

ler, die Geldscheine viel zu früh aus der Tasche zu nehmen. Geplant hatten wir, die zehntausend Mark in bar nur im Notfall zu benutzen, um jemanden zur Unterschrift überreden zu können. Weil ich den Eindruck hatte, dass die Nerds mich und mein Anliegen nicht besonders ernst nahmen, wedelte ich mit dem Geld herum.

«Hier. Zehntausend. Das ist die Antrittsprämie für denjenigen, der am Montag in Sassnitz Java programmiert. Und den Vertrag für sechs Monate unterschreibt, natürlich.»

Die Nerds reagierten, allerdings anders, als ich erwartet hatte. Sie waren empört. Durch das misslungene Vorgespräch hatte sich die Meinung gebildet, sie sollten mit Geld davon überzeugt werden, ein nicht javafähiges Projekt mit Java für einen diktatorischen, ahnungslosen Kunden zu programmieren, was natürlich nur scheitern konnte. Sie vermuteten sogar, ich würde gar keinen Programmierer, sondern einen bezahlten Sündenbock suchen. Schließlich ließ sich einer auf ein Gespräch ein und stellte sich als Rod vor. Er sei an dem Geld interessiert und würde Java praktisch im Schlaf beherrschen. Er hätte allerdings in der nächsten Woche eine Klausur, bei der er nicht fehlen dürfe. Aber da ließe sich ja bestimmt eine Lösung finden. Er lachte etwas zu verschmitzt, um vertrauenerweckend zu wirken. Andererseits kam ich selbst reichlich unseriös daher. Wie hätte ich reagiert, wenn in der Universität ein nachlässig frisierter Fünfundzwanzigjähriger in einem schlechtsitzenden Anzug mit zehntausend Mark in der Hand in die Cafeteria gesprungen wäre und mir seltsame Angebote gemacht hätte? Rod und ich tauschten Handynummern aus, ich versprach, mich mit den Details am Abend zurückzumelden, und bat ihn, die nächsten Wochen und vor allem den Montag nicht zu verplanen. Zurück in der Agentur, beratschlagten wir uns. Philipp schlug vor, Rod zu nehmen und als Dritten einen Schauspieler hinzuschicken. Ein Bekannter von ihm, Jürgen, sei technisch halbwegs begabt, ein großartiger Darsteller und hätte gerade kein Engagement.

Als am Samstagvormittag eine Mail ankam mit der dringenden Bitte, die Personalbögen auszufüllen und die Erfahrungen unserer Programmierer zu dokumentieren, beauftragten wir Markus und zwei Praktikanten, sich Projekte auszudenken, die man als Referenz verkaufen konnte. Die drei hatten eine phantastische Idee, um zu begründen, warum nichts im Internet zu finden war über das «erfahrene Team», das wir nach Sassnitz schicken wollten. Sie entwarfen in wenigen Stunden ein Geheimprojekt für das Intranet eines Ministeriums, kopierten unter Markus' Anweisungen alle möglichen Text- und Code-Fetzen in ein Dokument und schwärzten sofort wieder ungefähr ein Drittel auf jeder Seite – Geheimhaltung. Eine Grafikerin, deren Namen ich mir nie merken konnte, entwarf eine Vorlage, die sie mit den Worten anpries: «Meine Vorlage hier sieht noch mehr nach Ministerium aus als eine Vorlage vom Ministerium.» Dann druckten wir die fünfzig Seiten aus, legten das selbstentworfene Deckblatt mit dem Stempel «VERTRAULICH: NUR FÜR DEN DIENSTGEBRAUCH!» darüber und gaben den Stapel in die Bindemaschine.

Am frühen Abend lag vor uns ein Büchlein mit der Beschreibung einer hochrelevanten Ministeriumsplattform. Wir sandten für über siebenhundert Mark sofort einen Spezialboten nach Sassnitz. Die Lieferung selbst hätte kaum zweihundert Mark gekostet, aber Thorsten hatte die geniale Idee, das Paket für die Maximalsumme von 1,4

Millionen Mark zu versichern. Die Versicherungssumme stand nämlich in leuchtend roten Lettern auf dem aufgeklebten Empfängerschein.

Inzwischen waren auch Rod und Jürgen eingetroffen. Rod hatte sehr gute Java-Kenntnisse, wie Markus nach einer halben Stunde intensiver Prüfung berichtete. Während Sandra und Thorsten die Verträge rückdatiert aufsetzten und Philipp für Rod eine Krankschreibung organisierte, mit der er seine Klausur verschieben konnte, erklärte ich Jürgen die Situation. «Es ist nicht ganz einfach zu beschreiben.»

«Ich dachte, es ist ganz einfach? Ihr braucht doch jemanden, der so tut, als würde er programmieren?»

«Äh, ja. Du musst einen scheuen Nerd spielen. Das Wichtigste ist, dass niemand auf die Idee kommt, dich zu fragen, wenn es um etwas Inhaltliches geht.»

«Wie wär's, wenn ich mir Hörgeräte einsetze und so tue, als sei ich schwerhörig? Dann ist es auch kein Problem, wenn ich ein bisschen begriffsstutzig ...»

«Superidee! Du bist ja ein richtiger Profi.»

«Hab auch schon zwei Ohrdinger mitgebracht und meine Ausstattung.»

Jürgen öffnete seine Tasche, zog sich um, kämmte sich ungünstig, setzte sich eine Brille auf und sah drei Minuten später aus wie der verlorene Sohn von Bill Gates. Er lief tapsig herum und imitierte perfekt die Bewegungen von jemandem, der sich mit nach vorn gestrecktem Ohr etwas vorbeugen muss, um näher an der Tonquelle zu sein. Jürgen konnte zwar keine Zeile Java, sah aber immerhin so aus. Am Sonntag wollte Markus ihm gemeinsam mit Rod einen Crashkurs in Java verpassen, vorsichtshalber.

Die finanziellen Details klärte ich einzeln. Jeder bekam

eine Antrittsprämie von dreitausend Mark auf die Hand – auch Markus, der sich mit Hingabe um seine beiden neuen Untergebenen kümmerte. Rod erwies sich als harter Verhandler und wollte unseren Zeitdruck ausnutzen, aber ich hatte von Beginn an nur einen Bruchteil der Summe ins Spiel gebracht, die wir notfalls zahlen würden. Für ihn als Studenten waren die zehntausend Mark Monatsgehalt, die er herausschlug, viel Geld. Jürgen würde so bald wie möglich «aus gesundheitlichen Gründen» ersetzt werden. In der Zwischenzeit sollten ihm seine schauspielerischen Künste einen Tagessatz von fünfhundert Mark bringen. Markus' Gehalt setzten wir auf ebenfalls zehntausend Mark – mit der Bitte, nach dem Projekt eine Rückstufung zu akzeptieren.

Am Sonntag um 20 Uhr standen die drei Sassnitzer in der Agentur. Markus und Rod hatten Jürgen sechs Stunden Java eingetrichtert und waren beeindruckt von dessen Auffassungsgabe. Sie schlugen vor, die Fake-Hörgeräte gar nicht erst einzusetzen. Wenn Jürgen noch ein bisschen lerne, könne er sogar echte Hilfstätigkeiten bei dem Projekt übernehmen. Wir mieteten einen Mercedes für einen Monat, der am nächsten Morgen ab fünf Uhr zur Verfügung stehen und von den dreien als Dienstwagen genutzt werden sollte.

Am Montag um neun wurden sie in Sassnitz von Projektleiter Vonnebrink in Empfang genommen und vor den Augen des Auftraggebers freundschaftlich begrüßt. Vonnebrink flüsterte Markus zu, er hätte erzählt, schon mal mit ihnen zusammengearbeitet zu haben. Die Einführung in das laufende Projekt sollte fünf Arbeitstage dauern. Ab dem kommenden Samstag würde «volle Fahrt aufgenommen», wie Vonnebrink, ein Freund maritimer Metaphern, versicherte. Zum Glück hatten wir vergessen, für Unterkünfte zu sorgen, denn Roneco hatte unmittelbar neben dem Büro mehrere luxuriöse Gästeappartements.

Mittwochabend erstattete Markus per Telefon Bericht. Er erzählte, dass Rod jede Mark wert sei, weil er die Aufgaben in der Hälfte der angesetzten Zeit erledige. Jürgen sei ein Talent und habe schon nach anderthalb Tagen kleinere Aufgaben ausführen können. Am Ende der Woche müsse man neu beurteilen, ob ein Ersatz für ihn überhaupt erforderlich sei. Gerade bei Java würden viele lästige, kleine Arbeiten anfallen, für die Jürgen prädestiniert sei. Die guten Nachrichten überbrachte ich Thorsten und Sandra, die von einem Telefonat mit dem Geschäftsführer von Roneco ebenfalls zufrieden zurückkamen. Der Sassnitzer Kunde hatte bei ihm persönlich angerufen, um sich für die neuen «höchst qualifizierten jungen Mitarbeiter» zu bedanken. Dass das Projekt, zustande gekommen durch einen nach Knoblauch stinkenden Falafel, sich so gut entwickelte und dass wir sechs Wochen später einen Scheck über einhundertfünfzigtausend Mark netto in den Händen hielten, trübte leider unser Gespür für die delikate Situation. Denn zwei Drittel unserer Umsätze aus Sassnitz hingen an einem Unbekannten und einem Schauspieler.

frankfurt

Langsam fühlten wir uns in den Agenturräumen zu Hause, es herrschte eine ständige Klassenfahrtstimmung. Die Hälfte der Mitarbeiter blieb fast jeden Tag länger, die anderen gingen schon zwischen acht und neun nach Hause. Die Raucher trafen sich auf dem Hof, die Nichtraucher in der Teeküche. Philipp kam auf die Idee, dort ein Telefon aufzustellen. Die Angestellten leiteten ihre Anschlüsse um und hingen stundenlang in der Küche herum. Sie waren ja bei Bedarf erreichbar. Neben der Mikrowelle und der Espresso-Maschine war das wichtigste Gerät der amerikanische Riesenkühlschrank. Man hätte darin problemlos zu zweit Karten spielen können. Jede Abteilung hatte ihr eigenes Fach im Kühlschrank, trotzdem gab es immer wieder Stress, weil einige Mitarbeiter es mit den Eigentumsverhältnissen nicht so genau nahmen. Philipp, dessen Harmoniebedürfnis einen mittelgroßen Bürgerkrieg hätte beenden können, wollte diese Streitigkeiten unbedingt verhindern. Deshalb gab er bei einer Druckerei Post-its in Auftrag, auf denen die Vornamen der Mitarbeiter aufgedruckt waren – damit sollten die Lebensmittel gekennzeichnet werden. Die Lächerlichkeit dieses Plans sorgte für noch mehr Ärger, weil es zu verlockend war, die Haftzettel zu vertauschen oder

105

einfach abzureißen. Regelmäßig gingen Thorsten und ich in die Teeküche, unterhielten uns laut über vermeintliche Unternehmensangelegenheiten, aber brachten währenddessen die Kühlschrankordnung durcheinander, aßen fremde Joghurts namens «Sandra» oder «Sabine» oder klauten irgendwelches Obst. Wir beschäftigten inzwischen fast dreißig Leute. Sassnitz brachte etwa die Hälfte unseres monatlichen Umsatzes. Dazu kamen die Überweisungen von streaver.com, außerdem ergab sich aus unserem Vorstellungsmarathon, den wir trotz unserer Erschöpfung weiter durchzogen, eine Vielzahl kleiner Aufträge. Die häufigen Besuche der Branchentreffen mit mehreren Mitarbeitern hatten unterdessen für Aufmerksamkeit bei den Dotcoms gesorgt. Sandra vereinbarte mit ihrer zauberhaften Telefonstimme fast doppelt so viele Termine wie in den Wochen zuvor. Wir hatten uns aufgeteilt, Thorsten nahm die weniger schwierigen Präsentationen wahr, ich fuhr zu den komplizierteren. Sandra begleitete uns beide abwechselnd. Philipp war zu nervös, um vor Ort hilfreich sein zu können, aber organisierte im Hintergrund die Schlachtpläne, die er, akribisch zu Papier gebracht, in langen Bahnen an den Agenturwänden aufhängte. «Den Feind immer im Blick», sagte er und erinnerte mich damit an Felix Förster. Eine Episode aus meinem Leben, die sich schon fast unwirklich anfühlte. Ich hatte mich seitdem weiterentwickelt und war nicht mehr Berater, sondern Geschäftsführer. Eigentlich hatte ich mich immer wie ein Chef gefühlt, früher hatte ich es bloß überspielen müssen.

Nach vielen Wochen, in denen wir fünf Termine am Tag abgearbeitet hatten, trafen wir uns an einem Samstag in der Agentur, um zu besprechen, wie es weitergehen sollte.

106

«Okay, da kommen Aufträge, aber es sind so viele kleine Scheißaufträge, dass wir einfach kein Geld verdienen», sagte Thorsten. Als Konsequenz wollten wir wöchentliche Meetings abhalten, in denen es nur darum gehen sollte, wie wir an neue Großkunden gelangen könnten. Die meisten Vorschläge quittierte Thorsten mit einem hingeworfenen «Nicht schlecht, aber Scheiße». Diese Formulierung hatte er aus einer witzig gemeinten Mail, die in der Agenturlandschaft kursierte. Die besseren Akquiseideen bedachte er mit dem Kommentar «Ist okay, aber nicht sechsstellig». Die Sechsstelligkeit war Thorstens «eiliger Gral», das so schnell wie möglich zu erreichende Ziel. Gemeint waren die monatlichen Honorarumsätze mit einem einzelnen Kunden.

«Ab Sommer möchte ich *nur noch* sechsstellige Rechnungen schreiben.»

«Bitte? Hast du deine Haare wieder in der Mikrowelle getrocknet?»

«Nein, das ist mein voller Ernst, Alter. Keine Lust mehr, mich mit dieser fünfstelligen Kinderkacke abzugeben, Gehälter, Miete, Steuern, da bleibt ja nichts für mich übrig am Ende. Für uns, meine ich.»

Nur selten sprang Thorsten bei einem Vorschlag auf und rief «Kracher!». Dann zeigte er mit ausgestrecktem Arm auf den Ideengeber, während er in wenigen Sekunden skizzierte, wie man die Idee am besten umsetzen könne. Thorsten konnte solche Pläne besser vorantreiben als irgendjemand sonst, den ich kannte. Mein Bekanntenkreis war allerdings auch nicht übermäßig stark von Strategen und Machern durchsetzt, präziser gesagt war Thorsten der einzige. Seine Energie war trotzdem beeindruckend.

107

Nachdem der erste Scheck aus Sassnitz auf unserem Konto gutgeschrieben worden war, hatte Thorsten vorgeschlagen, jede Woche mindestens einen neuen Mitarbeiter einzustellen. Sandras Einwand, dass wir gar nicht so viele Leute brauchten, wollte er nicht gelten lassen. Es ginge um Prestige, wäre also kriegsentscheidend. Agenturen würden an der Zahl der Mitarbeiter gemessen, alles unter fünfzig stehe unter Klitschenverdacht. Durch meine Vermittlung einigten wir uns auf eine vernünftige Lösung: Jeder zweite Mitarbeiter sollte nach Bedarf eingestellt werden. Wer nicht in laufenden Projekten untergebracht werden konnte, kam in ein Team, das unter Thorstens streng geführter Kontrolle stand. Er produzierte alle paar Tage ein Dutzend Ideen, manchmal nur in ein paar Worten. Das Team, das wir in Anlehnung an *Brutkasten* kurz *Brut* nannten, musste sie ausformulieren. Dann überlegten wir, ob eine Idee sinnvoll war, und beauftragten die Brut mit der Umsetzung nach einem vorgegebenen Muster. Zu Beginn wurde die Marke entwickelt – also der Name, das Logo und das Gefühl, das bei der Zielgruppe ausgelöst werden sollte. Dafür hatte Thorsten ein simples Patentrezept: «Haut euch mit der Faust auf den Kopf, bis er brummt, und versetzt euch in den Kunden rein. Der ist ein bisschen dumm und braucht eigentlich nichts. Wie können wir ihn trotzdem überzeugen?» Darauf baute die Brut eine Werbekampagne auf und prüfte die Umsetzungsmöglichkeiten. Aus dem Logo und dem Geschäftsmodell wurde die Gestaltung der Webseite abgeleitet. Die Brut war eine Zehn-Mann-Gebärmutter für Geschäftsideen rund um das Internet und arbeitete wegen Thorstens immensem Druck mit erstaunlicher Geschwindigkeit. Wer damit nicht zurechtkam, kündigte nach ein paar Tagen wieder.

Eine der Ideen, die es in der Brut am weitesten brachte, war entstanden, als ich beim Vortäuschen von Internetrecherche eine Webseite entdeckte, wo man als Gag Benzin downloaden konnte. «Benzin downloaden», sagte ich zu mir selbst, als Thorsten aufmerkte. «Was hast du da gesagt?»

«Benzin downloaden. So 'ne Verarschungsseite.»

«Aber – eigentlich ist das eine ganz geile Idee. Benzin zum Download. Lass dir das mal durch den Kopf gehen. Benzin downloaden. Benzin – downloaden.»

«Ich finde, das hört sich auch nach der hundertsten Wiederholung immer noch leicht bescheuert an. Oder auch schwer bescheuert.»

«Nein, nein, hör mal auf den Sound: Benzin. Downloaden. Da ist ein total geiles Produkt drin, ich spür's genau. Das kommt auf die Ideenliste.»

«Mach dich nicht lächerlich, Thorsten, Benzin downloaden ist das unmöglichste Geschäftsmodell der Welt.»

Meine Verächtlichkeit spornte Thorsten so sehr an, dass er das Projekt sofort in die Brut gab und selbst vorantrieb. Als ich das ausformulierte Konzept las, musste ich zugeben, dass es einen gewissen geschäftlichen Charme entwickelt hatte. Die Menschen seien nirgendwo so preisbewusst wie im Benzinbereich. Schon Unterschiede von ein paar Pfennigen führten zu einem Tanktourismus jenseits von wirtschaftlichem Sinn oder Unsinn. «Die Leute fahren zwanzig Kilometer hin und zurück, um fünf Mark zu sparen. Dämlich, aber toll für uns!» Im Download-Shop für Benzin konnte man die günstigste Tankstelle in einem festgelegten Radius suchen und dann online Benzin kaufen, das man später gegen einen ausgedruckten Code abholen sollte. Der Vorteil lag in der Vorabbezahlung und in den zu erwartenden fünf Prozent der Kunden, die das Ben-

109

zin nie abholen würden. Außerdem konnten nur die festen Mengen zehn, zwanzig und fünfzig Liter abgenommen werden. Das würde laut Thorsten häufig dazu führen, dass man mehr Benzin kaufe, als in den Tank passe. Der Rest würde dann entweder verfallen oder bei zu großen Protesten als Gutschein zurückgegeben, und das Spiel ginge von vorne los. Für die Verbreitung der Seite wollte Thorsten auf die Presse setzen. «Ich wette mit dir, das kommt in jede fucking Zeitung! Das hört sich so scheiße geil an, wir kriegen die Titelseiten im Dutzend!» Kaum eine Woche nach Beginn war das Projekt fertiggestellt. Uns fehlte zur Realisierung nur noch eine Tankstellenkette als Kooperationspartner.

Abseits der Brut hatte ich einige Leute eingestellt, die etwas mehr Erfahrung mit Werbung und Internet-Angelegenheiten hatten als wir. Am erfahrensten war unser Art Director Marek, ein Halbpole Ende dreißig, der zwei Kinder hatte und eine anstrengende Ehefrau. Wenn sie anrief, verzerrte sich sein sonst souveräner Ton in ein gequältes Krächzen. Als würde ihm seine Frau fernmündlich die Zufuhr männlicher Hormone abklemmen. Bei den Mitarbeitern war Marek beliebt, weil er schon nach wenigen Tagen die Organisation der Alkoholzufuhr in der Agentur übernommen hatte, nicht ohne Eigeninteresse. Auf einer Spaßpostkarte, die Marek auf dem Flohmarkt gefunden hatte, war ein Spruch abgedruckt, den wir zur Agenturregel erhoben: Bier ab vier, Sekt ab sechs, Alk ab acht. Einige Besucher empfanden den Zeitpunkt der ersten Runde Bier als sehr früh, aber wir wollten ein bisschen Punk in den Arbeitsalltag bringen, und dazu eignete sich Dosenbier am Nachmittag hervorragend. Die Arbeit wurde da-

110

von kaum beeinträchtigt, eher schon von dem selbstgebrannten Kartoffelwodka, den Marek von seinen Eltern mitbrachte. Dieses Getränk mit einem Alkoholanteil von etwa hundertfünf Prozent mussten wir verbieten, weil es auch in kleinen Mengen wie ein Sturz aus dem zehnten Stock wirkte. Schlimmer als die sofortige Arbeitsunfähigkeit war, dass sich dieses Teufelswasser, so der übersetzte polnische Name, im Magen verdickte, bis man erneut Flüssigkeiten zu sich nahm. Es konnte passieren, dass man am folgenden Tag durch ein Glas Wasser wieder sturzbetrunken wurde.

Eine der Ideen für die Großkundenakquise, die Thorstens Gefallen gefunden hatte, waren Telefonanrufe bei Investoren. Dabei wollten wir speziell zugeschnittene Marketingkonzepte präsentieren, um uns mit einer Empfehlung zu ihren Dotcoms schicken zu lassen. Mit Sandra am Telefon und der Behauptung, die meisten Agenturen würden «investorenfeindlich» arbeiten, bekamen wir mehrere Termine. Die ersten beiden erwiesen sich als Reinfall, man saß sich gelangweilt gegenüber, und nach zwanzig Minuten war allen Beteiligten klar, dass man sich kein zweites Mal treffen würde.

Das vergangene halbe Jahr mit sechs langen Arbeitstagen die Woche hatte uns viel Energie gekostet. Solange wir von Erfolg zu Erfolg geeilt waren, hatten wir es kaum bemerkt, aber jetzt befanden wir uns in einer Phase der Stagnation, emotional wie wirtschaftlich. Wir brauchten einen dritten großen Umsatzbringer neben Streaver und Sassnitz, sonst würden wir unsere Einstellungspolitik kaum halten können und zur Klitsche verdammt sein. Das kam für Thorsten nicht in Frage. Eine dritte Präsentation in Frankfurt ließ sich vielversprechender an. Sandra hatte nach dem Telefonat erzählt, die Investoren hätten schlechte Erfahrungen mit anderen Agenturen gemacht. Ausnahmsweise fuhren nur Thorsten und ich nach Frankfurt. Vor Ort hatten wir noch anderthalb Stunden Zeit und besprachen bei einem Steak die Situation der Agentur, die trotz der phantastischen Entwicklung auf der Kippe zu stehen schien. Dreißig Mitarbeiter wollten jeden Monat ihr Geld überwiesen bekommen. Unser monatlicher Bedarf allein für Personal lag bei zweihunderttausend Mark. Wir nahmen zwar knapp unter dreihunderttausend Mark ein, aber Geräte, Miete und andere laufende Kosten führten dazu, dass wir mit Mühe bei einer «schwarzen Null» landeten. Mit diesen Zahlen war für mich ein Problem verbunden. Ein Jahr zuvor waren dreihundert Mark für mich sehr viel Geld gewesen. Jetzt hantierte ich mit sechsstelligen Schecks, und in der Kasse der Agentur waren für Notfälle stets ungefähr zwanzigtausend Mark in bar hinterlegt. Ich verlor mein schon vorher schwach ausgeprägtes Gefühl für Geld vollends. Thorsten hatte es schon vor langer Zeit verloren und schwebte in noch entfernteren Sphären. Vor dem Nachtisch bestellte er eine Flasche Champagner, die in dem Frankfurter Edelrestaurant sechshundert Mark kostete. «Ab sofort sollten wir einfach nur noch Kunden annehmen, die sechsstellige Umsätze im Monat bringen, und alles andere absagen», sagte er noch einmal, um für unseren kommenden Termin einen Maßstab zu setzen, «so als Anreiz.» Wir hatten einen einzigen Kunden, der über hunderttausend Mark im Monat Umsatz brachte, einen mit fünfzigtausend und sonst fast nur vierstellige Projektaufträge. In Thorstens Kopf aber waren wir längst im Bereich der sechsstelligen monatlichen Zahlungen angekommen. Den Ausreißer nach oben betrachtete er als Normalität, alles andere als lästigen Kleinkram. Mir wurde sein Größenwahn unheimlich. Natürlich waren Zehntausend-Mark-Aufträge irrelevant, aber fünfstellige Zahlen reichten immerhin bis neunundneunzigtausend. Wir einigten uns auf eine Untergrenze von fünfzigtausend Mark im Monat, um nicht den Kontakt zur Realität zu verlieren.

Als uns das Taxi abgesetzt hatte, waren wir überrascht. Obwohl wir den Namen vorher nie gehört hatten, waren alle zwölf Büroetagen durch die Risikokapitalgesellschaft besetzt. Auch in den größeren Unternehmen dieser Art arbeiteten in Deutschland maximal zwanzig Menschen. Hatte hier jeder eine eigene Etage?

Unser Termin mit einem gelangweilten Manager namens Baron von Baubel schien trotz des Interesses am Telefon die dritte Niete in Folge zu werden, bis Thorsten in seinen Angebermodus schaltete. Eigentlich gab er ohne Unterlass an, aber manchmal steigerte er sich ins Unerträgliche. Ich lehnte mich zurück, bei einem sowieso verlorenen Termin gab es keinen Grund, Thorstens Triumphtröten abzuwürgen. Mit großer Geste verdoppelte er die Zahl unserer Mitarbeiter, erklärte, dass wir jede Woche fünf neue Leute einstellen müssten, fragte, wo die teuerste Gegend sei, weil wir mit dem Gedanken an einen Standort in Frankfurt spielen würden, dichtete uns Konzerne als Kunden und Kreativpreise an und erklärte, dass wir Aufträge mit einem Volumen unter hunderttausend Mark monatlich kaum ausführen könnten, dafür sei unser Apparat nicht ausgelegt.

Der Manager, der uns allein gegenübersaß, stieg voll auf

113

Thorsten ein. Er begann seinerseits anzugeben – ohne jede Scham. Alle Sätze begann er mit «ich», er prahlte mit den Gewinnen, die seine Geschäftsabschlüsse der Firma schon gebracht hätten, mit den Artikeln, die über ihn erschienen seien, mit den Milliardären, die bei ihm Schlange stünden, um ihn um Rat zu bitten und ihm anschließend Millionenbeträge zur Investition zu überweisen. Er versäumte nicht, uns in Form einer Einladung auf seine Sommervilla an der Küste Südfrankreichs hinzuweisen, und zeigte uns zum Abschluss seines zehnminütigen Ich-Vortrags das Foto seines restaurierten Oldtimers, eines alten Jaguars, den er in Paris für «lächerliche zwohundert K geschossen» habe, das müsse man sich mal vorstellen, die Franzosen verstünden eben nichts von alten Autos und von neuen schon gar nicht.

«Ich sehe, *wir* verstehen uns», sagte Thorsten und lachte. Das schien von Baubel etwas zu plump ausgedrückt, wie ich am Zucken um seine Lippen herum erkannte, aber er konnte auch nicht verbergen, dass eine Annäherung stattgefunden hatte.

«Was können wir denn jetzt konkret zusammen machen?»

«Wenn Sie die Besten sind, wie Sie sagen, dann beweisen Sie das doch einfach.»

«Gern. Und wie wollen wir das angehen?»

«Wie der Zufall es will, meine Herren, findet zwei Etagen unter uns gerade ein Screening statt. Eines unserer Investments im Bereich Community spricht mit verschiedenen Werbeagenturen und entscheidet sich anschließend für eine. Nehmen Sie doch einfach spontan teil.»

Wir fuhren mit dem Fahrstuhl hinunter und platzten in die kühle Verabschiedung einer vor sich hin plappernden

114

Agenturdelegation. Als sie gegangen waren, stellte uns Baron von Baubel die Gründer vor. «Das sind Max, Alex und nochmal Alex. Die haben von uns gerade zwei Millionen und das Büro hier bekommen und müssen jetzt mal was *delivern*.» Das Wort hatte sich bis nach Frankfurt fortgepflanzt.

In den beiden Alex-Gesichtern überlagerte schwere Genervtheit alles andere, Max dagegen dachte angestrengt darüber nach, womit er den Investor beeindrucken könnte, der ihn nicht ernst nahm. Die Situation erinnerte mich an das Problem der Jungs von streaver.com. Die Gründer wollten an ihrer Plattform arbeiten und von den Investoren in Ruhe gelassen werden – aber dazu musste denen vorgegaukelt werden, dass sich praktisch wöchentlich der Wert des Unternehmens verdoppelte. Nach der Vorstellungsrunde verabschiedete sich von Baubel mit den in den Raum geworfenen barschen Worten: «Ich höre von euch, wie's gelaufen ist – und zwar von beiden Parteien, meine Herren, nicht dass man mir wieder die Hälfte verschweigt!»

Der Manager hätte uns keinen größeren Gefallen tun können – in den Gesichtern der drei stand Hass. Um den Faden aufzunehmen, begann ich mit einer Tirade über Investoren, allgemein gehalten, aber doch mit einem offensichtlichen Adressaten. Dann beschrieb ich unsere Vereinbarung mit streaver.com und flunkerte «große Erfahrungen mit Communitys» herbei. Nach meinem Vortrag waren die beiden Alex schon fast zur Unterschrift bereit. Max war zwar auch begeistert von unserem Ansatz, er schien den häufigsten Kontakt mit dem Investor zu haben, wollte sich aber vergewissern, ob wir deliverfähig wären. Der nächste

115

Schritt der Unternehmensgründung war die Erstellung eines Firmenlogos. Sie hatten ihr Start-up PrimePool genannt und waren besonders stolz auf das großgeschriebene «P» in der Mitte ihres Namens. So stolz, dass sie am Vormittag eine Agentur sofort wieder hinausgeworfen hatten, weil auf der ersten Folie des Powerpoint-Vortrages der Name falsch geschrieben war.

«Also, mein Vorschlag: Wir nehmen den Auftrag für ein Logo mit zurück. Um euch zu zeigen, wie schnell und gut wir arbeiten, schicken wir euch in achtundvierzig Stunden zwölf Entwürfe. Ihr sucht die besten aus, wir verfeinern nochmal, und Ende der Woche habt ihr euer Logo, versprochen!»

«Hört sich vernünftig an.»

«Alles, was wir von euch brauchen, ist die Ansage, was für Logos ihr gut findet.»

«Wie, welche Logos wir gut finden?»

«Na, von denen, die ihr so kennt.»

Nach einer Stunde zähflüssiger Diskussion einigten sie sich darauf, dass Coca-Cola und Intel ganz gut seien, außerdem hätte die Kirche mit dem Kreuz ebenfalls okaye Arbeit abgeliefert. Kurz vor der Verabschiedung warf Thorsten beiläufig ein, dass wir, wenn kein Vertrag zustande käme, die Kosten für die Logo-Entwicklung nach den Allgemeinen Geschäftsbedingungen in Rechnung stellen müssten, aber das sei ja sowieso üblich, das müsste man ja kaum noch erwähnen. Die drei jungen Geschäftsführer stockten kurz, stimmten aber überrumpelt zu. Ich machte einen investorenfeindlichen Scherz, dann verabschiedeten wir uns.

Wir waren keine zwanzig Sekunden aus der Tür, als Thorsten sein Handy aus der Tasche riss, in der Agentur anrief und Philipp befahl, sofort auf unserer Homepage eine Passage in den AGB zu ändern. «Sofort», schrie er in den Hörer, seine Stimme überschlug sich vor aggressiver Begeisterung, «und ich meine fucking SOFORT die AGB.»

«…»

«Nein! Mach es einfach. Da stehen irgendwo weiter unten die Tagessätze, die wir normalerweise abrechnen. Die verdoppelst du, klar?

«…»

«Sag mal, muss ich dir erst den Kopf abreißen? Es ist superwichtig, sofort online mit dem Scheiß, jetzt, jetzt, superjetzt! Verdammt!» Thorsten legte auf.

«Dieser Idiot.»

«Wasn?»

«Du hast ja gehört, die haben der Abrechnung nach AGB zugestimmt, haben aber ein bisschen rumgestutzt.»

«Ja, aber das war doch nur so dahingesagt …»

«Aber mal so gar nicht! Das ist ja der Trick. Das sind Geschäftsführer, damit sind sie automatisch Vollkaufleute. Da gelten mündliche Verträge. Bupp! Und zum Zeitpunkt des Abschlusses hatten wir halt einen Tagessatz von zweitausendvierhundert Mark für jeden pupsigen Grafikdesigner.»

«Das ist ein bisschen die unfaire Nummer, oder? Ich fand die ganz nett. Außerdem glaube ich, dass die den Vertrag mit uns machen, wenn wir uns nicht total doof anstellen mit dem Logo.»

«Was du glaubst, ist mir egal. Wenn sie den Vertrag einfach unterschreiben, zack, alles Blume. Aber ein kleines Druckmittel im Hintergrund kann nie schaden.»

«Du Teufel.»

«Alter, wie oft bin ich verarscht worden. Das ist die Ge-

117

schäftswelt, das ist kein Kinderfasching oder so. Da gibt's Regeln, entweder kennt man die, oder man ist der Arsch.»

«Hm. Wenn's legal ist … Hört sich nur alles nicht so freundlich an.»

«Natürlich ist das legal. Den neuen Tagessatz hatten wir ja letzten Monat auf der Gesellschafterversammlung beschlossen, weißt du nicht mehr?»

«Hatten wir? Ich …»

«Sag mal, bist du echt so schwer von kapee?»

«Ach so, ja, DIE Gesellschafterversammlung. Jetzt fällt's mir wieder ein, stimmt ja, hatten wir ja beschlossen, Tagessätze verdoppeln, klaro, klaro. War mir nur kurz entfallen.»

«Geht doch.»

«Was gibt's denn da noch so für Tricks?»

«Zu Hause muss ich wohl mal 'ne Schulung machen, du hast ja von gar nichts 'ne Ahnung, für einen Geschäftsführer.»

«Moment, ich bin fünfundzwanzig. Du bist fünfunddreißig. Das ist wohl ein Unterschied.»

«Zum Beispiel gibt's den Sieben-Prozent-Trick mit der Mehrwertsteuer.»

«Und wie geht der?»

«Wenn du Agenturleistungen verkaufst, dann stellst du eine Rechnung über sieben Prozent Märchensteuer und nicht über den normalen Satz.»

«Und das heißt?»

«Wenn der Kunde der Rechnung nicht widerspricht, dann hat er bestätigt, dass du eine künstlerische Leistung erbracht hast. Konkludentes Handeln. Damit hast du das Urheberrecht. Der Kunde hat dann nur die Nutzungsrechte gekauft. Wenn die Sache in die Brüche geht, kann man sich wunderbar streiten und in der Zwischenzeit einfach mal die

118

Verwendung untersagen. Gibt tausend Gerichtsurteile dazu, und wenn man klagt, wird's am Ende sowieso ein Vergleich, und die schieben nochmal richtig Kohle rüber.»

Ich war beeindruckt von den Tricks, die Thorsten kannte und hemmungslos anwandte. Von ihm konnte sogar ich noch lernen – Dinge, von denen ich nicht einmal geahnt hatte, dass es sie gab. Ob Thorsten auch bei uns mit solchen Tricks arbeitete? Ich verdrängte den Gedanken und freute mich, dass wir einen neuen, großen Kunden in Aussicht hatten.

Als wir am nächsten Morgen in die Agentur kamen – Thorsten hatte noch vom Flughafen aus eine detaillierte Aufgabenbeschreibung durchgegeben, samt der Anweisung, über Nacht durchzuarbeiten –, hatten die Designer fünfzig verschiedene Logos für PrimePool vorbereitet, allesamt mit kleinem «P» in der Mitte. Nur mit Mühe und dem Hinweis auf die anstrengende Nacht konnten Sandra und ich Thorsten am Ausrasten hindern. Unter den Entwürfen war nicht ein einziger, den wir gut fanden, also setzten Thorsten, Philipp, Sandra und ich uns jeweils mit einem der Designer zusammen und arbeiteten an neuen Entwürfen. Am frühen Abend hatten wir weit über hundert Logoansätze, von denen wir zwanzig zur Ausarbeitung auswählten. Ein Favorit kristallisierte sich heraus: Marek hatte einen schlicht gehaltenen Schriftzug von PrimePool entworfen, mit einem stilisierten Bäumchen als zweitem P. Allerdings trug es die Farben unseres eigenen Agentur-Logos, eine Kombination aus Grün und Beige mit edler Anmutung. Im Morgengrauen mailten wir sieben Entwürfe an PrimePool. Sie sollten an der Absendezeit 4:37 Uhr sehen, zu welchen Zeiten wir arbeiteten, wenn es notwendig

119

war. Die Rückmeldung war schon da, als ich am folgenden Tag gegen halb zwölf in die Agentur kam. Sie hatten sich alle unabhängig voneinander in den Favoriten mit dem Bäumchen verliebt. Sie wollten nicht nur das Logo, sondern auch uns engagieren, wir sollten einen Vertragsentwurf schicken. Man müsse sich aber über die Farben einigen – die gleichen Farben wie ihre Agentur, das wäre «nicht ihr Niveau». Thorsten gab per Mail zurück, dass man über eine Lösung verhandeln könne, und machte sich an die Ausarbeitung des Vertrages. Die Mitarbeiter der Frankfurter Firma nannten sich selbst PrimePooler, wir nannten sie «Primeln».

Auf die Bitte der Primeln hin arbeiteten wir bereits weiter an der grafischen Ausgestaltung, bevor sie den ersten Vertragsentwurf zu Gesicht bekommen hatten. Das Start-up sollte sich in der kommenden Woche einer Delegation des Wirtschaftsministeriums als innovatives, junges Unternehmen präsentieren, obwohl den Jungs selbst noch unklar war, was genau ihr Geschäftsmodell war. Da es dabei auch um Fördergelder ging, war es wichtig, einen möglichst professionellen Eindruck zu machen. PrimePool wollte die eigene Website innerhalb einer Woche online bringen. Das war auch in unserem Sinn, weil wir auf diese Weise jeden Tag drei Schichten verkaufen konnten, zu erhöhten Sondertagessätzen, wie Thorsten sagte. Bestätigt hatte PrimePool aber noch nichts. Als ich Thorsten darauf ansprach, behauptete er, wir würden am sehr viel längeren Hebel sitzen. Was er damit meinte, wurde mir eine Woche später klar. Er sandte den Vertragsentwurf zwei Tage bevor die Delegation eintreffen sollte. Er hatte eine Pauschale von achtzigtausend Mark Honorar im Monat vorgesehen. Das beinhaltete die gesamte Kommunikation, In-

120

ternet, Design, Werbung, Pressearbeit. An den Schluss der Mail setzte er eine kurze Bemerkung: «Bei Nichtzustandekommen des Vertrags rechnen wir den bisherigen Aufwand wie mündlich vereinbart laut AGB nach Tagessätzen ab, Aufstellung per heute 12.00 Uhr anbei.»

Die Aufstellung von drei Schichten à acht Stunden durch angebliche zehn Leute für die vergangenen fünf Tage, plus Wochenendaufschlag, ergab hundertachtzig Tagessätze zu zweitausendvierhundert Mark. Damit stand unter der detaillierten Auflistung der Arbeitszeiten die Summe von 432 000 Mark netto.

«Äh ... Thorsten? DAS hast du an die Primeln geschickt? Eine Rechnung über 'ne halbe Million für die letzten fünf Tage?»

«Moment, das ist doch keine Rechnung. Wir drohen nur ein bisschen, damit sie den Vertrag auch unterschreiben. Ich hab ja noch nicht mal hunderttausend im Monat reingeschrieben, sondern nur achtzig, weil du meintest, wir müssen ein bisschen freundlich sein mit denen.»

«Aber ... das ist doch 'ne eisenharte Erpressung! Das vergiftet doch die Atmosphäre von Anfang an!»

«Ach, und wenn. Ich wette, die reden sich das schön. Die ärgern sich erst, dann überlegen sie, dass der Vertrag doch nicht so schlecht ist, dann verhandeln wir 'ne Runde, und am Ende unterschreiben sie. Glaub mir, die sind viel zu jung und optimistisch, um Druck auszuhalten. So ist es immer.»

«Aber wenn sie sich weigern und nichts machen?»

«Ich sage dir, gleich kommt 'ne Mail zurück, die ist ganz freundlich und irritiert. Da schreiben sie dann so was wie, ‹wir hatten ja besprochen, blabla, aber dass es so teuer werden würde, blabla› – und dann ist der Sack zu, dann haben sie die mündliche Absprache nochmal per Mail bestätigt.»

«Und dann?»

«Uns kann es nur recht sein, wenn sie uns nicht beauftragen, dann drucken wir den Kram aus, gehen vor Gericht, die Streitsumme erhöhen wir nochmal um 'ne Million, weil wir weiterarbeiten, bis von denen die explizite Ansage kommt aufzuhören. Und zwar per Einschreiben, alles andere verlieren wir leider – ärgerliche Sache, Mailserver kaputt, Faxe kommen nicht an und so weiter. Das geht durch bei Gericht, ich sag's dir, hatte ich schon mal, so was. Und vorher schicken wir ihnen noch 'ne einstweilige Verfügung, dass sie mit unserem Kram nicht online gehen dürfen.»

«Ich finde das ganz schön krass», sagte Philipp.

«Ja, krass geil, wa?», sagte Thorsten.

«Na ja, eher, dass wir die ficken.»

«Leute, Leute, Leute! Das ist Business hier. Daran können die sich gleich mal gewöhnen. Außerdem können sie ja den Vertrag unterzeichnen, das kostet sie schlappe achtzigtausend im Monat, dafür kriegen sie alles, was sie wollen. Ist doch ein Topdeal!»

«Ja, für uns.»

Wir lachten. Wenn Thorsten erzählte, wie es in der Welt dort draußen zuging und wie wir das zu unserem Vorteil nutzen konnten, war ich zwiegespalten. Einerseits staunte ich darüber, wie hart und unfair die Geschäftswelt sein konnte. Andererseits freute ich mich, wie wir unseren Erfolg mit allen Mitteln, aber doch irgendwie legal vorantrieben. Härte im richtigen Moment sei das Wichtigste, predigte Thorsten, und der richtige Moment sei eigentlich immer – außer manchmal, aber das würde man dann schon merken.

122

Das Telefon klingelte eine Viertelstunde nachdem Thorsten die Mail mit dem Vertrag abgeschickt hatte. Es war Max von PrimePool. Thorsten klang nicht besonders freundlich, gab sich aber Mühe, ruhig zu bleiben. Er vereinbarte einen Termin für den nächsten Tag und versprach, dass er und ich nach Frankfurt kämen. Dann legte er auf.

«Und?»

«Na, gefreut haben sie sich nicht.»

«Aber?»

«Kein Aber. Den Rest klären wir morgen in Frankfurt. Früh mit dem ICE hin, zwei Stunden hart verhandelt, Zug um eins zurück, dann sind wir am Nachmittag wieder hier, zack. Nur eben um achtzigtausend im Monat reicher, haha.»

«Du glaubst, dass die gleich morgen unterschreiben?»

«Wenn nicht, kriegen sie das Logo nicht, müssen 'ne halbe Million zahlen, können nicht online gehen und haben nix fürs Ministerium. Außerdem nehmen wir noch ein Goodie mit. Ein paar Schilder mit dem PrimePool-Logo oder so, ich lasse gleich mal recherchieren, wo wir das heute noch gedruckt kriegen.»

Am nächsten Morgen klingelten wir in Frankfurt an der Tür von PrimePool, die Schilder verpackt in der Hand haltend. Einer der beiden Alexe öffnete und brachte uns in den Meetingraum, wo wir frostig empfangen wurden. Besonders Max schien wütend zu sein. Trotzdem nahm er sich zusammen und arbeitete zunächst die Höflichkeitsfloskeln und dann die Agenda ab. Sie hatten alle Logos in Schwarzweiß ausgedruckt, bis auf das Bäumchen-Logo. Ausführlich beschrieben sie, weshalb jedes einzelne bei ihnen durchgefallen sei. Zuletzt holte er das farbige, etwas

123

größer gedruckte Logo mit dem Bäumchen hervor. Er lobte den Entwurf und uns so überschwänglich, dass es sogar mir unangenehm wurde, obwohl ich sonst mit Anbiederung keinerlei Probleme hatte. Vor allem nicht mit berechtigter. Am Schluss seines Logo-Monologs fügte er wenig überzeugend hinzu, dass sie jedoch auf dieses Logo keineswegs angewiesen seien. Seine Wut brach wieder durch, er schnaubte sich warm. Damit eröffnete er die Diskussion um den Vertrag. Thorsten war bereits unruhig.

«Super. Dann let's get to the point. Wie sieht's mit dem Vertrag aus?»

«Wir sind nicht bereit, ihn so zu unterschreiben.»

«Das ist klar, sonst wären wir ja nicht hier, hahaha. Nein, jetzt mal im Ernst. Lasst uns die Unklarheiten rasch klären, dann unterschreibt ihr, und morgen wird alles gut.»

«Äh, wir hatten eigentlich nicht vor, heute zu unterschreiben.»

«Dann können wir euch leider das Logo nicht überlassen. Beim besten Willen.»

Die offensive und unverschämte Argumentation von Thorsten war für mich schwierig auszuhalten. Tatsächlich stand aber niemand auf und schmiss uns raus. Seine Druckmittelstrategie schien zu funktionieren. Die beiden Alexe wirkten im Gegensatz zu Max auch nicht verärgert. Max und Thorsten tauschten ihre hartbandagierten Argumente aus, aber der Vorwurf der Erpressung blieb aus. Dann bat Max darum, den Anwalt des Unternehmens dazuholen zu dürfen. Wenig später trat die Verkörperung eines Schnösels ein. Er war etwa dreißig Jahre alt und trug einen dreiteiligen Anzug aus Tweed, mit einem Einstecktuch aus dem gleichen Schmuckstoff wie sein Halstuch, maritime Motive. Die zurückgegelten Haare, der Blei-

124

stiftschnurrbart und die goldene Uhrkette in der Weste sprengten jede noch erträgliche Klischeegrenze. Er stellte sich als Emil vor und hatte eine unerwartet angenehme Stimme. «Ich denke, es wäre zielführend, wenn wir nur mit einem Kernteam verhandeln würden.»

«Gut, kein Problem.» Thorsten schaute mich an, ich gab ihm die verpackten Schilder und verließ mit den beiden Alexen den Meetingraum. Vor der Tür lockerte sich die Stimmung sofort, wir holten uns gemeinsam in der Küche einen bedrückend schlechten Latte macchiato. Die Alexe gaben sofort zu, dass die Espressomaschine nicht einmal den allergeringsten Ansprüchen genügen würde, entschuldigten sich mehrmals und empfahlen, den Latte macchiato aggressiv in Richtung Trinkbarkeit zu zuckern.

Dann gingen wir zurück vor die Tür, scherzten und taten, als würden wir lauschen. Dabei versuchten wir, tatsächlich zu lauschen, konnten aber nichts verstehen. Wir machten Späße über das Szenario – was wäre, wenn wir uns nun gegenseitig würden verklagen müssen – und lachten viel.

Als vierzig Minuten später Max mit einem Grinsen durch die Tür trat, die edlen Schilder mit dem Logo in der Hand, wusste ich, dass Thorsten es geschafft hatte. Max hatte den Vertrag fast unverändert unterschrieben, nur die monatliche Pauschale war von achtzigtausend auf fünfundsiebzigtausend Mark gesenkt worden. Dazu waren noch einige Leistungen mehr aufgeführt worden – bei einem Rundumglücklich-Paket eher Gesichtswahrung als irgendetwas anderes. Sie hatten im Meetingraum eine Zusatzvereinbarung darüber aufgesetzt, dass wir die Unternehmensfarben unserer Agentur an PrimePool abtreten würden, sobald die Website offiziell online ginge. Unsere Forderungen für die

Ausarbeitung des Logos und das darauf aufbauende Design der Übergangs-Website wurden fallengelassen und für den symbolischen Preis von einer Mark übertragen – ausdrücklich plus sieben Prozent Mehrwertsteuer. «Immer noch ein Ass im Ärmel, dieser Thorsten», dachte ich und freute mich, dass ich mit ihm arbeitete und nicht gegen ihn.

Alex, Alex und ich unterschrieben ebenfalls Vertrag und Zusatzpapier in zweifacher Ausfertigung. Wir umarmten uns, als sei nichts gewesen, wünschten uns eine gute Zusammenarbeit und versprachen uns gegenseitig, demnächst trinken zu gehen und auf alles anzustoßen. Dann mussten Thorsten und ich aufbrechen. Im Taxi zum Bahnhof wollte ich erfahren, wie er dieses phantastische Ergebnis ausgehandelt hatte.

«War eigentlich nicht so schwer», sagte er, «weil nämlich der Anwalt eine totale Niete ist. Der kennt jedes verdammte Gesetz, aber hat keinen Blick fürs große Ganze. Wir haben zehn Minuten darüber diskutiert, ob das Zusatzpapier eine eigene salvatorische Klausel enthalten muss, aber das Gesamtpaket hat er nicht ein einziges Mal hinterfragt, die Pfeife.»

«Eine sal-was?»

«Egal, schau im Internet nach.»

«Und wie hast du die jetzt konkret überzeugt?»

«Max hat sich selbst überzeugt, nachdem der Anwalt und ich festgestellt hatten, dass die Forderungen von einer halben Mille vor Gericht durchaus gute Chancen hätten. Ich musste überhaupt nicht drohen, weil der Anwalt schon die ganze Zeit Panik gemacht hat. Dann ging's nur noch kurz um die Summe auf dem Vertrag, weil ich die ganze Zeit immer nur über das Zusatzpapier geredet habe,

126

irgendwann war der Vertrag akzeptiert. ‹Leite die Energie
deines Feindes auf Nebenkriegsschauplätze›, hat Sun Tzu
mal gesagt oder so.»

«So einfach geht also Business», sagte ich zu mir selbst,
«so einfach.»

autokauf

Wir stellten weiterhin jede Woche einen neuen Mitarbeiter ein. Die Brut hatte sich als guter Filter erwiesen. Wer
Thorstens Launen aushielt, war auch für jeden anderen Job geeignet. «Wer unter Druck nicht arbeiten kann,
kann nicht arbeiten», hatte mir Sandra auf dem Weg zu
den Präsentationen mal gesagt. Auf diesen Fahrten beobachtete ich sie oft vom Fahrersitz aus. Sie tat dann so, als
würde sie es nicht bemerken, führte aber laszive Mädchen-
kunststücke vor, sie schminkte ausgiebig ihre Lippen nach,
zupfte sich die Unterwäsche zurecht oder ringelte mit dem
Finger ihre dafür eigentlich zu kurzen Haare.

Die Einstellungsgespräche führten Thorsten oder ich,
seltener wir beide zusammen. Wenn Philipp eines führte,
höhnte Thorsten: «Philipp bewirbt sich wieder bei einem
Praktikanten.» Philipp wollte nicht einsehen, dass man als
Geschäftsführer Bewerbern mit Autorität gegenübertreten
musste. Er hatte sich in meinem und Thorstens Beisein
bei einer Neunzehnjährigen sogar mehrmals entschuldigt,
dass wir eine halbe Stunde später als vereinbart gekommen waren. Als Gegenreaktion auf Philipps und meine
Freundlichkeit verhielt sich Thorsten gegenüber den Mitarbeitern immer häufiger unausstehlich. Grundsätzlich
schrie er alle Leute an, von denen er glaubte, wir hätten

sie zu gnädig behandelt: «Yin und Yang. Wenn ihr so mädchenmäßig rumyint, muss ich halt superyang werden und den Leuten was vor die Stirn kellern.»

Nach dem Abschluss des Vertrags mit PrimePool griff Thorsten das Autothema wieder auf. «Ich hab nochmal nachgedacht, wir können uns inzwischen locker ein gutes Auto leisten. Ein richtig gutes Auto. Leasen am besten, kostet dann nur die Hälfte, kann man ja alles absetzen.»

«An was hast'n gedacht?», fragte ich.

Meine nicht ausgesprochene Hoffnung war, dass Thorsten auch die S-Klasse gut fände. Wie Thorsten mochte ich große Dinge. Große Geräte, große Maschinen, große Unternehmen, große Marken. Mercedes, vor allem das S-Klasse-Modell, war für mich das schönste Symbol für Größe. Thorsten lächelte mich an, was mich verunsicherte, er tat so etwas sonst höchstens aus taktischen Gründen. Die fehlende Lächelpraxis merkte man ihm an. Ich erkannte, dass er gerade alles ausprobierte, um mich von seinem Favoriten zu überzeugen – sogar die ihm fremde Kulturtechnik des Lächelns.

«Audi A8. Das beste Auto der Welt. Ein Kracher.»

«Echt?»

«Das 4.2er Aggregat mehr Drehmoment als ein Porsche entwickelt, junger Jedi. Das geht so ab, kannst du dir gar nicht vorstellen, wie ab das geht.»

«Hm. Na ja. Können ja mal sehen. Findest du nicht, dass wir mit einer S-Klasse die einmalige Chance hätten, auf Understatement zu setzen?» Thorsten redete weiter, als hätte ich nicht gerade einen vernünftigen, diskussionswürdigen Gegenvorschlag unterbreitet. «Ich hab auch schon was rausgesucht. Preiswert. Auf eine Art. In

128

der Nähe von Bonn, ein Autohaus, die haben einen Jahreswagen, anthrazit in Vollausstattung. Weil: Da muss unbedingt das große Navi dabei sein mit Fernseher. Auto mit Fernseher, hab ich immer geträumt von.»

«Fernseher. Aha. Aber dann lass uns das so regeln, dass auch die Mitarbeiter fahren dürfen, so als Goodie. Da bestehe ich drauf.» Als Gegenpol zu Thorsten war es für mich leicht, von den Mitarbeitern gemocht zu werden. Aber sie sollten mich lieben, deshalb sorgte ich in unregelmäßigen Abständen für kleine Geschenke, Mitbringsel, «Goodies» eben. Nachdem Thorsten mich deshalb als «Mitarbeiterpopulist» beschimpfte, behauptete ich, eine Strategie zu verfolgen: Bei Kleinigkeiten den netten Kumpelchef zu geben – nur um knallhart sein zu können, wenn es darauf ankam. Thorsten wollte mir zunächst nicht folgen, schwenkte dann aber auf meine Linie ein: Unsere Kundenstrategie «Good Cop, Bad Cop» sollte fortan auch für Mitarbeiter gelten.

«Stimmt eigentlich, Motivation und Angst gleichzeitig, besser geht's nicht», sagte Thorsten.

«Wollen wir das auch gegenüber Philipp und Sandra durchziehen?»

«Natürlich, was denkst du denn?»

Vor meinem inneren Auge klopfte ich mir selbst auf die Schulter. Dieses Arrangement mit Thorsten war eine glänzende Strategie-Strategie. Die Mitarbeiter würden mich weiterhin mögen, und vor Thorsten stand ich als der gerissene Stratege da, der sich nichts vormachen ließ.

In den folgenden Tagen drängelte Thorsten so sehr, er wolle sich das Auto ansehen, dass ich nachgab. Wir flogen nach Bonn und nahmen ein Taxi zum Autohaus. Dort trafen wir auf einen etwa fünfzigjährigen mürrischen Autoverkäufer, der exakt so aussah, wie ich mir einen Autoverkäufer vorstellte: buschiger Schnurrbart, fleckige Stirnglatze, wulstige Tränensäcke, bräunliche Nikotinfinger, blaues Hemd mit grauem Sakko, schwarze Hose, bequeme Schuhe. Dösig bräste er hinter seinem Schreibtisch auf einem kunstledernen Drehsessel von thronhaften Ausmaßen und sah nicht auf, obwohl wir uns auf die Holzstühle vor dem Tisch gesetzt hatten. Thorsten räusperte sich und erklärte, dass wir wegen eines bestimmten Wagens hier seien.

Der träge Verkäufer begleitete uns auf den Hof. Thorsten sah durch die Seitenscheibe hinein und explodierte innerhalb einer Sekunde: Der Wagen hatte, anders als im Internet angegeben, kein großes Navigationsgerät mit Bildschirm, sondern nur ein kleines Radiodisplay. Minutenlang überzog er den Verkäufer, das Autohaus, die Stadt Bonn und Audi mit den gröbsten Unflätigkeiten. Der Verkäufer ließ es an sich abtropfen und warf nur ab und zu ein väterliches «Na, na, na» ein. Als Thorsten die Flüche ausgegangen waren, bat uns der Mann an seinen Schreibtisch, ließ Verständnis für unsere lange Anreise erkennen und machte uns einen Vorschlag. «Hören Sie, ja, es ist ärgerlich, dass das falsch im Internet steht. Da steht ja viel, im Internet. Aber ...»

«Was, aber? Haben Sie noch andere A8 hier rumstehen?»

«Leider keinen, den Sie suchen. Ich habe aber ...», er machte ein verschwörerisches Gesicht, «... ich habe einen Slot in drei Wochen!»

«Einen, äh, Slot? Was soll das denn sein?»

«Ach, das wissen Sie gar nicht. Okay, ich erklär's mal. Scheint ja Ihr erster Neuwagenkauf zu sein. Wenn man ein Auto nach den eigenen Wünschen konfiguriert, dann

130

kriegt man das natürlich nicht sofort. Das muss ja erst noch zusammengebaut werden.»

«Und?»

«Na ja, das dauert im Normalfall drei Monate, manchmal auch sechs, mit Vorplanung und allem, was dazugehört, geht ja nicht von heut auf morgen, so einen A8 zusammenschrauben, nech?»

«Und der Slot?»

Der Verkäufer beugte sich vor, hob die Augenbrauen und sagte: «Da ist uns jemand abgesprungen. Das muss man eigentlich sofort melden, aber wir haben's nicht an Audi weitergegeben. Wir haben den Slot weiterlaufen lassen, man kann den bis zwanzig Tage vor Ablauf zurückziehen. Das wäre in unserem Fall morgen.»

«Jajaja, aber was heißt das genau?»

«Das heißt, dass Sie einen nigelnagelneuen Audi A8 in Wunschausstattung leasen können – und er steht bei Ihnen zu Hause vor der Tür in drei Wochen und nicht erst in drei Monaten!»

Wir hatten zwar beide gerade erst davon erfahren, dass man sich hinten anstellen musste, um ein Hunderttausend-Mark-Auto zu leasen, waren aber trotzdem schwer beeindruckt von der Möglichkeit. Um als geschäftstüchtiger und sparsamer Kaufmann zu erscheinen, hatte Thorsten nur bei den Jahreswagen gesucht. So wie er fahre, hatte er gesagt, würde man dem Auto nach drei Tagen eh nicht mehr ansehen, ob es gebraucht oder neu gewesen sei. Ich hielt das für vernünftig. Jetzt allerdings bot sich mir die Chance, mit fünfundzwanzig Jahren meinen ersten Neuwagen zu kaufen – und zwar einen Audi A8. Eine verlockende Aussicht mit hoher Weitererzählbarkeit. Wir wollten den Preis verhandeln, aber der Verkäufer sagte uns, dass wir uns lie-

131

ber zuerst die Ausstattung aussuchen sollten, dabei änderte sich noch eine Menge am Preis. Ein nachvollziehbares Argument. Er breitete einen Hochglanzprospekt vor uns aus und hatte uns gefangen. Thorsten und ich waren im Kinderparadies. Wir schwelgten in den Sonderausstattungen. Der Verkäufer erklärte uns, dass wir nicht auf den Preis hinter den einzelnen Komponenten achten sollten, er könne da sicher noch was machen. Außerdem würden wir sowieso nur die Hälfte zahlen, man könne doch *alles* steuerlich absetzen. Deshalb wählten wir auch buchstäblich *alles* aus. Ein champagnerfarbener Alcantara-Innenraum, handpolierte Wurzelholzarmaturen, Leder in verschiedenen Cremetönen, das Navigationsgerät mit integriertem Fernseher, das Surround-Sound-System von Bose, die Ein-Finger-Lenkradschaltung, den größten Motor, 4,2 Liter Turbodiesel, wennschon, dennschon. Erst als wir zu den Felgen kamen, fragte ich Thorsten, ob Sportfelgen nicht etwas übertrieben wären. Ich wusste in diesem Moment selbst nicht, ob ich einen Scherz gemacht hatte oder meine Bedenken echt waren. Wir entschieden uns für die normalen Felgen. Wir wollten vernünftig bleiben, uns erden, dem Größenwahn ein Schnippchen schlagen. Der Autoverkäufer lächelte uns an. Er hatte ausgerechnet, dass das Auto mit der ausgewählten Sonderausstattung zweihunderttausend Mark kostete. Wir erstarrten, als er die Zahl sagte. Die monatliche Rate, die er hinterherschob, hörte sich weniger furchterregend an. Thorsten und ich berieten uns kurz, der Autoverkäufer hörte zu. Er unterbrach uns, als wir darüber sprachen, dass auch unsere Angestellten den Wagen fahren sollten.

«Das geht mich ja eigentlich nichts an, nech. Aber ich kenne mich gut aus mit Autoversicherungen. Berufskrankheit, haha. Also, der Wagen, bei dem Hubraum, das ist eine Granate. Da tippen Sie das Gaspedal nur sachte an, und der springt los wie eine Raubkatze. Das weiß natürlich auch die Versicherung, die sind ja nicht blöd, nech.»

«Was wollen Sie uns damit sagen?» Thorsten wollte sich nicht mit ärgerlichen, bürokratischen Details aufhalten.

«Sie müssen den Wagen ja versichern. Vollkasko natürlich. Wenn nur Sie beide den fahren, dann kostet das Pi mal Daumen, na, fünfhundert im Monat, würde ich sagen. Wenn jeder bei Ihnen in der Agentur den fahren soll, und da ist ein neunzehnjähriger Fahranfänger dabei … Dann, hallihallo … Dann sind Sie Vollkasko mal ganz löckerchen bei zweitausend Mark. Im Monat!»

Thorsten hatte von Anfang an Sicherheitsbedenken wegen der Angestellten gehabt, wie er jetzt sagte. Ich ahnte, dass er den Wagen einfach nicht teilen wollte, aber das Kostenargument wog schwer. Thorsten bemerkte mein Zögern und fragte den Verkäufer, was er empfehlen würde.

«Sie wollen den Mitarbeitern was Gutes tun. Ist ja auch verständlich, dann arbeiten die besser, ist ja klar. Ich sag mal so: Von dem Preisunterschied, da können Sie mit 'ner kleinen Anzahlung zwei Golf Diesel leasen. Hab ich jede Menge Slots zu, die sind in vierzehn Tagen fertig. Ist ein gutes Auto, ein wirklich gutes Auto, kann man nichts sagen.»

Thorsten sprang sofort auf das Angebot des Verkäufers an und stieg in die Verhandlungen über Ausstattung und Preis ein. Der Verkäufer gab uns für die beiden Golfs erst zwanzig Prozent Rabatt vom Listenpreis, dann schaute er uns wohlwollend an, lief die Treppe hinunter und verschwand in einem Büro. Als er nach fünf Minuten wieder-

133

kam, sagte er: «War gar nicht so einfach, aber ich hab das beim Chef durchgedrückt für Sie. Fünfundzwanzig Prozent Rabatt auf den Listenpreis. Wenn Sie heute unterschreiben, für den A8 und die beiden Golf Diesel.»

«Fünfundzwanzig Prozent hört sich nicht schlecht an.» Thorsten sah zu mir herüber und sagte: «Hör mal, ich werd mindestens genauso oft einen Golf nehmen wie du, echt.» Ab und zu schien er so etwas Ähnliches wie ein Gespür zu haben, denn längst hatte ich befürchtet, mit einem Golf abgespeist zu werden, während Thorsten mit zweihundertfünfzig über die Autobahn schießen würde.

«Und das soll ich jetzt glauben?»

«Jatürlich!»

Philipp hatte dieses neue Wort erfunden, das sich in der Agentur wie eine Viruserkrankung ausbreitete. Erst hatte es bei uns ein paar Wochen als besonders witzig gegolten, von einer Frau namens «Jana Türlich» zu sprechen. Philipp zog die beiden Worte zusammen – Jatürlich! –, mit einem begeisterten Ausrufezeichen. Wir verwendeten es so exzessiv, dass man schon nach wenigen Tagen nicht mehr sicher sein konnte, ob es nicht auch das genaue Gegenteil bedeutete. Diese Form der eventuell vorgetäuschten Ironie hatte schon eine Weile unsere Meetings vergiftet, weil man nicht mehr wusste, ob ein laut gerufenes «Ja!» Zustimmung bedeutete, ironisch gemeint oder sogar ironisierte Ironie war und die Bemerkung damit doch wieder als «ja» zu interpretieren. Wir erließen schließlich ein Ironieverbot für den Konferenzraum. Dadurch breitete sich in erster Linie das Wort «Ironieverbot» in der Agentur aus und wurde zu jeder Gelegenheit gerufen, ob passend oder nicht. Es gab mir also nicht besonders viel Sicherheit, mit einem «jatürlich» von Thorsten zugesichert zu bekom-

134

men, dass ich den Wagen ebenso oft wie er fahren dürfe. Trotzdem stimmte ich zu. Ein paar Minuten später hatten wir drei Leasingverträge unterschrieben. Der Verkäufer konnte seine Freude darüber kaum unterdrücken und leckte sich die Lippen auf eine Art, die nah an sexuelle Belästigung am Arbeitsplatz herankam.

Nach der Unterschrift klärte uns der Verkäufer über ein paar Vertragsdetails auf. Etwa über die Kaution in Höhe von siebzigtausend Mark, die wir am besten gleich im Anschluss in bar oder als Scheck hinterlegen sollten – wie uns aber sicher beim Erstkontakt gesagt worden wäre. Ich sah erstaunt zu Thorsten, der etwas sagte wie: «Kann schon sein, hab ich vergessen, dir zu sagen, glaube ich.» Nach symbolischen drei zerknirschten Sekunden zog er das Scheckbuch unserer Agentur aus der Innentasche seines Sakkos. In diesem Moment wusste ich, dass Thorsten alles genau so geplant hatte. Er wollte mich in der Kautionsfrage mit dem Scheck überrumpeln, er wollte einen A8 um jeden Preis, auch um den Preis zweier Golfs, die wir so dringend brauchten wie den Großteil der Angestellten, die damit fahren sollten. Ich war mir nicht einmal mehr sicher, ob er nicht irgendwie mit dem Verkäufer unter einer Decke steckte. Aber noch bevor sich meine Gedanken in diese Richtung ausbreiten konnten, beruhigte ich mich selbst, indem ich mir sagte:«Mit fünfundzwanzig den ersten Neuwagen vom eigenen Geld gekauft – und dann gleich einen A8.»

heiko tänschel

Die ursprünglich geplante Pornoparty hatte während der Vorbereitung unter dem Motto «Milliardäre» so sehr an Schwung verloren, dass wir das Konzept vor der Veranstaltung noch einmal änderten. Deshalb feierten wir im Frühsommer 2001 den zehnten Geburtstag unserer Agentur. Die in der Start-up-Szene kursierende Behauptung, die Zeit verginge im Internet schneller, veralberten wir mit einer ironischen Pressemitteilung, dass für uns ein Monat ein Internetjahr sei. Daher würden wir ab sofort jeden Monat Geburtstag feiern – zum Auftakt den zehnten. Wir luden Kunden und potenzielle Kunden ein, grillten wenig spektakulär auf dem Innenhof der Agentur und sprachen von der «Neuen Bescheidenheit», was Partys anging. Im Gespräch mit einigen Anwälten, die Dotcoms in rechtlichen Fragen berieten, bemerkte ich überrascht, dass kaum jemand unsere Gleichung – ein Internetjahr sei ein Monat – als Scherz verstanden hatte. Mit großem Ernst wurde ich gefragt, was für Berechnungen dieser These zugrunde lägen. Ein paar Start-up-Gründer hatten sich dazugesellt. Jedem einzelnen Gesicht konnte ich ohne analytische Mühe ansehen, dass die Auflösung des Scherzes eine Enttäuschung gewesen wäre. Das Gespräch hatte sich in eine Richtung entwickelt, die mir nur noch die Flucht nach vorn ließ, alles andere hätte unsere Glaubwürdigkeit beschädigt.

Während ich wie auf Autopilot drauflosplauderte, arbeitete mein Gedächtnis daran, die Formulierungen unserer ironischen Pressemitteilung abzuklopfen. War dort irgendein Punkt enthalten, auf den man eine glaubhafte Erklärung aufbauen konnte? Mir fiel nichts ein. Lange konnte ich nicht mehr um eine konkrete Aussage herumlavieren, immer mehr Gäste wandten sich mir erwar-

136

tungsvoll zu. «Liebe Freunde», zog ich mich semielegant aus der Affäre, «ihr habt bemerkt, dass ich etwas unsicher bin, was die Quellenlage angeht zu unserer schönen Gleichung ‹Ein Monat ist ein Internetjahr›. Ich gebe es nur ungern zu, aber das liegt daran, dass ich, anders als sonst immer, nicht der Schöpfer dieser genialen Idee bin. Sondern ein neuer Mitarbeiter, der leider heute nicht hier sein kann. Vielleicht einen kleinen Applaus für ihn?»

Höflichkeitsklatschen. Als es wieder abschwoll, stellte jemand eine ebenso schlichte wie hinterhältige Frage: «Wie heißt denn der begabte neue Mitarbeiter?» Um einen spontan glaubwürdigen Namen nennen zu können, entschied ich mich für einen Trick von Thorsten. Er hatte Anfang der neunziger Jahre mit ein paar Bekannten eine Galerie gegründet, weil ihnen die großen Umsätze der Kunstbranche gefielen. In dieser Welt hatten sie mitmischen wollen, allerdings zu ihren Bedingungen, deshalb hatten sie einen Künstler erfunden, dessen Werke sie selbst hergestellt hatten. Um den Eindruck zu erwecken, man hätte von diesem Maler schon einmal gehört, hatten sie den Namen Hector Pascal gewählt. Tatsächlich war fast jeder überzeugt, zumindest schon einmal einen Artikel über ihn gelesen zu haben; vor der Verbreitung des Internets war die Überprüfung solcher Fakten nicht unbedingt simpel. Die Anmutung der Namensbekanntheit war im Fall von Hector Pascal allerdings der Tatsache geschuldet, dass bis in die achtziger Jahre im Radio mit dem Wetterbericht auch der Luftdruck angegeben wurde – in der veralteten Einheit Hektopascal. «Unser neuer Mitarbeiter heißt Heiko. Heiko Tänschel. Guter Mann, hat vorher in London gearbeitet. Er ist seit Monatsanfang bei uns zuständig für Analysen und Strategien.»

137

Der Name funktionierte. Niemand zweifelte, hier und da flackerte in den Gesichtern eine diffuse Erinnerung auf. Heiko Tänschel war eine Ableitung des Begriffs «High Potential». Ein kleiner Mann im Maßanzug, den ich bisher noch nicht gesehen hatte, kam auf mich zu, baute sich vor mir auf, streckte seine Brust heraus, legte den Kopf weit in den Nacken und musterte mich auf diese Weise von oben herab, obwohl er zwanzig Zentimeter kleiner war als ich – trotz seiner Krokodillederstiefeletten mit loveparadehohen Absätzen. Alles an ihm sah nach unredlich verdientem Geld aus, aber Überweisungen stinken nicht, wie wir in der Agentur sagten. Im Tonfall eines Thronfolgers mindestens dreier zentraleuropäischer Staaten gleichzeitig stellte er sich als Albert Balsam vor. Er gab mir seine Visitenkarte und bat, sie Heiko Tänschel auszuhändigen. Er wolle sich mit ihm austauschen, solche Ideen wie die seine würden ihm imponieren. Im Übrigen müsse man sich dringend treffen, er hätte ein gut budgetiertes Projekt namens 3D-RX auf den Weg zu bringen. Noch bevor ich nachfragen konnte, war Balsam wieder auf dem Weg zum Buffet, wo er hergekommen war.

Am nächsten Tag weihte ich Philipp und Sandra in die Entstehungsgeschichte unseres neuesten Mitarbeiters ein. Sie waren begeistert und halfen mir, Heiko Tänschel zum Leben zu erwecken. Er bekam eine eigene Mailadresse, einen Schreibtisch mit einem überzähligen iMac und eine Telefondurchwahl samt Anrufbeantworter, auf dem Philipp mit näselnder, keuchiger Stimme eine Begrüßung aufnahm. Wir machten uns ein Spiel daraus, in der Agentur Heikos Spuren zu legen, sodass auch die Mitarbeiter annehmen mussten, er sei ihr neuer Kollege. Wir klebten einen Namenszettel an einen Apfel im Kühlschrank und stellten eine Kaffeetasse mit dem Aufdruck «Heiko» in den Geschirrschrank. Philipp schrieb eine Rundmail zur Begrüßung für Heiko Tänschel, in der er anmerkte, dass dieser derzeit etwas kränkele und deshalb zunächst von zu Hause aus arbeiten werde. Er ließ Heiko sich per Mail für den warmen Empfang bedanken. Der virtuelle Mitarbeiter wurde in die Telefonliste integriert; und weil sowieso jede Woche jemand eingestellt wurde und es schwer war, den Überblick zu behalten, schöpfte niemand Verdacht.

Am Mittag schrieb ich von Heikos Account aus eine Mail an Albert Balsam. Die Formulierungen hielt ich absichtlich unbeholfen und technisch, um den Eindruck eines soziophoben Nerds zu erwecken. Auf diese Weise wollte ich verhindern, dass Balsam sich mit Heiko Tänschel treffen wollte. Inhaltlich erklärte ich – oder vielmehr Heiko – die Verzwölffachung der Geschwindigkeit damit, dass laut einer arbeitsorganisatorischen Untersuchung ein Geschäftsbrief in den achtziger Jahren innerhalb von zwölf Tagen habe beantwortet worden sein müssen. Heute sei eine Rückmail auf eine Anfrage innerhalb von vierundzwanzig Stunden fällig, wie Forecaster Research herausgefunden habe. Der Name dieses Marktforschungsunternehmens aus den Vereinigten Staaten wirkte nach meiner Beobachtung stets beruhigend. Die bloße Erwähnung schien alle vorangegangenen und nachfolgenden Fakten zu verifizieren. Das war umso erstaunlicher, als bei näherem Hinsehen die Studienergebnisse von Forecaster Research zwischen banal und außerhalb jeder vorstellbaren Realität changierten, aber kaum nachvollziehbare Einschätzungen enthielten. So würde sich der Markt für im Internet bestellte Waren innerhalb von zehn Jahren versechzigfachen,

139

die Zahl derjenigen, die Autos im Internet kaufen, würde sich jedes Jahr verdoppeln, der durchschnittliche Internetnutzer würde in nicht allzu ferner Zukunft Mitglied in drei Online-Communities sein, alles absurder Quatsch. Vielleicht mochte ich den Namen Forecaster Research nicht nur wegen der Stiftung-Warentest-artigen Wirkung, sondern auch weil man dort mit vergleichbaren Methoden zu arbeiten schien wie bei uns in der Agentur. Die *gefühlte Wahrheit* erkannte ich ebenso wieder wie das *Kommunizieren an der Erwartung des Publikums entlang.* Dort draußen waren Menschen, die bis ins Detail dachten und fühlten wie wir. Forecaster prognostizierte eine goldene Zukunft im Internet, und wir sorgten mit unserer Agentur dafür, dass sie Wirklichkeit wurde. Für uns und für das Internet und für die Welt. Da durfte man sich nicht mit Kleinigkeiten und Kleinlichkeiten aufhalten. Groß denken, groß spielen, groß gewinnen.

Am Abend bekam Heiko seine erste persönliche Mail – die Antwort von Albert Balsam, der um ein Telefonat bat. Ein Strategiespezialist wie er habe ihm in unserer Agentur gefehlt, aber jetzt wolle er den Großauftrag seiner 3D-RX Technologies aus Hongkong an uns geben, wenn Tänschel die richtige Analyse und Kommunikationsstrategie liefere. Ein Telefonat sei notwendig, am besten noch am gleichen Abend, während er im Auto nach Leipzig säße. Die Mitteilung, dass Heiko Tänschel heiser sei und kaum sprechen könne, ließ Balsam nicht gelten. Wir beschlossen, dass Philipp, wo er schon den Anrufbeantworter besprochen hatte, auch am Telefon den Tänschel geben solle. Leider hatte ich den Fehler gemacht, ihm zu erzählen, dass von diesem Gespräch unser nächster Auftrag abhing. Philipp zitterte.

140

Balsam brauchte eine umfassende Werbekampagne. Dazu gehörten mehrere Webseiten, Anzeigen, Werbespots, ein Messeauftritt, Werbegeschenke und Pressearbeit. Sein Ziel war, in Deutschland eine 3D-Brille einzuführen, die er zur Stunde in Asien herstellen ließ. Wir boten Pressearbeit zwar als Agenturleistung an, aber niemand von uns kannte sich damit aus. PrimePool hatte auch hin und wieder nach einer Pressestrategie gefragt und diesen Wunsch in der vergangenen Woche mit Nachdruck wiederholt. «Wir werden eine echte Fachkraft einstellen müssen», dachte ich, während Philipp versuchte, seine Nervosität in den Griff zu bekommen und deshalb Teufelssekt – Prosecco auf Eis mit Pfeffer – trank. Philipp war schon angetrunken, als das Telefon klingelte, ich hob ab und flötete einen Willkommensgruß in den Hörer, der mich in jedem Callcenter Mitteleuropas zum Mitarbeiter des Monats gemacht hätte. «Jajaja, Tänschel an die Muschel, aber hopp.» Philipp nahm mit großen Augen das Telefon in die Hand und stellte auf Lautsprecher.

«Herr Tänschel. Gratulation zu der treffenden Analyse per Mail vorhin. Ich hoffe, Sie bringen ein bisschen Schwung in die Agentur, kreativ sind die Jungs ja, aber da fehlt der strategische Bums. Die Ernsthaftigkeit, Sie wissen schon.»

«Chh, äh, ja, Cherr Balsam. Ichch gebe mein Bestes, chier. Bin ja auch erst ein paar Tage …»

«Kein Smalltalk jetzt, Tänschel, Sie sind heiser, ich bin auf der Autobahn, da ist Präzision angesagt. Schon aus Respekt vor der deutschen Ingenieursleistung hier.»

«Ja, Cherr Balsam.»

«Die Sache ist die, Tänschel. Ich brauche spätestens übermorgen zwölf Uhr MEZ eine komplette Strategie für

141

die 3D-Brille. Werbung, Presse, Online, alles. Kriegen Sie das hin?»

«Chh, uff, ich muss Rücksprache halten mit der Geschäftsfüh...»

«Unsinn, Tänschel, ich habe nicht die Geschäftsführung gefragt, sondern Sie. Kriegen Sie das hin in der Zeit? Sonst kommen wir nicht zusammen, Hongkong wartet jeden Tag auf Ergebnisse.»

Sandra und ich tanzten mit pantomimischen Bewegungen um Philipp herum, dessen Nervosität sich durch Balsams kantige Art am Telefon ins Gesundheitsschädliche steigerte. Wir wollten ihm bedeuten, einfach ja zu sagen und das Gespräch zu beenden, aber er deutete unsere Fuchtelei völlig falsch und versuchte, zusätzliche Informationen in unsere Gesten hineinzuinterpretieren. Er traute sich nicht mehr, irgendetwas zu sagen. Balsams Nachfragen wurden immer drängender, Philipp begann zu stottern und drohte aus seiner Rolle zu fallen. Wie so oft kam mir die rettende Idee, ich trat dicht an den Hörer und simulierte einen Hustenanfall. Sandra schaltete sofort, riss Philipp zur Seite und flüsterte ihm ins Ohr, einfach ja zu sagen und sich dann so schnell wie möglich zu verabschieden.

«Mein Gott, Tänschel, husten Sie mich doch nicht so an, halten Sie doch den Hörer zu!»

Philipp nahm alle Kraft zusammen, entschuldigte sich bei «Cherrn Balsam» für den Anfall, hüstelte noch einmal selbst ins Telefon und krächzte seine Zustimmung zu Balsams Vorschlag hervor. Der beendete mit einer knappen Verabschiedung das Gespräch, dann sackte Philipp halb betrunken, halb nervlich zerrüttet zusammen. Wir ließen ihn liegen und stürmten zu Thorsten, um von unserem neuen Großauftrag zu erzählen.

142

Ein paar Minuten später im Konferenzraum hielt Thorsten eine Rede, bei der er in Feldherrenmanier vor der gesamten Belegschaft auf und ab schritt, die Arme hinter dem Rücken verschränkt. «Leute. Ein Großauftrag steht vor der Tür. Wir müssen das Ding durchziehen, da sind Millionen drin. Wir haben sechsunddreißig Stunden. Dann muss das beste Konzept, das die Agentur jemals gesehen hat, hier per Kurier rausgehen, klaro? Jeder von euch muss mitarbeiten, ich kann jetzt noch nicht abschätzen wie, aber nach Hause gehen ohne Abmeldung ist heute nicht! Wir bilden erst mal eine Task-Force, die soll sammeln, was wir alles brauchen und wen wir alles brauchen. Dann werden die Jobs verteilt. Bis dahin bereitet ihr euch ohne Anleitung auf das Thema vor. Es geht um so 3D-Brillen, so Videogame-Zubehör. Ein Milliardenmarkt. In einer Stunde weiß jeder von euch alles über 3D-Brillen, klar? Die Task-Force bleibt hier – das bin ich, Sandra, Philipp, Stefan, jemand aus der Grafik und Markus aus der Technik.»

«Markus ist noch in Sassnitz bei den Deppen von Roneco, weißt du doch.»

«Shit. Ruft den an, der soll in einer Stunde hier sein.»

«Thorsten, Alter, Sassnitz, das dauert mindestens drei Stunden.»

«Dann halt drei, verdammte Scheiße, wir brauchen den hier, der soll sich krankmelden oder was, mir egal, in den nächsten anderthalb Tagen müssen wir hier scheißguten Scheiß hinkriegen!»

Markus ging sofort an sein Handy, und ich erklärte ihm, dass er sich auf den Weg machen solle.

«Ich wollte eh mit euch sprechen.»

«Was ist los? Ärger?»

143

«Na ja, nee. Aber ich hab einfach keinen Bock mehr auf Sassnitz. Das nervt hier so, das kannst du dir gar nicht vorstellen.»

Markus hatte ein Mädchen kennengelernt, und nun fuhr er jeden Abend mit dem Mietwagen drei Stunden von Sassnitz zurück nach Hause und verbrachte die Nacht mit ihr. Am nächsten Morgen stand er um fünf auf und fuhr wieder zurück. Das tat er sechs Tage in der Woche, seit über zwei Monaten. Markus war am Ende seiner Kraft. Projektleiter Vonnebrink hätte den Grund für seine ständige Müdigkeit bemerkt und ihm ein Ultimatum bis zum kommenden Montag gestellt. Bis dahin müsste Markus ersetzt werden oder dürfte nicht mehr abends zurückfahren.

«Warum hast du nicht früher Bescheid gesagt? Jetzt haben wir nur noch ein paar Tage, um jemanden zu finden, der deinen Scheißjob in Scheißnitz macht, das ist doch Scheiße.»

«Ja, sorry, ich hab's irgendwie verpeilt. Tut mir leid. Aber es gibt auch gute Nachrichten: Ich bin schon bei mir zu Hause, ich könnte gleich rüberkommen, in zehn Minuten bin ich da.»

«Warte mal 'ne Stunde, sonst wird Thorsten misstrauisch. Aber Kopf hoch, wir kriegen den Scheißesalat geruchlos verpackt. Wenn du einen Ersatz für dich findest.»

Im Konferenzraum saßen die anderen Task-Force-Teilnehmer schon im Kreis und berieten sich.

«Markus ist in einer Stunde da, der war zufällig sowieso auf dem Weg zurück, wegen einer Familiensache.»

«Super, setz dich, nimm dir 'n Keks», sagte Thorsten, «dann machen wir jetzt den strategischen Kram hier. Sind schon mitten dabei.»

Kommunikationsstrategie, ein umfassendes Konzept,

144

Schaubilder, grafische Entwürfe, Zeichnungen, die Gestaltung von Webseiten samt Texten, ein neues Logo, ein Werbeslogan, Entwürfe für Werbekampagnen, eine nach Märkten getrennte Konkurrenzanalyse, die architektonischen Skizzen für einen Messestand. Selbst für mehr als dreißig Mitarbeiter war unsere Liste in zwei Tagen kaum abzuarbeiten. Aber Thorstens Energie, so aggressiv er auch war, steckte alle anderen an. Die Leute in der Brut wurden zuerst instruiert. Sie verfolgten unsere Ansagen mit großem Interesse, obwohl draußen ein lauer Sommerabend gewartet hätte. Wir gingen von Abteilung zu Abteilung, überall schienen die Mitarbeiter konzentriert und engagiert. Nachdem wir unsere Anweisungsrunde beendet hatten, traf ich Marek beim Rauchen auf dem Hof. «Toll, dass die Mitarbeiter bei der Sache sind. Aber euer Eifer kommt mir ein bisschen unrealistisch vor, so ganz unter uns», sagte ich.

«Auch ganz unter uns: Die Leute haben Angst um ihren Job.»

«Aber – warum?»

«Hast du mal in die Zeitung geschaut? Hast du dich mal umgehört? Das ganze Dotcom-Ding, das stürzt gerade irgendwie ab.»

«Wieso? Nur weil irgendein Depp irgendwo ein paar Leute entlassen musste?»

Marek zuckte zusammen, als ich «entlassen» sagte. «Das ist doch viel mehr. Es sieht aus wie der Anfang vom Ende. Seit Wochen gehen alle paar Tage Internetfirmen pleite. Hast du gar nichts mitbekommen?»

Die Frage kam mir absurd vor. Dann zählte Marek auf, welche Firmen ihre Belegschaften schon reduziert hatten. Ein Teil der Szene schien tatsächlich finanzielle Probleme zu haben. Bisher hatte ich kaum negative Stimmung mitbe-

145

kommen, aber *markets are psychology,* das war doch normal. Oder blendete ich die schlechten Nachrichten nur aus?

«Ein paar Dotcoms haben Schwierigkeiten, okay, kann sein. Aber das Wichtigste ist doch: Das Internet kann nicht pleitegehen!»

Marek sah mich besorgt an und sagte: «Aber die Agentur kann pleitegehen.»

Diesmal zuckte *ich* zusammen. Trotzdem winkte ich ab und ging wieder hinein, wo inzwischen auch Markus eingetroffen war. Er kam zu mir, entschuldigte sich für seine Heimlichtuerei und sein Fehlverhalten und bat mich, Thorsten nichts davon zu erzählen und auch Philipp nicht, der sei so leicht enttäuscht. Markus hatte schon versucht, einen Ersatz zu finden. Ein vielversprechender Kandidat namens Ben hatte sich gemeldet. Markus erzählte, er habe sich dessen Webseite angesehen, das sei unser Mann. Er rief Ben an und gab mir sein Handy.

«Ja, hi, Stefan hier. Ich bin der Vorturner in der Agentur. Hat Markus dir schon erzählt, worum es geht?»

«Ja, stand in der Mail. Java programmieren am Arsch der Heide.»

«Besser hätte ich es kaum ausdrücken können. Ist ein laufendes Projekt, Einarbeitungszeit null. Wenn du das hinkriegst, dann komm morgen Mittag vorbei.»

Kurz nach Mitternacht – mehr als die Hälfte der Mitarbeiter war noch da – verabschiedete ich mich und wollte gehen. Sandra fing mich vor der Tür ab. «Hey.»

«Hey.»

«Alles in Ordnung bei dir? Gehst du mir aus dem Weg oder so?»

«Nein. Natürlich gehe ich dir nicht aus dem Weg. Bin halt nur gerade ziemlich im Stress, kriegst du ja mit.»

146

«Wie wär's, wenn du Lena erzählst, dass du die Nacht durcharbeiten musst, und wir jetzt zu mir fahren?»

«Nacht durch geht auf keinen Fall. Aber es ist ja erst zwölf.»

«Hab mich schon verabschiedet», sagte Sandra, «und erzählt, dass ich mit Heiko Tänschel nach Hause gehe.»

Ich musste lachen.

Kurz vor drei glitt ich wie in einer einzigen Bewegung aus Sandras Bett in meine Klamotten, aus der Tür die Treppe hinunter, ins Auto und fuhr nach Hause. Lena hatte das Licht angelassen, schlief aber schon. Sie atmete flach und schnell, bis ihr zuckender, nervöser Körper mehr Sauerstoff verlangte und ein tiefer Atemzug die Muskeln wieder entspannte. So sah sie aus, wenn sie schlecht träumte, sie hatte dann ein trauriges Gesicht. Manchmal waren ihre Augen halb geöffnet, sodass ich das Weiße sehen konnte und die roten Äderchen darin. Wenn sie traurig aussah, war sie schmerzhaft schön. Ich legte mich neben die schlafende Lena ins Bett. Den Wecker stellte ich auf sechs und schlief ein. Als ich durch das Klingeln wieder wach wurde, hatte ich ein Gefühl von Sekundenschlaf, obwohl drei Stunden vergangen waren. Ohne Lena aufzuwecken, zog ich mich an und war wenige Minuten später in der Agentur, ohne mich erinnern zu können, wie genau ich dorthin gekommen war. Wahrscheinlich mit dem Auto. Eine Handvoll unserer Angestellten war noch bei der Arbeit. Es fühlte sich großartig an, ins Büro zu kommen und in todmüde, aber konzentrierte Gesichter zu schauen. Thorsten begrüßte mich mit ungewöhnlich guter Laune. «Na? Ausgeschlafen, Lord Helmchen? Muss ja hoch hergegangen sein, du hast noch eine Bumspalme am Hinterkopf.» Gekämmt hatte ich mich wirklich nicht.

«Aber mal so gar nicht ausgeschlafen. Drei Stunden.»

«Macht drei Stunden mehr als ich.»

«Siehst aber fit aus.»

«Sind alles Tricks. Schlaf kann man durch scharfes Essen, Koffein und Duschen ersetzen. Kein Joke. Hab schon mal fünf Tage geschafft. Jetzt erst mal 'n Kaffee. Dann Lagebesprechung.»

«Der Typ, der Markus in Sassnitz vertreten soll, stellt sich am Mittag vor. Das übernehme ich. Ach, übrigens: Hab gestern mit Marek gesprochen. Ein paar Mitarbeiter haben Angst um ihre Jobs.»

«Gut so, Angst um den Job ist die einzige Garantie, dass sie nicht nur rumhängen. Dieses ganze Motivationsgelaber ist doch Quatsch.»

«Marek meinte, dass bei ein paar Start-ups auch schon Leute entlassen wurden.»

«Ja, hab ich mitbekommen. Aber was geht uns das an, wenn die keine Ahnung vom Business haben?»

«Sehe ich genauso, wollte mich nur nochmal vergewissern.»

«Kannst ihm ja sagen, dass er seinen Job behält, wenn wir den Großauftrag kriegen, haha.»

«Ich glaube, so sieht das die halbe Agentur sowieso schon.»

«Jetzt mach dir nicht dauernd Gedanken um die Angestellten. Das sind halt Angestellte, deshalb müssen sie sich noch lange nicht so anstellen, hahaha. Jetzt schick ich mal den Rest nach Hause, die neue Schicht ist gerade rein, Übergabe, und dann ab in die Falle, sonst kommen mir die Leute heute Mittag nicht mehr aus den Federn.»

148

Nach fünf Stunden, in denen ich so getan hatte, als würde ich konzentriert arbeiten, rief mich Markus an, Ben war eingetroffen.

«Hi, Ben, schön, dass du so kurzfristig Zeit hast.»

«Ja. Montag in Sassnitz, Markus hat mir eigentlich am Telefon schon alles erzählt.»

«Auch die besondere Situation da? Mit Rod und Jürgen?»

«Dass der eine Student ist und der andere Schauspieler?»

«Unsere Sprachregelung ist: Rod ist ein junges Java-Genie und Jürgen Autodidakt. Hört sich besser an.»

«Dann eben Genie und Autodidakt, aber ich muss ja wissen, woran ich bin, um das Ganze vor dem Kunden vertreten zu können.»

«Gut. Dann bleibt für uns ja nur noch der unangenehmste Teil: die Verhandlung wegen Kohle. Wie hast du dir denn die Rahmendaten so vorgestellt?»

«Ich hab an zwanzigtausend netto pro Monat gedacht. Und fünftausend in bar als Antrittsprämie.»

«Bitte?»

«Na ja. Java-Programmierer gibt's grad nicht auf dem Markt und Projektleiter noch weniger.»

«Aber zwanzigtausend, Alter, das ist eine Menge Holz.» Nach ein paar Minuten zäher Verhandlung hatte ich ihn auf siebzehntausendfünfhundert Mark gedrückt, das entsprach der Summe, die ich mit Thorsten als Obergrenze vereinbart hatte. Ich sagte ihm, dass wir den Vertrag vorbereiten würden, dass es aber seine Aufgabe wäre, die Jungs vor Ort zu Überstunden zu ermuntern, um das Geld wieder reinzubekommen. Als ich aus der Tür gehen wollte, um den Vertrag fertig zu machen und aus-

149

zudrucken, sagte Ben, er brauche für den ersten Monat eine Art Ausstiegsklausel, aus familiären Gründen, unter Umständen könnte es sein, dass seine Mutter nach einer Operation Unterstützung benötigen würde. Nachdem ich den Vertrag umformuliert und die neuen Zahlen eingesetzt hatte, ging ich zu unserer Kasse, um die Antrittsprämie herauszunehmen. Jeder von uns Geschäftsführern hatte einen Schlüssel zur Kasse, die in einem Tresor aufbewahrt wurde, den Thorsten hatte herbeischaffen lassen. Er war über vierhundert Kilo schwer, purpurrot lackiert, hatte Jugendstilverzierungen und ein klassisches Drehnummernschloss, dessen Zahlenkombination ich auf einem Zettel in meinem Portemonnaie notiert hatte. Wenn ich den Tresor öffnen musste, spielte ich erst eine Weile mit dem Drehknopf herum, weil sich das Klicken so erhaben anhörte. Dann gab ich die richtige Kombination ein. Eigentlich kannte ich sie auswendig, aber ich vergewisserte mich trotzdem jedes Mal mit einem Blick auf den Erinnerungszettel. In der Kasse waren ziemlich genau fünftausend Mark, die ich herausnahm. Dann schrieb ich einen Zettel mit dem Datum, der Summe, die ich herausgenommen hatte, und meinem Namen samt Unterschrift und legte ihn in unser Kassenbüchlein. Ich stutzte. Vor einiger Zeit hatte Thorsten zehntausend Mark aus der Kasse genommen und dafür einen roten Zettel hinterlegt, der mir jedes Mal ins Auge gefallen war. Jetzt fehlte das rote Papier, aber von zusätzlichen zehntausend Mark war nichts zu sehen. Diese Merkwürdigkeit ging mir den ganzen Tag nicht aus dem Kopf, bis eine Stunde nach dem Abschicken des Konzepts – die gesamte Agentur saß zum Erholungsbier im Innenhof – eine SMS von Balsam kam. «Gratulation. Sensationelles Konzept von Tänschel.

150

Sie haben den Auftrag, Details später. Fangen Sie mit der Ausarbeitung an.»

Nachdem ich die Nachricht vorgelesen hatte, spülten unser Jubel und die folgenden fünf oder sechs Flaschen Bier jeden Argwohn über den fehlenden roten Zettel weg. So viel Geld waren zehntausend Mark nun auch nicht mehr – angesichts eines Millionenauftrags.

die halbe stunde

«Du hast was mit Sandra, ne?»

«Hey, ich bin mit Lena zusammen!»

«Hat ja niemand bestritten. Aber da läuft was zwischen euch, ich bin doch nicht bescheuert.»

Thorsten hatte keine Hemmungen, anderer Leute Geheimnisse auszuplaudern, da war ich sicher. Andererseits würde es sein Interesse nur steigern, wenn ich mich zu sehr sträubte. Also begann ich mit einer strategischen Lüge. «Lena und ich, wir haben eine Vereinbarung. Was ich nicht weiß, macht mich nicht heiß, so ungefähr.»

«Aha. Aber was ist mit Sandra?» Er fragte nicht nur aus Neugier.

«Na gut: Ja. Sandra und ich vögeln. Manchmal halt, wenn's reinpasst.»

Seine Mundwinkel gingen auseinander, eine Falte schob sich zwischen seine Augenbrauen: Thorsten stand auf Sandra. Ich ärgerte mich, das nicht vorher bemerkt zu haben. Alle weiteren Worte musste ich doppelt vorsichtig wählen, um vorzutäuschen, Lena sei großzügig und ich deshalb nicht erpressbar – und gleichzeitig Thorsten seine Hoffnung auf Sandra nicht zu nehmen. Ein unglücklich verliebter Geschäftsführer wäre eine Katastrophe für die Firma, aber ich wollte auch nicht, dass mein Ruf als Frauenkenner bei Thorsten litt. Das war der einzige Bereich, in dem er meine Überlegenheit anerkannte und mich manchmal sogar um Rat fragte. Philipp hatte auf einer Dotcom-Party beobachtet, wie er versuchte, mit einer Frau ins Gespräch zu kommen: «Thorsten flirtet wie ein depressiver Schaufelradbagger.» Pöbelige Offensiven wechselten sich mit bubihafter Unsicherheit ab. Unter Männern war er das Alphatier, in gemischten Gruppen blendete er Frauen einfach aus, aber wenn ihm das einzige Y-Chromosom im Raum gehörte, spürte man seine Angst – Thorsten konnte nicht mit Frauen umgehen. Umso wichtiger für mich, auf diesem Feld meine Meisterschaft zu beweisen und ihm vielleicht sogar von oben herab zu helfen.

«Alles in Ordnung, Thorsten?»

«Na ja, ich finde Sandra auch ganz gut. Eigentlich ist sie gar nicht mein Typ, bei mir sind ja schon seit Jahren Asia-Wochen. Aber Sandra ist sweet. Echt sweet!»

«Das mit Sandra und mir war eher ein Unfall. Bei irgendeiner Einzugsparty saßen wir in der Küche, und sie hatte zwei Typen neben sich, die sich irre cool fanden und sie die ganze Zeit angemacht haben. Irgendwann drehte sie sich so zu mir um und sagt mir ins Ohr, ich soll mit ihr flirten, damit sie die beiden Typen loswird. Hab mich dann ins Gespräch eingemischt und einen genialen Spruch nach dem anderen abgefeuert. Die Typen sind aber dageblieben, dann hab ich Sandra angeschaut und sie einfach geküsst. So richtig mit Zunge und allem.»

«Hammer!»

«Ja, warte, wird noch hammerer. Als wir wieder hochgucken, sind die beiden weg. Dann sind wir aufgestanden, haben gelacht und sind wieder ins Küssen gekommen. Dann aber so richtig heftig, sie die Hand in meiner Hose und ich unter ihrem Shirt, sonst war keiner mehr in der Küche. Ich hab sie an die Hand genommen, ob irgendwo in der Wohnung ein Schlafzimmer ist. War aber abgeschlossen, wir also weiter an der Tanzfläche vorbei, war noch gut gefüllt, und in das Chillzimmer ganz hinten, aber auf den zwei Sofas saßen noch Leute.»

«Wie du das immer hinkriegst.» Thorsten war kurz davor, sich Notizen zu machen.

«Aber der Raum war mit einem Stapel Umzugskartons in zwei Hälften geteilt. Da war nur eine kleine Lücke zwischen der Wand und den Kartons, da schlüpfen wir dann durch, und hinter den Kartons tausend Klamotten und so Kleinzeugs, und mittendrin steht noch ein Sofa. Wir haben uns zum Sofa durchgekämpft, war gar nicht so einfach. Sie hatte so einen Rock an, den hat sie manchmal auch in der Agentur an, diesen dunklen.»

«Hm. Weiß ich nicht. Achte ich nicht so drauf.»

«Jedenfalls. Macht sie auf dem Sofa meine Hose auf und zieht sie mir runter bis an die Knöchel. Dann steht sie auf und zieht sich einfach die Strumpfhose unter dem Rock aus. Ich nestle so in meinem Portemonnaie wegen Kondom, zittrig, dauert alles viel zu lange, und dann lacht sie und setzt sich einfach so auf mich drauf. Ich dachte, ich sterbe.»

«Das ist echt 'ne harte Nummer.»

«Aus dem Augenwinkel konnte ich sehen, dass da Leute durch den Spalt zwischen den Kartons geschaut haben, war mir aber egal. Und sie hat es nicht gesehen, weil sie mit dem Rücken zur Tür saß. Sie war ganz leise und ich auch, aber sie hat die Augen verdreht und sich geschüttelt, sie ist richtig abgegangen. Wir haben die Musik aus dem

153

Nebenzimmer gehört und das Gelaber von den Leuten hinter den Kartons. War ein bisschen peinlich, als wir hinter den Kartons rauskamen. Also für die anderen.»

«Und seitdem habt ihr was miteinander?»

«Ab und zu halt. Neulich zum Beispiel, das war ziemlich geil, als wir ...»

«Ich hab's begriffen. Ihr fickt. Okay. Ich hab's gecheckt!»

Ich hatte vergessen, dass ich Thorsten von der Frau erzählte, auf die er stand. Wieder ärgerte ich mich über mich selbst, weil ich im unpassendsten Moment begonnen hatte anzugeben. «Angegeben wie eine Tüte Mücken», fiel mir ein. Diese Wendung hatte ich bei meinem Großonkel aufgeschnappt und mochte sie irgendwie, obwohl ich mir nicht erklären konnte, was eine Tüte Mücken mit Angeben zu tun haben sollte. Manchmal rief ich mich in Gedanken selbst zur Ordnung, «hör auf anzugeben wie eine Tüte Mücken!». Tüte Mücken, Sandra, Tüte Mücken, Flasche Pommes, Dieter Hallervorden. Thorsten räusperte sich, um auf sich aufmerksam zu machen. «Du bist ja nun mit Lena zusammen ...»

Der Name meiner Freundin riss mich aus meinen Gedanken. «Aber so was von! Superzusammen. Megazusammen.»

«Ich hab's dann jetzt auch verstanden. Aber, sag mal, glaubst du, ich hätte ... eine Chance bei Sandra?»

«Na ja, du bist nicht ...» Dies war nicht der Zeitpunkt, fiel mir auf, um Thorsten zu erklären, dass Sandra mit ihm nicht viel anfangen konnte.

«Ich meine jetzt nicht Sex. Das ist ja klar, da würde was gehen. Ich meine eher so richtig. Emotional.»

Ich tat erstaunt, was mir nicht schwerfiel, weil ich tatsächlich erstaunt war. «Hui! Verliebt?»

«Nee, nein, nur so ein bisschen vielleicht.»

«Sandra hat einen Freund, das weißt du aber schon, oder?»

«Freund, Schmeund. Du erzählst mir doch die ganze Zeit, wie sie rumvögelt, so wichtig scheint ihr dieser Freund ja nicht …»

«Nur, weil wir ab und zu Sex haben, heißt das doch nicht, dass sie ‹rumvögelt›.»

Thorstens Ton war mir zu abschätzig geworden. Er tat so, als sei es keine Leistung, Sandra rumzukriegen. Immerhin versuchten das jeden Tag hundert Männer und immer wieder auch Frauen. Nach der Silvesternacht hatte sich wohl auch eine Affäre zwischen Sandra und Kathi ergeben, von der ich aber kaum etwas mitbekam. «So ganz unrecht scheint Thorsten mit dem Rumvögeln doch nicht zu haben», dachte ich.

«Stefan, ich muss Sandra kriegen.»

«Glaubst du nicht, dass die Agentur darunter leiden würde?»

«Aber wenn ihr auf dem Klo fickt, dann leidet die Agentur nicht?»

«Woher weißt du das denn?»

«Bis eben gar nicht, du Idiot, das war geraten.»

Sandra und ich waren während einer Nachtschicht irgendwann im Frühling auf der Toilette ineinandergeraten.

«Sorry. Das war doof, in der Agentur ist eigentlich tabu. Eigentlich sind Mitarbeiter ja insgesamt tabu. Never get your meat where you get your bread.»

«Egal, jedenfalls lass in der nächsten Zeit mal die Finger und andere Extremitäten von Sandra. Ich will wissen, ob da was ist.»

«Ich kenne einen Trick. Beim Aufreißen geht es im

155

Grunde darum, dass die Frau den Moment so super findet, dass ihr alles andere egal ist.»

«Tolle Neuigkeit. Direkt vom Kalenderblatt auswendig gelernt?»

«Wart's ab, Alter. Jedenfalls hat Stefan Zweig die perfekte Geschichte zum Aufreißen geschrieben. Das Setting ist so: In einem Hotel in Südfrankreich ist ein Kongress. Unter den Gästen ein junger Mann, Anfang zwanzig. Und eine Familie, Vater, Mutter, zwei Kinder. Eines Morgens sind die Mutter und der junge Mann nicht mehr da.»

«Das ist die lahmste Aufreißgeschichte der Welt.»

«Geduld, bin ja schon dabei, wichtig ist, wie du sie erzählst. Auf einer Party fragst du die Frau, was sie so interessiert. Dann freut sie sich natürlich und fängt an mit dem üblichen Kram, Musik, Freunde, whatever.»

«Komm mal zum Punkt.»

«Hey, ich bringe hier meine Top-secret-Tricks, und du machst mich blöd an.»

«Ja, sorry, ich will halt wissen, wie ich Sandra rumkriegen kann.»

«Ich dachte, rumkriegen wär kein Problem?»

«Jajaja, erzähl.»

«Du hörst ihr also zu und sagst so was wie: ‹Ja, interessant.› Und dann kommt die Eröffnung der Aufreißstory, das musst du unbedingt eiskalt bringen: ‹Eigentlich interessiert mich das alles nicht, Hobbys und so. Eigentlich interessiert mich nur eine einzige Sache.› Sie fragt dann natürlich irritiert, was denn diese eine Sache ist. Sie ist ein bisschen beleidigt, weil du ihr gerade über Bande gesagt hast, dass sie sich nur für Quatsch interessiert. Umso besser. Vielleicht glaubt sie auch, dass du gleich mit Sex ankommst. Egal. Dann sagst du: ‹Es gibt nur eine Sache, die

156

mich interessiert, und dafür muss ich dir eine kleine Geschichte erzählen von Stefan Zweig›, und kommst gleich zu dem Punkt, wo der junge Mann mit der Mutter abgehauen ist. Dann erzählst du, dass die anderen Gäste Nachforschungen anstellen. Sie rekonstruieren den Ablauf der vergangenen Tage. Die beiden haben sich niemals vorher gesehen, das musst du noch dazusagen, das ist wichtig. Trotzdem sind sie zusammen abgehauen, im Morgengrauen. Und dann wird klar, dass sie sich am Nachmittag vorher im Chinesischen Teehaus für eine halbe Stunde getroffen haben.»

«Im ... Chinesischen Teehaus?»

«Ja, ist aber nicht so wichtig. Sie haben sich also vorher eine halbe Stunde getroffen. Nicht mehr. Und sind trotzdem gleich am nächsten Morgen zusammen abgehauen. Haben alles hinter sich gelassen. Und dann sagst du der Frau, das sei das Einzige, was dich wirklich interessiert. Nämlich, was in dieser halben Stunde passiert ist. Du erzählst, dass du schon länger darüber nachdenkst, was passiert sein könnte in der halben Stunde. Dann vermutet ihr zusammen ein bisschen durch die Gegend: Sind sie übereinander hergefallen? Worüber haben sie geredet? Haben sie überhaupt geredet, oder war in einer Sekunde alles klar, und sie haben sich eine halbe Stunde weinend in den Armen gelegen? Du sagst, das ist das Einzige, was dich wirklich interessiert, was nämlich in dieser halben Stunde passiert ist.»

«Und das wirkt?»

«Wenn du dich nicht total bescheuert anstellst, ist sie schon geschmolzen, dann frag sie, ob ihr rausgehen wollt, einen Spaziergang machen. Sie nimmt ihre Jacke, ihr geht raus und knutscht, Taxi zu ihr, fertig.»

157

«Mit der Geschichte kriege ich Sandra rum?»

«Hat bei mir bestimmt schon zehnmal funktioniert.»

«Also in echt anderthalb Mal, und die eine war dicht und die andere vierzig.»

«Thorsten, das sind meine besten Tricks. Ich erzähl dir alles, und du weißt es einfach nicht zu schätzen.»

«Ja, okay, die Story hört sich nicht schlecht an. Ich probiere sie auf jeden Fall mal aus. Weniger als nichts kann ja nicht passieren.»

«Richtige Einstellung.»

sandra und thorsten

Ein paar Tage später gingen Thorsten und ich zur Lagebesprechung zum griechischen Imbiss um die Ecke. Ver-
gnügt erzählte Thorsten, dass meine Aufreißergeschichte
funktioniert hätte. Allerdings habe er sie zunächst testen
wollen. Auf einer Party bei seiner Nachbarin habe er eine
ganz niedliche Vierundzwanzigjährige getroffen und die
Geschichte erzählt. Sie sei interessiert gewesen, aber nicht
von den Socken. Doch als er gehen wollte, habe sie ihn an
der Jacke festgehalten und gefragt, was jetzt «mit ihrer
halben Stunde» sei. Dann seien sie einfach rüber in seine
Wohnung gegangen.

Prinzipiell musste man an jedem Wort von Thorsten
zweifeln, aber dass er vergnügter war als sonst, war ein
Zeichen für irgendetwas. «Und das Projekt Sandra ist gestorben?»

«Sandra knack ich nächste Woche. Hab sie zu mir zum
Essen eingeladen, ich kann supergut thailändisch kochen.
Grünes Kokoscurry im Wok. Liebe, Magen, bupp.» Bei den
letzten drei Worten fasste er sich mit der Hand an die
Brust, auf den Bauch und dann in den Schritt.

«Ja, hat Sandra erzählt. Und hat gefragt, ob ich mit-
kommen will.»

159

«Was? Fuck, wieso denn das? Wieso fragt sie dich?»

«Woher soll ich das wissen? Was hast du ihr denn erzählt?»

«Na, dass ich für sie koche. Du tust so, als würdest du mitgehen, aber dann sagst du einfach ab.»

«Aber …»

«Wenn diese Frau zu mir kommt, dann bist du nicht dabei. Dann bist. Du. Nicht. Dabei. Und kein Wort zu Sandra.»

Ein paar Stunden später passte ich Sandra auf dem Hof ab, als sie eine Zigarette rauchen wollte. Wir standen fünf Meter abseits von drei anderen Mitarbeitern, die auch rauchten. Deshalb redeten wir leise, was unserem Gespräch eine eigentlich unnötige Dramatik verlieh.

«Ich komme übrigens nicht mit zu dem Essen von Thorsten.»

«Und warum nicht?»

«Weil er auf dich steht und mit dir allein sein will.»

«Ich weiß, dass er auf mich steht. Deshalb habe ich dich ja gefragt, ob du mitkommst.»

«Thorsten hat mir verboten zu kommen.»

«Du lässt dir von Thorsten was verbieten?»

«Ich hab eine Freundin, du hast einen Freund, warum sollte ich da jetzt dazwischengehen?»

«Das ist ja wohl die dümmste Frage, die ich je von dir gehört habe!»

«Nein, ehrlich. Ich lasse mir nichts von Thorsten sagen, aber warum soll ich mir denn von dir sagen lassen, dass ich da hinkommen soll?»

«Dir ist also egal, ob ich was mit Thorsten anfange?»

«Ja. Nein. Müsste mir das nicht eigentlich egal sein? Ich meine, moralisch gesehen?»

160

«Moralisch gesehen bist du ein Idiot. Auf alle anderen Arten auch.»

«Aber ...»

«Ich sag dir was: Du kommst da hin, sonst gehe ich mit Thorsten ins Bett. So schlimm ist er gar nicht. Ein bisschen grob vielleicht, aber hey.»

Ich drehte den Kopf zu den anderen Rauchern. Sie waren in ihr Gespräch vertieft und hatten vermutlich nichts gehört, obwohl wir nicht mehr flüsterten. Dann schaute ich Sandra ins Gesicht und sah, dass sie sich in diesem Moment entschied, etwas mit Thorsten anzufangen. Vermutlich, um mir eins auszuwischen oder um mich eifersüchtig zu machen. Es ging nur noch darum, ob es beim thailändischen Essen passieren würde oder danach. Sandra ging wieder hinein, ich blieb auf dem Hof stehen.

Ich dachte an Lena, die auf Promotionjobs durch das halbe Land fuhr und darauf bestand, jeden Abend mit mir zu telefonieren, angeblich, weil sie sonst nicht einschlafen könne. Aber im Grunde waren es Kontrolltelefonate. Da sich die Treffen mit Sandra sowieso zufällig ergaben, hatten Lenas Anrufe nur symbolischen Charakter. Auch meine gelegentlichen One-Night-Stands unterliefen ihren Radar, weil ich immer erst lange nach Mitternacht losging, vor allem während der Arbeitswoche, wenn Lena unterwegs war. Mein wichtigster Grundsatz war, immer zu den Frauen zu gehen – schon, um unangenehme Situationen an der eigenen Haustür zu vermeiden. Aber auch um so schnell wie möglich abhauen zu können, falls eine SMS von Lena eintraf oder schlimmer: Falls die Frau sich als hässlich erwies, wenn ich wieder nüchtern war. Ein Club in einer alten Hotellobby war mein bevorzugtes Jagdrevier. Dienstags und donnerstags ab zwei Uhr morgens feierten dort viele hundert Menschen bis in den Vormittag. Ich redete mir ein, die nächtlichen Aufreißtouren nicht nur zum Vergnügen zu machen. Die meisten Aufträge hatten wir bekommen, weil ich wusste, was mein Gegenüber hören wollte. Weil ich so gut Gesichter lesen konnte, war ich in der Lage, andere Menschen zu überzeugen. Diese Fähigkeit musste ich trainieren, um beruflich erfolgreich zu sein, da waren moralische Skrupel gegenüber meiner Freundin unangebracht. Letztlich profitierte sie ja auch davon – ich würde mit der Agentur schon bald sehr viel Geld verdienen.

Bis zum Tag von Thorstens Essen für Sandra verlor keiner von uns dreien mehr ein Wort über die komplizierte Situation. Auch an dem Tag selbst, einem Freitag, sprachen wir in der Agentur nicht darüber, aber gingen alle etwas früher nach Hause. Sandra warf mir von der Tür aus noch einen eindringlichen Blick zu.

«Bis nachher.»

«Ja, vielleicht.»

Fünf Minuten später, ich zog gerade meine Jacke an, kam Thorsten vorbei. Er verabschiedete sich sonst nie. «Ciao. Bis Montag.»

Er zwinkerte mir zu, er ging fest davon aus, dass ich – wie von ihm vorgeschlagen – Sandra per SMS absagen würde. Als er meinen ratlosen Blick sah, trat er an mich heran. «Wehe, du kommst. Dann gnade dir Gott.»

«Hey, hey, was soll denn diese billige Drohung auf einmal?»

«Es ist mir ernst, das weißt du, ich will keine Überraschung erleben heute Abend.»

«Jaja.»

«‹Jaja› heißt: ‹Leck mich am Arsch.›»

162

«Jaja.»

«Bis Montag, du Penner.»

Thorsten ging aus der Tür und rief noch einmal «Montag!» in die Agentur. Um den Eindruck loszuwerden, ich hätte mich von Thorsten einschüchtern lassen, spazierte ich mit einem Umweg nach Hause. Ob ich vielleicht doch dazustoßen sollte? Meine Überlegungen führten mich von diesem seltsamen Dreiecksszenario hin zu allgemeineren, philosophischen Fragen. Mit einer Reihe von Sprichwörtern erklärte ich mir die Welt, ich benutzte sie in schwierigen Situationen als Wegweiser. Mein Lieblingssprichwort kam aus Neapel und hieß: «Wer wartend lebt, stirbt scheißend.» Neapel lag am Fuß des Vesuv, und der konnte jederzeit ausbrechen und alle umbringen. Deshalb gaben die Neapolitaner alles für den Moment und kümmerten sich nicht um morgen oder übernächsten Dienstag. Diese Haltung war mir sympathisch, im Tausch für einen schönen Moment nahm ich auch alle möglichen Schwierigkeiten in Kauf. Meistens traten noch nicht mal welche auf, ein Vulkan explodiert nicht jeden Tag. Thorsten war mir in diesem Punkt ähnlich, aber noch radikaler und risikofreudiger. «Probleme lösen wir dann, wenn sie auftreten, und keine Sekunde vorher!», mit dieser Ansage hatte er so oft recht behalten, dass ich sie inzwischen auch auf mein Privatleben anwenden wollte. So etwas wie der unnötige Streit mit Lena wegen der abgesagten Pornoparty sollte mir nicht wieder passieren. In meine Gedanken hinein bekam ich eine SMS von Thorsten. «Wehe, du kommst!»

Ich betrachtete die Worte viel länger, als ich zum Lesen brauchte. Sollte ich hinfahren, um persönlich abzusagen? Völliger Unsinn. Oder einfach nichts tun? Eine zweite SMS piepte. Sandra. «Wehe, du kommst nicht!»

Weshalb kamen die SMS so kurz hintereinander und hatten fast denselben Wortlaut? Machten die beiden sich einen Spaß und saßen längst zusammen auf dem Sofa? Wollten sie einfach nur sehen, wie ich mich entschied? Das war mit Abstand die wahrscheinlichste Variante, für grobe Späße waren beide zu haben. Ich versuchte, wütend zu sein, aber es gelang mir nicht, stattdessen wurde ich traurig. Nach einer Viertelstunde kam noch eine SMS von Sandra, nur mit einem Fragezeichen darin, die ich auch nicht beantwortete. Dann klingelte das Telefon mit unterdrückter Rufnummer. In der Hoffnung, es sei Sandra, ging ich ran. Es war Lena. «Hey, ich wollte nur wissen, wie lange du ungefähr bei dem Essen bleibst, ich will mit den Mädels ausgehen, einen Cocktail und dann vielleicht ein bisschen tanzen. Wir waren ja schon so lange nicht mehr.»

«Ach, ich gehe gleich nach Hause, bin noch in einem Café, hatte auf einmal keine Lust mehr auf das Essen.»

«Und Thorsten fand das okay?»

«Thorsten, Thorsten, Thorsten – was habt ihr denn alle dauernd damit, ob Thorsten irgendwas okay findet oder nicht? Ich bin genauso der verdammte Geschäftsführer von der Scheißagentur wie er!»

«Hm.»

«Was?»

«Du reagierst total gereizt, was ist denn los mit dir?»

«Bin halt von allem genervt!»

«Von mir auch?»

«Hm.»

«Wie jetzt? Bist du von mir auch genervt oder nicht!»

«Weiß nicht.»

«Ich versuche dich zu trösten, und du stellst gleich unsere Beziehung in Frage, du bist manchmal so ungerecht!»

164

«Ich stelle unsere Beziehung nicht in Frage, das ist doch eine Unterstellung. Ich bin bloß genervt und habe nicht den Eindruck, dass du ...»

«Jetzt bin ich schuld, dass DU genervt bist?»

«Lena, ich ...»

«Liebst du mich überhaupt noch?»

«Natürlich liebe ich dich noch, aber ...»

«Aber? Noch? Was sind denn das auf einmal für Töne? Du liebst mich – noch. Du liebst mich – aber. Das hört sich nicht an wie ...»

«Lena, jetzt mach mal einen Punkt! Du verdrehst mir das Wort im Mund, das ist doch sch...»

«Schrei mich nicht an!»

«Aber du ...»

«SCHREI MICH NICHT AN!»

«Ich glaube, wir sollten jetzt aufhören zu telefonieren. Das führt ja zu ...»

«Das erste Mal heute hast du recht.» Lena legte auf, und ich war in noch schlechterer Stimmung als vorher. Am liebsten hätte ich jetzt ein bisschen mit Sandra oder einer ähnlich riechenden Frau gevögelt. Weil ich nur noch hundertfünfzig Meter von zu Hause entfernt war, kehrte ich um und ging in Richtung meiner Stammbar. «In einer solchen Situation hilft nur ein Hildegard-Knef-Gedenkgedeck», dachte ich. Diesen Drink hatte mir ein Barkeeper in der Victoriabar irgendwann vorgesetzt. Angeblich hatte ihn Hildegard Knef immer so lange getrunken, bis sie sich in der Lage fühlte aufzutreten. Das Hildegard-Knef-Gedenkgedeck bestand aus einem Wodka und einem Glas Champagner auf Eis, am besten Lorley extra cuvée. Man schüttete es entweder zusammen oder trank abwechselnd aus beiden Gläsern. Der Effekt war beeindruckend, der Drink war belebender als alles, was ich je ausprobiert hatte, nicht einmal der Long Island Iced Tea konnte mithalten. Irgendwann zwischen dem dritten und dem fünften Gedeck schlug die Wirkung um. Aufstehen wurde zur Herausforderung. Im Sitzen konnte man noch zwei weitere Hildegard-Knef-Gedenkgedecke trinken, bevor alles außer Liegen unmöglich wurde, und selbst das war kaum zu bewältigen.

die liebe und das m

Meine Stammbar lag nicht weit von der Agentur entfernt. Ein ebenso bekannter wie gestörter Architekt hatte sie gestaltet und sich am Tag vor der Eröffnung in den Räumen umgebracht. Leider hatte er sich nicht erschossen, um der Bar mit den Blutflecken einen glamourösen Feinschliff im Design zu verpassen, sondern bloß eine Packung Schlaftabletten und eine Flasche Whisky in sich reingeschüttet. Noch nicht mal Single Malt. Bei der Inneneinrichtung hatte er ungleich mehr Stil bewiesen als bei der Auswahl der Selbstmordmethode. Die Bar war eigentlich eine Yuppiehölle, aber ich war ja Yuppie, auf meine eigene ironische Art. Als ich ankam, setzte ich mich allein an den Tresen und dachte weiter nach. In der Pose des nachdenklichen Mannes an der Bar gefiel ich mir außerordentlich gut; im Glas einen neunzehnjährigen Glencraig, den einen Ellenbogen aufgestützt, die Hand lose zum Kinn geführt, den Oberkörper bei geradem Rücken leicht nach vorn gelehnt. Anschließend probierte ich verschiedene Körperhaltungen aus und überlegte, mit welcher mich Frauen am ehesten ansprechen würden. Mit meiner Wirkung im Raum beschäftigte ich mich oft, eigentlich immer. In meinem Hinterkopf berechnete ein kleines Pro-
166

gramm ständig, wie ich in dieser Sekunde auf einen Beobachter oder eine Kamera wirken würde. Die Kontrolle über meine Wirkung war ein wesentlicher Teil meiner Kommunikation und damit meines beruflichen Erfolges. Nachdem ich die erste Dreiviertelstunde mit solchen Überlegungen zugebracht hatte, erreichte mein Alkoholpegel mit zwei Hildegard die gewünschte Stufe. Von da an musste ich nur noch regelmäßig nachjustieren und konnte so die perfekte Stimmung über Stunden halten, egal, was dort draußen in der Welt zwischen Thorsten, Sandra, Lena und ihren langweiligen Freundinnen abging, von denen ich kaum eine oder maximal zwei für vögelbar hielt. Eine Frage drängte sich immer wieder in mein Bewusstsein, obwohl ich sie dort nicht haben wollte: die Frage, ob diese Agentur mein Lebenswerk sei. Durfte man mit Mitte zwanzig überhaupt in diesen Kategorien denken – selbst wenn man ich war? Sollte man in diesem Kontext einfach mal nachschlagen, in welchem Alter Mozart seine schönsten Sinfonien geschrieben hatte, oder war man dann bereits größenwahnsinnig? Abgesehen davon kannte ich nichts von Mozart, was aber keine Rolle spielte, weil Mozart ja in diesem Fall nur ein Symbol für frühen Erfolg war, und ich wusste, was gemeint war. Die Lebenswerk-Frage ließ sich nicht verdrängen, deshalb beantwortete ich sie einfach mit Ja. Wenn die Agentur mein Lebenswerk war, was bedeutete das? Dass ich bis zum letzten Atemzug für sie kämpfen müsste, wenn sie in Schwierigkeiten käme? Hatte die Gesamtsituation sich so entwickelt, wie ich geplant hatte? Wahrscheinlich. Mein Job als Chef machte mir Spaß, auf eine Art. Für uns war die angebliche Dotcom-Krise bisher kaum zu spüren, die Kunden zahlten, große Aufträge standen bevor, wir waren erfolgreich. Auf den Networking-Treffen war in den letzten Wochen häufi-

167

ger die Rede von Entlassungen gewesen. Pink-Slip-Party, so genannt nach den rosa Entlassungsbescheiden in den Vereinigten Staaten, war inzwischen ein Begriff in meinem Umfeld.

Aber was ging das mich an? streaver.com würde in ein paar Monaten an die Börse gehen, das schien mir eine sichere Bank zu sein. Wir hatten vor kurzem ihren Geschäftsbericht gestaltet, ich wusste zwar nicht, wie man die Zahlen zu deuten hatte, aber die erklärenden Texte lasen sich eindrucksvoll. Außerdem brachten sie gerade eine weiterentwickelte Box auf den Markt, die auch Fernsehen und Internet miteinander verband. Ein Weltmarktführer konnte wohl kaum einfach so pleitegehen. Andererseits waren ja fast alle irgendwie Weltmarktführer.

In Sassnitz war der Austausch von Markus gegen Ben geschmeidig verlaufen, es kamen keine Klagen. Das Projekt sollte mindestens noch fünf oder sechs Monate dauern, und wie ich die Lage einschätzte, würde es verlängert werden. PrimePool war glücklich, seit wir ihnen Sandra an die Seite gestellt hatten, die für sie die Pressearbeit machte. Sie gab die Kindergärtnerin mit Tendenz zur Domina und bezauberte ansonsten die Primeln zusätzlich mit ihrer Telefonstimme. Sie blieb immer ruhig und erklärte auch das Allereinfachste noch ein drittes Mal. Die Nervosität von PrimePool, die ich immer als Bedrohung für den Auftrag empfunden hatte, war verschwunden. Das war umso wichtiger, als die vielen kleinen Projekte, die uns zu Beginn finanziert hatten, ausblieben, seit wir kaum mehr auf unsere anstrengenden Präsentationsfeldzüge gingen. Unsere große Hoffnung aber war Albert Balsams Wunderbrille. Wir hatten außer der Reihe ein paar Leute zusätzlich eingestellt, um die vielen Aufgaben für die 3D-Brille in der

168

kurzen Zeit zu bewältigen. Unsere Honorare hatten sich auf über zweihunderttausend Mark addiert, in einer Woche würden wir die erste Rechnung stellen können. Zwar war der Vertrag noch immer nicht unterschrieben und wurde angeblich gerade im Büro in Hongkong bearbeitet. Aber seit unser Trick mit den Jungs von PrimePool so gut funktioniert hatte, schien mir ein schriftliches Dokument nicht mehr so wichtig zu sein. Die SMS von Balsam hatte ich gespeichert, darin war eindeutig von einem Auftrag die Rede, und SMS galten als juristisch verbindlich, das wusste ich. Wir mussten uns keine Sorgen machen, in der Agentur lief alles optimal.

Zum Nachpegeln bestellte ich ein Bier und dazu Pumpernickel-Schnittchen mit Fleisch und Käse, die farblich phantastisch zur Inneneinrichtung der Bar in Ebenholz, Sienarot und Ocker passten. Wahrscheinlich Absicht, dachte ich, der tote Architekt hatte bestimmt auch ein Schnittchenkonzept erarbeitet. Was so ein Schnittchenkonzept wohl einbrachte? Ob man davon leben konnte, gab es vielleicht sogar eine eigene Schnittchenszene, so wie bei den Dotcoms?

Meine Gedanken schweiften weiter zu Lena und zu Sandra. «Wenn ich mich je für eine der beiden entscheiden müsste ...», dachte ich und freute mich im selben Augenblick, dass ich nicht musste. Lena liebte ich, in Sandra war ich ein bisschen verknallt oder verliebt. Mir fiel die Liebespyramide ein, die ich mit Philipp entwickelt hatte, obwohl er wie Thorsten nicht besonders viel Ahnung hatte vom Mädchen-Jungs-Geschäft. Wir hatten eine Pyramide auf einen Zettel aufgemalt. In die Spitze schrieben wir «Liebe» und zogen einen Querstrich. Darunter stand «verliebt»,

169

dann «verknallt», «verschossen», nach unten hin wurden die Gefühle immer schwächer, und ganz unten in der Basis der Pyramide stand «verguckt». Zuerst fragten wir uns, ob wir Liebe nicht eine größere Fläche zuteilen müssten als nur die mickrige Spitze einer Pyramide. Aber dann hätte das Pyramidenkonzept nicht funktioniert. Deshalb einigten wir uns darauf, dass die Fläche das emotionale Entwicklungspotenzial darstellen sollte. Liebe war natürlich das Höchste, aber gleichzeitig auch der Endpunkt der Gefühlsentwicklung. Danach konnte nichts mehr kommen, der Gipfel war erreicht, und man stand dann da oben zu zweit rum. Diese Erklärung leuchtete uns beiden ein, wenn sie sich auch etwas enttäuschend anhörte. Lena würde bei einer solchen Pyramide natürlich an der Spitze sein, Sandra einzustufen war komplizierter. Verguckt und verschossen kamen nicht in Frage. Verschossen war ich in jedes zweite Mädchen, das im Sommer mit freiliegendem Hüftknochen an mir vorbeiging. Diese Fixierung hatte mich vor einigen Jahren dazu gebracht, einem wirklich bezaubernden Hüftknochen fast eine Stunde lang hinterherzulaufen, bis ich ihn in einer Fußgängerzone verlor, ohne nach seiner Telefonnummer gefragt zu haben. Sandras Hüftknochen waren auch sehr bemerkenswert, sie schienen die Haut ringsherum sanft aufzuspannen und standen auf eine stupsnasige Art hervor, ohne spitz zu sein. Schließlich ordnete ich Sandra zwischen verknallt und verliebt ein, wo demnach ein Wort in der Liebespyramide fehlte. Oder war ich einfach in Sandra verliebt, so richtig verliebt, und wollte es mir nur nicht eingestehen?

Beim Nachjustieren des Alkoholpegels hatte ich, in Gedanken versunken, etwas übertrieben, deshalb war ich jetzt betrunken. «Angeheitert, beschwipst, betrunken, besoffen,

170

sternhagelvoll – Klassifikationsprobleme, wo man auch hinsieht», dachte ich, bezahlte und ging. Um klarer im Kopf zu werden, wollte ich nach Hause laufen. In einer Seitenstraße lehnte an einer Laterne ein großer, unförmiger Gegenstand. Als ich näher kam, erkannte ich ein *M*, einen überdimensionalen, fast zwei Meter hohen Buchstaben aus Stahlblech. Er hatte vermutlich zu irgendeinem Werbeschriftzug gehört und war nicht weiter befestigt. «Ein Schmuckstück», dachte ich und hob das M an. Es war nicht leicht, aber für einen Metallbuchstaben von beinahe zwei mal zwei Metern auch nicht zu schwer. Im Schein der Laterne blickte ich mich um, dachte noch ein bisschen über den Ursprung des Buchstabens nach. «Irgendeine Firma mit M», sagte ich mir und dachte an das Spiel «Tiere mit F». Dann entschied ich mich, das M mit nach Hause zu nehmen. Es war ein serifenloser Großbuchstabe, schlicht, aber wohlproportioniert. Um die Kanten herum zog sich eine kleine Leiste, die es mir einfacher machte, das M zu transportieren. Trotzdem schwankte es sehr und gab im Rhythmus meiner Schritte einen tiefen metallischen Ton von sich. Alle paar Meter musste ich meine Tragetechnik ändern und meinen alkoholgeplagten Gleichgewichtssinn neu austarieren. Nach zehn Minuten war ich kaum vorangekommen, schweißnass und schnaufend stand ich da und überlegte, wie ich am besten den Buchstaben nach Hause transportieren könnte. Mehrere Taxis hatten schon abgewinkt. Dann fand ich die Position, in der sich das M am leichtesten tragen ließ: Mit dem Schwerpunkt in der Mitte des Buchstabens legte ich es waagerecht auf meinen Kopf und balancierte es mit den Händen aus. Vermutlich würde am nächsten Tag mein Nacken wehtun, aber für den Moment war ich glücklich, diese Methode gefunden zu haben. Deshalb wurde ich etwas übermütig und nahm nur

171

noch eine Hand zum Buchstabenbalancieren. Außerdem versuchte ich, das M beim Gehen in maximale Schwingung zu versetzen, weil ich den wabernden Ton mochte. Als ich die rechte Hand zum Abstützen auf die spitze Seite legte, ertönte ein lautes, singendes «Waong». «Irgendwie muss ich die Eigenschwingung des Blechs getroffen haben», dachte ich, das war kein Wabern mehr, das M sang jetzt. Ich war selig, blieb stehen und regte, indem ich die Knie beugte und wieder streckte, das Blech weiter zum Singen an. Das M sang für mich allein direkt durch den Schädelknochen in meinen Kopf hinein und weiter herunter in den Körper. Es fühlte sich an, als spiele Meret Becker singende Säge in meinem Kopf, nach wenigen Augenblicken fand ich mich schwebend in einer Welt aus Klängen wieder. Begleitet von einem sphärischen Metallsoundtrack, tanzte ich meinen eigenen Wabertanz. Bis mich ein lautes Scheppern unterbrach. Jemand hatte etwas auf mich geworfen und das M getroffen. Eine halbleere Getränkedose war aufs Blech geknallt und fiel jetzt auf den Boden, von den Kanten des immer noch wabernden M tropfte klebrige Limonade. Über mir hingen zwei Menschen aus einem offenen Fenster, ich konnte sie im Gegenlicht nicht richtig erkennen, aber hören. «Anzeige ist raus!», schrie einer der beiden. «Scheißrowdies!», der andere. War das Singen vielleicht doch nicht nur in meinem Kopf so laut gewesen? Alkoholbedingt motorisch etwas herausgefordert, rannte ich los und hielt den Großbuchstaben schräg über der Schulter auf dem Rücken fest oder versuchte es wenigstens. Nach hundertfünfzig Metern brannten meine Beine und mein leicht gebeugter Rücken, in meinen Armen tobte Muskelkater, meine Finger waren verkrampft. Aber ich wollte nicht stehen bleiben, wie erbärmlich wäre es denn, wegen eines gestohlenen Blech-M verhaftet zu werden. Noch einmal sammelte ich alle Kraft und bog ab in eine andere Straße. Meine Kurvenführung erwies sich als etwas zu eng konzipiert, und ich blieb mit einer Ecke des Buchstabens an einem Haufen Sperrmüll hängen. Mein rechter Arm wurde zwischen den Schenkeln des M schmerzhaft eingeklemmt. Gleichzeitig stolperte ich, weil die ruckartige Verlangsamung auf der einen Seite zu viel für meinen ohnehin überforderten Gleichgewichtssinn war. Mein Fuß verfing sich in den Schnüren eines verbogenen Wäscheständers, der an einem halbzerstörten Holzschränkchen lehnte. Der letzte Rest Balance war weg, als die Schwerkraft das M und damit auch meinen Arm nach unten zog, ich fiel mitten in den Sperrmüll, auf den, einer guten Tradition folgend, jeder Vorbeikommende seinen Restmüll abgelegt hatte. Mein Impuls, im Fallen meinen Arm schützend vor das Gesicht zu reißen, führte zu nichts, weil der Arm im M klemmte, deshalb streckte ich den anderen Arm mit dem Ellenbogen voran vom Torso weg und traf damit ein altes Radio, das sofort nachgab und so meinen Sturz kaum abmildern konnte. Mit dem Kopf landete ich weich, aber schmierig, weil jemand auf einer schimmeligen Matratze seine nicht ganz zu Ende verzehrte Currywurst hinterlassen hatte. Mein Körper lag in das M hineingewunden zwischen leeren Getränkekästen, Tüten voll mit Zeitungen, zerborstenen Stühlen und dem Passantenmüll von zwei oder drei Tagen. Leider war mit meinem Aufprall auf dem Boden der Sperrmüllhaufen nicht zur Ruhe gekommen, sondern knarrte und krachte weiter, bis das Herzstück des Haufens, ein zerschundenes Billyregal ohne Rückwand, in sich zusammenfiel und mich und mein M unter sich begrub. Vor Aufregung, Alkohol, Schmerz und weil mein Kopf immerhin auf einer Matratze zu liegen gekommen war, schlief ich ein oder ver-

173

lor das Bewusstsein. Als ich meine Augen wieder aufmachte, dämmerte es, und mein Handy klingelte. Dann hörte das Klingeln wieder auf, nur um ein paar Sekunden später erneut zu beginnen. Rumpelnd, mit Schmerzen im Kopf, im Arm, im Rücken und eigentlich überall, versuchte ich, das Telefon zu erreichen. Auch das zweite Klingeln war schon wieder verstummt, als ich es in die Hände bekam. «Siebzehn Anrufe in Abwesenheit» auf dem Display unterdrückten schlagartig jeden Schmerz, ich zog meinen Arm aus dem M, setzte mich aufrecht auf die Matratze und rief Lena zurück. Sie weinte.

«Wo bist du? Warum gehst du nicht ans Handy? Warum bist du nicht nach Hause gekommen?»

«Das, ähm, ist nicht so leicht zu erklären, also, ein M …»

«Wieso nicht leicht zu erklären? Bist du bei irgendeiner Frau?»

«Nein, nein, wirklich nicht, ich … ich, ich hatte einen Unfall.»

«Nein! O Gott, echt? Was ist passiert? Ist alles in Ordnung? Wo bist du jetzt?»

«Auf der Straße, also, auf dem Weg, zu dir oder zum Krankenhaus oder …»

«Sag doch endlich, was passiert ist und wie es dir geht!»

«Mein Arm tut weh und mein Kopf und der Rücken, ich bin gestürzt, ich bin mit dem M gestolpert.»

«Mit wem?»

«Das ist schwer zu erklären, ein, also ein Buchstabe, den ich …»

Den restlichen Weg nach Hause trug ich das M vor mir her. Auf dem Kopf wollte ich es nicht mehr balancieren, meine Nackenmuskulatur schmerzte viel zu stark. Alle paar Meter musste ich anhalten, und mehrmals spielte ich mit dem Gedanken, den Blechbuchstaben einfach zurückzulassen. Aber dann sagte ich mir, dass ich mich so leicht nicht von einem M besiegen lassen würde. Ich war stärker als das M, das M war meine Geisel, sein Fluchtversuch hatte mich mitgenommen, aber nicht gebrochen. Mit getrocknetem Curryketchup an der Wange, aber ungebrochen, kam ich zu Hause an. Die letzten Treppenstufen zur Wohnung nahm ich jeweils mit einer längeren Pause dazwischen. Bevor ich den Schlüssel rauskramen konnte, hatte Lena die Tür geöffnet und begann mit Tränen in den Augen zu lachen, aber es war kein amüsiertes Lachen, sondern ein mitleidiges, fast verächtliches Lachen. Immerhin erlaubte es mir, mitzulachen und ihr die Geschichte meiner Nacht so unterhaltsam wie möglich zu erzählen.

hiobsbotschaften

Mein mitleiderregender Anblick nach der Nacht auf dem Sperrmüllhaufen hatte die Lenafront auf Wochen hinaus beruhigt. Weder Sandra noch Thorsten oder ich hatten den Kochabend angesprochen. Das Agenturleben plätscherte vor sich hin, draußen war es noch warm, wir tranken abends in wechselnden Konstellationen Weinschorle auf Eis, beinahe hätte ich angefangen, mich zu langweilen. Dann kam jener Montag, an dem ich verkatert erwachte, obwohl ich eigentlich den Gin Tonic am Abend zuvor behutsam dosiert hatte. Soweit ich mich erinnern konnte. Per SMS teilte ich Philipp mit, dass ich erst später in die Agentur kommen könne, und schlief bis zum Mittag weiter. Beim ersten Versuch der Nahrungsaufnahme überlegte ich mir eine Ausrede für meine Verspätung, einen Arztbesuch wegen Verdacht auf Magengeschwür. Bei meiner Ankunft in der Agentur interessierte sich aber niemand für meine Entschuldigung oder auch nur für mich. Die Mitarbeiter standen um Thorsten herum, der brüllend auf das Faxgerät einhämmerte und unseren Sassnitzer Mitarbeiter Ben mit einem Fluch nach dem anderen belegte. Philipp stand mit erschütterter Miene etwas abseits.

«Was ist denn los?», fragte ich.

«Katastrophe. Ben hat uns total verarscht. Heute Morgen war ein Fax da. Ben verlängert seinen Vertrag nicht und hat die beiden anderen abgeworben, und Roneco hat bei Personalwechsel ein Sonderkündigungsrecht. Das ganze Projekt ist in Bens Hände gewandert, der Penner hat uns abgezockt.»

«Fuck. Und jetzt rastet Thorsten aus.»

«Heute Morgen wollte er das irgendwie wieder hinbiegen und hat mit Ben und den anderen telefoniert, da ist er wohl ausfallend geworden oder hat denen gedroht, und jetzt ist ein Fax von Bens Anwalt gekommen, mit einer Unterlassungserklärung.»

Im Hintergrund randalierte Thorsten weiter am Faxgerät. Gut zwanzig Mitarbeiter standen um ihn herum, teils in Angststarre, teils aus Schaulust. Ein eindrucksvolles Bild, wie ein Derwisch tanzte er mit etlichen Papieren in der Hand im Halbkreis um das Kopier- und Faxgerät herum, alle paar Sekunden einen krachenden Tritt anbringend. Den Oberkörper warf er vor und zurück, ein Heavy-Metal-Konzert ohne Musik, dabei schrie und kreischte er und schlenkerte mit den Armen. Obwohl ich Thorsten schon öfter sehr aufgeregt oder aggressiv erlebt hatte, war mir diese Intensität neu. Sandra hatte versucht, ihn anzusprechen – keine Reaktion. Dann, ohne jedes Vorzeichen,

176

verstummte er, ging an seinen Platz, setzte sich hin und strich die zerknüllten Faxe glatt. Die Verhaltensänderung ließ ihn noch unheimlicher erscheinen. Im Büro war kein Laut zu hören. Die Mitarbeiter gingen einer nach dem anderen auf den Hof, rauchten, tranken Kaffee und flüsterten miteinander, während ich mit Philipp an Thorstens Tisch trat und ihn bat, in den Konferenzraum zu kommen. Er schaute erschöpft auf, erhob sich und folgte uns.

«Äh, Thorsten, was war denn gerade los?»

«Hab wohl ein bisschen die Kontrolle verloren.»

«Ein bisschen?»

«Na ja, ein bisschen sehr.»

«Ist alles in Ordnung?»

«Machst du Witze? Ben hat uns total verarscht. Hat die beiden anderen abgeworben. Hunderttausend Monatsumsatz futsch, kaputt, im Arschland.»

«Wie konnte das überhaupt passieren?»

«Der hat das von Anfang an geplant, die Nummer mit der Mutter, das war alles eine Verarschung. Wir haben die Verträge zusammen bearbeitet. Irgendwann hat er den Passus mit dem *Konkurrenzausschluss nach Vertragsende* einfach verändert. Und wir haben das nicht bemerkt. Vertraglich ist er auf der sicheren Seite, der Penner.»

«Und was machen wir jetzt?» Eigentlich hatte ich diese Frage für mich schon beantwortet. In dem Moment, wo Thorsten unseren Fehler mit dem Vertrag erwähnt hatte, verlor ich jede Lust, weiter über den Fall zu diskutieren. Jedes Nachdenken über verschüttete Milch war vollkommen unsinnig. Sandra, die sehr offensiv Auto fuhr, sagte oft: «Warum soll ich in den Rückspiegel schauen, der Wagen fährt doch nach vorn.» Mir ging es so mit meinem Leben. An angenehme Passagen wie die ersten Wochen mit

177

Lena erinnerte ich mich gern, aber Niederlagen gedanklich noch einmal durchzuspielen war sinnlose Selbstgeißelung. Man lernte ja doch nichts aus seinen Fehlern, man musste nur sein Gespür für die Situation verfeinern. Dazu reichte es aus, zu wissen, *dass* ein Fehler passiert war. Man musste nicht tagelang in den eigenen Verfehlungen wühlen. Zu meiner Überraschung hatte Thorsten noch keine detailliert ausgearbeiteten Vergeltungspläne. «Wir machen erst mal nichts», sagte er, «vielleicht rächen wir uns später irgendwann mal an den ganzen Ärschen. Da hängt auf jeden Fall auch noch der Projektleiter mit drin, dieser Vonnebrink. Aber jetzt erst mal mit Vollgas auf die anderen Sachen stürzen.»

«Gut, okay, Thorsten, aber so ganz kampflos aufgeben ...»

«Ich will jetzt nichts mehr hören über das Thema, hab mich schon genug aufgeregt.»

«Was war das eigentlich vorhin?»

«Ach, nichts.»

«Nichts also. Aha.»

«Ich hab so 'ne Störung, nennt sich Brüggel'sches Syndrom. Manchmal ticke ich eben einfach aus. Hat ziemlich nachgelassen, früher bin ich echt abgedreht, daher kommt auch meine Narbe im Face.»

«Noch nie gehört, Brüggel'sches Syndrom. Erzähl mal.»

«Ach, superselten, eine Hormongeschichte. Egal.»

«Ich meinte die Narbenstory.»

«Das ist in zwei Worten erklärt: Glastür, Kopfnuss, bupp. Aber sag Sandra nichts davon. Frauen haben immer Angst vor so was, komischerweise.»

An diesem Tag fuhr Thorsten früher nach Hause, während ich die verschiedenen Projekte durchging und über-

178

legte, wo man zusätzliche Umsätze herauspressen könnte. Ob wir PrimePool einfach eine Presseoffensive verkaufen sollten? Vielleicht könnte man auf diese Weise zwanzig, dreißig zusätzliche Tagessätze unterbringen. Ich schrieb ein Konzept zusammen. Die drei Gründer waren wie die meisten Dotcomiker sehr eitel. Sie sahen ihre Firma gern in der Presse und noch lieber sich selbst. Meine Idee war, sie als mustergültige Jungunternehmer darzustellen, die das Internetunternehmen der Zukunft aufbauten und Arbeitsplätze in Deutschland schufen. Obwohl die Stimmung in den Medien in den letzten Monaten kritisch gegenüber Dotcoms geworden war, konnte man mit dem Zauberwort «Standort Deutschland» nach wie vor Journalisten überzeugen. Jedenfalls handelten davon die Geschichten, die man in Zeitungen und Magazinen noch lesen konnte. Alle hatten irgendeinen regionalen Bezug, *Laptop und Lederhose, Modems am Main, Kabel an der Küste.* Während ich über eine geeignete Inszenierung der PrimePool-Jungs nachdachte, lief ich mit einem Stift im Mund in der Agentur umher. Nicht, dass ich im Gehen besser denken konnte, aber so sahen alle Mitarbeiter, dass ich angestrengt daran arbeitete, den Verlust von Sassnitz zu kompensieren. In Gedanken vertieft, ging ich zu Thorstens Schreibtisch, wo die zerknitterten Faxe lagen. Eins davon war von Projektleiter Vonnebrink, an Thorsten persönlich gerichtet. Nachdem ich die ersten Zeilen mit den üblichen juristischen Formeln überflogen hatte, las ich einen Satz, der mich erstarren ließ: «Wir teilen Ihnen weiters mit, dass wir auch die monatlichen Provisionszahlungen i. H. v. 15 000,– DM auf Ihr privates Konto mit sofortiger Wirkung einstellen.»

Das war eindeutig. Auf der Basis einer geheimen Vereinbarung mit Vonnebrink hatte Thorsten die ganze Zeit Geld abgezweigt, und zwar nicht wenig Geld. Die Summe überstieg einhunderttausend Mark. Thorsten hatte uns betrogen, jedenfalls deutete alles darauf hin.

Sandra und Philipp kamen ein paar Minuten später in den Konferenzraum, wo ich ihnen das Fax zeigte. Sie waren ebenso fassungslos wie ich. Wir berieten, was zu tun sei, und entschlossen uns, Thorsten per Telefon zurück in die Agentur zu holen, die sich zum Abend hin geleert hatte. Sandra hatte eine Unerbittlichkeit in der Stimme, der sich nicht einmal Thorsten widersetzen konnte. Zur unpassendsten Zeit kam mir die Frage in den Sinn, wie der Abend der beiden miteinander ausgesehen haben mochte. Zwanzig Minuten später saßen wir zu viert am Besprechungstisch. Wir vermieden, uns gegenseitig in die Augen zu sehen.

«Was sagst du zu diesem Fax?», fragte Philipp.

«Ich kann es erklären.»

«Da sind wir gespannt.»

«Also, Leute, es tut mir leid, ich hätte euch das früher sagen sollen. Aber ich habe eine Menge Erfahrung, ich habe ja schon ein paar Firmen gemacht.»

«Das hat damit doch jetzt nichts zu tun, Thorsten. Du hast uns betrogen, das ist ein Scheißgefühl», sagte Sandra. Hörte ich da Reue in ihrer Stimme? Oder das Bedauern, mit einem Betrüger gevögelt zu haben?

«Halt, nein, ich habe euch nicht betrogen, wirklich. Also, es ist ein Schutz. Für die Agentur.» Thorsten saß zusammengesunken da, der Vorwurf des Betrugs traf ihn schwer. Oder war er nur traurig, weil er ertappt worden war? Sein Erklärungsversuch war simpel, aber wirkungsvoll. Er behauptete, finanzielle Mittel für den Notfall beiseitege-

180

schafft zu haben. Ein bisschen Spielraum, gerade für die Geschäftsführer einer GmbH, das sei das Wichtigste überhaupt. Er habe als Erfahrenster beschlossen, uns nichts davon zu sagen, weil man mit doppeltem Boden weniger effektiv handeln würde. Und er sei davon überzeugt, dass der Niedergang der New Economy uns bald treffen würde. Sandra war skeptisch, während Philipp versuchte, den Argumenten von Thorsten Glauben zu schenken, der immer wieder beteuerte, heimlich, aber nicht betrügerisch gehandelt zu haben. Im Gegenteil – für den Fall, dass eventuelle Gläubiger unangenehm würden, habe er uns schützen wollen. Als Thorsten mit Tränen in den Augen bei seiner Mutter schwor, uns nicht betrogen zu haben, wurde auch Sandra unsicher. Waren das echte Tränen? In seinem Gesicht las ich ein eindeutiges Ja, aber es ließ sich darin keinerlei Reue erkennen. War das ein Anzeichen für sein mangelndes Unrechtsbewusstsein oder für seine Unschuld? Falls Thorsten diese Verteidigungsstrategie geplant hatte, ging er äußerst geschickt vor, denn er präsentierte erst nach einer Stunde seinen größten Trumpf. «Da fällt mir ein: Ich kann beweisen, dass ich das für die Agentur gemacht habe!» Thorstens Stimme überschlug sich. «Philipp, geh doch mal zum Tresor. Da muss ganz unten ein kleiner Ordner stehen, so ein unauffälliger, ganz am Rand. Anthrazit. Hol den einfach her, das ist der Beweis!»

Philipp sprang auf und lief zum Tresor. Er kam mit dem Ordner zurück und lächelte in die Runde. «Kontoauszüge sind drin. Und vorne drauf steht ‹Notreserve›.»

Tatsächlich waren die monatlichen Eingänge nachzuvollziehen. Es war kein Pfennig abgehoben worden. Keiner von uns hatte diese Kontoauszüge bisher bemerkt, aber im Tresor stand auch immer ein Dutzend wichtiger Ordner

181

mit verschiedenen Akten – Arbeitsverträge, Kundenvereinbarungen, Bankunterlagen sowieso.

«Vielleicht haben wir dir wirklich unrecht getan.» Sandra schien Thorsten inzwischen zu glauben, war aber immer noch wütend.

«Kein Problem, ich versteh's ja, ich bin ein Idiot, tut mir leid, ich hätte euch informieren sollen, aber es war nur zu unserem Besten. Und wir werden es brauchen. Erst recht, wenn ihr gleich hört, was ich schon weiß.»

«Wieso? Was ist denn los?»

«Ich habe vorhin auf dem Weg nach Hause mit einem Freund telefoniert, der über Umwege ... jedenfalls wird Streaver diese Woche Insolvenz anmelden.»

Falls noch Reste der Verstimmung über Thorstens heimliches Konto vorhanden gewesen waren, mit dieser Information waren sie in den Hintergrund getreten. Sollte sich das als wahr herausstellen, hätten wir innerhalb einer Woche unsere beiden größten Kunden verloren, mehrere hunderttausend Mark Umsatz im Monat, die Basis für unseren Erfolg.

«Es kommt noch schlimmer. Vermutlich werden die Jungs wegen falscher Angaben gegenüber der Börsenaufsicht angeklagt, ein bisschen geschummelt haben sie nämlich auch.»

«Aber ... woher weißt du das?»

«Dieser Freund von mir arbeitet bei der Wirtschaftsprüfungsgesellschaft, die im Auftrag des Investors die ganze Bude durchgescannt hat. Da ist die Kacke aber gerade so was von am Dampfen.»

War es Zufall, dass Thorsten eine solche Geschichte in dem Moment präsentierte, in dem er sie zur Ablenkung am besten gebrauchen konnte? Sandra schaute ihn mit

182

so großen Augen an, da musste irgendetwas knistern zwischen den beiden. Von ihrem Gesicht konnte ich vor Aufregung nichts ablesen.

«Also. Diese Streamingtechnologie, von der uns die Jungs vorgeschwärmt haben – die funktioniert nicht. Das Gerät geht einfach nicht. Sie haben's technisch nicht hinbekommen und trotzdem Verträge mit der halben Welt abgeschlossen. Da stehen natürlich überall Konventionalstrafen an. Streaver ist over. Tot. Finitorama.»

«Und was heißt das jetzt für uns?»

«Zuerst mal, dass meine Idee für so ein geheimes Notfallkonto nicht die schlechteste war.»

«Jajaja, vergeben und vergessen, aber wie geht's mit der Agentur weiter?»

«Wir müssen ab morgen Leute entlassen», sagte Thorsten. «Wie viele sind wir eigentlich gerade? Ich habe total den Überblick verloren.»

«Moment», sagte Philipp, «ich hab's gleich – wird sind dreiunddreißig.»

«Besser als fünfundvierzig», sagte Thorsten. «Aber trotzdem, morgen fliegt die Hälfte raus, alles andere wäre Selbstmord.»

«Also morgen der blutige Dienstag. Sechzehneinhalb Leute werden entlassen.»

Während wir die Telefonliste mit den Mitarbeitern durchgingen und diejenigen durchstrichen, die rausfliegen sollten, dachte ich über die Ereignisse in der letzten Zeit nach. Erst war wochenlang nichts passiert, und dann – BÄMM – überstieg die Ereignisdichte mein Aufnahmevermögen um ein Vielfaches. Die beiden größten Kunden waren weg, Ben hatte uns betrogen, Thorsten auch – oder doch nicht –, Sandra schien irgendwie mit Thors-

183

ten zugange zu sein, und jetzt bereiteten wir die Entlassung der Hälfte der Mitarbeiter vor. Internetjahre vergingen schneller.

Zu Hause saß Lena im Bett, hatte ein Räucherstäbchen angezündet und eine Flasche Wein geöffnet. Meine melancholische Stimmung fiel auf fruchtbaren Boden. Wir kuschelten uns zusammen, tranken den Wein aus und redeten über uns. Wie die Agentur die Beziehung verändert hatte und wie wir auseinandergeraten waren. Zu Beginn kam mir das Gespräch liebevoll vor, ein gemeinsamer Seufzer über die Kompliziertheit der Dinge. Aber nach einiger Zeit wurde Lena schweigsamer, einsilbig, etwas ging in ihr vor. Ihre Augenlider hingen etwas zu tief, die Mundpartie war ungewöhnlich schlaff, die Nase zuckte, und ab und an hoben sich die Wangen, wenn sie Muskeln an den Schläfen anspannte. Sie war erschöpft, und darüber baute sich eine kleine, aber stetig größer werdende Aggression auf, ein Vorwurf. Vielleicht war sie sich selbst des Vorwurfs noch gar nicht bewusst. In einem Wissenschaftsmagazin hatte ich gelesen, dass die Mimik Gefühle andeuten würde, bevor sie bewusst erlebt werden. Es machte mich glücklich, wenn ich auf diese Weise mit dem Gesichterlesen nicht nur die Gedanken und Gefühle anderer Menschen erfahren konnte, sondern auch ihre unmittelbare Zukunft voraussehen. Meine Melancholie und auch die Irritation über Lenas bevorstehenden Vorwurf verflogen. Ich besann mich auf meine Stärken. Vielleicht war das die Lösung, mit der wir aus den Schwierigkeiten herausfinden würden – die Konzentration auf unsere Stärken. Also auf meine Stärken, ich war Lena in den meisten Dingen weit überlegen. Und auch den anderen Menschen um mich herum. Meine Gedanken wurden

184

immer hoffnungsfroher, ich blickte versonnen in eine strahlende Zukunft und bemerkte nicht, dass Lena mich schon eine Weile anstarrte. Als ich mich ihr wieder zuwandte, brach ein Vorwurf aus ihr heraus, wie ich vorhergesehen hatte. «Du bist deine Agentur geworden. Ich bin jetzt mit einer größenwahnsinnigen Agentur für Dotcoms zusammen.»

«Das ist doch wirklich übertrieben.»

«Dass wir zusammen sind? Ja, vielleicht.»

«Nein, das meinte ich nicht, willst du mich missverstehen, oder – hast du gerade schon wieder unsere Beziehung in Frage gestellt?»

«Komische Frage von jemandem, der mitten in einem Beziehungsgespräch minutenlang abwesend ist und über irgendwelche Deals nachdenkt.»

«Ich hab dir erzählt, dass wir gerade eine superschwierige Phase durchmachen.»

«Ich weiß», sagte Lena, «aber *wir* eben auch. Das ist genau das Problem. Wenn *du* wir sagst, meinst du die Agentur, und *ich* meine uns, uns beide, und das geht auf Dauer nicht gut, verdammt!»

Lena hatte ausnahmsweise recht. Alle meine Überlegungen, alle Sorgen und Pläne drehten sich um dieses seltsame Gebilde, das aus den Leuten bestand, dem Büro, einem Server, einer Telefon- und einer Kontonummer. Was war diese Firma überhaupt? Warum ging sie mir Tag und Nacht nicht aus dem Kopf, weshalb tat ich für die Agentur Dinge, die ich eigentlich nicht tun wollte? Schon wieder sah ich durch Lena hindurch, schon wieder fuhren die Gedanken in meinem Kopf Autoscooter. Mit einem kurzen Ruck richtete ich mich auf und musste mich schütteln, um zurück ins Bett neben meine Freundin zu finden. Ich biss mir auf die Innenseite der Lippe, um durch den Schmerz

185

zu spüren, wo ich war und ein bisschen auch, um mich zu bestrafen. Dann sagte Lena den Satz: «Stefan, du hast mich enttäuscht.»

«Nein, nicht enttäuscht sein – oder es wenigstens nicht sagen», dachte ich. Andere Menschen zu enttäuschen oder irgendwie ertappt zu werden war das Schlimmste für mich, solange ich denken konnte. Zum ersten Mal war diese ungünstige Verquickung aus Hochstapelei und anschließender Enttäuschung im Kindergarten aufgetreten, wo ich ein sehr inniges Verhältnis zu einer Erzieherin namens Gabi hatte. Sie hielt mich für besonders intelligent, vermutlich weil ich mit fünf Jahren empathisch genug war, um den Erwartungen der Erwachsenen zu entsprechen. Jedenfalls hatte ich mich ein wenig in sie verliebt, aus heutiger Sicht unverständlich. Ständig musste ich an sie denken und an ihre wuscheligen Haare. Nachdem ich herausgefunden hatte, dass sie Klaviermusik mochte, überlegte ich, wie ich ihr imponieren könnte. Im Saal des Kindergartens, der abends als Gemeindezentrum einer nahen Kirche genutzt wurde, stand ein Flügel, allerdings war die Schutzklappe für die Klaviatur immer abgeschlossen. Um Gabi zu zeigen, dass auch ich das Klavierspiel liebte, setzte ich mich häufiger in ihrer Nähe hin, wenn sie mit anderen Kindern bastelte, wandte ihr aber den Rücken zu. Nach ein paar Minuten schloss ich die Augen und spielte Luftklavier. Meine Finger schlugen erst langsam, dann immer schneller imaginäre Tasten an, ich spielte ein virtuelles Stück, tat so, als würde ich mich verhaspeln, begann Passagen von vorn oder wurde auf sorgfältige Weise langsamer. Dazu schaukelte ich mit dem Kopf, als gäbe ich mir den Takt vor. So hatte ich es oft im Fernsehen gesehen, wenn Erwachsene im Frack mit bewundernswerter Geschwindigkeit ihre Hände über die Tastatur

186

fliegen ließen. Drei-, viermal übte ich mit meinem ausgedachten Instrument wie zufällig in Gabis Sichtweite, bis sie mich endlich darauf ansprach. Sie fragte mich, was ich täte, ich sähe aus wie ein Pianist. Was Pianist bedeutete, wusste ich nicht, aber ich antwortete ihr, dass ich in Gedanken meine Klavierstunde durchgehen würde. Sie kniete sich vor mir hin und fragte mit Bewunderung in der Stimme, ob ich denn schon so weit sei, wie meine komplexen Fingerbewegungen vermuten ließen. Die Wahrheit wäre an dieser Stelle weder notwendig noch zielführend gewesen, Gabi sollte sich in mich zurückverlieben. Deshalb tat ich ein wenig beleidigt und erzählte ihr von meiner Klavierbegabung.

Beim Abendbrot brachte ich das Thema Klavierunterricht auf. Mein theoretisches Interesse an der Hochkultur erfreute meine Eltern. Die praktische Umsetzung wurde mit einem lapidaren Verweis auf die Unvereinbarkeit von Mietwohnung und eigenem Klavier verhindert. Immerhin konnte ich im Gespräch unauffällig einiges über das Klavierspiel in Erfahrung bringen, was ich wissen musste, um meine Geschichte gegenüber Gabi aufrechtzuerhalten. Wenn Gabi und ich als Erwachsene erst zusammen sein würden, würde ich heimlich Unterricht nehmen und sie irgendwann mit einem Privatkonzert überraschen. Bis dahin würde ich mit ihr über unsere gemeinsame Klavierleidenschaft nur sprechen. Gabi schenkte mir große Aufmerksamkeit, wenn ich von meinen Übungen erzählte, von neuen Stücken, die ich gerade erlernte. Als besonders gewitzt empfand ich mich, als ich mir ein Stück Mullbinde besorgte, um den Finger wickelte und erzählte, es handele sich um eine Verstauchung wegen meines heftigen Anschlags beim Flohwalzer. Die bekannteren Komponisten und Stücke hatte ich mir von meinen Eltern und anderen

187

Erwachsenen erklären lassen. Ein freundlicher Nachbar summte mir im Treppenhaus ein paar Lieder vor, sodass ich ahnte, wie sich die Melodien anhörten. Alle paar Tage fachsimpelten Gabi und ich im Kindergarten, sie war aufmerksam, nahm mich ernst, und ich spürte ihre Bewunderung. Ein phantastisches Gefühl. Mein Plan war, so schnell wie möglich volljährig zu werden, um Gabi zu heiraten.

Die Einschulung rückte näher. Es war ein warmer, freundlicher Sommer, in dem ich versuchte, so oft wie möglich in Gabis Nähe zu sein. In der Schulzeit würde ich sie viel seltener besuchen können. Wir sprachen über meine Zukunft, was für einen Beruf ich erlernen wolle, und sie wirkte nicht überrascht, als ich zurückfragte, was sie von mir erwarte. «Pianist», sagte sie lachend, das wäre das Mindeste bei meiner Begabung. Im Übrigen sei heute der Flügel zufällig nicht abgeschlossen, ob ich ihr nicht endlich einmal eine Kostprobe geben wolle. Schwer zu sagen, warum ich ihr überhaupt in den Saal folgte. Ob ich hoffte, zwischendurch würde sie vergessen, weshalb wir losgegangen waren, oder es würde etwas passieren, was mir die Chance zur Flucht gab, ein Erdbeben zum Beispiel? Aber ich lief hinter ihr her, sie wandte sich zu mir um und strahlte mich an, in ihrem Blick lag eine unendlich große Erwartung – vielleicht wollte ich die Enttarnung so weit wie möglich hinausschieben, jeden Moment auskosten, in dem sie mich noch für einen begabten Klavierspieler hielt. Für jemanden, mit dem man sich über Erwachsenendinge unterhielt. Für einen Jungen, den sie ernst nehmen konnte, den sie bewunderte und vielleicht irgendwann lieben würde. Dann kamen wir im Saal an, dort saß ein anderer Erzieher auf dem Klavierhocker, von Kindern umringt, und klimperte

188

herum. Gabi unterbrach ihn und bat darum, «unseren kleinen Mozart» an die Tasten zu lassen.

Dann wollte sie mich auf den hohen Hocker heben. Weil ich ein bisschen schwerer war, als sie erwartet hatte, musste sie mich eng an sich heranziehen. Ich spürte ihren Busen im Nacken, es war der letzte Moment der Freude, bevor ich die Finger auf die Tasten legte. Dann saß ich mit ausdrucksloser Miene starr da. Gabi fragte, weshalb ich nicht spielen würde. Erst war sie amüsiert, dann versuchte sie, den Grund für meine Starre zu erraten. Von Lampenfieber hatte ich noch nie gehört, ich konnte mich also nicht darauf herausreden, aber mein Mund war zugeschraubt, und meine Finger waren auf den Tasten festgenagelt. Minuten vergingen, vielleicht auch Monate. Dann sagte ein anderes Kind: «Der kann ja gar nicht Klavier spielen!» Der Satz mochte technisch korrekt sein, aber ich hatte doch versucht, allen Erwartungen an einen Klavierspieler gerecht zu werden: Bescheid zu wissen, die Namen zu kennen, die Stücke summen zu können, regelmäßig zu üben, wenn auch ohne Klavier, deshalb empfand ich Schmerzen bei diesem Satz. Der Satz war falsch und gemein. In meiner Welt. Mein Brustkorb drückte und spannte, mein Herz schlug wahrscheinlich so laut, dass man das Klavier gar nicht gehört hätte, wenn ich die Tasten hätte anschlagen können. Dann fragte Gabi nach, ob es stimme. Dass ich nicht Klavier spielen könne, sondern nur so getan habe, die ganze Zeit über? Der stechende Druck, der mittlerweile in meinen Magen gesackt war, kletterte wieder nach oben, durch die Lunge, die Luftröhre, den Rachen, wir hatten letzte Woche ein Bilderbuch mit der Anatomie des Menschen angesehen. Der Druck erreichte den Hals, verdichtete sich zu

189

einem Kloß, und als Gabi wieder nachfragte und hundert Kilo Zweifel ihre Stimme beschwerten, drehte ich mich zu ihr, sah ihr in die Augen, und Tränen tropften aus meinen. Sonst hatte sie die weinenden Kinder immer in den Arm genommen und sie getröstet, immer, ausnahmslos, ob sie nun schuld waren oder nicht, ich hatte es beobachtet, sie war so herzlich, dafür liebte ich sie. Aber jetzt, mitten hinein in meinen schmerzenden Stechdruck, der sich im ganzen Körper ausgebreitet hatte, wahrscheinlich ein Herzinfarkt, mitten in meine Tränen hinein, mitten in meinen riesigen Kloß im Hals hinein, der mir die Luft abschnürte und meinen Hals sichtbar dehnen musste, sagte sie den Satz: «Stefan, du hast mich sehr enttäuscht.»

Dann leerte sich der Saal, ich verkroch mich für den Rest des Tages in einer dunklen Ecke, wurde von meinen Eltern abgeholt und war zwei Wochen krank. Als ich mich wieder in den Kindergarten traute, hatte Gabi Urlaub, und noch bevor sie zurückkam, endete meine Kindergartenzeit. Gabi sah ich nie wieder, und jetzt sagte Lena, dass ich sie enttäuscht hatte. Nicht etwa, dass sie enttäuscht war, sondern dass ich es aktiv getan hatte. Es war egal, warum sie das gesagt hatte und was sie eigentlich meinte, ich drehte mich um, mit dem Gesicht ins Kopfkissen, und schwieg. Lena fragte nicht nach, redete nicht mehr, ich hatte sie enttäuscht. Zweimal stand sie noch auf, wie ich aus meinem Kopfkissen heraus hören konnte, dann schlief ich ein.

schweiztour

Am Dienstagmorgen beschlossen wir, die Entlassungen
auf Freitag zu verlegen, um die Stimmung in der Agentur nicht für die ganze Woche zu verderben. Als Über-
bringer der Botschaft kam nur ich in Frage. Sandra war
nicht Geschäftsführerin, Philipp würde vermutlich in Tränen ausbrechen und sich selbst aus Solidarität gleich mit
entlassen, und Thorsten konnte man in delikaten Situationen niemandem zumuten, weil er das Einfühlungsver-
mögen eines preußischen Feldwebels hatte. Zur Vorbereitung suchte ich im Internet nach einer Anleitung, wie man
Mitarbeiter feuert. Auf der Seite einer Personalberatung
wurde ich fündig: Die Entlassung sollte nicht emotional
und ohne Beschuldigung, aber mit einem nachvollziehba-
ren Grund ausgesprochen werden. Man dürfe kein Mitleid
zeigen, sondern müsse freundlich, aber bestimmt und un-
nachgiebig sein. Das Schlimmste seien Situationen, in denen der Mitarbeiter anfinge, um seinen Job zu diskutieren
oder gar zu flehen. Das könne man durch glasklare Formulierungen ohne Deutungsspielraum verhindern. Im
Kopf spielte ich die Situation mit Marek, unserem Chef-
grafiker, durch. Er war fleißig und arbeitete gut, verdiente
aber wesentlich mehr als die anderen und sollte deshalb
rausfliegen. In meiner Vorstellung gelang mir die Entlassung überraschend gut. Ich blieb freundlich, aber hart, genau wie es in der Anleitung gestanden hatte. Marek würde
niedergeschlagen sein, aber er war hart im Nehmen. Er
würde sich für die gute Zusammenarbeit bedanken und
seine Sachen packen, stellte ich mir vor und fühlte mich
ausreichend vorbereitet.

191

Am Donnerstagvormittag ging die Nachricht von der Insolvenz von streaver.com durch die Medien. Als wenige Stunden später auch die Ermittlungen der Staatsanwaltschaft bekanntwurden, begann eine Vermutungswelle durch das Internet zu rollen. Von Betrug war die Rede, von falschen Versprechungen an Investoren, von unbezahlten Rechnungen. Bisher waren die Überweisungen an uns immer rechtzeitig eingetroffen, aber die offenen Posten von knapp über einhunderttausend Mark würden vermutlich kaum mehr beglichen werden. Obwohl wir seit Montag wussten, dass es so kommen würde, traf mich die Streaver-Pleite – und damit die endgültige Bestätigung, dass die Entlassungen notwendig waren – härter, als ich befürchtet hatte. Schließlich war ich der Leidtragende, weil ich die Mitarbeiter feuern musste. Meine Laune war die ganze Woche über unbeständig gewesen, jetzt pendelte sie sich zwischen Traurigkeit und Selbstmitleid ein. Zwei Frauen aus Thorstens Abteilung, der Brut, kamen an meinen Schreibtisch und fragten, welche Folgen die Insolvenz haben würde. In der Geschäftsführung hatten wir besprochen, keinesfalls vor Freitag irgendjemanden über die Entlassungen zu informieren. Deshalb schaltete ich eine emotionale Schubumkehr ein, strahlte die beiden an und behauptete, wir hätten einen so dicken Fisch an der Angel, dass Streaver *vermutlich* kein Problem darstellen würde. Die Frauen ließen sich davon einigermaßen beruhigen. Aber so sehr, wie ich das Wörtchen «vermutlich» überbetonte, hätten sie misstrauisch werden müssen – selbst schuld, wenn sie mir glaubten. Dann fragten sie, ob ich schon etwas über den «dicken Fisch» sagen könne; zum Glück klingelte mein Handy, und ich konnte sie mit einer entschuldigenden Handbewegung wegschicken. Es war Lena, die fragte, ob wir nicht am Abend telefonieren wollten;

192

ich versprach, sie gegen neun anzurufen. Sie war am Vortag überraschend in die Schweiz gefahren. Für die Präsentation eines neuen Modells buchte ein großer Autohersteller hübsche, intelligente Frauen, die als Beifahrerinnen den angereisten Journalisten den Wagen erklären sollten. Damit die Fachpresse angemessen beeindruckt wäre, fand das Event in Gstaad statt. Dort gab es über einem Gletscher, auf dem man auch im Sommer Ski fahren konnte, eine eindrucksvolle Seilbahnstation, die von einem berühmten Architekten gebaut worden war und genug Platz für eine Pressekonferenz bot.

Später am Nachmittag kursierten neue Meldungen über Streaver und die entsprechenden Gerüchte in der Dotcom-Szene. Einer berichtete von mehreren geplatzten Schecks, ein anderer, der vor Monaten bei Streaver entlassen worden war, deutete einen Betrug bei der Einwerbung von Risikokapital an. Dabei wusste jeder, dass es Agenturen für Investorenkommunikation gab, die jede fünftklassige Hinterhofbude so zurechtschminkten, dass ein erfolgreicher Börsengang dem außenstehenden Betrachter als zwingender nächster Schritt erschien. Das Geschäftsmodell der meisten Dotcoms bestand aus ihrem Börsengang und der damit verbundenen Ausschüttung an Bargeld für die Investoren. Dass dabei nicht unbedingt auf verkaufshinderliche Faktoren wie Wahrheit oder realistische Prognosen geachtet wurde, war das am schlechtesten gehütete Geheimnis der New Economy.

Am frühen Abend kam Sandra an meinem Schreibtisch vorbeigeschlendert und ließ erkennen, dass sie von Lenas Abwesenheit wusste. Provozierend laut fragte sie, was ich heute Abend so vorhätte, alle anderen mussten es mitbekommen haben. Obwohl ich versucht war, sie einfach nach

193

Hause mitzunehmen, speiste ich sie mit einer Ausrede ab. In meinem und Lenas Bett mit Sandra zu vögeln war mir doch zu skrupellos, außerdem hätte ich dann die Bettwäsche wechseln müssen.

Um mich zu beruhigen und auf den folgenden Entlassungstag einzustellen, ging ich zu Fuß nach Hause, legte mich in die Badewanne und dachte nach. Morgen würde ich früh in die Agentur gehen, mir die neueste Entwicklung im Fall Streaver ansehen und mir dann eine ausgedehnte, in die Mittagspause übergehende Kaffeepause gönnen. Zurück in der Agentur, würde ich zuallererst Marek in den Konferenzraum bitten und mit ihm das Entlassungsgespräch führen, das ich im Kopf schon perfekt durchgespielt hatte. Dann würde ich nach und nach die fünfzehn anderen zu mir bitten und dasselbe Gespräch wieder und wieder führen, irgendwann würde ich Übung haben, Routine würde sich einstellen. Was würde ich in ihren Gesichtern lesen? Hass? Verzweiflung? Angst? Unverständnis? Es war aufregend, sich auszumalen, wer wie reagieren würde. Ob ich Andeutungen machen sollte, dass ich nur auf Geheiß von Thorsten handelte? Oder sollte ich – wovon die Ratgeber ausdrücklich abrieten – großes Bedauern äußern, sowohl über die Entlassung als auch über die wirtschaftlich schlechte Lage? Am Freitagabend würde ich auf ein Open-Air-Konzert der «Ärzte» fahren, für das ich von einem Bekannten Karten bekommen hatte, obwohl es seit Monaten ausverkauft war. Dort würde ich den Belastungen der Woche mit den bestfunktionierenden Mitteln begegnen, die die westliche Zivilisation bereitstellte, nämlich mit Alkohol und sehr lauter Musik; vielleicht würde ich auch mit irgendeinem Mädchen mitgehen.

Ich lag in der Wanne, trank ein kühles Bier im warmen

194

Wasser und versuchte vergeblich, an nichts zu denken. Dann fand ich die ideale Ablenkung und zählte die Kacheln. Zuerst kam ich auf einhundertzwölf, dann auf einhundertzehn, deshalb bot ich mir als vorläufiges amtliches Endergebnis den Kompromiss von einhundertelf an, weil es auch die schönste Zahl war. Mit der Frage im Kopf, ob man beim Eindösen in der Badewanne ertrinken könnte, döste ich ein, bis das Klingeln meines Handys in mein Ohr drang. Im Badezimmer war keine Uhr. Mein Versprechen fiel mir ein, Lena um neun anzurufen, ich sprang aus der Wanne. Nass und nackt erreichte ich meine Hose, in der das Handy steckte, das Klingeln hatte aufgehört, auf dem Display stand «23.10 Uhr». Fuck, warum hatte ich die Zeit so sehr vergessen? Dann hätte ich ja auch mit Sandra vögeln können. Nach kurzem Durchatmen rief ich Lena zurück. Sie ging erst spät ran. Im Hintergrund war Musik zu hören, sie war kurz angebunden und wollte gar nicht wissen, warum ich nicht angerufen hatte. Natürlich erklärte ich es ihr trotzdem, sprach von den bevorstehenden Entlassungen und wie schlecht es mir damit ging. Lena war mit ihren Kolleginnen in eine Tanzbar gegangen, nachdem sie mich nicht hatte erreichen können. Sie sagte, dass sie wirklich gern mit mir geredet hätte, aber jetzt ginge es halt nicht, am Freitag würden die Vorbereitungen für die Pressekonferenz sie bis nachts in Anspruch nehmen, am Samstag fände die Pressekonferenz dann statt samt den Ausfahrten, das würde lange dauern, vielleicht könne man Sonntag am späten Nachmittag telefonieren, aber leider nicht jetzt, und noch bevor mir einfiel, womit ich sie am Telefon hätte halten können, entschuldigte sie sich für die Musik im Hintergrund, die jedes Gespräch unmöglich mache, und legte mit einer knappen Verabschiedung

195

auf. Ein paar Minuten lang hing ich neben dem Bett, wo meine Hose mit dem Handy gelegen hatte, und bemitleidete mich. Dann schrieb ich Sandra eine SMS – der Schmähung von Lena konnte ich mit vollem Recht eine Schmähung entgegensetzen. Halb trocken rollte ich mich ins Bett, weil ich das Gefühl einer feuchten, warmen Bettdecke seltsam beglückend fand. Eigentlich wollte ich nur ein paar Minuten liegen bleiben und dann den Abend mit einem Riesling und vielleicht auch Sandra beschließen, aber als ich hochschreckte, war es wieder hell und sechs Uhr. Lena hatte mir eine versöhnliche Gute-Nacht-SMS geschrieben und eine zweite, irritierte, wegen der ausbleibenden Antwort. Sandra hatte auch geantwortet, dass sie gern vorbeikäme, ich solle nur sagen, was für einen Wein sie mitbringen solle. Der Tag fing schon mit verpassten Chancen an. Als ich in die Agentur kam, schauten mich Thorsten und Philipp vielsagend an, worauf ich ihnen meinen Entschluss mitteilte, die Sache nach der Mittagspause über die Bühne zu bringen. In der Zeit bis zum Mittag konnte ich keinen klaren Gedanken fassen. Noch dazu bekam ich eine erneute SMS von Lena, die verzweifelt klang, weil ich noch immer nicht geantwortet hatte, am Morgen hatte ich es vergessen. Meine entschuldigende Antwort blieb ihrerseits unbeantwortet, ich verdrängte die gesamte Lena-*Situation* erst mal, ging in die verlängerte Kaffeepause und kam nach anderthalb Stunden zurück, um die Hälfte unserer Leute zu entlassen. Inzwischen war auch Sandra in der Agentur angekommen. Sie wich meinem Blick aus. Jeder Erklärungsversuch hätte meine energetischen Möglichkeiten überstiegen, deshalb verdrängte ich auch diese Komplikation, nahm meinen Laptop, setzte mich in den Konferenzraum und dachte ein paar Minuten nach. Dann

196

griff ich mit staatstragenden Bewegungen nach dem Telefonhörer und rief Marek an.

«Das trifft sich gut, ich muss nämlich auch dringend mit dir reden. Ich komme gleich zu dir», sagte er und legte auf. Verblüfft, weil er die Gesprächsführung derart beherzt an sich gerissen hatte, hielt ich den Hörer noch in der Hand, als Marek in den Raum kam und die Tür hinter sich schloss. «Hör zu, Stefan. Ich möchte euch wirklich nicht zu nahe treten.»

«Nein, nein, gut, dass du kommst, ich muss ...»

«Also. Stefan, ich werde gleich etwas fragen, und es ist sehr wichtig für mich, dass du die Wahrheit sagst.»

Meine Strategie fiel in sich zusammen, sogar im Sitzen zitterten meine Knie.

«Stefan, du weißt, ich bin halber Pole, meine Frau ist Polin, und wir haben zwei Kinder, die bald eingeschult werden müssen. Wir wollen uns in Polen ein Haus kaufen, die Kinder sollen polnisch aufwachsen und in der Schule Polnisch lernen. Ganz in der Nähe der Grenze. Ich würde eine kleine Wohnung hier in der Stadt behalten, ich will euch ja nicht verlassen. Am Montag will ich den Kaufvertrag unterschreiben. Aber dazu muss ich wissen, ob mein Job sicher ist. Und ob die Agentur sicher ist.»

Mein Atem stockte, ich sah Marek an, er sah mich an. Und als ich nach einer halben Minute noch immer keine Reaktion gezeigt hatte, die über ein Räuspern hinausging, hielt er mir Fotos seiner zwei Töchter vor die Augen, die so herzzerreißend süß waren, dass der Entschluss, Marek zu entlassen, sich in eine Träne verwandelte. Marek bemerkte sie nicht, weil ich tat, als müsse ich husten, und sie mit der vor den Mund gehaltenen Hand heimlich wegwischte.

«Ist mein Job sicher? Bitte sag ehrlich.»

Es war mir nicht möglich zu antworten. Erst nach verhusteten dreißig Sekunden, in denen Marek mich unentwegt ansah, fand ich wieder zu mir. «Marek, ich bin froh, dass du fragst. Du hast mitbekommen, dass Streaver pleitegegangen ist. Und dass wir gerade, na ja, Schwierigkeiten mit den Sassnitzern haben.»

«Ja, klar. Deshalb bin ich hier.»

«Nein, du bist hier, weil ich dich bis vor fünf Minuten entlassen wollte», dachte ich, aber sagte ihm, dass ich ihm bis zum späteren Nachmittag eine verbindliche Antwort geben würde, erst müsse ich ein paar Sachen abklären, ein solches Versprechen könne man nicht in den blauen Dunst hinein machen, ohne sich vorher genau zu vergewissern. Das war genau das, was Marek hatte hören wollen, alles andere hätte er als Heuchelei oder Lüge interpretiert. Er ging wieder hinaus, nachdem ich ihn gebeten hatte, niemandem etwas von unserer Unterhaltung zu sagen. Dann war ich allein im Konferenzraum und fühlte mich elend. Natürlich mussten wir Leute entlassen, uns waren zwei große Kunden abhandengekommen. Um die Hälfte der Leute tat es mir kaum leid, die gesamte Brut konnte meinetwegen tot umfallen, aber sechs oder sieben tonangebende Mitarbeiter, darunter Marek, hatte ich ins Herz geschlossen. Weshalb hatte ich nicht die Liste an mich gerissen und sie so zusammengestellt, dass mir die Entlassungen möglichst wenig emotionale Probleme bereiteten und wenig Ansehensverlust einbrachten? Eine Stunde hatte ich mit meiner Grübelei zugebracht, dann kam Thorsten in den Konferenzraum. «Sag mal, was ist denn das für eine Scheiße? Die Leute sitzen in aller Ruhe an ihren Schreibtischen, die ersten sind in einer Stunde weg, und du verkriechst dich hier im Konferenzraum und entlässt keine Sau!»

«Sorry, ich hatte ein Gespräch mit Marek und ...»

«Na super, eine Entlassung in zwei Stunden, in dem Tempo sind wir übernächsten Donnerstag fertig, wenn kein Schaltjahr ist!»

«Ich konnte Marek nicht entlassen. Er hat Kinder und kauft gerade ein Haus.»

«Ach, fuck, das ist doch gequirlte Scheiße, und das weißt du auch. Wenn wir jetzt niemanden entlassen, ist die Agentur in zwei Monaten pleite, und dann fliegen alle raus!»

«Ja, mag sein, aber ...»

«Was aber, Alter, was für ein Aber soll da noch kommen?»

«Wenigstens jemand anderen als Marek. Das ist alles, was ich will. Den Rest mache ich schon, aber wir nehmen Marek von der Liste.»

«Du begreifst einfach nicht unsere Lage, Mann. Du checkst es einfach nicht, oder?» Thorsten war sauer, weil die Zeit für Einzelgespräche zu knapp geworden war. Dann beschloss er, die Sache selbst in die Hand zu nehmen und alle gleichzeitig zu entlassen. Er gab mir die Liste in die Hand und befahl mir, alle Mitarbeiter, die darauf standen, einzusammeln. Bei meinem Gang durch die Agentur schöpften die ersten Verdacht. An Marek ging ich vorbei, schaute ihn an und hielt den Daumen hoch. Als ich wieder zurück in den Konferenzraum ging, hoffte ich, dass er meine Geste nicht als Jobgarantie verstanden hatte, sondern nur als Unterstützung im kommenden Gemetzel. Alle von der Liste waren anwesend – fast.

«Wo ist Marek?», fragte Thorsten.

«Der wird nicht kommen», sagte ich mit fester Stimme.

Thorsten sah mich durchdringend an, aber ich hielt seinem Blick stand. Er schnaubte und begann seine Rede.

199

Den Mitarbeitern war anzumerken, dass sie eine Vorahnung hatten.

«Also, Leute, eine Scheißsituation, ich finde das genauso schlimm wie ihr gleich, das könnt ihr mir glauben.»

«Was denn?», fragte eine Grafikerin mit zitternder Stimme.

«Wir müssen euch alle entlassen. Genau jetzt. Ein Kunde ist die Woche pleitegegangen, habt ihr ja mitgekriegt, Streaver. Und ein anderer ist abgesprungen, egal, was ich sagen will: Es geht nicht anders, wir müssen uns verkleinern.»

Kein Laut von den fünfzehn Mitarbeitern. Sogar Thorsten hatte mit Gegenwehr oder zumindest einer Reaktion gerechnet und sah erstaunt in die Runde. Es kam nichts. Wie aufgezogen fuhr er fort: «Schaut euch um, Leute, die Dotcoms sterben wie die Fliegen, die Internetszene kackt gerade ab. Wir sind gezwungen zu reagieren, dafür müsst ihr Verständnis haben, ist doch klar.» Als immer noch keine Reaktion kam, setzte Thorsten nach: «Irgendwo tut es uns auch leid, das müsst ihr uns glauben, ist 'ne Scheißsituation, hab ich ja schon gesagt. Geht halt nicht anders. Ich wünsche euch jedenfalls Glück, dass ihr schnell wieder einen Job findet, ein paar von euch haben ja echt was drauf. Am Montag müsst ihr dann die Entlassungspapiere unterschreiben. Und jetzt ab ins Wochenende, habt ihr euch ehrlich verdient.» Noch immer schwiegen die frisch gefeuerten Mitarbeiter. Ich ließ meinen Blick umherschweifen, die Grafikerin, die zu Beginn nachgefragt hatte, weinte geräuschlos, die Tränen kullerten einfach ihre Wangen hinunter, da waren Enttäuschung, Angst, sie dachte über ihre Zukunft nach. Dann bemerkte ich es: Sie war schwanger. Es war eindeutig in ihrem Gesicht zu lesen, wenn auch nicht

200

an ihrem Bauch zu sehen, vielleicht, weil sie ein wallendes Kleid trug. Sie hieß Christine oder Christiane und war ein freundliches, eigentlich ganz gut aussehendes Girl, das wir ein halbes Jahr zuvor eingestellt hatten. Im Hintergrund hatte das Gemurmel der Mitarbeiter eingesetzt, ab und zu blickte ich in andere betroffene Gesichter, während sich der Konferenzraum langsam leerte, aber ich kehrte mit den Augen immer wieder zu der schwangeren, schönen Christina zurück. Ihre Tränen waren versiegt, aber glücklich sah sie immer noch nicht aus, deshalb ging ich zu ihr.

«Ich weiß, das ist alles Scheiße.»

«Ja. Und für mich besonders, weil ...» Sie stockte.

«Schon gut, du musst nichts erklären, jetzt nicht. Brauchst du ein bisschen Trost?»

«Nein, ich brauche einen Job», sagte sie und lachte über ihren eigenen Witz, ich lachte mit.

«Das ist schwierig im Moment. Aber magst du ‹Die Ärzte›?»

«Ja, schon. Da ist ein Konzert heute, aber ich hab keine Karte mehr bekommen.»

«Dann ist heute dein Glückstag», sagte ich. «Ich habe zwei Karten, und meine Begleitung ist abgesprungen. Willst du mit?»

«Also, ich ...»

«Ich weiß, das ist ein schwacher Trost, aber lass mich dich einladen, lass uns einfach für ein paar Stunden die nervige Welt vergessen und die Musik genießen – oder so.»

Christiane sagte zu, gab mir für alle Fälle ihre Handynummer, und ich versprach, sie gegen sieben abzuholen. Dann ging ich nach oben, erklärte Thorsten, dass mir speiübel sei, bedankte mich widerwillig, weil er die Entlassungen übernommen hatte, und fuhr mit dem Audi nach

201

Hause. Als ich ankam, bemerkte ich eine SMS von Lena, die ein paar Stunden alt war. «Alles fühlt sich so schlimm an, und du bist so weit weg.» Mein Magen krampfte sich zusammen, und ich konnte nichts mehr denken, bis das Telefon in meiner Hand klingelte. Es war Christine, die mir die Adresse durchgeben wollte. Für eine Drittelsekunde spielte ich mit dem Gedanken, ihr abzusagen, dann sagte ich: «Super, ich hol dich ab!» Ich versuchte Lena zu erreichen, aber sie antwortete weder auf Anrufe noch auf SMS. Sie hatte ja auch von Vorbereitungen erzählt, da war das kein Wunder. Oder lief da etwa in diesem Schweizer Edel-Skiort irgendetwas, was ich nicht mitbekommen sollte? Bevor meine Eifersucht sich ausbreiten konnte, bekam ich eine SMS von Christina. «Freu mich auf die ‹Ärzte› – und auf den Abend mit dir.»

Das war deutlich. Ich spülte meine Restbedenken beim Duschen einfach ab, sprang in den Audi und fuhr zu Christina. Ich ließ ihr Handy zweimal klingeln, das verabredete Zeichen. Sie kam in einem knappen Kleid herunter, in der Hand ein alkoholfreies Bier. Wir fuhren zum Konzert und unterhielten uns während der Fahrt über Musik. Kein Wort darüber, dass sie heute aus meiner Agentur entlassen worden war. Sie hatte ein freundliches Lächeln, weshalb war sie mir eigentlich nie aufgefallen? Es wäre natürlich unklug, noch mehr im Büro herumzuvögeln, dachte ich, aber genau genommen war sie ja nicht mehr meine Kollegin. Eine halbe Stunde später standen wir seitlich von der Bühne und hörten der Vorband zu. Christiane ging zur Bar und kam mit zwei Drinks zurück. Ich zwinkerte ihr zu. «Wodka Lemon.» Sie zwinkerte zurück. «Ja, was denn sonst.» Bestimmt hatte sie für sich nur Zitronen-limonade bestellt. «Die Ärzte» begannen mit ihrem Konzert.

202

Wir hatten uns in eine etwas ruhigere Ecke gestellt, neben einen großen Container, dem Hauptquartier der Security. Von hier aus konnten wir zwar kaum noch die Bühne sehen, aber es war laut genug. Wir küssten uns. Ein paar Songs später zog ich sie hinter den Container. Wahrscheinlich hatten hier schon viele Leute hingepinkelt, es roch danach. Mit den Händen wollte ich unter ihr Kleid greifen, aber Christina nahm mich an der Hand, zog mich hinter sich her bis zum Auto. Das Konzert war egal geworden. Wir stiegen ein, sie schnallte sich an und sagte: «Und?»

«Wie und? Mir macht's Spaß, und du siehst so aus, als würde es dir auch …»

«Ach, das meine ich doch gar nicht.» Sie lachte mich an. «Und wo fahren wir jetzt hin, um weiterzumachen?»

«Ich würde vorschlagen, zu dir», sagte ich.

«Da kommt mein Freund heute Nacht irgendwann wieder, wenn er in der Bar fertig ist.»

«Dein Freund.»

«Ja, na und? Du hast doch auch eine Freundin. Aber die ist gerade verreist, das hab ich vorhin in der Agentur mitbekommen.»

«Gut, dann fahren wir zu mir. Aber was ist mit deinem Freund, fragt der sich nicht, wo du …»

«Dem hab ich erzählt, dass ich nach dem Konzert bei einer Freundin schlafe.»

«Oh, wie umsichtig! Du hast es also vorher geplant.»

«Du etwa nicht?» Wir fuhren zu mir und warfen uns ins Bett. «Ich vögle mit einer Frau, die von einem anderen Typ schwanger ist», dachte ich und fand es aufregend. Und angenehm, dass wir nicht auf Verhütung achten mussten. Nach dem Sex schliefen wir erschöpft ein, obwohl es für einen Freitagabend noch sehr früh war.

Vom Doppelpiepen meines Handys wachte ich auf, eine SMS. Das Display zeigte zwei Uhr. Die Nachricht war von Lena. «Haben wir noch eine Chance?»

Wie konnte in einer einzeiligen SMS so viel Resignation zwischen den Zeilen zu lesen sein? Sofort war ich hellwach. Vorsichtig stieg ich über die schlafende Christine, ging in die Küche und wollte nachdenken, wie ich mit der Situation umgehen sollte. Bevor ich anfangen konnte zu denken, überkam mich der Wunsch, sofort zu Lena zu fahren. Unten stand der Audi, es war kurz nach zwei, die Pressekonferenz sollte um zehn beginnen, und ich musste vorher dort sein. Danach würde sie mit irgendwelchen Journalisten auf dem Beifahrersitz durch die Schweizer Serpentinenlandschaft rasen. Zurück im Schlafzimmer, hörte ich das Mädchen leise und regelmäßig atmen. Sie jetzt aufzuwecken und rauszuschmeißen wäre viel zu zeitaufwendig gewesen, außerdem war mir schon wieder ihr Name entfallen, also ließ ich sie liegen, zog mir ein schwarzes Hemd und einen schwarzen Anzug an und ging zum Auto. Es war fast halb drei, ich richtete den Rückspiegel kurz auf mich, um im Zwiegespräch mit mir selbst zu prüfen, ob ich tatsächlich über tausend Kilometer in die Schweiz fahren wollte. Im Spiegel sah ich mich, müde, traurig. Zum allerersten Mal überhaupt kam ich auf die Idee, in meinem eigenen Gesicht zu lesen. Lasen Handleser eigentlich auch in ihren eigenen Händen? Es gelang mir nicht sofort, weil ich mich nicht konzentrieren konnte, ohne den Gesichtsausdruck zu verändern. Dann versuchte ich, den ständigen Strom der Gedanken zur Ruhe zu bringen, für einige Momente entspannte sich mein Gesicht und offenbarte etwas, das ich lesen konnte. Es war grauenvoll. Es war Angst. Vor allem die Angst, Dinge zu tun, die sich nicht umkehren lie-

204

ßen. Irgendwann hatte ich mir eingeredet, alles Zwischenmenschliche ließe sich schon irgendwie wieder geradebiegen, alles würde ich wieder zurechtlabern können. Mein Leben, mein Selbstwertgefühl basierten darauf, Menschen von mir zu überzeugen. Im Beruf überzeugte ich Leute, mir Geld zu geben. Im echten Leben überzeugte ich Frauen, mit mir ins Bett zu gehen. In der Beziehung mit Lena testete ich aus, wie weit ich gehen konnte, was ich ihr zumuten konnte, um es danach wieder geradezubiegen. In meinem Gesicht las ich die Angst, etwas zu tun, was sich nicht umkehren ließ, um keinen Preis und mit noch so treffenden Worten. Der Horror der Irreversibilität.

Durch die Stadt bis zur Autobahn kümmerte ich mich nicht groß um die Verkehrsregeln, an roten Ampeln wurde ich etwas langsamer, ohne anzuhalten. Der Wagen war vollgetankt. Nach zehn Minuten erreichte ich die Stadtautobahn, wo ich das Gaspedal fast durchtrat. Später würde ich das Navi benutzen, allerdings erst ab Hannover, bis dorthin kannte ich die Strecke auswendig, und sie hatte keine Geschwindigkeitsbegrenzung. Dreißig Minuten nachdem ich losgefahren war, raste ich auf der leeren Autobahn mit zweihundertachtzig Stundenkilometern durch die Nacht. Im CD-Spieler eine Kompilation mit Jungle-Musik. Die Bässe wirkten besser als Koffein. Nur ab und zu überholte ich andere Autos. Wenn jemand auf der linken Spur fuhr, schoss ich mit der Lichthupe, einmal, zweimal, zehnmal im Stakkato, augenblicklich sprangen die Wagen zur Seite. Dann rauschte ich an ihnen vorbei – das Geräusch hörte sich tatsächlich wie ein Rauschen an. Im Moment des Überholens hatte ich den Eindruck, alle anderen würden stehen. War das eben eine Geschwindigkeitsbegrenzung gewesen? Egal, ich hielt den Wagen über zweihundertfünfzig Stundenkilometer. Eine körperliche Anstrengung, so schnell zu fahren, meine Hände begannen zu schwitzen. Meine Stirn wurde feucht, ich spannte die Bauchmuskeln an, zog die Schultern hoch. Bei Braunschweig sah ich von weitem einen Wagen auf der Überholspur und ließ die Lichthupe aufblitzen. Keine Reaktion, dreihundert Meter Abstand. Nach drei Sekunden wieder eine Lichtkanone, wieder keine Reaktion, noch hundertfünfzig Meter. Einen Moment lang hielt ich den Atem an, dann feuerte ich eine Stroboskopsalve von Bi-Xenon-Lichtblitzen in die Nacht; wer das nicht wahrnahm, musste schwer bewusstseinsgetrübt sein. Keine Reaktion, kaum noch fünfzig Meter, ich erkannte einen älteren Mercedes, er fuhr vielleicht hundertfünfzig, mein Tacho zeigte zweihundertfünfundsiebzig; es war viel zu spät für eine Vollbremsung. Ich riss das Steuer einen Wimpernschlag lang nach rechts und sofort wieder zurück, der A8 schaukelte, ein Elchtest jenseits der zweihundertfünfzig, aber ich überholte das Auto wie ein Zischen zwischen der LKW-Spur und der Standspur, nur um eine halbe Sekunde später wieder auf der Linie zwischen Überhol- und Mittelspur auszuschaukeln, mit klopfendem Herzen, in höchster Anspannung, aber glücklich. Immerhin keine Zeit verloren. Als das blaue Schild «Hannover» auftauchte, ließ ich den Wagen auf zweihundertvierzig herunterlaufen. Im direkten Vergleich fühlte sich das entspannend an. So konnte ich eine Hand vom Lenkrad nehmen, das Navigationsgerät einschalten und «Gstaad, Schweiz» eingeben. Der Weg wurde berechnet, und als die Karte von Deutschland im Display aufblitzte, bemerkte ich, wie unklug Hannover als Zwischenziel gewesen war. Mit diesem Umweg errechnete der Bordcomputer eine Reisestrecke

206

von insgesamt fast 1450 Kilometern. Da ich vor zehn in Gstaad sein musste, hatte ich insgesamt nur sieben Stunden für die Fahrt. Ich musste über zweihundert Stundenkilometer fahren. Im Schnitt. Weil auf einigen Abschnitten Tempolimit herrschte, musste ich mir eine Strategie überlegen. Maximal doppelt so schnell wie erlaubt, das war eine einfache Faustregel, die mich gut an Dortmund vorbei durch das Ruhrgebiet brachte. Zwischendurch tankte ich nach und kaufte eine Batterie Energydrinks. Dann umgab mich wieder die Autobahndunkelheit. Als meine Finger zu schmerzen begannen, weil ich das Lenkrad noch immer mit voller Kraft umklammert hielt, löste ich abwechselnd die Hände. Der steuernde Arm zitterte vor Anspannung, als würde ein festerer Griff diesen Flug auf Rädern sicherer machen. Zwei, drei, vier Energydrinks – dank des widerwärtigen Geschmacks, des Koffeins und der ständigen Gefahr blieb ich wach und konnte mich konzentrieren. Der Morgen graute, ich war kurz vor Frankfurt. Drei Autobahnen vereinigten sich und bildeten eine achtspurige, schnurgerade Strecke, auf der ich ganz links dahinflog. Der Motor hatte sich warm gelaufen und hielt zweihundertfünfundachtzig Stundenkilometer. Fast starr blickte ich geradeaus, nur zufällig glitt mein Blick über den Rückspiegel. Von hinten schob sich ein Fahrzeug an mich heran. Wie konnte das sein? Es musste mindestens dreihundert fahren. Die Entfernung betrug kaum noch dreißig Meter, was für ein leichtsinniger Fahrer, ich erkannte eine schwarze, tiefergelegte S-Klasse mit abgedunkelten Scheiben. Dann setzte er den Blinker links. Er wollte überholen. Im direkten Kontrast zu meinen Lichthupen wirkte dieses Zeichen durchaus charmant, aber ich hatte keine Zeit mit unnötigen Höflichkeiten verschwenden wollen. Ich zog auf

207

die rechte Spur und ließ das Geschoss passieren. Auf gleicher Höhe reduzierte der Wagen die Geschwindigkeit und fuhr für einige Sekunden gleichauf. Die abgedunkelten Seitenscheiben glotzten mich an wie eine riesige Ray-Ban-Sonnenbrille, nur um dann umso eleganter davonzuziehen. Der Audi gab sich unbeeindruckt und lieferte weiter seine höchste Motordrehzahl ab, ich dagegen fühlte mich leicht herabgesetzt und verfluchte Thorsten, weil er damals meinen S-Klassen-Vorschlag abgelehnt hatte. Meine Konzentration ging merklich zurück. Zwei Energydrinks später knatterte mein Herz vor Anspannung und Taurin. War ich gerade auf dem Weg, die Beziehung zu retten oder sie endgültig zu zerstören? Lena liebte Überraschungen nicht, jedenfalls nicht solche. Sollte ich per SMS ankündigen, dass ich käme? Aber was, wenn sie mich davon würde abhalten wollen? Eine hügelige und kurvenreiche Passage begann, der Taunus? Als sich nach endlosen Viertelstunden die Strecke wieder gerade vor mir erstreckte, war ich gleichzeitig erleichtert und traurig. Die Anspannung hatte mich davon abgehalten, über das Thema nachzudenken, das wie ein Tsunami ein paar hundert Meter hinter mir herrollte.

Wovor floh ich mit siebzig Metern pro Sekunde? Vor der *Situation* in der Agentur, wo in der vergangenen Woche alles zusammengebrochen war, und fast auch ich. Der Schlafmangel bekam mir nicht, meine Stimmung sank immer mehr ab. Etwas reizte mich, die Gefahr der Geschwindigkeit noch deutlicher zu spüren. Je länger ich darüber nachdachte, desto größer wurde der Reiz. Ein Idee schlich sich in meinen Kopf, die so irrwitzig, so dumm und so verführerisch klang, dass ich nicht widerstehen konnte. Der Tacho zeigte wieder zweihundertachtzig Kilometer pro Stunde, vor mir lag die lange, gerade Autobahn. Dann schloss ich die Augen.

Es fühlte sich richtig an. Drei Sekunden, vier, fünf – ob ich einfach durchhalten sollte? Es wäre so einfach, dachte ich, wusste aber nicht genau, was. War das eine Art Selbstmordversuch? Die Angst vor dem Wort war viel größer als die Angst davor, einfach die Augen geschlossen zu halten. Nach einem Zeitraum, der zehn Sekunden gedauert hatte oder anderthalb Minuten, riss ich die Augen wieder auf, in der Erwartung, bremsen zu müssen. Später rechnete ich aus, dass ich für eine Vollbremsung fünfhundert Meter bis zum Stillstand gebraucht hätte. Vor mir lag die Autobahn, noch immer schnurgerade, kein Auto in Sichtweite, ich war von der Spur ganz links ein paar Meter nach rechts gedriftet.

Bis zur Schweizer Grenze schwebte ich, ohne nachzudenken oder etwas zu fühlen. Die Fahrt mit geschlossenen Augen hatten eine kathartische Wirkung gehabt, die Anspannung war von mir abgefallen. Es blieb das Ziel, vor Beginn der Pressekonferenz bei Lena zu sein. Die Grenzer winkten mich durch, obwohl ich mich selbst auf jeden Fall angehalten hätte. Ein junger, seltsamer Mann in einem Luxusauto, das von der Hasardeurstour noch zu dampfen schien. Meine Haare waren wirr, in meinem Gesichtsausdruck mischten sich Müdigkeit, Nervosität und bis knapp vor den Herztod überdosiertes Koffein. Mein Grinsen in Richtung der Beamten geriet zur schiefen Fratze, die ich wie erstarrt beibehielt, bis ich in der Schweiz wieder auf die Autobahn gelangte. Längst fuhr ich mechanisch, abwechselnd nach vorn, auf das Navi und in den Rückspiegel blickend. Das Schild mit der durchgestrichenen Hundert interpretierte ich wie in Deutschland, weil ich nicht wusste und auch nicht wissen wollte, dass auf Schweizer Autobahnen eine Maximalgeschwindigkeit von hundertzwanzig Kilometern pro Stunde galt. Wieder beschleunigte ich auf über zweihundertvierzig. Für einen Moment fuhr neben mir ein Schweizer in einem blauen Sportwagen, der mich fassungslos ansah und den Kopf schüttelte.

Die Stadtgrenze von Gstaad passierte ich kurz vor halb zehn, dann parkte ich vor der Seilbahn. «Eintausendvierhundertfünfzig Kilometer in genau sieben Stunden», dachte ich und musste lachen, als ich sah, dass die Seilbahnkabine zum Gletscher gerade abgefahren war. Würde ich ausgerechnet die letzten Meter nicht überwinden können? Die Gegenkabine tauchte auf, ich musste nur noch die Hostessen davor überwinden, die die Einladungen für die Pressekonferenz kontrollierten. Sollte ich sie mit der Wahrheit zu überzeugen versuchen oder mir eine Lüge ausdenken? Meine Entscheidung fiel auf eine optimierte, andramatisierte Version der Realität. Die eine Hostess kannte Lena und glaubte mir, dass ich eine extrem dringende familiäre Information für sie hätte. Komplizierte familiäre Situationen waren ein Trumpf in fast jeder Lebenslage. Ohne zu zögern, brach die Hostess die strikte Order, nur Journalisten durchzulassen. Die Minuten in der Kabine erschienen mir weder lang noch kurz, wir flogen lautlos erst über Wiesen, dann über Bäume und schließlich über eine Schnee- und Eisdecke, die Ausläufer des Gletschers. In mir kämpften Müdigkeit und Koffein um die Vorherrschaft, alles wirkte wie ein Drogenrausch. Neun Uhr fünfzig. In der Seilbahnstation angekommen, stürzte ich eine Treppe hoch, die Hostess hatte mir beschrieben, wo ich Lena finden würde. In einem Raum ohne Fenster erteilte sie munter zehn Hostessen die letzten Anweisungen. Dann sah sie mich.

Lena sprach weiter mit den jungen Frauen, die uniformiert um sie herumstanden, ihr Blick blieb an mir haften.

210

Mein Gehör versagte, die Stimmen wurden zu einem Rauschen. In diesem Moment verlor das Koffein die Schlacht, und ich war innerhalb einer Sekunde so müde, dass ich kaum die Augen offen halten konnte. Die Hostessen gingen die Treppe hinunter zur beginnenden Pressekonferenz. Lena kam zu mir, und meine Antwort auf ihre SMS brach aus mir heraus. «Ja. Ja, wir haben noch eine Chance, wir müssen. Ich liebe dich.»

Lena sah mich sehr ernst an. «Du bist der einzige Mensch, den ich kenne, bei dem eine nächtliche Reise in die Schweiz nicht zwingend bedeutet, dass er mich liebt.»

«Aber ...»

«Aber es ist schön, dich zu sehen. Gleich muss ich runtergehen. Und heute bin ich in den ganzen Tag mit den Journalisten beschäftigt. Fahr wieder zurück, Stefan. Wenn wir jetzt anfangen, alles zu klären, breche ich zusammen und kann nicht mehr arbeiten. Lass uns das zu Hause machen.» Sie hob ihren Kopf und küsste mich, ich spürte ihr Zittern. Obwohl Lena etwas kühl reagiert hatte, schien es sich doch gelohnt zu haben, über Nacht in die Schweiz zu fahren. Was für ein cooler Liebesbeweis.

schweinekopfüberfall

Jeden Tag gegen elf und fünfzehn Uhr wurden die Zahlungseingänge gutgeschrieben. Thorsten, Philipp und ich saßen den dritten Tag in Folge ab 10.50 Uhr vor Thorstens Laptop. Er aktualisierte alle dreißig Sekunden die Seite. Albert Balsam hatte von einer Blitzüberweisung aus Hongkong gesprochen und zum wiederholten Male geschworen, das Geld müsse wenig später auf dem Konto sein. Wir schwiegen eine Viertelstunde, Thorsten erhöhte die Reload-Frequenz der Seite, F5, F5, F5, F5. «Fuck, verdammt!»

«Das kommt nicht, so viel ist sicher», sagte Philipp.

«Jaja», sagte Thorsten.

«‹Jaja› heißt: ‹Halt die Fresse!›»

«Jaja.»

Ein Déjà-vu, ich musste lachen. «Leute, jetzt ist es schon nach elf. Wir schauen nochmal um drei, wenn die zweite Runde reinkommt. Wenn das Geld von Balsam wieder nicht dabei ist, haben wir ein Problem.»

«Nein! Dann hat ER ein fucking Problem! Das kann er sich noch gar nicht vorstellen, was für ein fucking Problem er dann hat!» Thorsten war außer sich.

Wir ärgerten uns vor allem über uns selbst, dass wir

212

den mündlichen Zusicherungen vertraut hatten. Wegen des angeblichen Zeitdrucks hatten wir zwei Videogame-Spezialisten eingestellt – nur auf Probe, aber wir zahlten ihnen gute Gehälter. Wir hatten mehrere Konzepte erarbeitet, wie man die 3D-Brille bewerben könnte. Die umfangreiche Homepage, im Graffiti-Stil gehalten, war fast fertig, ein Dutzend Drucksachen für verschiedene Messen war gestaltet, wir hatten T-Shirts, Werbemittel und Verpackungen entworfen. Wir hatten die Materialien von Hand anfertigen lassen und in einer Ecke auf einem Tisch aufgebaut. Marek hatte Kerzen links und rechts aufgestellt, sich mit gefalteten Händen davor gekniet und ein Foto davon über den Agenturverteiler geschickt. Noch vor kurzem hatten wir potenzielle Kunden stolz am *Altar* vorbeigeführt. Inzwischen schmerzte seine Existenz jeden Tag um elf und um fünfzehn Uhr ein bisschen mehr.

Kurz nach drei standen wir wieder vor dem Rechner, diesmal mit Sandra. Kein Geldeingang. Thorsten rastete aus. «Dieser Scheißwichser! Hass, Hass, Hass!»

«Also, lass uns mal überlegen, was …»

«Einen Scheiß überlegen wir. Wir handeln jetzt, wir machen die Sau platt, der kriegt richtig aufs Maul, richtig! »

«Thorsten, jetzt hör auf, rumzubrüggeln …»

«Fuck off, wochenlang sind wir dem Penner hinterhergekrochen, immer freundlich, immer diplomatisch, immer deine Appeasement-Scheiße. Aber jetzt wird gefickt, und zwar fucking richtig gefickt mit Anlauf – dieser dreckige Penner.» Thorsten rannte zum Altar, riss unterwegs eine Schreibtischlampe von einem Tisch herunter und schleuderte sie zwischen die sorgsam aufgebauten Verpackungen, die ausgedruckten Plakate und den teuren Flatscreen

213

mit der Homepage darauf. Irgendetwas zerbarst mit lautem Knall, was Thorsten noch wütender machte. Er nahm mit einer Hand einen Stuhl, der am benachbarten Schreibtisch stand, drehte sich im Halbkreis und versuchte, ihn auf den drei Meter entfernten Altar zu schleudern. Der Stuhl prallte an die Wand neben dem Altar und zersprang. Thorsten schrie immer weiter, inzwischen mit heiserem Klang. Ein Dutzend Mitarbeiter schaute aus sicherer Entfernung dem Spektakel zu. Brüggel'sches Syndrom. Was im Umkreis von fünf Metern greifbar war, wurde in die Altarecke geschleudert. Die meisten Gegenstände trafen ihr Ziel, begleitet von Thorstens immer krächziger werdenden Flüchen. Als er nichts mehr zum Werfen fand, stürmte er zum zerstörten Altar und trat mit Wucht hinein.

Krachen.

Stille.

Nach ein paar Sekunden fiel ein Plastikmodell der 3D-Brille zu Boden. Thorsten stand inmitten des Trümmerhaufens, sein Bein steckte zwischen Kartons und unidentifizierbaren Bruchstücken. Er begann zu wimmern. «Ahh, fuck. Mein Fuß. Fuck, fuckfuckfuck.» Sein Wimmern wurde zum Heulen. Er hüpfte auf einem Bein zum nächsten noch unzerstörten Stuhl, setzte sich darauf und weinte. «Mein Fuß. Gebrochen oder so. Mein Fuß tut weh wie Hölle, fuck.»

Sandra kniete sich vor dem Häuflein Wimmerthorsten hin und versuchte, ihm den Schuh vom schmerzenden Fuß zu ziehen. Gerade noch weinend und zähneklappernd, hatte Thorsten realisiert, dass die Frau, die er beeindrucken wollte, vor ihm kniete. «Danke. Geht schon.» Seine dreisteste Lüge *ever*.

Sandra zog ihm den Schuh aus, grinste dabei und war

214

nicht besonders sanft, als wolle sie Thorstens Tapferkeit auf die Probe stellen. Ich war eifersüchtig, weil ich ahnte, dass die Situation Sandra scharfmachte. Thorsten tat cool, zog sein Handy heraus und rief die Auskunft an, eine Marotte von ihm. Wenn er nicht weiterwusste, rief er die Auskunft an und ließ sich irgendwohin verbinden oder Nummern per SMS zuschicken, die nur peripher mit der Problemlage zu tun hatten. Diesmal ließ er sich in herrischem Tonfall direkt mit der Notaufnahme der Charité verbinden und zur Orthopädie durchstellen. Dann verließ ihn wieder der Mut, kleinlaut fragte er, ob er zum Röntgen kommen könne, wartete kaum die Antwort ab, legte auf und erinnerte sich wieder an den Grund seiner Wut. Albert Balsam, der uns über zweihunderttausend Mark schuldete. Schmerz verzerrte sein Gesicht, als er versuchte, sich zu erheben. Dann bat er darum, dass Sandra ihn ins Krankenhaus fahren solle. Auf einem Bein hüpfend, einen Arm um Sandra gelegt, mit dem anderen um sein Gleichgewicht ringend, bewegte sich Thorsten zum Auto. Wir anderen standen in der Tür und hörten ihn schimpfen. «Diese kackeverschmierte Fußhupe, wir machen den fertig, der kommt in ein fucking ukrainisches Erdloch.»

Das Erdloch. Aus seiner Zeit als Diskothekenbesitzer kannte Thorsten ein paar Halbweltgrößen. Immer wieder erwähnte er die drei ukrainischen Brüder, die sogar in der Drogenszene gefürchtet gewesen seien. Ihre Spezialität war das Eintreiben von Schulden. Das Gerücht ging, dass die drei aus Tschernobyl kämen, Krebs hätten und ihnen deshalb ihr eigenes Leben egal sei. Außerdem stünden sie wegen der Schmerzen ständig unter Morphium, was sie noch gefährlicher mache. Thorsten prahlte damit, dass er

215

sie – die schwer bewaffnet gewesen seien – mal persönlich zum Hintereingang rausgelassen habe, während die Polizei von vorn den Club stürmte. Seitdem hatte Thorsten nach eigenen Angaben «was bei den Ukrainern gut».

Angeblich hatten die Ukrainer eine Reihe einschüchternder Drohgebärden drauf. Sie gingen zu dritt in vollbesetzte Restaurants, die ihre Schutzgelder nicht zahlten, und suchten sich einen gut einsehbaren Tisch aus. Wer zufällig dort saß, wurde mit eindeutigen Gesten verscheucht. Dann begannen sie, Gläser zu zerschlagen, und fügten sich selbst mit den Scherben Schnittwunden an den Armen und auf der Stirn zu. Sofort spritzte Blut über den Tisch, dazu schrien sie ukrainische Beschimpfungen. Nach wenigen Minuten war das Restaurant leer bis auf das zitternde Personal. Fast immer war die ausstehende Summe am nächsten Tag bezahlt.

Oder sie verfolgten säumige Schuldner stundenlang mit alten Autos vom Schrottplatz. Irgendwann schaltete der Fahrer runter und fuhr mit jaulendem Motor auf den Verfolgten zu, um im letzten Moment das Steuer herumzureißen und gegen einen Baum, eine Laterne oder eine Wand zu donnern. Der Fahrer sprang heraus und floh, der Verfolgte blieb mit einem Schock zurück; auch hier lag die Erfolgsquote spätestens nach dem dritten Unfall an einem Tag bei fast einhundert Prozent.

Das Erdloch war die Ultima Ratio der Ukrainer. «Ganz simple Sache, die holen dich zu Hause ab, fahren mit dir in den Wald und stecken dich kopfüber gefesselt und geknebelt in ein drei Meter tiefes Erdloch, bupp. Und dann schauen sie alle vierundzwanzig Stunden mal nach dir. Alter, nach drei Tagen zahlt jeder auf der Welt. Jeder! Außer denen, die schon tot sind, natürlich.»

216

Als Sandra und Thorsten am frühen Abend aus dem Krankenhaus zurückkamen, war sein rechter Fuß bandagiert, aber es war nichts gebrochen oder gerissen. Wir setzten uns in den Konferenzraum und beratschlagten, was wir mit Albert Balsam machen sollten. «Balsam schuldet uns zweihunderttausend, mindestens. Punkt. Ende Gelände.»

«Aber wir haben nichts schriftlich, das weißt du genauso gut wie ich.»

«Mir egal, mündlicher Vertrag! Wir sind Kaufleute, mündlicher Vertrag zählt, Ende Gelände. Zweihundert kriegen wir, plus Strafzahlung, plus Säumnisaufschlag, plus Zinsen, zwo fuffzig alles zusammen. Zack!»

Nachdem wir uns mit unserem Anwalt beraten hatten, mussten wir einsehen, dass der Klageweg langwierig war und kaum Aussicht auf Erfolg hatte. Außer vielen nachträglich von uns angefertigten und geschönten Gesprächsprotokollen gab es keine einzige Mail, in der klar ein Auftrag ausgesprochen worden war. Meine SMS mit der Bestätigung war vor Gericht wertlos. Albert Balsam war schriftlich sehr vorsichtig gewesen – retrospektiv gesehen, hätten wir misstrauisch werden müssen. Wie diffus und blumig seine Ausdrucksweise geworden war, wenn es um Vertragliches oder Geld ging. Eigentlich hatte er sich nur in den Anforderungen präzise ausgedrückt und am Telefon.

«Leute, scheiß auf die Gerichte. Wir machen das anders, der soll leiden im Erdloch. Ich ruf die Ukrainer an.»

Ob Thorsten diese Drohung ernst meinte, wollte ich nicht abwarten. So aufregend sie klang, machte mir die Sache mit dem Erdloch Angst. Ich musste einen Gegenvorschlag bringen, der sich für Thorsten extremer und erfolgversprechender anhörte als das Erdloch der Ukrainer. «La cabeza del cerdo argentino – der argentinische Schweinekopf!», rief ich in die Runde. Thorsten hatte großen Respekt vor Südamerika und seinen Sitten. Ihm imponierte der bedingungslose Machismo, den er dort vermutete. Ab und an hatte ich grausame Geschichten von der argentinischen Mafia erzählt, stets stark ausgeschmückt oder vollkommen ausgedacht, mit viel Blut, noch mehr Stolz, Ehre und furchterregenden Ritualen. Es schien auch diesmal zu funktionieren, Thorsten beugte sich vor und wollte mehr wissen. «Schweinekopf?»

«Ein altes, bewährtes Rezept der argentinischen Silbermafia.» Das hörte sich ungeheuer plausibel an, fand ich.

«Bier holen, Sandra. Und du: Erzähl!» Insgeheim hatte Thorsten bestimmt selbst Angst, die ukrainischen Brüder überhaupt zu kontaktieren. Umso mehr, als sie auch im Falle eines Misserfolgs eine Prämie kassieren würden. Und den Ukrainern am Ende womöglich Geld zu schulden, das war eine äußerst unangenehme Aussicht.

«Also. Früher, so neunzehnzehn, neunzehnzwanzig, wenn die Silbermafia jemanden einschüchtern wollte, dann ist man nach der Schweinekopfmethode vorgegangen.» Thorsten rutschte ungeduldig auf seinem Stuhl herum, das eine Bein hatte er auf einen Hocker gelegt: Meine Geschichten waren ihm immer zu langatmig. «Komm zum Punkt, where's the beef, Alter», sagte er.

«Ein paar maskierte Männer sind mit einem lebenden Schwein zu dem Typ gefahren, den sie einschüchtern wollten. Vor der Haustür haben sie den Kopf vom Schwein abgeschnitten, das Schwein hat gequiekt wie die Sau, irgendwann aber nicht mehr, alles voller Blut, superkrass, und dann haben die den Schweinekopf gegen die Tür geworfen

218

und sind weg. Wenn der Typ rauskam, wegen dem Quieken und dem Gepolter, dann hat er den abgetrennten Kopf und das Schwein gefunden und das ganze Blut und ist natürlich vor Angst einfach mal gestorben!»

Meine Geschichte kam mir ausreichend dämlich vor, um Thorsten zwar zu beeindrucken und ihn von der Erdlochsache abzulenken – aber keine Chance auf Umsetzung zu haben. Ich glaubte, wir würden dann eine völlig andere Lösung suchen. Ich irrte mich.

«Wie! Geil! Ist! DAS DENN!»

Thorsten war elektrisiert. Seine Augen funkelten, man konnte ihm ansehen, wie er in seinen Gedanken vor der Tür des schlotternden Albert Balsam in Schweineblut schwelgte. Sandra war vom Kühlschrank mit vier Bier zurückgekommen und hatte den letzten Teil der Geschichte mit angehört.

«Geile Scheiße, Alter, genau das machen wir», sagte Thorsten. «Ein Schweinekopf, das ist ja wohl die beste Demütigung überhaupt! Und das Allerbeste wisst ihr ja noch gar nicht. Ich kenne einen, der auf einer Schweinefarm arbeitet. Der kann uns mal ganz locker ein echtes Schwein besorgen!»

Ich spielte im Kopf durch, auf wie viele verschiedene Arten dieser dumme Plan würde schiefgehen können, und kam auf sehr viele Arten. Thorsten ließ nicht die Spur eines Zweifels erkennen, er hatte großen Gefallen an der Schweinekopfmethode der nicht existierenden argentinischen Silbermafia gefunden.

«Jungs. Ich weiß gerade gar nicht, ob ich das total ekelhaft finde. Oder ob es mich ein bisschen geil macht.» Sandra hatte in Thorstens Gegenwart noch nie so geredet. Das verunsicherte mich. Wollte sie mich reizen? Philipp saß am Ende des Tisches und war im Lauf des Gesprächs immer blasser geworden, inzwischen glich seine Gesichtsfarbe der gekalkten Wand hinter ihm.

«Okay, Leute», sagte Thorsten. «Hier kommt der Plan. Philipp, du fährst Balsam am Freitag von seinem Büro aus hinterher. So finden wir raus, wo er wohnt. Ich besorge am Samstag das Schwein. Und dann fahren wir am Sonntagabend mit dem Schwein – zu dem anderen Schwein! Hahaha!»

«Und wer schlachtet die Sau vor Balsams Tür ab?»

«Welche von beiden, haha? – Na, das machst du. Oder ich, mein Fuß ist dann auch wieder fit. Sandra besorgt uns Maleranzüge für 'n Zehner, damit wir uns nicht einsauen.»

Weil Philipp nicht cool genug für eine Verfolgung war, beschloss ich, ihn zu begleiten. Albert Balsam kannte mich allerdings im Gegensatz zu Philipp recht gut, sodass ich auf der Rückbank würde kauern müssen. Mittags fuhren wir mit dem alten Golf von Philipp zu Balsams Büro am Stadtrand. Wir parkten gegenüber der Ausfahrt, aus der Balsam mit seinem BMW würde kommen müssen, und vertrieben uns die Zeit mit Radiohören und kurzen Unterhaltungen.

«Glaubst du, wir kriegen das hin?», sagte Philipp.

«Na, so schwer wird's schon nicht sein, dem einfach hinterherzufahren.»

«Nein, ich meine das Ganze: die Gehälter, die Mitarbeiter, die Agentur.»

«Machst du dir Sorgen?»

«Nein, ich? Sorgen? Nein. – Doch. Ein bisschen.»

«Das Geld reicht auf jeden Fall, hat Thorsten gesagt.»

«Na, wenn Thorsten das sagt.»

Philipp hatte recht mit seiner Andeutung. Nach den Ge-

220

schichten mit dem verschwundenen roten 10 000-Mark-Zetttel und dem angeblichen Sicherheitskonto brauchte man drei bis fünf zusätzliche Augen zum Zudrücken, wenn man Thorsten noch vertrauen wollte. Aber wir hatten keine andere Wahl, wir mussten jetzt zusammenhalten, wo die halbe Dotcomwelt auseinanderbrach. Philipps ängstliche Vernunft irritierte mich. Oder war es vernünftige Angst?

«Sag mal, Philipp, glaubst du, es gibt einen Point of no Return?»

«Was für einen Point?»

«Na einen Moment, ab dem man nicht mehr zurück-kann und weitermachen muss. Oder könnte man, so rein theoretisch gesprochen, auch einfach die Agentur zuschlie-ßen, nach Hause fahren und gut ist?»

«So eine Frage? Ausgerechnet von dir?»

«Hey, rein theoretisch!»

«Hab ich mich ehrlich gesagt auch schon gefragt. Aber …»

Albert Balsams Wagen rollte aus der Einfahrt. Philipp erschrak so sehr, dass ich ihn an der Schulter packen und aus seiner Starre schütteln musste.

Er bemühte sich, das Auto zu starten, aber würgte den Motor viermal hintereinander ab. «Scheiße, Scheiße, Scheiße, der Motor geht dauernd aus!»

«Ruhe, Philipp, ganz ruhig. Warte mal 'ne Sekunde.»

«Balsam fährt weg, ich kann ihn kaum noch sehen! Er ist schon fast weg, verdammt, der Motor, was ist mit dem Motor los!»

«Philipp, cool jetzt!» Ich herrschte ihn mit Nachdruck in der Stimme an. Er sortierte sich und spielte dann vor mir und sich selbst den souveränen Mann am Steuer. In einer Übersprungshandlung tat er für eine Sekunde so, als

221

würde er rauchen. Dann gelang es ihm, das Auto zu starten. Albert Balsam wartete zwei Kreuzungen weiter an einer Ampel. Philipp machte, ohne weiter hinzusehen, eine streng verbotene Kehrtwende. Eine Tram verfehlte uns um höchstens fünf Meter, aber das heftige Klingeln des Fahrers konnte Philipp kaum *noch* nervöser machen. Er raste Albert Balsams Wagen hinterher und konnte im Berufsverkehr sogar ein bisschen aufholen, bevor wir an einer Ampel halten mussten, während Albert Balsam in einiger Entfernung abbog.

Als es wieder auf Grün umsprang, fuhr Philipp mit quietschenden Reifen an, schnitt zwei Autos, riss den Wagen in eine Nackenschmerzen verursachende Kurve – und wir rasten direkt auf Albert Balsams BMW zu, der überraschend nah am Ende eines Staus wartete. Vollbremsung. Der Motor ging aus, ich ging auf der Rückbank in Deckung. Philipp zeterte, tat aber nicht ungeschickt so, als hätte er den Motor des Staus wegen absichtlich ausgestellt. Balsam schien uns nicht zu beachten. Nach ein paar Minuten ging es weiter, Albert Balsam fuhr an. Philipp verfiel wieder in Schockstarrre, würgte den Motor unter heftigem Hupen der Autos hinter uns mehrfach ab, wurde von einer größeren Zahl noch immer hupender Autos überholt, ließ seinen Kopf auf den Lenker fallen und begann zu schluchzen. Albert Balsam bog um eine Ecke und war verschwunden.

Ich übernahm das Steuer, Philipp robbte mit tränennassem Gesicht auf den Beifahrersitz und flehte mich an, Thorsten nichts zu erzählen. Wir hielten an einer Tankstelle und bestellten uns einen Kaffee, um zu beratschlagen. Dann klingelte mein Handy, und Thorsten erzählte, dass er Balsam im Telefonbuch gefunden habe. «Könnt ihr
222

euch bei Sandra bedanken, war ihre Idee. Kommt einfach wieder. Wo seid ihr denn gerade?», fragte er.

«Wir trinken einen Kaffee um die Ecke von Balsams Büro.» Das war nicht gelogen und dennoch unglaublich weit von der Wahrheit entfernt. Meine Spezialität. Einmal hatte Lena mich gefragt, ob ich Sandra oder Kathi geküsst hätte. Ich sagte nein, denn ich hatte Sandra *und* Kathi geküsst. Nach Sex hatte sie nicht gefragt. Nach einem zweiten Kaffee an der Tankstelle fuhren Philipp und ich zurück zur Agentur. Sandra hatte weiße Maleranzüge aus einem rauen Gazestoff besorgt.

Am nächsten Tag fuhren Thorsten und ich zu der Schweinemast im Umland. Thorstens Freund Jakob begrüßte uns und führte uns zum Stall. Es fiel mir schwer, zu erraten, woher die beiden sich kennen mochten. Jakob war Bauer, die Landwirtschaft stand ihm in jede seiner plumpen Bewegungen geschrieben, ins Gesicht sowieso. Thorsten und ich waren in der Großstadt aufgewachsen und hatten vorher nie Kontakt mit lebenden Schweinen gehabt. Auf den ersten Blick waren wir deshalb von der ungeheuren Größe der Schweine eingeschüchtert. «Die wiegen ja hundert Kilo!»

«Ja, was denkt ihr denn? Schweine sind ganz schön starke Klopper, da muss man richtig aufpassen. Und die beißen, das könnt ihr euch nicht vorstellen.»

Unsere Hoffnungen auf eine souveräne Racheschlachtung vor Albert Balsams Tür schwanden. Ich nahm Jakob beiseite, um mit ihm außerhalb der Hörweite von Thorsten zu sprechen. Das war unkompliziert, weil Thorsten schon wieder telefonierte und von mir erwartete, dass ich das Problem gefälligst lösen sollte, ich hatte schließlich die Schlachtung überhaupt erst ins Spiel gebracht. Im Ge-

223

spräch mit Jakob wurde mir klar, dass ein ausgewachsenes Schwein schon tot kaum von einem einzelnen Menschen zu transportieren war – lebendig erst recht nicht. Und noch viel weniger würde sich ein Schwein in Todesangst in irgendeinem engen Treppenhaus schlachten lassen. Ich bog die Story deshalb zu einem Missverständnis um, das ich meinem schlechten Spanisch zuschrieb. Es sei sicher ein Ferkel gewesen, das man damals in Argentinien vor der Tür des Kontrahenten geschlachtet hätte. Jakob lachte. «Haha, rein technisch geht das, einem Ferkel die Kehle durchzuschneiden. Aber hat einer von euch so was schon mal gemacht? Ich sag euch was, ich lass euch das mal probieren, Ferkel haben wir genug. Einfach so, hier im Stall, ich hole ein ordentliches Messer, und dann werdet ihr schon sehen.»

Jakob deutete ans Ende des langen Stalls und trat aus der Tür. Ich war überrascht, wie niedlich die kleinen Schweinchen waren. Mit einem Mal fühlte es sich gar nicht mehr cool an, ein Ferkel zu schlachten, noch dazu im Rahmen eines erfundenen südamerikanischen Rituals. Eigentlich wollte ich lieber ein Ferkel adoptieren. Thorsten kam vom Telefonieren zurück. «Und?»

«Ein Schwein ist zu groß für uns Anfänger, meint er, wir sollten ein Ferkel nehmen. Und die Schlachtung vorher üben, meint er.»

«Scheiße, sind die süß!», sagte Thorsten unvermittelt.

«Ja, schon», sagte ich.

«Aber scheiß drauf, Opfer müssen gebracht werden!» Dieser Spruch ging Thorsten sehr leicht von den Lippen. Er brachte ihn immer an, wenn jemand anders seine Grenzen überschreiten sollte. Und jetzt hatte Thorsten mir die

Aufgabe zugedacht, einem Testferkel probeweise die Kehle durchzuschneiden. Jakob kam mit einem riesigen Messer zurück. «Ich hab's extra nochmal geschärft. Dann geht's leichter.» Jakob holte aus und trieb das armlange Messer in das hölzerne Gatter, wo es beeindruckend tief stecken blieb. Mit Mühe zog ich es aus dem Holz und fragte, ob die Ferkel nicht abgezählt seien. Aber der Ausweg blieb mir versperrt: «Nein, die werden erst nach ein paar Monaten gezählt, als Läufer. Am Anfang sterben zu viele. Die hier sind ein paar Wochen alt.»

Ein paar Wochen. Ich musste schlucken. Lena durfte nie erfahren, dass ich einfach so ein Ferkel geschlachtet hatte, sie würde mich ansatzlos verlassen und nie wieder ein einziges Wort mit mir sprechen. Zu Recht. Jakob griff über das Gatter und fischte geschickt ein Ferkel heraus. Es quiekte ein paar Sekunden ganz fürchterlich, dann hatte er es mit ein paar Klapsen, etwas Gestreichel und ein bisschen Gemurmel beruhigt. Der Schweineflüsterer. Es leckte Jakobs Hand ab und grunzte arglos vor sich hin. Er streckte das Ferkel in meine Richtung. In der Rechten hielt ich das lange Messer, das im direkten Vergleich mit dem viel kürzeren Schweinchen noch bedrohlicher aussah als ohnehin schon. Ich nahm das friedliche Ferkel mit der Linken und drückte es an mein Sakko. Es blickte mit dunklen Knopfäuglein zu mir auf, ein blonder Flaum wuchs auf der weichen Haut, die genau den gleichen Farbton hatte wie meine Hände. Ich konnte die Tränen kaum zurückhalten. Zur Tarnung sagte ich irgendetwas über den Schweiß auf meiner Stirn, es sei so warm. Thorsten erwiderte: «Sicher. Schweiß. Sogar in den Augen. Ist ja auch warm. Klar.»

Eine Träne rollte meine Wange hinunter, als ich das Fer-

225

kel im Nacken packte und von mir streckte. Wie um mich meiner gewalttätigen Absichten zu vergewissern, griff ich mit aller Kraft in den Babyspeck des Ferkelnackens hinein. Das Ferkel ahnte augenblicklich, dass irgendetwas nicht stimmte, und quiekte in einer Tonlage und mit einer Intensität, die mir noch mehr Tränen in die Augen trieben. Ich wollte sie schon gar nicht mehr vor Thorsten verbergen, sondern nur noch zu Ende bringen, was ich mir selbst eingebrockt hatte.

Das Ferkel riss die Äuglein noch weiter auf, das Schnäuzchen zitterte, das Köpfchen zuckte, es zerriss mir das Herz. Ich summte eine Melodie in mich hinein, blendete die Quieklaute aus, es ging nicht anders, und führte das Messer an die Kehle des niedlichen Schweinchens, das sich mit aller Kraft hin und her wand. Unter normalen Umständen hätte ich es fallen lassen, aber meine Hand war keine Hand mehr, die mit meinem Herzen verbunden war. Sondern eine mechanische Kralle, angetrieben vom Stolz der ausgedachten argentinischen Silbermafia. Ich setzte das Metall auf den Halsflaum, und das Quieken verstummte. Alles war still, eine Sekunde lang. Mitten in meine Verwunderung hinein brach die Hölle los. Nicht nur das Ferkel in meiner Hand schrie in Todesangst, auch alle anderen Ferkel im Stall kreischten, und die ausgewachsenen Schweine begannen zu brüllen und mit ihren Hundert-Kilo-Körpern die Wände und Gatter des Stalls zu rammen.

Autopilot. Ich holte ein paar Zentimeter aus, nicht zu viel, das Messer war so scharf, dass es nicht viel Schwung brauchte. Der Hals des Ferkels war auch kaum mehr als zehn Zentimeter dick, ich musste maximal die Hälfte durchschneiden, damit es sofort tot war, so rechnete ich mir aus.

226

«Jetzt mach hinne, die Schweine rasten mir aus!»,
sagte Jakob. Das Quieken, Grunzen und Poltern war oh-
renbetäubend. Im Schweinegetöse nahm ich das Geschehen in Zeitlupe wahr. Thorsten gab einen heiseren Schrei
von sich. Er hatte nicht erwartet, dass ich das Kuschel-
schweinchen tatsächlich töten würde. Ich hatte einen
leichten Tränenschleier vor meinen aufgerissenen Augen,
konnte aber noch alles erkennen. Das Messer drang in
den Ferkelhals ein. Das Ferkelblut spritzte in alle Richtungen. Ich ließ das Ferkel viel zu früh los. Es rutschte
von der Klinge, klatschte auf den Boden, versuchte wegzu-
springen, zuckend, mit klaffendem Hals, doch sein Sprung
geriet zu einem Taumeln, es fiel auf den Rücken, die Blut-
fontäne pulsierte im hektischen Rhythmus des Ferkel-
herzchens, dann war das Tier tot. Alles war voller Blut. Ich
trug einen blutverschmierten Anzug, hatte ein blutver-
schmiertes Gesicht, blutverschmierte Arme und das blutverschmierte Messer in der blutverschmierten Hand. Die
Schweine schrien und polterten. Thorsten brauchte zwei
Sekunden, um seine Fassung zurückzugewinnen, und sah
mich dann kalt, aber anerkennend an. Ich weinte. Aber eigentlich war es Schweiß.

schweinekopf II

Am Sonntag trafen wir uns spätnachmittags in der Agentur. Wir zogen uns die weißen Maleranzüge an, mein Sakko
vom Abend davor hatte ich wegschmeißen müssen. Philipps Overall war zu groß, der von Thorsten etwas zu klein,
und meiner kniff unter den Armen. «One size fits no one»,
sagte ich. Sandra stand mit verschränkten Armen etwas

abseits. Sie fand die Schlachtung nicht mehr so sexy wie zwei Tage zuvor. «Und wenn wir ihn anders unter Druck setzen?»

«Quatsch! Wir machen der Sau ordentlich Angst. Mit dem Schwein, hahaha!»

«Ihr seht scheiße aus, Jungs», sagte ich.

«Das sagst du nur, weil dich die weißen Anzüge an deine Zeit in der Anstalt erinnern.»

«Klar. Wo hast du eigentlich das Schwein gelassen?»

Das Ferkel war im Kofferraum des Audi. Thorsten hatte es dort am Vorabend eingesperrt – in einem Sack und das Maul mit Klebeband zugeklebt. Immerhin hatte er vorher im Netz gesucht, ob Schweine durch die Nase atmen können. Er habe keine emotionale Beziehung zum Ferkel aufbauen wollen, sagte er. Philipp machte einen Sodomie-Scherz. Thorsten hatte ein großes Tauchermesser besorgt, das er in einer Schutzhülle auf den Tisch legte. Dann nickte Thorsten zu mir her. «Hättet ihn gestern sehen sollen. Sonst tut er ja immer so harmlos, aber gestern …»

«Halt die Fresse, Thorsten», sagte ich.

«Komm, das war 'ne Spitzenleistung. Das war superspitzenmäßig! Unser Juniorkiller hier, mit einer einzigen Bewegung einfach die Kehle …»

«Fresse, Mann!»

Sandra sah mich erschrocken an. Dann verwandelte sich der Schreck in Enttäuschung. Unfassbar, dass sie achtundvierzig Stunden vorher noch blutrünstige Phantasien gehabt hatte. Ich konnte spüren, wie ihre Zuneigung zu mir schwand. «Ich dachte, Thorsten schlachtet das Tier», sagte sie leise.

«Ich kann ja nicht alles machen. Stefan hat das super

228

hingekriegt, ihr hättet mal sehen sollen, wie das Blut von diesem Testferkel durch den ganzen Stall ...»

«Thorsten!»

«Testferkel? Ihr habt ein unschuldiges Schweinchen gekillt, um auszuprobieren, wie ...»

«Ja, hab ich, mein Gott! Ging halt nicht anders, wie hätten wir denn sonst ...»

Sandras Blick ließ mich stocken. «Es geht immer anders.» Sandra wandte sich ab und sank auf einen Stuhl. Thorsten lachte.

«Warum so empfindlich? Fandest du das nicht vorgestern noch ‹ein bisschen geil›? Hast du grad deine Tage?»

«Vollidiot!»

«Hey, wo soll denn da der Unterschied sein? Ich meine, totes Schwein ist totes Schwein. Ob das jetzt für ’n Schnitzel stirbt oder für unsere zweihunderttausend! Dein nächstes verdammtes Schnitzel ist zweihunderttausend Scheißmark wert, klaro?» Thorsten schaltete in fünf Sekunden aus der Verteidigung in den Frontalangriff. Sandra war blass geworden. «Ich bin Vegetarierin. Ich esse kein Schnitzel.»

«Na und! Dann halt deine verdammten Scheißschuhe aus Scheißleder, wo ist der beschissene Scheißunterschied! Los, sag’s mir!»

«Thorsten, wenn du mal einen Spitznamen brauchst: ‹Fäkarlchen› würde super passen», sagte Philipp, um die aggressive Stimmung aufzulösen. Es misslang.

Sandra verließ das Büro. Ich lief hinterher und fand sie auf der Treppe sitzend. Sie weinte nicht, sondern starrte wütend an die Wand.

«Es tut mir leid, du weißt, ich mache das nur, damit Balsam das Geld ...»

229

«Du wärst ein guter Nazi gewesen.»

«Bitte?»

«Ja!»

«Sandra, so was sagt man nicht mal im Spaß …»

«Ich meine das nicht im Spaß, du Blödmann! Wie du versuchst, alles zu rechtfertigen, was dir so ein Arschloch wie Thorsten befiehlt! Wenn der morgen doch noch mit dem Erdloch ankommt, sagst du: Immerhin wirft er keine Atombombe auf einen Kindergarten. Und dann prügelst du Balsam höchstpersönlich in den Dreck.»

Ich überlegte, ob ich sie in den Arm nehmen und küssen sollte, diese Strategie hatte sich schon oft bewährt. Aber sie schaute mich so voller Abscheu an, dass ich es lieber seinließ. Außerdem hatte Sandra recht. Ich tat kaum mehr etwas anderes, als Thorsten zu beschwichtigen und die Missstimmungen, die er verbreitete, wieder aufzulösen. Wenn Thorsten etwas erreichen wollte, forderte er das Doppelte, ließ sich von mir auf die Hälfte herunterhandeln und bekam so seinen Willen, während ich mich als Diplomat, Großstratege und Verhandlungsgenie feiern konnte. Thorsten hatte mich durchschaut und nicht ich ihn. Vielleicht konnte ich seine Gedanken und Gefühle gar nicht erkennen, im Gegenteil. Ich ließ mich neben Sandra auf die Treppe sinken, Stehen war anstrengend geworden. Der Glaube an meine famose Gesichterleserei, die in den guten Momenten ans Gedankenlesen grenzte, hatte mich unvorsichtig werden lassen. Wie jemand, der im Auto nicht durch die Windschutzscheibe sieht, weil das Navigationsgerät kein Hindernis meldet.

Seit wir zusammenarbeiteten, wollte ich Thorsten im Grunde beweisen, dass ich ein harter Hund sein konnte. «Harter Hund» war das größte Kompliment, das er über-

230

haupt vergab. Die ukrainischen Brüder nannte er manchmal so, ansonsten war der Begriff Kriegshelden, Politikern und Topmanagern vorbehalten, den Leuten, die ihre Ziele gegen alle Widerstände durchsetzten. Ich wollte auch so einer sein. Ab und zu stellte ich mir Thorsten in dreißig, vierzig Jahren im Kreis seiner Enkel vor; und ich hoffte, dass er ihnen von mir erzählen würde: «Stefan – ja, genau, DER Stefan –, das war dieser harte Hund, mit dem ich damals zusammenarbeiten durfte. Tolle Zeit, die erste Million, die zweite gleich hinterher, und die Geschichte mit dem Ferkel, die war das Allerwitzigste, was ich je erlebt habe, Kinder.» Aber warum glaubte ich, ausgerechnet einem betrügerischen Windbeutel irgendetwas beweisen zu müssen? Oder war ich zu hart mit mir und auch mit Thorsten, weil eine sentimentale Frau neben mir saß, in die ich verliebt war? Oder verknallt?

«Und jetzt?», fragte Sandra. «Fahrt ihr … fährst du … Schlachtet ihr das Ferkel?» Sollte ich einfach zugeben, dass sie recht hatte und ich mich seit Monaten von Thorsten hatte täuschen lassen, damit Ruhe war? Wollte ich das zugeben? Vor dieser Frau? Ich schwieg. Sandra schwieg zurück. Gerade als die Stimmung zwischen uns zu kippen drohte, kam Thorsten ins Treppenhaus. «Du, Sandra. Sorry.»

Solange ich Thorsten kannte, hatte er sich noch nie entschuldigt. Thorsten lehnte das Konzept Entschuldigung ab. Er treffe gerne Entscheidungen und alle anderen eben nicht, deshalb würden immer mal Dinge passieren, die irgendjemandem nicht gefielen. So sei der Lauf der Welt, sich zu entschuldigen wäre eine sinnlose Geste, die niemandem etwas bringe. Seine Rechtfertigungen gipfelten in der Feststellung, dass eine Entschuldigung

231

nichts anderes wäre als die rückwirkende Bitte um Erlaubnis. Und er, Thorsten, müsse niemals irgendwen um
Erlaubnis fragen.

Sandra hatte Thorstens Entschuldigung, warum er
sich nicht entschuldigte, wahrscheinlich bisher nicht ser-
viert bekommen. Trotzdem hatte das knappe «Sorry» eine
starke Wirkung auf sie. Tränen liefen ihr in die Augen.
Nach einer halben Minute, die wir ohne eine Wort zu dritt
im Treppenhaus verharrt hatten, sagte Thorsten: «Wir
müssten jetzt los.»

«Und das Ferkel? Kann ich es nochmal sehen?», fragte
Sandra.

«Im Kofferraum. Hier ist der Schlüssel. Pass auf, dass
es nicht abhaut, superschnell die Viecher.» Er warf Sandra
seinen Schlüsselbund in den Schoß. Sie sprang auf und
ging zum Wagen.

Thorsten schaute mich zwar herausfordernd an, aber
der Blick gelang ihm nicht so entschlossen wie beabsich-
tigt. Er zweifelte mittlerweile auch an unserem Plan.

«Ich bin mir nicht mehr sicher, ob das was bringt», sagte
ich.

«Zweifel machen hässlich», sagte Thorsten.

Dann schrie Sandra auf dem Hof. Wir liefen zu ihr, zum
offenen Kofferraum. Sie stand davor – beide Hände an den
Kopf gepresst.

«Eine klassische Verzweiflungsgeste, präzise vorgetra-
gen, absolut überzeugend», dachte ich. Sandra konnte Körpersprache, wahrscheinlich vögelte sie deshalb so gut.

Im Kofferraum lag der geöffnete Sack. Das Ferkel
schaute halb heraus, die Äuglein aufgerissen, das Schnäuzchen verklebt mit Gaffa-Tape, die kleine Rüsselnase ver-
schmiert mit Schleim, Blut, Fusseln und Gewebestückchen

232

vom Sack. Das Tier war tot. Die bläuliche Blässe deutete auf einen unangenehmen Erstickungstod hin.

«Scheiße. Hitler.»

«Ja, fuck.»

«Das Scheißschwein verreckt einfach im Kofferraum, wer kann denn das ahnen. Dabei hab ich extra noch recherchiert, ob die durch die Nase geatmet kriegen.»

«Geatmet kriegen, geh mal deutsch, Alter», sagte ich.

«Halt das Fresse», sagte Thorsten und musste wie ich ein Lachen unterdrücken. Sandra hielt sich die Hände vor den Mund, ich fragte mich, ob sie sich hatte übergeben müssen. Das Ferkel sah mitleiderregend aus, Kindchenschema, verstärkt durch das noch frische Blut am Schnäuzchen, die bläuliche Farbe und die erstarrten Murmelaugen mit Panik im Blick. Philipp kam endlich auch dazu, er war wohl auf der Toilette gewesen. «Was ist denn hier los? Gold im Kofferraum gefunden oder was?»

«Nee. Wir drehen ‹Trainspotting› nach. Das Ferkel spielt das Baby», sagte Thorsten. Jetzt mussten wir alle lachen, sogar Sandra kicherte in ihre Hände, ein bisschen Kotze tropfte heraus. Philipp betrachtete erst das Ferkel, dann uns und schaltete in seinen Entertainmentmodus. Er trat an den Kofferraum, hantierte mit dem erstickten Ferkel herum und präsentierte sein Werk. Er hatte die schleimige, dunkle Masse in der Schnauze zu einem Bärtchen geformt und den Stoff des Sacks wie einen Scheitel über das Köpfchen gelegt. Vor uns lag ein totes Hitlerschwein. Sandra verschluckte sich so sehr an einem Lachanfall mit Schnappatmung, dass sie sich auf den Boden setzen musste. Thorsten lachte und grunzte, den Kopf in den Nacken geworfen, und hielt sich an der hochgeklappten Kofferraumklappe fest, damit er nicht umfiel. Wenn meine

233

Lachsalve drohte, den Lachanschluss zu verlieren, sah ich die Hitlersau an und lachte von Neuem.

«Nur eine tote Nazisau …», sagte Thorsten, als es etwas ruhiger wurde, und das Gelächter brandete wieder auf, bevor er den Satz beenden konnte.

«Tach, ich hätte gern ein Pfund Span-Hitler, schön knusprig.»

«Und dazu: Heil Kräuter!»

«Die Sau ist der Hit! Ler.»

«Im Schatten des Haxenkreuzes.»

Alle paar Sekunden warf einer ein neues Wortspiel ein, wir konnten nicht aufhören zu lachen. Ich kam als Erster wieder zu mir, schnaufte und beobachtete die Szenerie. Es war ein groteskes Bild. Sandra saß zusammengekauert auf dem Boden und schüttelte sich, man konnte nicht sagen, ob sie in ihre kotzeverschmierten Hände hineinlachte oder -weinte, wahrscheinlich beides. Philipps dünner weißer Gazeanzug schlotterte beim Lachen um ihn herum. Im Kofferraum lag das Hitlerferkel. Daneben stand Thorsten, der seinen weißen Overall nur bis zur Hüfte angezogen hatte. Seine rechte, auf der Kofferraumklappe liegende Hand sah aus wie ein Hitlergruß. «Grotesk», dachte ich, «grotesker als alles, was ich jemals erlebt habe, gro-tesk, grotesk, supergrotesk.» Damit sich das Wort nicht in meinem Kopf festbiss, wollte ich es gerade aussprechen, als Thorsten sich mir zuwandte und irgendetwas sagte, was ich nicht verstand. Sein Pullover rutschte hoch, der Hosenbund kam zum Vorschein, und darin steckte eine Pistole.

Oder hatte ich mir die Pistole eingebildet?

der tabakschotte

Trotz der Entlassungen war die Stimmung in der Agentur okay, weil wir wider besseres Wissen eine Jobgarantie für die verbleibenden Mitarbeiter ausgesprochen hatten. In der Gesellschafterrunde schwankten wir zwischen Resignation und kämpferischer Euphorie, je nachdem, wie sich die letzten Meldungen unserer Anwälte zu Streaver und Albert Balsam angehört hatten. Wir interpretierten in den Juristenslang alle möglichen Andeutungen hinein und diskutierten stundenlang, ob eine doppelte Verneinung mehr als eine einfache Bejahung bedeutete. Finanziell geriet die Agentur ins Schlingern, das Geld von Prime-Pool reichte nicht, um die laufenden Kosten zu decken, wir stellten die Zahlungen an unsere Dienstleister ein. Wir mussten handeln und neue Kunden von uns überzeugen, bis die New Economy, unsere New Economy, wieder an Fahrt gewinnen würde. Ich geriet in eine seltsame Stimmungsabhängigkeit vom DAX, obwohl wir keinen börsennotierten Kunden hatten. Ein Tagesplus versetzte mich in Hochstimmung, ein Minus ließ mich verzweifeln. Am DAX machte sich für mich die weitere Entwicklung der deutschen Wirtschaft fest. Unsere Agentur, das war für mich die deutsche Wirtschaft. Thorsten reagierte auf unsere Probleme mit hektischem Aktionismus. Ließ man ihn mit einer Zeitung zu lange allein, begann er Geschäftsideen zu entwickeln. Artikel, die andere noch nicht einmal zu Ende lasen, waren ihm eine reiche Quelle der Inspiration. Mit seinem Gespür für echte und vermeintliche Marktlücken wollte er die Agentur retten. Immerhin hatte ich ihm das Versprechen abgenommen, seine Ideen selbst als Konzept zu formulieren und einen Tag abzuwarten, bevor er sie den verbliebenen Angestellten zur Umsetzung vorwarf.

235

Lenas Missstimmung hatte sich durch das Alpenabenteuer noch verstärkt und beeinträchtigte mich morgens und abends, wenn wir uns sahen. Nach wie vor war ich in sie verliebt, weil sie so viel Energie hatte und so hübsch war. Wenn ich sie im Profil betrachtete, kamen mir manchmal die Tränen vor Glück, dass dieses Mädchen mir gehörte; oder zu mir gehörte, auf die Formulierung mit dem ergänzenden «zu» hatten wir uns nach langer Diskussion geeinigt. Natürlich liebte ich sie, aber ich wollte es auch mit meinen Augen spüren und nicht bloß mit dem Herzen. Um ihre Laune zu verbessern, beschloss ich, ihr ein teures Geschenk zu machen. Meine Wahl fiel auf einen DJ-Kopfhörer von bester Qualität, den ich für einige hundert Mark kaufte. Lena verstand nichts von Kopfhörern und würde weder am Modell noch am Klang erkennen, dass ihr Geschenk sehr wertvoll war, ich musste es also auf andere Weise unauffällig kommunizieren. Deshalb strich ich den Preis auf der Verpackung so durch, dass man ihn auf den zweiten Blick noch lesen konnte. Als ich ihr das verpackte Geschenk überreichte, war sie begeistert. Dann hielt sie den Kopfhörer mit leicht distanzierter Miene in den Händen, ihre Freude hatte ein wenig abgenommen. Als sie ihn aufsetzen wollte und wir feststellten, dass ich ihn aus Versehen in meiner Größe gekauft hatte, erlosch ihre Begeisterung. Es wurde ein weniger schöner, wortkarger Abend, trotzdem war sie am nächsten Tag etwas besser gelaunt. «Immerhin ein Teilerfolg», dachte ich, mein guter Wille zeigte seine Wirkung.

Es war ein warmer Herbsttag im September, Thorsten hatte sich mit der Zeitung auf den Hof gesetzt. Um nicht von der Sonne geblendet zu werden, hatte er sich ein Baseballcap aufgesetzt, obwohl es – wie Marek bemerkte – wahrscheinlich niemanden auf der Welt gab, dem Caps schlechter standen. Die schwarzen Wolllocken quollen darunter hervor, auch ohne rotgemalte Nase hätte er in jedem Zirkus Kollegenrabatt bekommen. Nach zwanzig Minuten rief er mich aufgeregt zu sich und deutete auf einen Artikel. Er handelte von der hochkomplizierten Anpassung der EU-Gesetzgebung bezüglich «innergemeinschaftlicher Umzüge und Erbschaftsfälle». Thorsten rief: «Verbringen!»

Ich sah auf die Zeitung. «Ja, verbringen. Und jetzt?»

«Verbringen, das ist unsere Chance!» Seine Stimme überschlug sich, ich las die Passage. Dort war ein neuer Paragraph zitiert, der von der Zollfreiheit für Tabak, Rauchwaren und Zigaretten handelte.

Jedem EU-Bürger ist erlaubt, zum Zwecke des privaten Verbrauchs geerbte oder anderweitig erworbene Tabakwaren bis zu 800 Stck. Zigaretten oder 250 Gramm Tabakwaren an seinen Wohnort zu verbringen. Zoll fällt dann nicht an.

«Früher stand dort ‹mitzuführen›, es wurde geändert in ‹verbringen›. Wegen der Nachlässe. Das macht dann ja eine Spedition, da führt man ja nichts selbst mit!»

«Und warum ist das nochmal für uns interessant?»

«Wir machen einen Tabakversand. Bupp.»

Das Bupp, mit dem Thorsten besonders lapidare Sätze beendete, hatte sich endgültig in seinem aktiven Wortschatz verfestigt, mit «bupp, bupp, bupp, bupp, bupp» drückte er zum Beispiel aus, wie selbstverständlich ihm die nächsten Schritte erschienen. «Die Interjektion Bupp als neuzeitliche Variante von Luthers ‹Hier stehe ich, ich

237

kann nicht anders› (mit einem Vorwort von Dr. Claus Bupp)», ich musste grinsen.

«Einen Tabakversand.»

«Ja. Das ‹verbringen› ist der entscheidende Punkt. Auf den Kanaren kosten Zigaretten nicht mal die Hälfte. Wir verkaufen mit einer kanarischen Firma im Netz Zigaretten, immer achthundert Stück. Die muss man vor Ort abholen – oder man beauftragt eine Spedition damit, die Zigaretten zu *verbringen*. Verstehst du?»

Nein, ich verstand nicht. Die Rettung der Agentur auf einem nicht besonders eleganten Verb in einem EU-Gesetzestext aufzubauen erschien mir nach der günstigsten Lesart naiv und allen anderen bescheuert. Hoffentlich würde die «Wahnsinnsgeschäftsidee» am Nachmittag wieder vergessen sein und auf dem Ideenfriedhof landen wie das Benzin zum Downloaden. Falls nicht, wäre der beste Weg, zunächst interessiert zu tun, das Konzept eine halbe Stunde gemeinsam auszubauen, um es dann beim kleinsten Zweifel mit harschen Worten doch abzuschmettern. Leider war der DAX an diesem Tag deutlich gestiegen, und ich hatte ausgezeichnete Laune. Ich geriet in den Sog hinein, wir brainstormten trotz dringend anstehender Kundengespräche sechs Stunden über dem Konzept. Noch im Meeting entstand der Name: tabakschotte.de.

Je länger wir überlegten, desto besser gefiel mir die Idee – und vor allem würden wir wieder einmal die Agenturmaschinerie in Gang setzen, so betrachtet war Thorstens Idee gar nicht schlecht. Endlich passierte etwas. Wir riefen unseren Cheftechniker Markus herein und beauftragten ihn, sofort sämtliche Domains zu sichern: tabakschotte.de mit und ohne Bindestrich, in allen möglichen, auch falschen Schreibweisen und mit den seltsamsten Do-

238

mainendungen. Wir diskutierten ernsthaft darüber, ob es notwendig war, auch die sehr teure Domain tabac-schotte.ag zu sichern, die in Deutschland Aktiengesellschaften vorbehalten war. Dann holten wir Marek und einen anderen Grafiker in den Konferenzraum.

«Wir haben ein neues Projekt, absolute Prio! Einziger Wermutstropfen – Logoentwicklung.» Die beiden sahen uns angewidert an. Logoentwicklung war verhasst, weil Thorsten aus grundsätzlichen Überlegungen heraus erst fünfzig oder sechzig Logos verwerfen musste, bevor er eine Handvoll für überarbeitungswürdig befand. Wir gaben den Grafikern ein mündliches, diffuses Briefing mit auf den Weg und wollten am Abend die ersten Vorschläge sehen. Trotz einiger Deadlines verbot Thorsten, an irgendeinem anderen Projekt zu arbeiten, bevor das Logo für den Tabakschotten fertig wäre. Dann stieß auch Sandra zum Blitzprojekt, für das wir im Konferenzraum das Hauptquartier eingerichtet hatten.

«Habt ihr schon eine Marktrecherche gemacht? Konkurrenzanalyse? So was halt?»

«Ach, Quatsch, Recherche vergiftet! Hat Bill Gates erst mal nachgefragt, ob jemand anders Microsoft machen will? Wir machen das jetzt! Bupp.»

Wieder war ich hingerissen von der Geschwindigkeit, mit der die Idee umgesetzt wurde. Thorsten und ich schafften es, auch die anderen Angestellten zu motivieren, indem wir überzeugend behaupteten, das sei DIE Chance, die Firma wieder auf die Füße zu stellen. Wir mussten nur schnell sein, bevor jemand anders die Geschäftsidee umsetzen würde, die aus der Gesetzesänderung entstanden war. Tempo war jetzt entscheidend. Am Abend stand das Konzept, eine rudimentäre Website war online, und

239

wir hatten eine Kanzlei nicht mit einer rechtlichen Prüfung des Geschäftsmodells beauftragt, sondern gleich mit der Ausarbeitung von Allgemeinen Geschäftsbedingungen. Wir wollten nicht hören, ob es möglich war. Nur, wie es möglich war.

Am nächsten Tag trieb Thorsten den Aufbau der neuen Unternehmung mit unvermindertem Druck voran. Mit dem Versprechen des aberwitzigen Stundensatzes von zweitausend Mark hatte er den besten Finanzanwalt einer Spezialkanzlei dazu gebracht, sich am frühen Morgen für zwei Stunden mit ihm zu treffen und das Geschäftsmodell zu diskutieren. Vorher, früh um fünf, hatte Thorsten in alphabetischer Reihenfolge angefangen, die Liste unserer Mitarbeiter durchzutelefonieren, um nach einem digitalen Aufnahmegerät zu fragen. Zum Glück schlug Markus, der fünfte Angerufene, Thorsten vor, die Videokamera der Agentur zu benutzen, das Bild müsse man ja nicht verwenden.

Nach dem Gespräch mit dem Anwalt kehrte Thorsten in die Agentur zurück. Er rief Philipp, Sandra und mich in ein Meeting und skizzierte die Bedingungen. «Es wird nicht so leicht, wie ich dachte – aber es funktioniert! Wir müssen nur ein paar Firmen in ein paar Ländern gründen.»

«Ein *paar* Firmen?» Philipp war unwohl, wenn es um verschachtelte Rechtskonstruktionen ging.

«Ja, weil Kanaren nicht geht, müssen wir den Versand von Portugal aus machen. Da sind Zigaretten fast genauso billig, einfach eine portugiesische GmbH gegründet, eine Sociedad Anonima, S.A., bupp. Und wir brauchen eine Abrechnungsfirma in Österreich, das hab ich schon auf den Weg gebracht. Eine Kommanditgesellschaft, die vordergründig nichts mit der Sociedad zu tun hat. Und über al-

240

lem drüber eine Holding. Die sollte am besten in Luxemburg sitzen.»

«Das klingt ein bisschen, ähm, wie soll ich es formulieren … windig!», sagte Sandra und bemühte sich, dass es nicht nach Anschuldigung klang.

«Das liegt daran, dass es windig IST», Thorsten lachte und blickte triumphierend in die Runde. «Interessant, ‹windig› hat er als Kompliment verstanden», dachte ich, war aber in der nächsten Sekunde schon wieder von Thorstens großem, transnationalem Plan eingenommen.

«Also, die S. A. in Portugal wird Betreiber von tabakschotte.de. Wir können die Agentur sein, das ist kein Problem. Wenn ein Kunde jetzt online achthundert Zigaretten bestellt, liefert eine Spedition die im Auftrag der Holding aus. Und zwar erst an ein Lager vor Ort, das offiziell nichts mit der S. A. zu tun hat, sondern der österreichischen Kommanditgesellschaft gehört, von der weniger als die Hälfte bei der Holding liegt. Die behält die Ware offiziell als Pfand, bis sie bezahlt ist. Dann wird's ein bisschen komplizierter.»

«*Dann?*» An Philipps und Sandras Blicken sah ich, dass sie den Glauben an das Projekt verloren hatten. Ich hingegen hatte beschlossen, das verbale Kleingedruckte einfach auszublenden und weiter an die Rettung der Agentur zu glauben.

«Eigentlich gibt's nur ein einziges, kleines Problem. Wir dürfen auf keinen Fall irgendwie mit der Spedition verbandelt sein. Sonst können die Zoll und Steuern und alles nachfordern, und wir sind tot.» Die Worte «Zoll nachfordern» in Verbindung mit «tot» waren eindeutig nicht geeignet, Philipp und Sandra Mut zu machen.

«Ist aber alles kein Problem. Weil: Der Anwalt kennt

241

den Geschäftsführer von einer großen Spedition in Portugal. Mit dem habe ich gerade 'ne halbe Stunde telefoniert. Da fliege ich übermorgen hin und verhandle mit dem. Der würde das machen!»

Und unbeirrt von allen Komplikationen, hielt Thorsten das unglaubliche Tempo der Firmenneugründung. Er trieb die Leute an auf die Art, die Philipp in einem genialen Moment «Zuckerpeitsche und Peitsche» genannt hatte. Er schürte eine produktive Angst unter den Mitarbeitern. Am Abend des zweiten Tages hatten wir mehr als einhundert verschiedene Logos vorliegen, und der fertigprogrammierte Zigarettenshop war online. Wir gaben uns selbst eine Viertelstunde für die Auswahl des Logos. Wirklich gut war keines. Wir entschieden uns für einen rauchenden Schotten mit rotem Schnauzbart im Comicstil. «Leute! Das ist der Tabakschotte!», sagte Thorsten begeistert. «Subtilität kann man uns nicht vorwerfen.»

Plakative Kommunikation funktionierte zwar oft, aber ich fand einen rauchenden Schotten als Logo für tabakschotte.de zu platt.

«Egal, wir müssen schnell machen, die anderen sind bestimmt längst dran, die Info ist ja schon sechsunddreißig Stunden alt!»

Dass Thorsten ehrlich besorgt war, belustigte mich. «Was hetzt du dich eigentlich so ab? Willst du ins Guinnessbuch? Den Weltrekord im Firmenschnellgründen brechen?»

Thorsten riss die Augen weit auf. «Woooooow!»

«Äh, was?»

«Was für eine geile Idee!» Zwei hingeworfene Halbsätze, und er musste der schnellste Unternehmer der Welt werden – offiziell bestätigt durch das Guinnessbuch der Re-

242

korde. Einen schlimmeren Bärendienst hätte ich dem Projekt und den Mitarbeitern nicht erweisen können. Thorsten würde den Druck noch einmal erhöhen.

«Eine bessere Marketingaktion kann es gar nicht geben! ‹tabakschotte.de, die schnellste Firma der Welt›, was für eine super Überschrift, da geben wir eine Pressemitteilung raus, das wird der Knaller. Da ist alles drin, ALLES. Schnelligkeit, Sparsamkeit, Zuverlässigkeit, Produkt, alles!»

Obwohl es auf elf Uhr abends zuging, rief er den Anwalt an, der auch Notar war. Thorsten überredete ihn, eine notarielle Beglaubigung aufzusetzen, dass das Projekt Tabakschotte an diesem Morgen um acht Uhr gestartet war. Philipp hatte unterdessen recherchiert, dass es gar keine Rubrik «Schnellste Unternehmensgründung» im Guinnessbuch der Rekorde gab. Thorstens Laune trübte das nicht. Im Gegenteil. «Egal! Die führen dauernd neue Rekorde ein, das ist doch der Knaller, die *müssen* das machen. Und wenn nicht, um so besser, dann schreiben wir einfach ‹notariell beglaubigter Weltrekord› in die Pressemitteilung. Sollen sie klagen, fuck it, Hitler, egal!»

Am nächsten Tag meldete sich kurz vor Thorstens Abreise die Sekretärin von Horst Klede, dem Geschäftsführer der Unternehmensberatung Roneco. Sie wollte für den kommenden Dienstag einen Termin vereinbaren. Dann stellte sie Klede selbst durch, der sich überraschend für die «Vertragsunregelmäßigkeiten» seiner Leute in Sassnitz entschuldigte. Das sei aber Schnee von gestern, denn er wolle die Agentur kaufen und in seine Firma integrieren. Er brauche solche Typen wie uns. Ich war fassungslos. Das war unsere Rettung.

243

«Hallo? Sind Sie noch dran?»

«Äh, ja. Ich dachte nur gerade ...»

«Gut. Bringen Sie alle Papiere mit, Abschlüsse, Unterlagen vom Finanzamt, alles. Dienstag unterschreiben wir die Absichtserklärung. Dann verhandeln wir den Preis, und fertig.»

«Bupp», dachte ich.

«Also, wenn Sie überhaupt verkaufen wollen? Ich hatte Sie so verstanden beim letzten Mal.»

Zwar konnte ich mich nicht erinnern, an welcher Stelle irgendeines Gesprächs mit Klede auch nur die Andeutung gefallen war, dass wir die Agentur würden verkaufen wollen. Natürlich bestätigte ich trotzdem. Dann rief ich die Gesellschafterrunde zusammen und erzählte von Klede. Erst Fassungslosigkeit, dann Begeisterung. Wir lagen uns in den Armen. «Der normale Satz für solche Agenturdeals ist das Siebenkommafünffache des Jahresumsatzes. Über den Daumen fünfzehn fucking Mios! Wir sind reich!»

«Yes! Yessss!» Thorsten strahlte mich an. «Aber jetzt nicht vorschnell, ähm, übermütig werden», sagte er und versuchte, ermahnend zu klingen, was ihm vollkommen misslang. «Den Tabakschotten verfolgen wir natürlich weiter. Ich muss auch gleich los.»

Den Rest des Tages verbrachten wir damit, die notwendigen Papiere für den Termin mit Klede zusammenzustellen und am Tabakschotten weiterzuarbeiten. Philipp, Sandra und ich vereinbarten, den Angestellten nichts zu erzählen, bis irgendwas unterschrieben war, um den Druck nicht zu vermindern.

Während des gesamten Wochenendes erreichte ich Thorsten nicht, was mich aber nicht beunruhigte, weil er

244

in Lissabon viele Termine abarbeiten musste. In der Zwischenzeit stachelte ich endorphintrunken die Mitarbeiter weiter zu Höchstleistungen an. Wir hatten eine umfangreiche To-do-Liste aufgestellt und zur Belohnung die gesamte Agentur für Montagabend zum Pizzaessen eingeladen, falls wir bis dahin fertig werden sollten.

Die meisten arbeiteten das Wochenende gut gelaunt durch. Samstag am Abend, Marek und Markus hatten ein paar Kästen Bier besorgt, stellten wir die Musik laut. Zu den Raucherpausen formte sich eine Spontanpolonaise, die auch die Nichtraucher mit auf den Innenhof spülte. Es kam eine derart freundschaftliche Stimmung auf, dass ich alle in den Konferenzraum rief und dort von den bevorstehenden Verkaufsverhandlungen berichtete. Philipp und Sandra fühlten sich überrumpelt. Aber ich wollte keinen Zweifel daran aufkommen lassen, dass wir die Agentur retten würden, mein Lebenswerk. Dass *ich* die Agentur retten würde, der Kontakt zu Klede war über mich zustande gekommen. Tatsächlich brach Jubel aus, alle spürten meine Euphorie. Im Überschwang versprach ich einen Mitarbeiterbonus, wenn es zum Verkauf kommen sollte. Sicher sei es zwar noch nicht, sagte ich, aber die Chancen stünden bei deutlich über neunzig Prozent. Das entsprach dem Wert, den ich mir erhoffte. Montag am späten Nachmittag hatten wir den Großteil der Liste abgearbeitet. Für zwanzig Uhr lud ich in ein italienisches Restaurant, in dem wir ab und zu Geschäftstermine abhielten. Unsere kurzfristige Reservierung war willkommen, weil ich oft ungeheure Trinkgelder gegeben hatte. Eine sehr hübsche Italienerin bediente dort, die tief ausgeschnittene, etwas zu enge Oberteile trug.

245

Auf dem Weg zum Restaurant fiel mir ein, dass ich kaum noch Bargeld bei mir hatte. Ich ging zum nächsten Geldautomaten, konnte aber nur noch fünfzig Mark abheben. Noch am Automaten überlegte ich, wie ich an fünfhundert Mark käme – so viel würde die Einladung wohl mindestens kosten, und Kreditkarten wurden nicht akzeptiert. Nochmal steckte ich die EC-Karte in den Automaten und konnte wieder fünfzig Mark abheben. Der Vorgang ließ sich achtmal wiederholen, dann wollte der Automat nichts mehr ausspucken. «Immerhin!», dachte ich. Immerhin war mein Lieblingswort geworden, mit einem eingestreuten «immerhin» konnte ich mich über die kleinen Dinge freuen, wenn die großen implodierten. Auf dem Weg kaufte ich bei einem Kiosk zwei kleine Wodka, die ich sofort austrank. Am Telefon hatte ich mich mit Lena gestritten. Passenderweise war es um Geld gegangen, das ich längst nicht mehr hatte, aber ihrer Meinung nach zu großzügig ausgab.

Viel zu spät kam ich an, alle anderen waren bereits da. Rotwein stand in offenen Karaffen auf den Tischen. Eine Weile stand ich vor der breiten Fensterfront, beobachtete die lachenden Leute und fühlte mich wohl, aus Stolz und gönnerhafter Überlegenheit. Dann trat ich ein, die süße Kellnerin ging durch die Stuhlreihen. Ihr Busen war wie gewohnt aufdringlich gut zu erkennen, sie hatte sich die Augen dunkel geschminkt, die Haare zu einem Pferdeschwanz gebunden. Obwohl die Belastungen der letzten Zeit dazu geführt hatten, dass ich weniger Lust auf Sex hatte, war ich sofort aufgeregt. Die Frau kam mit vier Tellern Pizza in den Händen auf mich zu und lächelte mich an. Ich löste die Augen nicht von ihr und bewegte mich

246

auch sonst nicht. Ein letzter tiefer Blick, dann schob sie sich an mir vorbei und streifte mich dabei ausführlich mit ihrem Hintern. Ich musste kurz die Augen schließen und einatmen. Dann setzte ich mich unter dem freudigen Hallo der Mitarbeiter – meiner Mitarbeiter! – auf den einzigen freien Platz, direkt neben Sandra.

«Und? Alles klar?», fragte sie.

«Na ja, so halb. Lena.»

«Was Schlimmes?» Sandra sorgte sich, dass unsere Affäre bekannt werden könnte.

«Nein, nein, nicht *das*. Alles klar. Wir haben uns nur gestritten.»

«Kann ich dich *irgendwie* trösten?» Sandra fragte mit einem eindeutigen Unterton.

«Grad' nicht», antwortete ich.

«Und später?»

Ich sagte nichts, aber lächelte sie an. Dann goss ich mir Rotwein ein und beschloss, von allen Unwägbarkeiten unbeeindruckt zu feiern. Bald schon wären wir immerhin reich, und der Geldautomat wäre nie leer. Den Blick in Richtung der Bedienung vermied ich, weil mich das zu sehr mitgenommen hätte. Immer wieder wechselten die Mitarbeiter die Plätze und unterhielten sich in unterschiedlichen Konstellationen. Nur Sandra und ich blieben nebeneinander sitzen. Irgendwann, wir waren beide in Gespräche vertieft, fanden unsere Hände unter dem Tisch zueinander. Ich stellte mir vor, dass ich die Hand der Bedienung streichelte, und begann, vor Aufregung zu beben. Dann löste ich mich aus meinem Gespräch und wandte mich Sandra zu. Obwohl ich ihr in die Hand kniff, drehte sie sich nicht um. Einige Sekunden lang betrachtete ich ihr Profil. Die kurzen dunklen Haare, die Stupsnase, das

247

hübsche, etwas knabenhafte Gesicht. Die Hoffnung, schon am nächsten Tag reich zu werden, ließ alle Sorgen von mir abfallen. Zusammen mit dem Gefühl, das die Bedienung in mir ausgelöst hatte, reichte es aus, um Sandra in diesem Moment unendlich scharf zu finden. Ich rückte mit dem Stuhl näher an sie heran. Sie hatte trotz ihrer Unterhaltung bemerkt, dass ich sie anstarrte, und war umso bemühter, sich nichts anmerken zu lassen. Ich schob mich noch etwas nach vorn und führte ihre Hand unter der Tischdecke zwischen meine Beine. Sie zuckte nicht einmal zusammen. Ich schaute mich um, niemand schien auf uns zu achten.

Ein paar waren schon gegangen; wegen des Rotweins bekam ich nicht mehr alles mit. Irgendwann stand ich auf, ging in Richtung Toilette und warf Sandra, um die Ecke biegend, einen Blick zu, den sie lächelnd auffing. Eine Minute später lief sie mir in die Arme. Wir begannen sofort, uns zu küssen, ich zog sie hinter die erste Tür, dann hinter die zweite Tür und schloss ab. Ich fasste mit der einen Hand ihren Nacken wie bei einer jungen Katze, diesem Griff konnte sie kaum widerstehen. Dann vögelten wir unserem neuen Reichtum entgegen.

Gegen Mitternacht kam ich betrunken zu Hause an, stieg die Treppen hoch und setzte mich vor die Tür, um kurz auszunüchtern. Beinahe wäre ich eingeschlafen, aber dann bekam ich eine SMS und schreckte hoch. Sandra schrieb mir, dass sie noch nach mir riechen würde. Ich löschte vorsichtshalber alle Nachrichten von Sandra und schloss die Tür auf. In der Wohnung war es still, Lena hatte mich nicht gehört. Ich ging ins Badezimmer, zog mich aus und duschte Sandra ab. Dann nahm ich gebrauchte Unterwäsche aus der Wäschetonne, zog sie an und schlich ins

248

Zimmer. Lena schien zu schlafen. Ich legte mich neben sie, küsste sie in den Nacken und legte einen Arm um sie. Sie schmiegte sich an mich, murmelte irgendetwas und war wieder eingeschlafen. Ich dämmerte weg.

11092001

Es fühlte sich wieder einmal so an, als seien nur wenige Sekunden vergangen, als mein Handy mich wach klingelte. Immer noch betrunken, wollte ich es wegignorieren. Aber Lena war aufgewacht und ging ran. Im Halbschlaf war für mich die schlimmste Vorstellung, Sandra könnte anrufen und mit Lena sprechen, deshalb fuhr ich hoch und streckte die Hand nach dem Handy aus. Lena reichte es mir und sagte: «Thorsten. Ist wichtig, meint er.»

«Hör zu, ich hab nicht lange Zeit. Die Polizei. Zoll. Die haben mich gekascht, wegen irgendeiner Geschichte von früher. Wegen pupsigen dreitausend Mark.»

«Was?»

«Mann – ich bin in Nürnberg im Knast. Die erste Bahn zurück geht halb fünf, die muss ich kriegen!» Thorsten erklärte mir, dass er verhaftet worden sei. Alte Schulden bei irgendeiner Krankenkasse. Im Nachtzug aus Wien, wo er die Kommanditgesellschaft gegründet hatte, hatte der Zoll Stichproben gemacht. Von Hunderten Schlafenden wurde ausgerechnet Thorsten kontrolliert, auf ihn war ein Haftbefehl ausgestellt. Thorsten reichte sein Handy an einen der Beamten weiter. Der erklärte, dass man an einer Polizeidienststelle dreitausend Mark in bar einzahlen könnte, um ihn freizubekommen. Mit einer polizeilichen Bestätigung der Einzahlung würde Thorsten sofort rausgelassen werden. Alternativ könnte er aber auch dreißig Tage im Gefängnis sitzen.

Es war ein Uhr morgens, durch den Schreck hatte ich den Eindruck, wieder nüchtern zu sein. Lena verschwand unter der Decke. Ich rief Philipp auf dem Handy und zu Hause an, aber er ging nicht ran. Dann zog ich mich an, holte mir aus der Küche eine Flasche Wasser und ging zum Auto. Beim Einsteigen realisierte ich meinen Alkoholpegel, aber es war ja ein Notfall. Mit zugekniffenen Augen trank ich die Wasserflasche zur Hälfte leer, startete den Wagen und fuhr los. Nach einigen hundert Metern und dem vergeblichen Versuch, die Instrumententafel zu erkennen, schaltete ich das Licht an. Ich wusste noch nicht genau, wo ich hinfahren sollte, brauchte aber unbedingt das Gefühl, schon mal aktiv zu werden. Dann bog ich in Richtung der Wohnung von Philipp ab.

Als ich vor seiner Tür parkte, klingelte mein Handy. Philipp. Ich sagte: «Ich bin in zehn Sekunden bei dir», und legte auf. Er rief sofort wieder an, aber statt ranzugehen, drückte ich die Klingel. Er stand im Schlafanzug auf dem Flur und wollte mich nicht reinlassen. Gegen seinen Widerstand drängte ich mich an ihm vorbei, ging in die Küche und nahm mir ein Glas Wasser. Nach einer Zusammenfassung der Ereignisse fragte ich ihn, ob er an dreitausend Mark in bar ränkäme, noch heute Nacht. Philipp war nicht davon überzeugt, dass wir sofort handeln mussten. Für mich dagegen stand fest, dass das Gespräch mit Klede und seinen Anwälten ohne Thorsten in einer Katastrophe enden würde. Genau in dieser Nacht, mit der Befreiung von Thorsten, entschied sich die Zukunft der Agentur. Wenn ich es schaffte, wären wir gerettet, aufgekauft, reich. Wenn nicht, wäre alles verloren. Leider war ich immer noch zu

250

betrunken, um Philipp zu überzeugen. «Ich fahr mal wieder und denk mir was aus.»

Unten setzte ich mich auf den Kofferraum und fragte mich, was Thorsten tun würde, wenn ich in Nürnberg im Knast säße. «Na, nichts», sagte ich laut zu mir selbst und musste lachen. Dann kam mir die Idee, zur Spielbank zu fahren. Seit einem halben Jahr war ich nicht mehr dort gewesen. Mir fehlte die Geheimzahl der Firmenkreditkarte, aber in der Spielbank konnte man so trotzdem bezahlen. Ich raste zum Casino im Parkhotel, das außer einem Parkhaus nichts hatte, was seinen Namen gerechtfertigt hätte. Das Casino war oft bis drei, halb vier geöffnet, ich parkte im Halteverbot und rannte zu den Aufzügen. Oben musste ich meinen Personalausweis zeigen und zehn Mark Eintritt zahlen, für die ich einen nicht rücktauschbaren Zehner-Jeton bekam. Der Mindesteinsatz. Der Mann am Empfang musterte mich, öffnete einen Schrank und gab mir ein Sakko, das eine ähnliche Farbe hatte wie meine Hose. Es war viel zu groß und roch nach Schweiß und Rauch. In modischer wie olfaktorischer Todesverachtung streifte ich es über und ging direkt zum Kassenschalter, an drei Seiten von grünstichigem Panzerglas geschützt. Ich legte die Kreditkarte hin und sagte: «Dreitausend.»

Der Kassierer schaute mir in die Augen. Ich starrte zurück.

«Wie?»

«Hunderter.»

«Haben Sie getrunken?»

«Sie etwa nicht?»

«Bitte?»

«Sind wir hier in der Kirche oder im Casino?»

Die patzige Art à la Thorsten wurde hier erwartet,

251

sonst fiel man gegenüber den Stammgästen, bestehend aus frustrierten fünfzigjährigen Geschäftsleuten, viel zu stark aus der Reihe. Er nahm die Kreditkarte, betrachtete sie und rief beim Empfang an, um sich zu vergewissern, dass auf meinem Personalausweis der gleiche Name stand. Dann schrieb er etwas auf einen Auszahlungsblock, riss das oberste Formular ab und schob es mir zu. Mit einem herumliegenden Kugelschreiber, auf dem «dokumentenecht!» mit Ausrufezeichen stand, unterschrieb ich, unterstrich die «dreitausend», die er schon eingetragen hatte, und schnipste den Zettel zurück. Dann begann er, ohne die Unterschriften zu vergleichen, mit der Auszahlung von dreitausend Mark in Hunderter-Jetons. Ich wartete, bis sechs Fünferstapel vor mir lagen, und wischte alle Chips in die riesige Jacketttasche, in der man vermutlich einen Doppelzentner Kartoffeln hätte transportieren können. Dann ging ich an den Black-Jack-Tischen vorbei zum Roulette, wo zwei alterslose Asiatinnen und ein paar vertreterhafte Männer saßen. An ihren abschätzigen Blicken konnte ich ablesen, wie lächerlich das Jackett an mir aussehen musste. Ohne genau zu wissen, weshalb, wartete ich zwei Runden ab. Als Bestätigung, dass ich trotz des Harry-Wijnvoord-Zeltjacketts ein ernstzunehmender Spieler sei, klimperte ich derweil mit einigen Hunderter-Chips. Die Mitspieler beobachteten mein Gepose, gaben sich aber unbeeindruckt. In der dritten Runde setzte ich den Zehner auf ein Pferd, zwei Zahlen gleichzeitig: auf die 26, weil ich so alt war. Und auf die 23, weil es die 23 war. Die anderen Spieler legten ungeheure Mengen an Jetons auf den Tisch. Man konnte kaum noch die Zahlen auf dem Filz erkennen.

Der Croupier warf die Kugel in den Kessel, schaute

mich aufmunternd an und sagte: «Rien ne va plus.» Es fiel die 23. In diesem Moment war ich vollends überzeugt, dass sich gerade mein Schicksal entschied – mit dem Agenturverkauf, mit dem vielen Geld, das wir bekommen würden, mit Lena, irgendwie auch mit Sandra, mit meinem Leben. Das Schicksal war auf meiner Seite. Endlich. Der Croupier fragte «Monsieur?»

«Äh, zwei. Nein, fünf! Fünf Stück für die Angestellten.»

«Sehr vielen Dank, Monsieur!»

«Danke auch von mir, im Namen der Angestellten», sagte die Tischchefin. Von den hundertsiebzig Mark in Chips, die ich eben gewonnen hatte, klickte der Croupier hundertzwanzig mit dem Schieber in meine Richtung, fünfzig ließ er nacheinander in den Trinkgeldschlitz im Tisch fallen. Ich griff nach den Jetons, drehte mich um und ging zurück zum Kassierer. Er war erstaunt, mich schon wieder zu sehen, und nahm an, ich wolle noch einmal Geld abheben. Stattdessen stapelte ich alle Chips vor ihm auf die Theke und sagte: «Es tut mir leid. Beim ersten Spiel gleich ein Pferd gewonnen.»

«Gratuliere! Aber …»

«Nein, ich muss gehen bei so was! Jetzt habe ich kein Glück mehr.»

«Hmm. Wie woll'nses ham?»

«Groß.»

Er zählte dreitausendeinhundertzwanzig Mark vor sich auf die Theke.

«Fünfzig für die Angestellten.»

«Danke, Monsieur!» Sein mürrischer Unterton hatte sich verflüchtigt. «Bis zum nächsten Mal, Monsieur.»

Auch am Empfang ließ ich ein Trinkgeld von fünfzig Mark. Das stinkende Sakko legte ich unter mehreren

«Danke, Monsieur!»-Rufen auf den Tresen und stieg in den Fahrstuhl. Unten war, mitten in der Nacht, eine Polizistin damit beschäftigt, mir einen Strafzettel an den Scheibenwischer zu heften. Kurz dachte ich daran, dass ich noch immer angetrunken war. Dann sagte ich mir «Flucht nach vorn!» und lief in ihre Richtung. «Oh, verdammt! Tut mir total leid, sorrysorrysorry!»

«Ja, nee, zu spät. Jetzt gibt's ein Knöllchen, wa.»

«Kriegen wir das nicht irgendwie anders hin?»

«Seh ick bestechlich aus, oder was? Aber gleich bezahl'n könn'se. 'n Zwanni.»

Umständlich fingerte ich einen Zwanzigmarkschein aus der Brieftasche, damit die sechs Fünfhunderter nicht zu sehen waren. Erst nachdem ich losgefahren war, bemerkte ich, dass die Polizistin mir keine Quittung gegeben und auch den Strafzettel wieder vom Scheibenwischer abgezogen hatte. Ich fuhr in Richtung Zoo, ich glaubte, dass dort eine wichtige Nacht-Polizeidienststelle sei. Vermutlich hatte ich das in «Wir Kinder vom Bahnhof Zoo» gelesen. Ich klingelte. Ein verschlafener Polizist öffnete das Sprechfensterchen in der Tür. Mit meiner wirren Nürnberg-Geschichte war ich nicht willkommen. Er verwies mich auf die Öffnungszeiten der Kasse und machte das Fensterchen wieder zu. Mir fiel nur eine weitere Polizeidienststelle ein, um die Ecke von meiner Wohnung. Es war halb drei. Beginnende Kopfschmerzen waren ein Zeichen dafür, dass ich wieder nüchtern wurde. Für die Strecke vom Zoo in mein Viertel brauchte man nachts fünfundzwanzig Minuten, ich schaffte es in fünfzehn. Mir begegnete kaum ein anderes Auto. Direkt vor der Eingangstür hielt ich und klingelte. Ein Endfünfziger, unrasiert und mit schlechtsitzender Uniform, öffnete die Tür und lachte mich an. Auf-

254

geregt schilderte ich ihm die Situation, inklusive unseres wichtigen Elf-Uhr-Termins.

«Na jut. Ham'se die dreitausend dabei?»

«Ja.»

«In bar? Schecks oder so Zeuch nimmt Vadder Staat nich. Nur Baret is Wahret.»

Als ich das Geld auf den Tisch zählte, sah ich auf seinem Schreibtisch einen Flachmann stehen – was er wiederum bemerkte. Seine Stimmung änderte sich. Er ging zu seinem Tisch, nahm den Flachmann in die Hand und stellte ihn in eine offene Schublade. Dann sagte er: «Hamse einklich was jetrunken?!»

«Bisschen Bier, vorhin zum Essen.»

«Is also Ihre Fahne hier inna Luft, wa?»

«Klar. Ihre kann das ja nicht sein.»

Er lachte wieder freundlicher. «Nee, stimmt, meene kann dit ja nich sein. Denn machen wa ma dit Fax an die Kolleeng in Nürnberg fertig.»

Er zählte das Geld und legte eine Quittung auf den Tisch. Dann ging er zu einem anderen Tisch, auf dem eine Schreibmaschine stand, fädelte ein Formular ein und begann, abwechselnd mit beiden Zeigefingern zu tippen. Ich hypnotisierte seine Hände, um den Vorgang zu beschleunigen.

«Jetz noch Zehnfingersystem lern' is doch ooch Quatsch, drei Jahre vor da Frühpangsion!» Er konnte Gedanken lesen, sogar ohne mir ins Gesicht zu schauen. Dann sah er in einem staubigen Buch nach, wählte eine Telefonnummer, ließ sich weiterverbinden und tauschte mit dem Nürnberger Kollegen auf der anderen Seite ein paar Brocken sperrigen Amts-Smalltalk aus. Dann erkundigte er sich nach Thorstens Fall. Seine Miene verfinsterte sich erst,

255

dann hellte sie sich wieder auf. «Ja, dreitausend hatta grad einjezahlt hier ... Nee, is 'n Netta ... Jut, ick faxe dit denn rüber ... Na, siehste, jeht doch. Freund und Helfer, ne ... Danke. Schön'n Feierahmd wünsch' ick!» Er legte auf, ging zu einem Faxgerät, für das jedes Technikmuseum größere Summen gezahlt hätte, schob das Formular hinein und kam zurück zu mir.

«Dit wär dit. Die lass'n ihmchen jetze frei.»

«Ja, vielen Dank!»

«Keene Ursache, jing doch jeschmeidig.»

«Auf eine Art. Ja.»

Er lachte wieder und verabschiedete sich. Als ich schon fast zur Tür rausgegangen war, rief er mir hinterher: «Aber dit KfZ, dit würd' ick jetz ma stehnlassen. Mit der Fahne, wenn Se da inne Kontrolle komm'!»

Aus dem Revierfenster lachte er mich an, um zu überprüfen, ob ich nicht doch ins Auto stieg. Ich lief ein paar Schritte die Straße hoch und winkte mir ein Taxi ran. Es war fast vier, ich ließ mich auf die Rückbank fallen. Erst ein paar Momente später realisierte ich, dass ich kaum fünfhundert Meter von zu Hause entfernt war. Als wir nach zwei Minuten angekommen waren, zog ich meine Geldbörse aus der Tasche und erschrak. Es war kein Pfennig mehr darin. Der Taxifahrer sagte: «Fünf fünfzig.»

«Mann, Scheiße, ich hab mein Geld verloren.»

«Das ist echt eine Frechheit, so was macht man doch nicht! Das war meine letzte Fahrt heute!» Verärgert fuhr er wieder an und beschleunigte bis auf siebzig Stundenkilometer. «Ich fahre Sie jetzt wieder dahin, wo Sie herkommen, das reicht mir mit euch Brüdern!»

Ich entschuldigte mich und schwieg den Rest der Stre-

256

cke. Meine Kopfschmerzen hämmerten, ich hatte einen pelzigen Geschmack auf der Zunge. Vor dem Revier warf mich der Taxifahrer aus dem Wagen. Unschlüssig sah ich zum Fenster, hinter dem der Polizist seinen Schreibtisch hatte. Das Licht war aus. Ich lief zum Audi, stieg ein und fuhr nach Hause.

Am nächsten Morgen wachte ich gegen neun mit starken Kopfschmerzen auf. Lena war schon aus dem Haus gegangen. Ich suchte eine Nachricht von ihr, fand aber keine. Dann machte ich mich fertig und fuhr zur Agentur, um mich auf Thorstens Ankunft und die Fahrt zu unserem Retter Horst Klede vorzubereiten. Philipp empfing mich mit den Worten: «Und? Hat's noch geklappt?» Obwohl ich mir vorgenommen hatte, sauer auf ihn zu sein, erzählte ich ihm von meiner nächtlichen Odyssee. Sandra kam angelaufen, ein Telefon in der Hand. Die Sekretärin der Geschäftsführung von Roneco war dran. Sie sprach mit gepresster Stimme, es ging ihr nicht gut. Klede hatte bei einem Ausflug einen Gehirnschlag erlitten und war vom Fahrrad gefallen, dabei hatte er sich das Genick gebrochen. Er lag im Koma. Es war völlig unklar, wann er wieder gesund werden würde. Und ob überhaupt. Die Sekretärin schluchzte, entschuldigte sich und legte auf. Um mich herum hatten sich einige Mitarbeiter versammelt, die Sandra hinterhergelaufen waren. Bevor ich zu einer Erklärung anheben konnte, kam Thorsten hereingerannt. «Ich bin wieder da, wir können los! Wir müssen los!»

«Nein», sagte ich. «Ist abgesagt.»

«Was? Wieso denn?»

«Klede liegt im Koma. Fahrradunfall.»

«Nee, oder? Was soll die Scheiße? Der soll uns kaufen! Fuck! Zu dumm zum Fahrradfahren, der Idiot! Fuck!»

257

«Die wissen noch nicht mal, ob er jemals wieder gesund wird. Gehirnschlag, Genickbruch, alles. Hat sich die volle Packung gegeben.»

Philipp, der gerade aus der Teeküche kam, erkannte auch ohne Nachfrage, dass alles in sich zusammengefallen war. Wir gingen in den Konferenzraum. Thorsten berichtete aus Portugal und was für große Fortschritte der Tabakschotte gemacht hätte. Er hätte sogar schon José eingestellt, einen portugiesischen Nachtwächter. «Ich würde vorschlagen, wir nennen ihn Heiko Tänschel!» Thorstens Witz erstarb ohne Reaktion. «Wir haben hier ein Top-Projekt am Start. Der Tabakschotte, das wird der Knaller, ich hab mit hundert Leuten gesprochen, alle finden es super. Hat jemand Bock, mal ein paar Wochen von Portugal aus zu arbeiten? Na?»

Marek, Sandra und die anderen Angestellten schauten in meine Richtung und erwarteten, dass ich diese unerträgliche Situation beendete. «Thorsten, lass die Leute doch erst mal verschnaufen. Hey, wir machen einfach jetzt die Mittagspause. Vorgezogene Mittagspause, alle! Raus jetzt.»

Am frühen Nachmittag trafen die Mitarbeiter wieder in der Agentur ein. Inzwischen hatte ich mich halbwegs gefasst, ging von einem Grüppchen zum anderen und brachte überall ein paar beruhigende Worte an. Mit der Arbeit konnte und wollte aber niemand beginnen, zu große Hoffnungen hatten wir in den Agenturverkauf gesetzt. Nur Philipp saß am Schreibtisch und schaute in seinen Bildschirm.

«Hey, Leute!»

«Hm?»

«Da ist ein Flugzeug ins World Trade Center geflogen in New York!»

258

«Was? Mathias Rust – die Rückkehr? Oder 'n Selbst-mörder?»

«Nein. Viel größer. Sieht total krass aus.»

Wir rannten zum Fernseher, der keine Antenne hatte, an den aber ein Prototyp einer Streaver-Box angeschlossen war. Die Jungs von streaver.com hatten ihn uns zu Testzwecken überlassen.

«EINMAL könnte das Scheißding funktionieren!», Thorsten schnaubte verächtlich. Nach wenigen Sekunden war ein Bild zu sehen. Der Ton schepperte erbärmlich, weil er aus schrottigen Miniaturlautsprechern an der Box kam. Heftiger Rauch stieg aus einem der beiden Hochhaus-türme auf. Der Moderator redete nur wenig und langsam und war bestürzt, im Hintergrund Tumult. Kaum zwei Minuten nachdem wir den Fernseher angeschaltet hatten, hörte ich Schreie, die gleichzeitig aus dem Gerät kamen und aus dem Raum. «Da ist noch ein Flugzeug reingeflogen!» Der Moderator kreischte. Immer wieder hörte man aus der lächerlich quäkigen Streaver-Box: «Oh my God! Oh my God!»

Ich setzte mich auf den Boden und starrte auf den Bildschirm. Feuer und Rauch an beiden Türmen, «Hollywood. Sieht genau aus wie Hollywood, aber genau», sagte ich. Sandra setzte sich neben mich. «Kann mir mal jemand den Tag erklären, bitte? Oder vielleicht nochmal zurückspu-len?»

Wir hatten uns um den Fernseher versammelt und schwiegen die meiste Zeit. Ab und zu versuchte jemand, einen Scherz zu machen, aber es ging nicht.

«Da, diese Punkte. Sind das … *Menschen*? Springen die da runter?»

In einer Blase ohne Zeit saßen wir zusammen vor dem

259

Bildschirm. Fassungslosigkeit. Außer dem quäkenden Lautsprecher, der die Tonspur der Katastrophe übertrug, die sich sechstausend Kilometer entfernt ereignete, war alles andere still. Dann quiekte Sandra so schrill auf wie das Ferkel kurz vor meinem Schnitt. In Zeitlupe fiel einer der Türme in sich zusammen. Aus der Streaver-Box heraus schrie es in panischer Angst.

«Unglaublich, fuck!», sagte Philipp.

Schweigen, auch im Fernseher.

Beim Zusammenfallen des riesigen Gebäudes spürte ich einen Schmerz im ganzen Körper und wurde starr. Es tat mir weh, zuzusehen, aber ich konnte den Blick nicht abwenden. «Dritter Weltkrieg. Auf jeden Fall!», sagte Thorsten. «Wie passend», dachte ich, «mit der Streaver-Box hat das Ende der Agentur angefangen, und damit betrachteten wir den Anfang vom Ende der Welt.» Ich konnte mich gar nicht mehr bewegen und hatte das Gefühl, nur noch aus einem hämmernden Kopf und starrenden Augen zu bestehen. Sandra hatte meine Hand genommen, die bedeckt war von einem kalten Schweißfilm. Sie weinte. Mir fehlte die Kraft, sie zu trösten. Dann brach der zweite Turm in sich zusammen.

audi

Thorsten kam als Letzter in das Meeting mit Philipp, Sandra und mir. Er warf sich in den Sessel am Kopfende des Konferenztischs und sagte: «Und?»

«Irgendwie gibt es nur eine Lösung», sagte Philipp, «die Kaution kriegen wir von der Leasing-Firma nur zurück, wenn das Auto einen wirtschaftlichen Totalschaden hat.» In den vergangenen Tagen hatten Philipp und ich überlegt, wie wir Bargeld auftreiben könnten. Die fünfzigtausend Mark, die wir für den geleasten Wagen als Sicherheit hinterlegt hatten, würden die Agentur mehr als einen Monat lang finanzieren.

«Wirtschaftlicher Totalschaden. Was heißt das genau?», fragte Thorsten.

«Ein Unfall», sagte ich, «und die Reparaturkosten müssen den Restwert übersteigen. Dann wird der Vertrag aufgelöst, die Versicherung zahlt die Bank aus, wir kriegen unsere Kaution.» Ich tat, als hätte ich alles bereits recherchiert. Die Idee mit dem Unfall stammte von Philipp. Erst hatte ich ihr skeptisch gegenübergestanden, aber die Aussicht auf das Geld hatte mich umgestimmt. Wir waren stolz auf den Plan und wollten von Thorsten hören, dass wir trotz der schwierigen Umstände gute Arbeit leisteten.

261

«Ihr wollt doch nicht absichtlich einen Unfall provozieren!» Sandra klang empört, aber sie war einfach nur sauer, weil ich sie nicht eingeweiht hatte.

«Ist die einzige Lösung, was die Kaution angeht. Wirklich.» Meine Sicherheit war vorgetäuscht, aber meine Überzeugungskraft wirkte wie üblich.

«Na dann. Next steps?»

Wenn Thorsten so schnell nach den nächsten Schritten fragte, war das ein Zeichen für Zustimmung. «Fast schon ein kleines Kompliment», dachte ich.

«Ich finde raus, wie man den Audi am besten zerschrotet, ohne selbst draufzugehen. Ein jugoslawischer Freund von mir hat mal von Versicherungsbetrug gelebt. Mit Schrottautos Unfälle gebaut.»

Davon hatte ich nur aus dritter oder vierter Hand erfahren. Aber für Thorsten musste es sich plausibel anhören, seiner Meinung nach brachte Osteuropa nur Trinker, Schachspieler und Meisterkriminelle hervor.

Anfang der Neunziger hatten die Medien eine Zeitlang über die Crash-Kids berichtet, die Autos mit Airbags klauten und mit mittlerer Geschwindigkeit aus Spaß gegen Bäume und Mauern fuhren. In meinem Kopf entwickelte sich von selbst ein Film, in dem das Zweihunderttausend-Mark-Auto spektakulär gegen einen Baum fuhr. Es reizte mich, mich freiwillig zu melden und es selbst auszuprobieren. Wahrscheinlich, weil irgendein anstrengend pubertärer Teil meines Gehirns einen provozierten Unfall cool fand. Eine phantastische Mutprobe mit allen notwendigen Bestandteilen: Gefahr, Todesnähe, Zerstörung, Gerissenheit, Lüge, Schauspiel. Fehlte eigentlich nur noch Sex.

Im Netz stieß ich auf verschiedene Unfallberichte. Es ließ sich abschätzen, dass man mit einem Audi A8 mit ungefähr fünfzig Kilometern pro Stunde frontal gegen ein stabiles Hindernis wie einen Baum würde fahren müssen. Meine Vorfreude schwand ein wenig. Fünfzig hörte sich nicht allzu schnell an, aber was konnte im schlimmsten Fall passieren? Tod? Rollstuhl und nie wieder Sex? Das drittlästigste Szenario war, dass das Auto zwar kaputtging – aber ohne wirtschaftlichen Totalschaden. Dann würde die Bank unsere Kaution nicht freigeben, und wir müssten die Leasingraten weiterzahlen, was wir nicht konnten.

Am frühen Abend ging ich zum Wagen, den Thorsten ein paar Straßen von der Agentur entfernt im Halteverbot abgestellt hatte. Ein kleiner Aufkleber von der Gewerkschaft der Polizei in der Windschutzscheibe hielt zuverlässig Strafzettel fern, wenn man sich nicht gerade quer über zwei Behindertenparkplätze stellte oder mitten auf die Straße. British Racing Green. Die Farbe hatte etwas Pensioniertes, aber auch etwas Vornehmes. «Angeben durch Understatement» hatte Thorsten es genannt. Ich ging einmal um den Wagen herum und dachte an die Touren, die ich damit unternommen hatte. An die Schweiz, an die Blindfahrt auf der Autobahn, an die S-Klasse, die mich überholt hatte. An die Nacht im Casino. Oder wie ich hinter die Tricks gekommen war, zum Beispiel einen explosiven Start hinzulegen. Wie ich mich über den Ampelstart amüsiert hatte, obwohl mich alle anderen dafür garantiert hassten, ich hätte mich auch gehasst, wenn ich einer von ihnen gewesen wäre. Ich stieg ein und fuhr zur nächsten Allee. Bei fünfzig Stundenkilometern stellte ich den Tem-

263

pomat ein und nahm den Fuß vom Pedal. Die Allee führte einen Kilometer schnurgeradeaus, alle dreißig Meter stand ein schwerer Kastanienbaum. Mit diesen Bäumen vor der Tür war ich aufgewachsen und hatte als Kind oft gegen den Rat meiner Eltern die giftigen Rosskastanien in den Mund gesteckt, weil sie zu Tränen rührend schön waren und glänzten, wie mit Butter poliert. Inzwischen sah ich nicht mehr geradeaus, sondern achtete nur auf einen gleichbleibenden Abstand zu den Bäumen auf der Seite. Eine Recherchefahrt. Ich versuchte abzuschätzen, wie viel Wucht ein Aufprall haben würde. Nach zwanzig Sekunden Konzentration auf die Kastanienreihe, ohne nach vorn zu sehen, beendete ich den Test mit einer Vollbremsung. Der Wagen kreischte, presste mich nach vorn und stand schräg auf der Fahrbahn. Der Motor war aus, meine Finger krampften sich um das als ergonomisch angepriesene Lenkrad, die Handinnenflächen waren nass, die Knie weich. Ich hatte nicht bemerkt, wie sehr mich die Situation aufgeregt hatte.

Auf dem Heimweg achtete ich so penibel auf die Straßenverkehrsordnung, als sei ich betrunken. Die Sache war schwieriger, als ich mir vorgestellt hatte, und fühlte sich nicht mehr so cool an. Ich schloss auf, das Licht war an, Lena schien da zu sein. Noch während ich versuchte, mein Sakko an der überladenen Garderobe aufzuhängen, marschierte Lena in den Flur ein und begann sofort mit einer Schreiattacke. «Waaas? Was machst du?» Die folgenden Worte waren nicht mehr zu verstehen, weil sie in Tränen ausbrach und in Frequenzen knapp unterhalb einer Hundepfeife schrie und kreischte. Was genau meinte sie? Hatte sie von der Affäre mit Sandra erfahren? Aber
264

wie? Hatte Thorsten es erzählt, aus taktischen Gründen? Hatte Lena Fotos von irgendwelchen Partys im Netz gefunden?

Mein Versuch, sie beschwichtigend in den Arm zu nehmen, misslang, weil sie völlig außer sich war und um sich schlug. So verzweifelt hatte ich Lena noch nie gesehen. Erfüllt von Mitleid und schlechtem Gewissen – immerhin liebte ich sie irgendwie –, hielt ich die Schläge aus, ein Fäustchenhagel. Sogar in höchster Wut sparte sie sorgfältig mein Gesicht aus, was mich in eine seltsam liebevolle Freude versetzte. Eine Viertelstunde verging, sie schrie und schlug, ich war stumm und stand.

Philipp hatte Lena angerufen, weil er sich um mich gesorgt hatte. Er hatte mich in der Agentur bei den Unfallrecherchen beobachtet und gesehen, wie ich mit düsterer Miene zum Audi gelaufen war. Deshalb hatte er nachfragen wollen, ob ich schon zu Hause wäre. Lena bohrte nach, und Philipp verriet den Unfallplan. Sie hatte mich nicht erreichen können, mein Handy war ausgeschaltet. Das tat ich seit einiger Zeit, wenn ich nichts von der Welt mitbekommen wollte, Sonnenbrille auf, Kopfhörer rein, Handy aus, allein sein. Nachdem Lena sich heiser geschrien hatte, gingen wir ins Bett, sie schlief augenblicklich ein.

Am nächsten Tag berichtete ich in der Agentur von meinen Erkenntnissen. Sandras Ablehnung des Plans beherrschte die Runde, ohne dass sie ein einziges Wort sagen musste. Sie stand auf und verließ den Raum. Thorsten, Philipp und ich kamen überein, am kommenden Wochenende für den Unfall mit Pappkartons zu trainieren und dann den Fahrer auszulosen.

265

Am Samstag fuhren wir zu einem verlassenen Militär-
flugplatz im Umland, im Kofferraum große, faltbare Umzugskartons. Lena hatte ich erzählt, dass wir weiter an
der Agenturrettung arbeiten mussten. Thorsten stellte
die Musik so laut, dass man sich nicht mehr unterhalten
konnte. Während der Fahrt beobachtete ich ihn. Er hatte
seine Autofahrerhaltung eingenommen: schief in den Sitz
geklemmt, den rechten Ellenbogen auf der Mittelkonsole
aufgestützt, die Hand nachlässig über den Schaltknüppel
gelegt, den linken Arm gerade durchgedrückt, die Hand
am Lenkrad. Sein Kopf hing in der Mitte des Wagens über
der Handbremse, nah bei mir. Während der Fahrt sah er
mich kein einziges Mal an, und ich sah Philipp auf der
Rückbank kein einziges Mal an.

Der Flugplatz war durch eine Schranke abgesperrt, an der
eine schwere Stahlkette hing. Ohne den Motor oder die
Musik abzustellen, stiegen wir aus und betrachteten Kette
und Schloss. Im Werkzeugkasten im Kofferraum fand sich
nur eine kleine Zange. Philipp und ich waren ratlos, aber
Thorsten griff nach dem Abschleppseil. Er befestigte den
einen Karabinerhaken vorn am Wagen und den anderen
am Schloss, mit der scheppernden Musik im Hintergrund
kam ich mir vor wie in einem Gangsterfilm. Ich war schon
wieder auf dem Beifahrersitz, als Philipp erst begriff, wie
Thorsten das Schrankenproblem lösen wollte. Er stieg
ein und schnallte sich an. «Philipp hat Angst», dachte ich,
«aber ich habe keine Angst, Angst ist mir fremd, Angst ist
der Feind.»

    Thorsten stellte die Musik leiser und sagte: «Hey, prob-
lem solved! Lieber langsam anfahren oder gleich Vollgas?»

266

«Lang... was? Kannst du das Konzept ‹langsam› noch-mal erklären?», sagte ich.

Thorsten brummte anerkennend, dann schaltete er in den Rückwärtsgang und trat das Gaspedal voll durch.

Philipp schrie, begleitet vom Jaulen der Reifen, dem Knallen der berstenden Kette und einem lauten Splitter-geräusch. Wie bei einem Schuss herrschte danach Stille. Der Motor war aus, die Musik auch. Das unter Spannung stehende Abschleppseil hatte das schwere Schloss gegen den Wagen geschleudert, wo es auf der Beifahrerseite in die Windschutzscheibe einschlug und stecken blieb, fünf-zig Zentimeter von meinem Kopf entfernt. Die Scheibe war nicht vollständig zersplittert, aber ein Netz von Rissen zog sich über die rechte Seite.

Thorsten fluchte, Philipp verbarg sein Gesicht in den Händen, saugte zwischen den Fingern die Luft hindurch und versuchte trotzdem, «Fuck!» zu rufen. Mit einem Hus-ten überspielte ich meinen Schock und überlegte, was ich Cooles sagen könnte. Souveränität war jetzt notwendig, und wenn es nur vorgespielte Souveränität war, so groß waren die Unterschiede da sowieso nicht. Dann sagte ich zu Thorsten: «Mach den Motor an und lass uns reinfahren.» Ich stieg wieder aus und öffnete die Schranke. Die Motor-haube war von den metallenen Ösen am Abschleppseil be-schädigt. Wir fuhren weiter in Richtung Flugfeld. Aus dem Fond war Philipp mit zunehmender Lautstärke zu hören. Er hatte sich in eine «Fuck»-Tirade hineingesteigert. Un-ter dem Wagen schleiften wir das klackernde Abschleppseil mit. «Fuck», klackklack, «Fuck! Fuck!», klackklackklack, «Fuck!»

Nach fünf Minuten kamen wir auf einen riesigen, rissi-gen Betonplatz. Thorsten drehte einen Bogen, und wir hiel-

267

ten direkt vor einem Hangar, dessen Tor mit einer Kette verschlossen war.

«Rückspiel?», fragte ich Thorsten, und wir mussten beide lachen, bis Philipps Fuck-Frequenz nahe null angekommen war. Nach kurzer Begutachtung der Windschutzscheibe entschieden wir uns, das Schloss stecken zu lassen. Wahrscheinlich wäre beim Herausziehen die ganze Scheibe in sich zusammengefallen. Durch die Erschütterung während der Fahrt hatten sich die Risse vergrößert. Ich musste an den Biologieunterricht in der Oberstufe denken, als wir an das Thema Drogen herangeführt worden waren und uns die Lehrerin Netze von Spinnen unter LSD-Einfluss präsentiert hatte.

«Klare Sache, diese Unfallkiste müssen wir heute durchziehen. Wir können mit so Schäden am Audi auf keinen Fall zurück in die Agentur. Die Leute checken, dass da was faul ist, und wir sind supererpressbar», sagte Thorsten.

Ich gab ihm recht. Philipp, der begann, sich an seiner Angsthasenrolle zu stören, überlegte und stimmte dann auch zu. In seinem Gesicht konnte ich lesen, dass er erst einige Sekunden später begriff, was seine Zustimmung bedeutete – einer von uns würde noch heute mit Absicht und fünfzig Stundenkilometern gegen einen Baum fahren.

«Warum müssen wir dann jetzt noch mit den Kartons üben?», fragte Philipp.

Meine Angst vor der Auslosung wurde mit jeder Sekunde größer, ich wollte nicht fahren, ich wollte Zeit gewinnen, womit auch immer.

«Es ist halt irre schwer, mit fünfzig Sachen einen Baum richtig zu treffen!», sagte ich für meine Verhältnisse wenig überzeugend. «Ungefähr so schwer wie mit tausend Sa-
268

chen ein Hochhaus zu treffen», sagte Thorsten. «Die haben auch vorher geübt.»

Wir bauten die Kartons hundertfünfzig Meter vom Hangar entfernt auf, mitten auf dem Betonfeld. Beim Zusammenstecken der Pappe musste ich mich ständig umsehen, dabei gab es keinen Grund zur Sorge, wir taten nichts Verbotenes. Wir bereiteten nur etwas Verbotenes vor. Thorsten fuhr als Erster, so konnte ihm später niemand vorwerfen, feige zu sein. Philipp und ich standen ein paar Meter seitlich neben den Kartons. Wir wollten beobachten, wie der Aufprall vor sich ging. Thorsten fuhr an, beschleunigte und hielt auf die Kartonwand aus drei mal drei Kisten zu. Im letzten Moment schien er abzubremsen und leicht aus der Spur zu lenken, traf aber mit der Beifahrerseite die Kartons. Die unterste Reihe überfuhr er, die anderen stoben zur Seite und nach oben.

Etwas wackelig stieg Thorsten aus und kam auf uns zu. «Also. Gar nicht so leicht. Man zuckt irgendwie doch zusammen. Hat nichts mit Angst zu tun, eher … Eher so ein Reflex.»

«Nein, nein, hat natürlich nichts mit Angst zu tun, natürlich nicht.»

«Ein Reflex?», fragte Philipp. «Wie jetzt?»

«Okay», sagte ich, «wer den Wagen am Ende fährt, muss vorher ein paar Versuche machen, damit er das hinkriegt, ohne zu zucken. Alles andere ist Quatsch und gefährlich. Wenn man es so verreißt wie du eben, ist es völlig unberechenbar.» Inzwischen vermieden wir alle das Wort Unfall.

«Also losen wir gleich, und der glückliche Gewinner übt hier, bis er nicht mehr zuckt.»

«Einzige Chance, ja.»

269

«Scheiße! Fuck! Hitler!», sagte Philipp.

Hitler hatte sich in allen möglichen Varianten als Schimpfwort in der Agentur etabliert. Nachdem die ersten Hemmungen gefallen waren, hatten wir uns begeistert ins Hitlern hineingesteigert. «Wenn wir nicht aufpassen, verhitlern wir völlig!», hatte Philipp gewarnt. Ab und zu hörten wir uns in der Agentur spätabends Schallplatten mit Hitlerreden an. Dann legte Thorsten auf den zweiten Plattenteller Drum 'n' Bass und spielte mit den Platten wie ein DJ, so hatten wir das Hitlerscratchen erfunden.

«Hey, wir ziehen das jetzt durch! Die Scheibe ist schon im Arsch, wir brauchen die Kaution. Wenn wir die Sozialbeiträge nicht zahlen nächsten Monat, gehen wir in den Bau, haben wir schon hundertmal besprochen.» Thorsten baute eine Drohkulisse auf, der Unfall sollte uns als vernünftigste Lösung erscheinen. Er wandte sich besonders Philipp zu, was mich irritierte. Dann begriff ich, dass Thorsten die Auslosung manipulieren und entweder Philipp oder mich fahren lassen wollte. Oft hatten Thorsten und ich beim Bier darüber geredet, wer welche Rolle in der Agentur hatte. Zwangsläufig waren wir auf die Frage gekommen, wer von uns am leichtesten zu ersetzen sei, und waren uns schnell einig geworden, nicht nur, weil Philipp nicht mit dabei gewesen war.

In der höchstwahrscheinlich bevorstehenden Insolvenzphase würde Thorsten mich brauchen. Unser Verhandlungsmodell mit verteilten Rollen hatte bisher gut funktioniert. Philipp war im Agenturalltag sehr wertvoll, er machte drei Jobs gleichzeitig – für kritische Phasen war er viel zu ängstlich. Auf der anderen Seite war ich Thorstens Konkurrent, was Sandra anging. Aber das würde hier keine Rolle spielen. Hoffte ich. Thorsten ging sehr ge-

270

schickt vor, als hätte er die Situation schon länger entsprechend vorbereitet. «Bevor wir losen, müssen wir schwören.»

«Wie, schwören?»

«Na, dass wir die Auslosung annehmen und definitiv fahren. Jeder von uns, egal wer.»

«Aber warum denn?», fragte Philipp.

«Für mich», sagte Thorsten, «es ist vor allem für mich. Ich kenne mich, und ihr kennt mich doch auch. Nur ein echter, tausendprozentiger Schwur bei meiner Mutter oder so bringt mich dazu, nach der Verlosung auch zu fahren. Sonst erfinde ich wieder irgendwelche Ausreden.»

«Was für ein verdammter Fuchs», dachte ich und stimmte zu: «Sehr anständig von dir, Thorsten. Also schwören wir alle bei unseren Müttern. Okay für dich, Philipp?»

Philipp war verunsichert, aber er nickte. Wie die Schwachen immer genau im richtigen Moment ihr eigenes Grab schaufelten.

Ich war gespannt, weniger auf das Ergebnis der Auslosung als darauf, wie Thorsten manipulieren würde. Wir schworen. Vor meinem inneren Auge sah ich die Szene aus der Vogelperspektive. Auf einem weitläufig von Wald umringten Betonplattenplatz, auf dem kreuz und quer Kartons herumlagen, ein paar Meter neben einem dunkelgrünen, todgeweihten Audi A8, dessen Motor noch immer brummte, Thorsten hatte den Wagen angelassen, ein irritierend feierlicher Moment: Drei junge Männer standen einander zugewandt im Kreis, im Chor murmelnd, die Hände so vorgestreckt, dass sie sich fast auf einer imaginären Bibel berührten.

271

Thorsten zog drei Zahnstocher aus der Tasche. «Wieso hat er die eigentlich mit?», dachte ich und verdrängte es wieder, keine Irritationen auf der Zielgeraden. Er brach einen Zahnstocher durch, den längeren Teil behielt er in der Hand, den kürzeren warf er auf den Boden. Dann drehte er sich um und vertauschte die Reihenfolge. Ich war vollkommen ruhig, weil ich großes Vertrauen in Thorstens Manipulationsfähigkeiten hatte. Er wandte sich wieder uns zu und hielt mir die Faust hin. Mit einem Blick in sein Gesicht wusste ich Bescheid. In seiner Hand befanden sich inzwischen zwei zerbrochene Zahnstocher, und er wollte mir den dritten, unversehrten zuschanzen. Ich musste nur noch erkennen, welcher das war. Kurz zweifelte ich, ob Thorsten vielleicht doch mich in den Unfall jagen wollte. Dann blickte ich ihm noch einmal ins Gesicht, und meine Zweifel schwanden. Er schaute hinunter auf seine Hand und drehte mit dem Daumen den Zahnstocher ganz rechts fast unmerklich hin und her. Philipp hatte es nicht gesehen, er kostete noch den Aufschub aus, dass er nicht als Erster ziehen musste.

Ich wartete zehn Sekunden, dann zog ich den Zahnstocher ohne Zögern aus Thorstens Hand. Er war lang. Ich täuschte die Erleichterung vor, die ich seit ein paar Minuten verspürte. Thorsten sah mich an. «Jajaja. Du also nicht. Ruhe jetzt.» Er wandte sich Philipp zu, der fragte: «Muss ich jetzt ziehen?»

«Na, soll ich aus meiner eigenen Hand zuerst ziehen, du Depp?»

Philipp senkte den Kopf. Dann streckte er schnell die Hand aus und zog einen Zahnstocher aus Thorstens Hand. Er war abgebrochen. Philipp sackte zusammen, Tränen rannen ihm aus den Augen. Er konnte nicht sehen, wie

272

Thorsten einen vierten Zahnstocher aus der anderen Hand mit dem zweiten abgebrochenen vertauschte.

«Der Rest ist wohl Formsache», sagte Thorsten und kniete sich neben Philipp, der auf dem Boden kauerte. Er hielt Philipp den ganzen Zahnstocher vor die Augen und ließ ihn auf seine Hose fallen.

Eine halbe Stunde später hatten wir Philipp beruhigt, nicht ohne ihn eindringlich an den Schwur zu erinnern. Wir sprachen ihm Trost zu, die Crash-Kids hatten doch auch überlebt. Philipp stieg ins Auto, würgte den Motor zweimal hintereinander ab und fuhr dann langsam zurück zum Hangar. Ich baute die Kartons erneut auf, diesmal nur drei übereinander. Fast wie ein Baum. Die Hände in den Taschen, das Kinn erhoben, stand Thorsten da und musterte mich geringschätzig. Vermutlich würde er mich noch häufiger spüren lassen, dass ich ihm etwas schuldete. Philipp brauchte ein Dutzend Versuche, bis er, ohne abzubremsen oder das Lenkrad zu verreißen, in die Kartons fahren konnte. Am Ende schien es ihm Spaß zu machen, vielleicht wollte er sich auch nur in eine Unfalltrance hineintrainieren. Als es anfing zu dämmern, brachen wir auf. Philipp blieb am Steuer und war nun völlig überdreht. Er pflaumte Thorsten an, sich beim Einsteigen gefälligst zu beeilen, er habe heute noch einen wichtigen Unfall zu erledigen.

Wir passierten die Schranke, Philipp stellte die Musik wieder an, noch lauter als zuvor. Ein donnerndes Housemusic-Set von DJ Judge Jules. Auch ohne Absprache war uns klar, dass wir eine geeignete Stelle suchen mussten, bevor es zu dunkel wurde. Zwanzig Minuten später bogen wir in eine Pappelallee ein, die perfekt zu sein schien. Als Kind war ich allergisch gegen die Pollen gewesen, die wie trockene Schneeflocken im Frühjahr überall herumflogen. Mit dreizehn hatte ich Pappelpollen in einer kleinen Dose gesammelt, um in schwierigen Zeiten effektiv Krankheiten vortäuschen zu können.

In der Nähe der Pappelallee war kein Dorf in Sicht, es gab kaum Verkehr, eine kurvige und enge Straßenführung, lichter Wald auf beiden Seiten. Philipp hielt an einem abzweigenden Waldweg, stellte die Musik für die Verabschiedung kurz aus, ließ den Motor aber laufen. Mit weit aufgerissenen Augen sah er uns an und sagte: «Und jetzt raus, Boys.»

Er genoss die Möglichkeit, einmal so herrisch sein zu können wie Thorsten sonst. Von ihm hing alles ab. Das schien ihm zu gefallen. Philipp, der Angsthase, war weg, Philipp, Unknown Stuntman, saß am Steuer.

«Denk an die fünfzigtausend! Und viel Glück, wird schon nichts passieren.»

«Ich brauche kein Glück.»

Wir warfen die Türen des Audi zu, Judge Jules begann wieder zu donnern. Fünfzig Meter vom Waldweg entfernt bog die Straße in steilem Winkel in eine schwer einsehbare Kurve ein. Am Scheitelpunkt der Kurve stand ein Baum, der im Dämmerlicht auch ohne Unfallabsicht bedrohlich gewirkt hätte. Thorsten und ich wollten den Aufprall abwarten und dann so schnell wie möglich verschwinden. Erst jetzt fiel uns auf, dass wir nicht bedacht hatten, wie wir nach Hause kommen sollten.

«Fuck, wie bescheuert sind wir, Mann!», sagte Thorsten.

«Immerhin hat dein Plan funktioniert.»

«Welcher Plan?», fragte Thorsten und grinste. Wir schwiegen und beobachteten Philipp, der in diesem Moment zweihundert Meter entfernt den Wagen wendete. Dann stellte er das Fernlicht ein und blendete uns damit. Der Audi beschleunigte und beschleunigte. Ich sah Thorsten entgeistert an. «Der fährt ja viel zu schnell! Fünfzig! Fünfzig!»

«Der Penner! Der will uns was beweisen, dieser verdammte Penner!»

Mit mehr als hundert Stundenkilometern raste Philipp an uns vorbei. Ich meinte, das Drum-Gewitter von Judge Jules zu hören, und fragte mich, ob ich irgendwo eine Kopie der CD hatte, die hier würde ja gleich kaum mehr zu gebrauchen sein. Im Scheinwerferlicht des Audi konnte man ein kleines Holzkreuz mit einem Blumenkranz sehen, das vor dem Baum stand. Dann geriet der Wagen aus der Spur, Philipp schien eine Vollbremsung machen zu wollen, aber es war viel zu spät. Mit schreienden Bremsen und grellrot leuchtenden Bremslichtern drehte sich der Wagen in den mächtigen Stamm. Das dunkelgrüne Aluminium platzte auf, alle Lichter erloschen gleichzeitig, das Auto wickelte sich um den Baum herum, löste sich wieder und wirbelte wie eine in Richtung Mülleimer geschleuderte und abgeprallte Getränkedose zurück auf die Straße. Der Schrottrest schlitterte über den Asphalt und blieb liegen. Das Wrack war kaum mehr als Audi A8 zu erkennen. Von Judge Jules war nichts mehr zu hören.

Wir standen starr. Ich überlegte, ob ich nicht doch zu Philipp rennen sollte, um ihm zu helfen. Ein herannahendes Auto nahm mir die Entscheidung ab. Thorsten packte meinen Arm und zog mich in den Schutz der Bäume. Wir liefen durch den Wald. Wenig später war es stockdunkel.

275

«Dieser Idiot, dieser Scheißhitleridiot!», sagte ich.

«Aber Totalschaden hat er geschafft.»

Zwei Stunden später stiegen wir an irgendeinem Endbahnhof in die S-Bahn und fuhren zurück in die Stadt.

ex-erfolgreich

«Ein Bier, bitte.»

«Pils?»

«Ja.»

Eigentlich fühle ich mich wohl. Der Tiefpunkt ist jedenfalls längst überwunden, immerhin sind zehn Internetjahre
seitdem vergangen. In den letzten Monaten habe ich wenig gearbeitet und viel darüber nachgedacht, weshalb ich
auch dann noch zu Thorsten hielt, als mir klarwurde, dass
es für ihn kein «wir» gibt. Ich wollte zusammen mit ihm die
Welt erobern, er wollte die Welt erobern. Egal, was man ihm
bietet, wie viel Vertrauen man ihm schenkt, ob man ihm
droht oder ihn lockt, er spielt sein eigenes Spiel. Klingt cool,
fühlt sich aber für alle anderen beschissen an. Ein Grund
für meine Treue zum treulosesten Menschen der Welt war,
dass ich glaubte, ich könnte ihn kontrollieren. In seinem
Gesicht lesen, seine Gedanken erraten, strategisch planen,
die Fäden ziehen. Das war es aber nicht allein, das musste
ich mir eingestehen. Da war auch etwas anderes, die Kraft
der absoluten Rücksichtslosigkeit und seine situative Intelligenz, die Fähigkeit, aus jedem Moment das Optimum
herauszuholen. Ein paar Monate nach unserem Absturz,
Thorsten war schon untergetaucht, hatte ich eher zufällig

277

sein Brüggel'sches Syndrom recherchiert. Es war kaum dokumentiert, aber was ich dazu fand, verstörte mich. Tendenzen zur manischen Depression, Tobsuchtsanfälle, leichte Schizophrenie, vor allem aber starben Menschen mit dem Brüggel'schen Syndrom vollkommen ohne Vorwarnung an einer Hirnblutung, zu einem nicht vorhersagbaren Zeitpunkt. Sie fielen einfach um und waren tot. Thorsten war todgeweiht. Ihn interessierte die Zukunft nicht, weil er nicht einmal wusste, ob er den Abend erleben würde.

«Noch ein Bier, bitte.»

«Kommt sofort.»

«Sofort ist gut.»

Nach Philipps Unfall hatten wir uns tagelang nicht getraut, im Krankenhaus anzurufen. Ein Fax war gekommen, in dem PrimePool die Einstellung aller Geschäftsaktivitäten erklärte und unseren Vertrag aus besonderem Grund kündigte. Wir entließen die übrigen Angestellten, was diesmal kaum Kraft kostete, weil es so unausweichlich war, der logische nächste Schritt, bupp. Als wir bekannt gaben, dass es nicht mehr weitergehen würde, blieben die meisten Mitarbeiter schon am nächsten Tag fort, ein paar Laptops verschwanden und ein Beamer. Dann erfuhren wir, was mit Philipp geschehen war, und konnten es nicht fassen. Thorsten und ich redeten nicht viel in dieser Zeit, wir bereiteten die Auflösung der Agentur vor. Sandra sprach davon, «ihren Resturlaub zu nehmen», und kam nicht zurück. Nur Markus und Marek blieben, obwohl sie wussten, dass wir sie nicht würden bezahlen können. Markus schoben wir unter der Hand ein paar Rechner zu, und Marek war sowieso allein in der Stadt, weil seine Frau und die Kinder zu den Großeltern nach Polen gezogen waren. Thorsten und ich meldeten gemeinsam im No-

278

vember Insolvenz an. Wir fuhren zum Amtsgericht, fragten uns zum richtigen Zimmer durch, klopften an. Leise Musik war durch die schwere Tür zu hören, ein Tschingderassabum von Jacques Offenbach. Wir klopften wieder und traten ein. Hinter dem schweren Tisch voller Akten saß niemand. Dafür stand eine weitere Tür halb offen, von dort kam die Musik. Dann schien man uns bemerkt zu haben, eine junge Frau kam herein, ein silbern-rot geringeltes Hütchen mit Puschel auf dem Kopf. Sie tapste auf uns zu und lächelte uns an. «Fff... fröhlichen Fasching.»

«Wir ... wollen Insolvenz anmelden.»

«Da sind Sie hier richtig. Sie ... Sie müssen in meiner Gegenwart unterschreiben. Haben Sie die Erklärung mitgebracht?»

«Ja. Hier. Wollen Sie sie durchlesen?»

«Ach nein, das bringt ja doch nichts. Unterschreiben Sie einfach. Der Amtsrichter liest es dann eh durch. Und Kopien von den Ausweisen brauche ich noch.»

Wir versuchten, dem amtlich besiegelten Untergang unserer Agentur, meines Lebenswerks, so viel Restwürde wie möglich zu verleihen. Thorsten nahm einen edlen Füllfederhalter aus der Innentasche, der aber nicht funktionierte. Dann kringelten wir mit einem Werbekugelschreiber von «Kärcher Hochdruckreiniger» unsere Unterschriften unter das Papier, einen Vordruck aus dem Internet. Weil wir kein Formular hatten kaufen wollen, hatten wir die großformatigen, über das Beispielformular gestreckten Buchstaben «MUSTER» mit einem Grafikprogramm herausgepixelt. Es war uns nicht ganz gelungen, aber diese ästhetische Erbärmlichkeit passte hervorragend in die Situation. Anschließend verabschiedeten wir uns vor der Auszubildenden Franziska, ihren Status und den Namen konnten wir

279

auf Schildchen an ihrem Revers lesen. Auf dem Weg hinaus rief uns der Pförtner heran, den wir nach dem Amtszimmer gefragt hatten. «Geht mich ja eigentlich nichts an. Aber haben Sie gerade Insolvenz angemeldet?»

«Ja. Sehen wir so aus?»

«Alle sehen hier so aus. Aber dann verrate ich Ihnen mal die Tradition. Drüben bei dieser Wurstbude da ...»

«Ja?»

«Da gehen Sie mal hin und erzählen das mit der Inso.»

«Hm.»

«Nein, wirklich. Dann kriegen Sie eine Insolvenzcurrywurst. Kostet nix, wär ja auch noch schöner, haha! Das ist Tradition. Einmal die Woche geht der Herr Amtsrichter rüber und zahlt alle Insolvenzcurrywürste.»

«Danke.»

«Ja, Vater Staat sorgt für einen, auch dann noch.»

Wir schlichen zur Imbissbude und bestellten eine Insolvenzcurrywurst. Sie schmeckte so mittel, aber es war ein beruhigendes Gefühl, Teil einer Tradition zu sein. Dann fuhren wir.

«Noch 'n Bier?»

«Och. Ja. Gern.»

«Verzeihung – erwarten Sie eigentlich jemanden?»

«Ja.»

«Sicher, dass sie überhaupt noch kommt?»

«Er.»

«Oh.»

Thorsten ist schon eine halbe Stunde überfällig. Wäre es eigentlich schlimm, wenn er nicht mehr kommen würde? Ja, auf eine Art. In der Zeit nach der Insolvenz hatten wir halbherzig versucht, die Gläubiger zu besänftigen. Theore-

280

tisch hätten wir alle überreden können, sich mit zehn Prozent des Geldes, das wir ihnen schuldeten, zufriedenzugeben. Dann hätten wir die Insolvenz rückgängig machen können und die Firma aufgelöst. Aber uns fehlte die Kraft. Die Telefonate mit den Gläubigern waren entmutigend.

«Zehn Prozent? Da kriege ich lieber nichts und sehe euch in der Pleitehölle.»

Nach ein paar Wochen wurde ein Insolvenzverwalter bestellt. Der beauftragte einen Schätzer, der mit uns durch das Büro ging und die restlichen Werte schätzen musste, die sogenannte Insolvenzmasse, damit sie verkauft werden konnten. Um aus unserem Konkurs wenigstens etwas Geld zu ziehen, schlug Thorsten vor, die Schätzung des Verwerters nach unten zu beeinflussen – um die Sachen dann selbst zu kaufen. So geschah es. Der amtlich bestellte Schätzer kam, und ich führte ihn herum. Es war wie ein Spiel.

«Da drüben. Der Kopierer. Neupreis?»

«Fünfzehntausend Mark. Aber der ist schon lange kaputt.»

«Kann man den reparieren lassen?»

«Der Kundendienst meint, wenn man die Walzen runderneuert, kostet fünftausend oder so.»

«Hm.»

Der Schätzer stellte Fragen, ich antwortete. Um keinen Verdacht zu erregen, lobte ich die billigeren Dinge in den Himmel. «Die Mikrowelle ist tadellos! Eine Sensation, funktioniert perfekt, tipptopp, blitzsauber, nagelneu, drei Monate oder so. Wie neu!» Alles, was mehr als eintausend Mark gekostet hatte, bezeichnete ich als defekt oder auf rätselhafte Weise dysfunktional, die Angestellten hätten in ihrer Wut viel kaputt gemacht, als wir sie nicht mehr

281

bezahlen konnten. Der Schätzer schätzte. In seinem Abschlussbericht gab er als Gesamtrestwert aller Geräte viertausendfünfhundert Mark an. Thorsten gab ein Angebot über fünftausend Mark in bar an den Insolvenzverwalter ab, der es sofort annahm, um diese Kleinigkeit vom Tisch zu haben. Dann verkaufte Thorsten bei ebay die iMacs, die Telefonanlage, den voll funktionsfähigen Server, den Kopierer, die teuren Netzwerkkabel und alles andere. Thorsten sagte, dass zwanzigtausend Mark zusammengekommen seien, ein Zwanzigstel des ursprünglichen Wertes. Das letzte Mal hatten wir uns gesehen, als er mir einen Umschlag mit achttausend Mark in bar rüberschob, die restlichen zwölftausend beanspruchte er für sich. Ich hatte weder Energie noch Lust zu widersprechen. Auch nicht, als er sich verplapperte und klarwurde, dass er mindestens vierzigtausend Mark erlöst hatte. Ich wollte weg, von Thorsten, von den Trümmern der Agentur, von den erniedrigenden Telefonaten mit den Menschen, denen wir Geld schuldeten, von den Formalitäten und bürokratischen Vorgängen, die mit einer Insolvenz einhergingen. Und weg von der Erinnerung an Lena, weg von der größten Niederlage, die ich mir überhaupt vorstellen konnte, betrogen, pleite, verlassen. Nach Philipps Unfall hatte ich ein paar Tage nicht mit Lena sprechen können oder wollen, oder es hatte sich nicht ergeben. Irgendwann stand sie im Flur, als ich nach Hause kam, mit einem Gesichtsausdruck, der mich an unser erstes Gespräch erinnerte. Sie sah mich an wie einen Fremden. Wie ganz am Anfang, nur dass sie diesmal weinte. Sie gab sich Mühe, ihre Sätze nicht wie Vorwürfe klingen zu lassen, aber ihr liefen Tränen über die Wangen. Sie wolle oder könne nicht mehr, sagte sie. «Ist doch das Gleiche», dachte ich, «wie unspektakulär, wie jämmerlich und klein es endet,
282

wenn man bedenkt, was alles passiert ist.» Sie sagte, dass ich sie nur lieben würde, wenn sie da sei, und sie mich nur noch lieben würde, wenn ich nicht da sei. Dann ging sie aus der Tür, ohne zurückzuschauen. Wir sahen uns nochmal auf neutralem Boden aus organisatorischen Gründen, sie wollte, dass ich einen Schuldschein unterschrieb über die ungefähr achtzehntausend Mark, die sie mir im Laufe der Zeit geliehen hatte. Bei diesem Treffen war mein Körper wie eine Puppe, die ich aus der Deckung steuerte. Wir vermieden beide den direkten Augenkontakt, oder vielleicht tat ich das auch nur, bei vielen Dingen der Zweisamkeit reicht es, wenn sie von einem kommen. Als alles geklärt war, kamen wir überein, den Kontakt auf unbestimmte Zeit abzubrechen. Eines meiner Lieblingssprichwörter fiel mir ein, ein argentinisches: «Halt dich am Pinsel fest, ich brauche kurz die Leiter.» Lena sagte mir, sie sei dankbar, dass ich es ihr so einfach gemacht hätte – in meine Verwunderung hinein ergänzte sie den Satz –, sich von mir zu trennen. Ich versuchte, mit Sandra wieder Kontakt aufzunehmen. Sie war am Telefon freundlich, ließ aber mit seltsamen Ausreden alle Verabredungen platzen, sodass ich irgendwann die Botschaft verstand. Irgendwann hatte unsere ehemalige Grafikerin Christiane mir eine SMS geschrieben: «Ich bin schwanger!!!!!!» Ich hatte nicht geantwortet wegen der vielen Ausrufezeichen. Außerdem wusste ich ja längst, dass sie schwanger war. Ich legte mich ins Bett und stand vier Monate lang nur auf, wenn es sich nicht vermeiden ließ.

«Noch eins bitte.»

«Geht klar.»

«Danke.»

Wie einfach Kommunikation in einer Bar ist, denke

ich und schaue aufs Handy. Keine SMS von Thorsten, dabei hätte ich schwören können, dass es gerade vibriert hat. Hervorragende Einbildungskraft, so hätte man diese nervöse Störung in der New Economy genannt. Damals. Dass ein ganzer Wirtschaftszweig, der mir zudem als der wichtigste überhaupt erschienen war, einfach verschwinden konnte. Alle Dotcom-Unternehmer, die ich kannte, hatten ihre Firmen aufgelöst. Einige mit einem Knall, andere wickelten wie PrimePool einfach alles ab, bewarben sich bei Unternehmensberatungen oder in den Marketingabteilungen großer Konzerne. Die vielen Internetjahre Erfahrung in dieser Welt zwischen hastig gekauften Ikea-Schreibtischen und ebenso hastigen Börsengängen verwandelten sich in anderthalb Zeilen im Lebenslauf, «Management mit Personalverantwortung (IT-Branche)». Vor einigen Wochen war ich einer seltsamen Einladung gefolgt, die mich per Mail erreicht hatte. Irgendjemand veranstaltete einen «Stammtisch der Ex-Erfolgreichen». Wegen der schönen Formulierung war ich hingegangen. Ein junger Typ mit elvishafter Haartolle sprach davon, dass wir alle Teil eines weltumspannenden Wirtschafts- und Gesellschaftsexperiments gewesen seien, der New Economy, einer Defoe'schen Riesenbaukle. Ihm sei nur noch nicht klar, wer es durchgeführt hätte. Dann glitt er in wilde Verschwörungstheorien ab, und ich hörte nicht länger zu. Mir gefiel diese spielerische Interpretation der New Economy. Versuch, Experiment, Trial and Error, und für einige hatte es sich auch gelohnt, ich war bloß nicht darunter gewesen. Dieses Mal.

Gerade als mein Bier schon wieder leer ist, kommt Thorsten in die Bar. Er sieht mich nicht gleich, ich kann ihn ein paar Sekunden lang anschauen. Er sieht aus wie da-

284

mals, vielleicht etwas unauffälliger, was nicht schlecht ist, wenn man gesucht wird. Dann entdeckt er mich, lacht sein Thorstenlachen und setzt sich neben mich. «Sorry, paar Komplikationen auf dem Weg.»

«Kann ich mir vorstellen.»

«Und wie geht's?»

«Och.»

«Ist ja auch egal. Ich meine, geht mich ja nichts an.»

«Anderer Mütter Töchter, du weißt schon.»

«Hör zu. Klingt komisch, aber ich bin gerade an einer extrem interessanten Sache dran. Das nächste große Ding, sagen alle. Müsste man eigentlich jetzt angreifen. Jetzt sofort.»

«Erzähl.»

danke

Meike, Kai, Mutter und Vater und Fabiola, Thomas Hölzl, Susann Rehlein, Gunnar Schmidt, Wofgang Herrndorf, Kathrin Passig, Michael Brake, Lukas Imhof, Holm Friebe, Nele Höfels, majo Heinze von Industrial Technology & Witchcraft, Walter Hellmann von any.way, Reto Klar, Stefan Niggemeier, Sibylle Berg, Cedric Ebener, Bov Bjerg, Philip von Polheim, Boris Walter, Jens Best, André Aimaq, Nadine Freischlad, Johnny Haeusler, Bodo Hasenberg, Beate Muschler, Steffi Roßdeutscher, Luggi Reuss, meine Großmutter Addi, Twitter. Katrin Haunhorst, Katrin Ammer, Kathrin Schmitz, Marius Felzmann, Hartwig von Saß, Ernst Raue von der Deutschen Messe AG. Robert Koall, Christoph Albers, Philipp Albers, Lars Hubrich, Kai Schreiber, sowie Tex Rubinowitz. Nele, Patrick, Kathi, Bianca, Andreas, Darius und Janice, Philipp, Daniel, Jan, Turadj, Patricia und Rike, Reini, Kerstin, Reiner, Uwe, Christian, Anja, Matthias, Franzi, Stefan, Jörg und Ralf, Jens und Jogi, Norbert und Uschi, Falk und Sven und auch Karsten.